Knaur.

Knaur.

Über den Autor:

Rüdiger Dingemann wurde 1951 in Braunschweig geboren, ist gelernter Verlagsbuchhändler und arbeitet heute als freier Autor für Print- und Online-Medien. Zusammen mit seiner Frau hat er bereits mehrere Sachbücher veröffentlicht, vor allem zu Themen der Zeitgeschichte. Rüdiger Dingemann ist seit der ersten Stunde begeisterter Tatort-Fan, er hat alle Folgen mindestens einmal gesehen und »ermittelt« jeden Sonntagabend vor dem Bildschirm mit …

Rüdiger Dingemann

Tatort

Das Lexikon

Alle Fakten
Alle Fälle
Alle Kommissare

Knaur Taschenbuch Verlag

Besuchen Sie uns im Internet:
www.knaur.de

FSC
www.fsc.org
MIX
Papier aus verantwortungsvollen Quellen
FSC® C083411

Originalausgabe November 2010

Ein Unternehmen der Droemerschen Verlagsanstalt
Th. Knaur Nachf. GmbH & Co. KG, München

Redaktionelle Mitarbeit: Renate Lüdde
Umschlaggestaltung: ZERO Werbeagentur, München
Umschlagabbildung: Copyright © WDR
Satz: Daniela Schulz, Stockdorf
Druck und Bindung: CPI – Clausen & Bosse, Leck
Printed in Germany
ISBN 978-3-426-78419-8

5 4 3 2

Inhalt

Über das Buch

Das vorliegende Nachschlagewerk ist kein Lexikon im herkömmlichen Sinn, das von A bis Z geordnet ist. Im zweiten und dritten Teil finden Sie alphabetisch geordnet die Kommissare, Drehbuchautoren, Regisseure und Komponisten der Serie.

Ansonsten konzentriert sich das Buch auf das Wesentliche der Serie – also auf all das, was den allgemeinen Zuschauer interessiert: die Kommissare und ihre Darsteller, die bekanntesten Schauspieler der Serie, die entweder Opfer, Täter oder Zeugen waren. Darüber hinaus werden die Drehbuchautoren und Regisseure genannt, die Produktionsfirmen und Sender aufgelistet und den jeweiligen Folgen zugeordnet. Verzichtet werden musste auf die vielen Mitarbeiter (Produzenten, Redakteure, Kameraleute, Ausstatter, Kostümbildner etc.) die jeweils im Abspann der Folgen aufgeführt sind. Diese alle zu nennen würde den Umfang dieses Buches sprengen – aber ohne sie gäbe es die erfolgreichste deutsche Fernsehserie nicht.

Die Inhaltsangaben der 765 Folgen sind chronologisch geordnet und so durchnummeriert, dass erkennbar bleibt, aus welchem Jahr der Film stammt: Beispiel: 353/97 = der insgesamt 353. »Tatort«, der 1997 zum ersten Mal ausgestrahlt wurde. Die Folgennummern bilden das Verweisnetz des Buches, das so schnell zu erschließen ist.

Bei den Inhaltsangaben der einzelnen »Tatort«-Folgen wird selbstverständlich die Lösung des Falls nicht verraten, vielmehr sollen die kurzen Plots die Erinnerung an bereits gesehene Folgen wecken oder aber dazu animieren, die Wiederholungen im Fernsehen, in der ARD-Mediathek oder auf Video beziehungsweise DVD anzuschauen.

Es lohnt sich, die einzelnen Folgen mehrfach zu sehen – gerade auch in einem größeren zeitlichen Abstand. Der Zuschauer kann dabei eine Reise in die unmittelbare und schon Jahrzehnte zurückliegende Zeitgeschichte machen.

Ein Wort zu den benutzten Quellen: Ein solches Lexikon steht auf vielen Schultern, es greift auf viele Vorarbeiten und unterschiedlichste Quellen zurück, denen der Autor zu Dank verpflichtet ist – insbesondere der offiziellen ARD-Site (http://www.daserste.de/tatort/) sowie die der einzelnen Sendeanstalten und der überaus engagierten und ergiebigen Fan-Site Tatort-Fundus (http://www.tatort-fundus.de/web/start.html). Im Anhang findet sich eine Auflistung der wichtigsten Quellen und weiterführende Literatur.

Einleitung – Immer wieder sonntags um 20:15 Uhr

Wer hierzulande Spannung liebt, wird mit Büchern, im Radio und vor allem im Fernsehen bestens versorgt. Vom Vorabend bis zur späten Nachtstunde kann der Krimifan bei nationalen und internationalen Serien und Spielfilmen auf Verbrecherjagd gehen.

Eine TV-Serie ragt seit mittlerweile 40 Jahren aus diesem reichhaltigen Angebot heraus: die ARD-Serie »Tatort«. Seit November 1970 gehen die Kommissare auf Verbrecherjagd, und die Folgen sind auch heute noch so spannend wie beim Start der Reihe.

Eingefleischte »Tatort«-Zuschauer ruft man am besten nicht am Sonntagabend an: Sie würden ohnehin nicht ans Telefon gehen. Bei Deutschlands beliebtester Krimiserie lässt sich der wahre Fan nicht stören. Auch die jüngere »Tatort«-Gemeinde hat offenbar dieses Ritual übernommen – mit einigen Varianten: zum Beispiel verabredet man sich mit Freunden zum gemeinsamen »Tatort«-Gucken, in einigen Städten auch mit Vorliebe in einer Kneipe. »Tatort«-Public-Viewing, ein TV-Format ist längst zum Event geworden.

Die Gründe des Erfolgs

Woher kommt diese Begeisterung über Generationen hinweg? Die Einschaltquoten sprechen eine eindeutige Sprache: Zwischen sechs und zehn Millionen Zuschauer schalten mittlerweile sonntags um 20.15 Uhr ein. Die beliebtesten Ermittler sind derzeit – laut den Einschaltquoten von 2008 bis 2010 – Charlotte Lindholm aus Hannover, die vor allem gern von weiblichen Zuschauern gesehen wird, und das Münsteraner Duo Börne / Thiel, das vor allem von jüngeren Zuschauern geschätzt wird.

Die Gründe für den nachhaltigen Erfolg der Serie sind neben den durchweg spannenden Storys und der filmischen Aufbereitung aktueller Themen nicht zuletzt die vielen ausgezeichneten Drehbuchautoren und Regisseure, die zahlreichen hervorragenden Schauspieler (bekannte und weniger bekannte Gesichter) – und, nicht zu vergessen, die vielen, vielen engagierten Redakteure und Mitarbeiter in den Sendern und Produktionsfirmen.

Die Grundlage für den sensationellen Erfolg der Serie bildet das Konzept: die wechselnden Kommissare mit ihren sehr unterschiedlichen Charakteren, die in verschiedenen Orten und Regionen in sich geschlossene Fälle ermitteln und aufklären, der jeweilige Lokalkolorit und konsequenter Realismus. Ursprünglich sollte im Titel »Tatort« auch der Ort der jeweiligen Handlung genannt werden. Diese Vielfalt garantiert Abwechslung und hält unterschiedliche Identifikationsangebote für den Zuschauer bereit.

Die etwas andere Serie

Das Erste sendet die jeweilige neue Folge, Wiederholungen laufen meist an Wochentagen in den Regionalprogrammen, inzwischen auch im ARD-Abendprogramm. Verpassen kann man also eigentlich keine Episode. Die anfangs noch unterschiedliche Spieldauer wurde seit den 1980er Jahren auf die Spiellänge von knapp 90 Minuten beschränkt. Die Trimmel-Episode Nr. 11/71 war mit fast zwei Stunden die längste. Da es das Fortsetzungsprinzip beim »Tatort« nicht gibt, kann der Zuschauer sich immer wieder sonntags auf einen neuen Fall freuen.

Erfunden wurde die ARD-Serie »Tatort« als Gegenentwurf zur ZDF-Krimiserie »Der Kommissar«, die seit 1968 die Zuschauer freitags vor die Bildschirme lockte. Als indirekter Vorgänger des »Tatorts« kann die NDR-Serie »Stahlnetz« gelten, die von 1958 bis 1968 zeitweise ein Straßenfeger war. Was nicht verwunderlich ist, denn zur Zeit des Wirtschaftswunders gab es nur ein Fernsehprogramm: Das ZDF sendet erst seit 1963, und das Privatfernsehen erst seit Mitte der 1980er Jahre.

Die 22 »Stahlnetz«-Folgen basierten im Gegensatz zu anderen Krimiserien auf authentischen Fällen, ähnlich wie schon die RIAS-Hörspielreihe »Es geschah in Berlin«, die von 1951 an in 499 Folgen ausgestrahlt wurde. Beim »Stahlnetz« führte Jürgen Roland Regie, und

die Drehbücher stammten von Wolfgang Menge. Beide waren später auch bei einigen »Tatort«-Folgen wieder mit dabei.
Eine zweite »Stahlnetz«-Staffel von sechs Folgen folgte später noch einmal von 1999 bis 2003. Sie war jedoch bei weitem nicht mehr so erfolgreich wie die erste: Die Konkurrenz des »Tatort« war vermutlich zu übermächtig. Im Stahlnetz »PSI« von 2002 ermittelt jedoch in Hannover ein gewisser, recht eigensinniger Kommissar namens Klaus Borowski (Axel Milberg), der ab 2003 als »Tatort«-Hauptkommissar nach Kiel wechselte.
Offensichtlich hat das »Tatort«-Konzept zu keinem Zeitpunkt Patina angesetzt. Entwickelt wurde es vom WDR-Redakteur Gunther Witte, der circa 1970 von Günter Rohrbach, dem damaligen WDR-Fernsehspielchef und späteren Geschäftsführer der Produktionsfirma Bavaria, dazu beauftragt wurde.
Gunther Witte war sich zunächst gar nicht so sicher, ob das Konzept auch für das Fernsehen tragfähig sei: »Ich wusste ja, dass es nirgendwo auf der Welt eine Krimireihe mit zehn verschiedenen Kommissaren gab. Manchmal habe ich gedacht: Das kann gar nicht sein, dass die Leute so etwas akzeptieren. Ich hatte ganz schön Muffensausen«, bekannte er 2010 in einem Interview.
Um die Produktionskosten auf mehrere Schultern zu verteilen, sollten alle Regionalsender der ARD sich daran beteiligen: BR, HR, MDR (seit 1991), NDR, RB, SDR und SWF (gemeinsam seit 1998 SWR), SFB (Fusion mit dem ORB 2003 zu RBB), SR und WDR. Für jeden Sender sollte ein Kommissar oder ein Ermittlerteam in ausgewählten Städten ermitteln.
Zunächst waren jedoch nicht alle Fernsehspielchefs der Sender gleich von der Idee begeistert. Es kostete noch etwas Überzeugungsarbeit, und 1970 stimmten sie dann zu: Nun sollte es gleich ganz schnell gehen, obwohl die Startfolge noch gar nicht gedreht, geschweige beauftragt worden war. Man wollte nicht so lange warten und griff auf einen bereits abgedrehten NDR-Kriminalfilm zurück: So wurde »Taxi nach Leipzig« mit Walter Richter als Hamburger Kommissar Paul Trimmel die erste »Tatort«-Folge: ausgestrahlt am 29. November 1970 im ARD-Abendprogramm.
Der etwas brummige, zigarrenrauchende Trimmel erwies sich als

Glücksfall für die Serie – und das nicht nur, weil er so ein markanter, knochiger Ermittlertyp war, sondern weil es bereits einen weiteren Film mit ihm gab: Der Krimi »Exklusiv!« war schon 1969 über die Mattscheibe geflimmert. Als neunte »Tatort«-Folge wurde er am 11. Juli 1971 wieder ausgestrahlt. In der Anfangszeit wurden noch einige weitere Filme in die Serie aufgenommen, die nicht explizit für den »Tatort«, der nun vom WDR koordiniert wurde, gedreht worden waren.

Es hat sich viel verändert im Lauf der 40 Jahre: Kommissare kamen und gingen, die Orte wechselten, die Dramaturgie wurde mutiger, die Storys waren mal sehr sozialkritisch und sehr politisch, dann wieder nüchtern und burlesk, die Schnitttechnik wurde rasanter: Doch der Vorspann ist seit der ersten Folge gleich geblieben – er wurde nur der neuen Fernsehtechnik angepasst.

Die Titelmusik komponierte und spielte Klaus Doldinger mit seiner Band, Udo Lindenberg saß am Schlagzeug. Das Design mit den Zielscheibenkreisen hat Kristina Böttrich-Merdjanowa entworfen, und nach wie vor blicken den Zuschauer die Augen von Horst Lettenmayer an, der nur einmal viele Jahre später als Schauspieler in der Schimanski-Folge »Der Pott« (217/89) dabei war.

Die Sender und ihre ersten Kommissare

In den ersten Jahren waren nicht alle ARD-Anstalten beteiligt: Die zweite »Tatort«-Folge produzierte der SR mit seinem heute vergessenen Ermittler Liersdahl; er war auch nur zweimal dabei. Den dritten »Tatort« lieferte der WDR mit dem bis heute nicht vergessenen Zollfahnder namens Kressin (Sieghardt Rupp). Mit ihm betrat ein sehr ungewöhnlicher Ermittler die deutsche Krimiszene, eine Art deutsche Antwort auf James Bond. Der Frauenheld versuchte von Köln aus, im In- und Ausland siebenmal den Schmugglern und Schiebern dieser Welt das Handwerk zu legen. Den Ganoven Sievers jagte er, entgegen des Serienkonzepts, sogar über drei Folgen (7/71, 18/72, 20/72). Es blieb eine Ausnahme, denn Fortsetzungsgeschichten werden im »Tatort«, wie bereits erwähnt, nicht erzählt. Einen ähnlichen Typus wie Kressin hat es auch nicht wieder gegeben.

In der vierten »Tatort«-Folge nahm der Stuttgarter Eugen Lutz für den SDR seinen Dienst auf, gefolgt von Kommissar Konrad (Klaus Höhne), der für den HR in Frankfurt auf Verbrecherjagd ging. Der BR stieg 1972 mit dem gemütlichen, sympathisch-grantelnden Kommissar Melchior Veigl ein. Bezeichnenderweise hieß die erste Folge »Münchner Kindl«. Das war programmatisch: Die Bayern blieben nämlich ihrer Landeshauptstadt treu und schickten ihre späteren Kommissare in keine andere bajuwarische Metropole oder Region.
Ganz im Gegensatz zu anderen Sendern: Der WDR ließ beziehungsweise lässt neben Köln, in Essen, Duisburg, Düsseldorf und Münster ermitteln. Im Hessischen sind es Frankfurt, Heppenheim, ab 2010 auch Wiesbaden, der NDR war und ist nicht nur mit einem Hamburger Kommissar vertreten, sondern auch jeweils mit einem in Kiel, Lübeck und einer LKA-Sonderermittlerin, die von Hannover aus in ganz Niedersachsen ihren Dienst tut. Darüber hinaus gab es einmal NDR-»Tatort«-Kommissare in Stade, Braunschweig, Bremerhaven und in einer nicht näher bezeichneten Kleinstadt.
Beim SDR und SWF, dem heutigen SWR, waren beziehungsweise sind es Stuttgart, Baden-Baden, Mainz, Ludwigshafen und Konstanz. Der SFB (spätere RBB) blieb in Berlin, der MDR ließ sein erstes Kommissarteam Ehrlicher / Kain von Dresden nach Leipzig wechseln, wo heute ihre Nachfolger Keppler / Saalfeld nach wie vor beheimatet sind.
Im ersten Jahrzehnt produzierten von den insgesamt 107 Folgen der WDR 25, NDR 22, BR 13, HR, ORF, SDR jeweils neun, SWF acht, SFB sieben, SR vier und RB eine Folge.
Mehr als nur eine Art Gastrolle spielen die österreichischen und Schweizer Kommissar-Kollegen. Der ORF ist schon seit 1973 dabei. Ein Wiener Urgestein, Oberinspektor Viktor Marek, ermittelte in 14 Fällen bis 1987. Ihm folgten einige Inspektoren, die nur kurz ermittelten. Seit 1999 ist Moritz Eisner dabei.
Das Schweizer Fernsehen (SF) stieg 1990 in die Serie ein: Von Bern aus im Einsatz waren Walter Howald (einmal 1990), dann sein Assistent Reto Carlucci (zweimal 1991/92), gefolgt von Philipp von Burg (neunmal 1993 – 2002) und Markus Gertsch (neunmal 1993 bis 2002). Danach machten die Schweizer erst einmal eine Pause.

Nach neun Jahren Abstinenz steigen sie wieder ein: 2010 startete die erste Folge mit dem neuen Team Reto Flückiger und Abigail Lanning, die von Luzern aus ermitteln. Sie werden mit zwei Folgen jährlich dabei sein. Reto Flückiger unterstützte als Thurgauer Seepolizist bereits die Konstanzer Ermittlerin Klara Blum in den Fällen 692/08, 753/09.

Der Ermittler

Fiktive Kripobeamte sind häufig Einzelkämpfer, ebenso beim »Tatort«, vor allem in den ersten beiden Jahrzehnten. Sie sind die Chefs mit häufig wechselnden Mitarbeitern. In der Regel hat der »Tatort«-Kommissar den Rang eines Hauptkommissars (in Österreich Oberinspektor) in der Mordkommission eines örtlichen Polizeipräsidiums. Seine Mitarbeiter sind Kommissare, Assistenten und Sekretärinnen. In der weiteren Hierarchie des Polizeiapparats folgen nach oben die Dezernatsleiter und Staatsanwälte. Im »Tatort« neuerer Zeit werden die Vorgesetzten bevorzugt weiblich besetzt.
Die Vorgesetzten der »Tatort«-Kommissare haben es bei den Drehbuchschreibern und Regisseuren nicht leicht. In der Regel werden sie von den ihnen untergebenen Kommissaren nicht ernst genommen. In den 1970er Jahren bestimmte der Zeitgeist den Umgang mit den Autoritäten: Sie wurden »hinterfragt« und in Zweifel gezogen. Schon Haferkamp und Kreutzer mokierten sich über ihren besserwisserischen Dienststellenleiter. In anderen »Tatort«-Kommissariaten werden die Vorgesetzten sogar zu »Witzfiguren«, die nur immer wieder Druck machen nach dem Motto: »Ich will Ergebnisse sehen« oder »Morgen habe ich Ihren Bericht«. Kaum sind von ihnen hilfreiche Vorschläge zu hören, oft sind sie widersinnig oder täuschen Aktivitäten vor, die ins Leere laufen (z.B. in »Mord am Fluss« 454/00), als Kommissar Brinkmanns Chef immer mehr Beamte anfordert, die wie aufgescheuchte Hühner durchs Büro laufen.
Es gibt aber auch den väterlichen Vorgesetzten: zum Beispiel den von Lena Odenthal, Kriminalrat Friedrichs. Sympathisch ist auch Rudi Fromm, der Chef von Dellwo / Sänger, die ihn auch duzen. Ihm

rutscht auch schon einmal ein »Kommt Kinder, wir gehen …« heraus. Vor allem stellt er sich vor seine Mitarbeiter, insbesondere verteidigt er sie gegenüber dem autoritären Staatsanwalt Dr. Scheer, der häufig Anweisungen gibt, die nicht zielführend sind. Dellwo / Sänger / Fromm treten als Team auf, bei anderen »Tatort«-Kommissaren wird der Vorgesetzte oft eher störend als hilfreich empfunden.

Der Autoritätskonflikt wurde in den 1970er Jahren schon durch Spott (zum Beispiel bei Haferkamp) aufgelöst beziehungsweise die Autorität des Vorgesetzten in Frage gestellt. Ganz rehabilitiert wird die Rolle des Vorgesetzten über die 40 Jahre nicht. Stets bleibt ein Missverhältnis zwischen Chef und Untergebenen.

Nicht zur örtlichen Kriminalpolizei gehören der Kölner Zollfahnder Kressin, der Hamburger MAD-Oberstleutnant Delius, der Frankfurter Streifenpolizist Rolfs, der Münsteraner Rechtsmediziner Boerne und die LKA-Beamtin Lindholm (Hannover) sowie Murot (Wiesbaden).

Im Laufe der Zeit erhielten einige der langjährigen »Mit-Kommissare« eine gewisse Selbständigkeit: zum Beispiel Haferkamps Kollege Willy Kreutzer. Veigls Lenz wurde dessen Nachfolger, wobei sein Kollege Brettschneider weiterhin nur die zweite Geige spielen durfte.

Bis in die 1990er Jahre hatten einige Kommissare nur wenige Auftritte im »Tatort« – häufig nur ein- oder zweimal (s. Teil 2, S. 405).

Die Kommissare im Wandel der Zeit

Die ersten Kommissare wie Trimmel, Finke und Veigl haben ihre neuen Kollegen eingeführt; das heißt, in der ersten Startfolge ihres neuen Kollegen tauchten sie auf und waren kollegial länder- und senderübergreifend behilflich. Man traf sich kaum, man telefonierte und bat den Kollegen um »Amtshilfe«, um eine Recherche an ihrem jeweiligen Einsatzort durchzuführen oder jemanden observieren zu lassen.

Ähnliches wiederholte sich in den ersten Jahren nach der Wende und Wiedervereinigung: Der altgediente Veigl aus München reiste nach Dresden, um Kommissar Ehrlicher und seinem Assistenten Kain in die Usancen und die Besonderheiten des bundesrepublikanischen Polizeiwesens einzuweisen. Diese Aufbauhilfe Ost eines Wessis wurde in den Folgen mit Veigl ironisch von Ehrlicher kommentiert.

Durchweg repräsentieren die Fernsehkommissare den deutschen Beamtentypus: Trimmel (Hamburg), Veigl (München), Lutz (Stuttgart), Liersdahl (Saarbrücken), Konrad (Frankfurt) und Haferkamp (Essen). Mit zwei Ausnahmen: Der oben schon erwähnte Zollfahnder Kressin (Köln) und gegen Ende der 1970er Jahre – ganz im Zeichen der Zeit – die erste Kommissarin. Marianne Buchmüller in Mainz (SWF) ist von 1978 bis 1980 die erste verantwortliche Kripobeamtin – jedoch nur für drei Folgen.

Ihre Nachfolgerin kam auch vom SWR und hieß Hanne Wiegand. Sie war von 1981 bis 1988 in acht Folgen zu sehen. Damit war jedoch noch lange nicht die Frauenquote, die in den 1980er Jahren für alle möglichen gesellschaftlichen Bereiche diskutiert wurde, für das Flagschiff des deutschen TV-Krimis erreicht.

In Ludwigshafen wechselte 1989 die Hauptkommissarin Lena Odenthal von der »Sitte« zum Morddezernat. Bezeichnenderweise hieß die Folge auch »Die Neue« (224/89). Sie ist mittlerweile die dienstälteste unter den »Tatort«-Ermittlern.

Es sollte dann noch einmal rund acht Jahre dauern, bis eine weitere Kommissarin die Hauptverantwortliche in einem »Tatort«-Krimi wurde: zunächst in Bremen Inga Lürsen mit anfänglich häufig wechselnden Assistenten und dann Lea Sommer in Hamburg. Sie war 1997 dabei, aber schon seit 1994 in der ARD-Serie »Die Kommissarin« zu sehen. Nach zwei Hamburger »Tatort«-Folgen wechselte sie wieder in ihre angestammte Serie (66 Folgen), die in Frankfurt spielt, zurück.

Erst im neuen Jahrtausend wird der »Tatort« weiblicher: mit Charlotte Sänger und ihrem Partner Fritz Dellwo in Frankfurt, von 2001 bis 2010. Ihre Nachfolger, gespielt von Nina Kunzendorf und Joachim Krol, werden ab 2011 zum Einsatz kommen.

Seit 2002 ist Charlotte Lindholm vom LKA Hannover dabei, und

Klara Blum ermittelt seit demselben Jahr in Konstanz. Von 2003 bis 2010 war die Polizeipsychologin Frieda Jung an der Seite des Kieler Kommissars Borowski. Und 2008 löste Eva Saalfeld mit ihrem Ex-Ehemann Andreas Keppler das langjährige Team Ehrlicher / Kain in Leipzig ab. Damit ist die Männerdominanz noch nicht gebrochen. Den fünf aktiven Kommissarinnen stehen immerhin viermal so viel Männer, nämlich insgesamt 20, gegenüber.

Der ideale Kommissar der frühen Jahre

Den Kieler Kommissar Finke spielte Klaus Schwarzkopf von 1971 bis 1978, der zu gleicher Zeit übrigens dem US-Serieninspektor Columbo seine deutsche Stimme lieh. Schwarzkopfs Finke zeigte sympathisches Understatement und erlag nicht der Versuchung, sich selbst dabei übermäßig in Szene zu setzen beziehungsweise nach vorne zu spielen wie andere Kommissardarsteller späterer Jahre. Wie bei allen guten »Tatort«-Fällen standen Verbrechen, die Täter und die Motive und nicht zuletzt logische Aufklärung im Vordergrund.

Heinz Haferkamp war der Liebling des Jahrzehnts. Die erste Folge »Acht Jahre später« (39/74) führt ihn und seinen treuen Adlatus Willy Kreutzer als sehr erfahrene Ermittler ein, die mit einem alten Fall konfrontiert werden. Die Beliebtheit des Essener Teams lag zum einen an der Popularität von Hansjörg Felmy, aber auch an den raffinierten Plots und der filmischen, häufig kammerspielartigen Umsetzung. Dazu gehörten insbesondere die klare Bildsprache und die geschliffenen Dialoge bis hin zu intellektuellen Zweikämpfen zwischen Verdächtigten und Kommissar.

Haferkamps Charme beeindruckte manche Zeugin. Bei seiner Ex-Frau Ingrid sucht er immer wieder Rat. Sie waren ein modernes Paar ohne Trauschein, ein Muster für manche Beziehungen, nicht nur in den 1970er Jahren.

Haferkamp war ein Beamter vom Scheitel bis zur Sohle, doch lockerer als seine Kollegen, unaufdringlich unkonventionell: stets korrekt gekleidet – mit Sakko und Krawatte – höflichen Umgangsformen und mit einer Vorliebe für Buletten und Bier, das er zusammen

mit Kreutzer gern im Büro aus der Flasche trank. Beide nahmen dem Bild des Kripobeamten die Steifheit und das Überkorrekte. Etwas mürrisch aber hartnäckig, häufig einsilbig und kühl sarkastisch stellten sie Tätern hinterlistige Fallen.
Haferkamp agierte nur zwanzigmal, und doch wurde diese Figur »epochal«, mit ihm wird der »Tatort« der frühen Jahre gleichgesetzt, quasi synonym. In seinem Regenmantel sah er aus wie Chandlers Philip Marlow. Haferkamp war der »Helmut Schmidt des Genres« während der Kanzlerschaft desselben. Felmy verkörperte den Haferkamp als sympathischen Deutschen, pflegte preußisch-pflichtbewusst gewisse Sekundärtugenden mit Nonchalance. Trotz dieser unverkrampften Art umwehte ihn zugleich ein wenig melancholische Noblesse mit der resignativen Gewissheit, dass sein Kampf gegen das Verbrechen vergeblich sein könnte.
Dass die 1970er Jahre noch nicht so politisch-korrekt wie die heutige Zeit waren, zeigt sich an einigen kleinen Alltagsdingen: zum Beispiel der Umgang mit dem Alkohol und dem Rauchen. Ungeniert, da gesellschaftlich akzeptiert, wurde in fast allen Lebenslagen geraucht, ob in den vier Wänden, in öffentlichen Räumen, Büros und erst recht in den Kneipen. Bei den Essener Ermittlern konnte es einem Zeugen gar passieren, dass er zu einem Cognac eingeladen wurde.
Felmy verlieh seiner Figur Glaubwürdigkeit. Er spielte auf den Punkt und dominierte auratisch jede Szene. Felmy verlor jedoch Ende der 1970er Jahre das Interesse an der Rolle. Die Drehbücher gefielen ihm nicht mehr. In der noch für ihn ursprünglich vorgesehenen Folge »Herzjagd« (119/80) durfte Kreutzer dann allein ermitteln – Haferkamp war im Urlaub!
In den Haferkamp-Episoden kannte der Zuschauer in der Regel schon den oder die Täter. Spannend war zu sehen, wie der Fall aufgelöst wurde. Kleine Ungenauigkeiten unterliefen der Produktion bei den Drehorten: Es sollte ja eigentlich alles in Essen spielen, die Industrielandschaft des Ruhrpotts war zum Beispiel wie in »Fortuna III« (64/76) gut eingefangen. Doch häufig sah man auch Münchner Nobelvororte. Der Grund: Die Folgen wurden von der Münchner Bavaria produziert. Eine lässliche Film-»Sünde« – alle Haferkamp-

Folgen sind ausgesprochen sehenswert und bieten einen nostalgischen Blick auf die 1970er Jahre.

Der Generationenwechsel

Mit der Folge 126/81 (»Duisburg-Ruhrort«) trat ein völlig neuer Kommissartyp im Fernsehkrimi auf: der »Schmuddel-Kommissar« Schimanski, dargestellt von Götz George, der zuvor schon in zwei »Tatort«-Folgen mitgespielt hatte. An Schimanskis Seite stand sein Partner Christian Thanner (Eberhard Feik), der absolute Gegentypus zum Rauhbein Schimanski. Der Dritte im Bunde war ihr Kollege Hänschen, den der Holländer Chiem van Houweninge seit »Der unsichtbare Gegner« (134/82) verkörperte. Er schrieb auch einige der Schimanski-Drehbücher.

Die Schimanski-»Tatorte« wurden schon bald »Kult«. Bis heute sind sie ebenso wenig vergessen wie die Ruhrpott-Episoden von Heinz Haferkamp, bei dem sich Schimanski in seiner ersten Folge kurz verabschiedet: Er bindet sich seine Schuhe unter einem Plakat zu, auf dem Hansjörg Felmy für einen Polaroid-Fotoapparat wirbt, und grüßt ihn. Der Generationenwechsel der »Tatort«-Kommissare war damit eingeleitet, auch bei den Regisseuren und in der Filmdramaturgie.

Die älteren Fernsehregisseure waren noch stark mit dem deutschen Kino verbunden, die jüngeren orientierten sich mehr an internationalen, vor allem an US-Produktionen und ihrer Filmsprache. Hansjörg Felmy war der Kinostar der 1950er Jahre. Götz George spielte wesentlich körper- und actionbetonter als sein Vorgänger, der als Prototyp der psychologisierenden Darstellung galt.

Schimanski war der erste kraftstrotzende Kommissar in der bis dahin biederen deutschen TV-Krimilandschaft der frühen 1980er Jahre. Für manche war das ein regelrechter Kulturschock: ein ungestümer Einzelgänger mit unstetem Lebenswandel, proletenhaft in seinem Auftreten, vulgär in seiner Ausdrucksweise (»Du Idiot, hör auf mit der Scheiße«), aber von unbeugsamem Gerechtigkeitssinn beseelt, ein Kämpfer des reinen Herzens.

Die Schimanski-Folge »Zahn um Zahn« (200/87) lief als erster

»Tatort« auch im Kino, und in der Folge »Unter Brüdern« (235/90), ausgestrahlt drei Wochen nach der Wiedervereinigung, arbeiteten symbolträchtig Kommissare aus West und Ost zusammen: Schimanski/Thanner ermittelten gemeinsam mit den »Polizeiruf 110«-Kommissaren des Deutschen Fernsehfunks, Grawe (Andreas Schmidt-Schaller) und Fuchs (Peter Borgelt).
Schimanski und Thanner waren ein ungleiches, untrennbares Paar in 29 »Tatort«-Einsätzen zwischen 1981 und 1991. Seit 1997 gibt es als Referenz an die Figur Schimanski in der ARD die eigenständige Reihe, die seinen Namen trägt und mit der »Tatort«-Serie nichts mehr zu tun hat. »Schimmi«, wie er von seinen Kollegen genannt wird, ist nun nicht mehr im Dienst und insgesamt etwas ruhiger geworden. Er hilft bei schwierigen Fällen aus. Die 16. Folge dieser eigenständigen Serie wird 2011 ausgestrahlt.

Im Zeichen der Teams

In der Arbeitswelt wurde seit den 1980er Jahren immer mehr von Mitarbeitern Teamfähigkeit erwartet. So auch im »Tatort«. Seit dieser Zeit sind es überwiegend Teams, die die Fälle lösen. Man spricht deshalb auch vom Münchner, Stuttgarter, Konstanzer, Ludwigshafener, Frankfurter, Münsteraner, Hamburger, Kieler, Berliner und Leipziger Team. Von den aktuellen beziehungsweise neuen Ermittlern sind nur vier »Einzelkämpfer«: Der Wiener Moritz Eisner (Harald Krassnitzer), der seit 1999 viel in Österreich unterwegs ist, vor allem in Tirol, und immer wieder andere Mitarbeiter hat. Charlotte Lindholm (Maria Furtwängler) ermittelt dagegen seit 2002 viel auf dem flachen Land im Niedersächsischen. Der erste »Tatort«-Kommissar mit Migrantenhintergrund, Cenk Batu, hat zugleich auch wieder ein Alleinstellungsmerkmal: Er ermittelt nur Undercover, ohne Büro, und hat nur über seinen Vorgesetzten Uwe Kohnau (Peter Jordan) Kontakt zu seiner Dienststelle.
Und last, not least: Felix Murot vom Wiesbadener LKA. Ihm zur Seite steht Magda Waechter (Barbara Philipp). Zum 40-jährigen Jubiläum traten sie ihren Dienst an: am 28. November 2010, einen Tag vor dem Jahrestag, in der Folge »Wie einst Lilly«.

Als erstes Team kann man die Essener Kommissare Haferkamp und Kreutzer (1974–1980) bezeichnen. Für die Zuschauer waren sie das eingespielte Duo. Hansjörg Felmy als Chef hatte jedoch wesentlich mehr Drehanteile in den 20 Folgen als Willy Semmelrogge.
Das änderte sich bereits mit ihren unmittelbaren Nachfolgern Schimanski/Thanner, wobei Götz George als Schimanski eindeutig im Vordergrund stand; um ihn herum wurden die 29 Folgen inszeniert. Doch ohne Eberhard Feiks Thanner als Partner hätte dem Duisburger »Tatort« ein wesentliches Element gefehlt: nämlich der sachliche wie persönliche Widerpart zum Draufgänger Schimanski.
Das erste Team, das ein wenig die komödiantischen Aspekte eines Krimis verkörperte, bildeten die Hamburger Kommissare Brockmöller/Stoever (1986–2001). In drei Folgen (157/84, 160/84, 168/85) agierte Manfred Krug zunächst noch allein als Kommissar Paul Stoever. Er bot dabei eine deutsche Variante des US-TV-Inspektors Columbo. In der Folge »Leiche im Keller« (179/86) stieg Charles Brauer als Peter Brockmöller in die Serie ein. In weiteren 40 Fällen waren sie unzertrennlich, in den letzten Jahren gaben sie dann das singende Ermittlerduo der Hamburger Kripo. Sie waren wie schon Schimanski/Thanner trotz ihrer gegensätzlichen Charaktere auch privat befreundet. Sie waren die netten, humorvollen, aber nicht weniger hartnäckigen Cops von der Waterkant, denen man so schnell nichts vormachen konnte.
Am längsten, nämlich seit 1989, ermittelt bisher Lena Odenthal (Ulrike Folkerts). Zunächst unterstützte sie sechs Folgen lang Assistent Seidel bei der Mörderjagd. 1996 trat dann Mario Kopper (Andres Hoppe) an ihre Seite, der Kommissar aus einer italienischen Einwandererfamilie. Sie sind befreundet, wohnen zusammen, sind aber kein Paar. Ihr Chef, der twistbegeisterte Kriminalrat Friedrichs (Hans-Günter Martens), wird besonders von Odenthal verehrt. Sie versorgt ihn sogar zu Hause, als er erkrankt ist, und massiert ihm seine Füße (380/98). Nach dem Tod von Martens 2001 war in einigen Folgen ein Bild ihres ehemaligen Chefs auf ihrem Schreibtisch zu sehen.
Nach der Wiedervereinigung traten mit Ehrlicher/Kain (Peter

Sodann, Bernd Michael Lade) die ersten ostdeutschen Serienermittler im »Tatort« auf – von 1992 bis 1999 zunächst in Dresden, dann bis 2007 in Leipzig. Es war der Altersunterschied, der diese Verbindung reizvoll machte. Es war nicht das väterliche Verhältnis des Älteren (Ehrlicher) gegenüber dem Jüngeren (Kain), sondern die kollegiale Freundschaft und die gemeinsame DDR-Vergangenheit, die sie verband. Sie verstanden sich prächtig, ohne kumpelhaft zu sein. Ihr Kollege, der Kriminaltechniker Walter (Walter Nickel), mit dem sich Kain stets ein wenig hakelte, lieferte ihnen die Ergebnisse seiner akribischen Spurensuche. Häufig trafen sich alle zum Bierchen in dem Wäscherei-Café von Ehrlichers Freundin Frederike (Annekathrin Bürger).

Schwieriger hatte es da schon das Berliner Duo Roiter / Zorowski (Winfried Glatzeder, Robinson Reichel) miteinander. Zu unterschiedlich waren ihre Charaktere; sie gaben in ihren zwölf Fällen von 1996 bis 1998 stets die Großstadt-Sheriffs.

Von 2001 bis 2008 ging in 15 Fällen das Hamburger Team Casstorff / Holicek (Robert Atzorn, Tilo Prückner) als Nachfolger von Brockmöller / Stoever in der Hafenstadt auf Verbrecherjagd. Auch sie waren vom Typ her sehr unterschiedlich: Casstorff eigensinnig, alleinerziehender Vater mit späterer Beziehung zur Staatsanwältin Wanda Wilhelmi (Ursula Karven); Holicek der etwas verschrobene Junggeselle. Ihr Team wurde bereits um eine junge Assistentin erweitert: Ohne Jenny Grafs (Julia Schmidt) manchmal mutigen Einsatz wären die beiden erfahrenen Kripobeamten nicht weitergekommen.

Das Frankfurter Team Dellwo / Sänger (Jörg Schüttauf, Andrea Sawatzki, 2002–2010) setzte die schon seit 1996 mit Lena Odenthal und Mario Kopper bewährte Kombination Mann / Frau fort. Diese Teambildung sollte sich auch weiterhin bewähren: In Kiel, Bremen, Leipzig und Konstanz bildeten sich Paare unterschiedlichen Geschlechts, wobei häufig der weiblichen Kommissarin ein etwas jüngerer Kollege zur Seite gestellt wird: so zumindest bei Lürsen / Stedefreund und Blum / Perlmann. Odenthal / Kopper und Dellwo / Sänger sind fast gleichaltrig. Und nur beim Kieler Kommissar-Psychologen-Team ist Klaus Borowski älter als Frieda Jung.

Dellwo / Sänger waren ein ungewöhnliches Ermittlerpaar. Fritz

Dellwo, der ewige Hardrockfan, geschieden und manchmal etwas aufbrausend; Charlotte Sänger kommt vom Wirtschaftsdezernat, kleidet sich etwas altmodisch und ist eine äußerst sensible Kommissarin, die in einigen Folgen etwas Verstörendes an sich hat: Ihre Eltern wurden ermordet. Sie lebt weiterhin in deren Haus, in das auch für eine gewisse Zeit Dellwo einzieht, als er keine richtige Bleibe hat. Dellwo und Sänger ermittelten je einmal allein: Sänger in »Waffenschwestern« (714/08) und Dellwo in »Neuland« (722/09). Für die Folge »Herzversagen (575/04) erhielt das Frankfurter Team Dellwo / Sänger 2005 den »Adolf-Grimme-Preis«.

Ein ausgesprochen eingespieltes Duo bilden seit 1991 die Münchner Kommissare Batic / Leitmayr (Miroslav Nemec, Udo Wachtveitl). Beide sind Junggesellen, Batic ein in Bayern aufgewachsener Kroate und Leitmayr ein waschechter Münchner Junge aus der Vorstadt Au. Der Dritte im Bund war bis 2007 Kriminaloberkommissar Carlo Menzinger (Michael Fitz). Er mochte sich von den beiden Hauptkommissaren nicht länger herumschubsen lassen und stieg aus. Nun vermissen sie ihn sehr und müssen sich von Folge zu Folge mit einem anderen Assistenten behelfen. 2002 erhielt das Münchner Team den Grimme-Preis für die Folge »Im freien Fall« (484/01).

Fast acht Millionen sahen in »Wir sind die Guten« (749/09) einen fast nackten Kommissar. Batic hatte nach einem Autounfall sein Gedächtnis verloren und geriet unter Mordverdacht. In einer Szene ist er nur mit einem Handtuch bekleidet und zwingt seinen Kollegen Leitmayr, den er nicht wiedererkennt, seine Kleider auszuziehen. In scharfen, schnellen, geschnittenen Szenen, durchsetzt mit Phantasiebildern und mysteriösen Gedächtnislücken, entwickelt sich ein Psychothriller.

In Köln trafen 1997 zwei erfahrene Ermittler aufeinander, die es am Anfang nicht so leicht miteinander hatten. Der langjährige Hauptkommissar Freddy Schenk (Dietmar Bär) bekam den aus den USA zurückgekehrten ehemaligen Düsseldorfer Kommissar Max Ballauf (Klaus J. Behrendt) gleichberechtigt an seine Seite gestellt. Inzwischen sind sie unzertrennlich, auch wenn es ab und an einmal ein paar spitze Bemerkungen zwischen dem Familienmenschen Schenk

und dem in einer Pension wohnenden Junggesellen Ballauf gibt. Beide wären nicht immer so schnell am Ziel ihrer Ermittlungen, wenn sie nicht ihre Sekretärin Lissy Pütz (Anna Loos) bis 2000 und seitdem Franziska Lüttgenjohann (Tessa Mittelstaedt) hätten.
Fastfood gehört für viele Ermittler zur Standardernährung: Ballauf und Schenk zelebrieren geradezu ihre Vorliebe für Currywürste. Sie diskutieren häufig ihre Fälle an ihrer Stamm-Imbissbude am Rheinufer.
Ebenfalls seit 1997 ermittelt in Bremen Inga Lürsen (Sabine Postel) mit verschiedenen Assistenten, bis 2001 Nils Stedefreund (Oliver Mommsen) seinen Dienst antrat. Lürsen ist alleinerziehende Mutter einer Tochter. Hellen (Camilla Renschke) ergreift später auch den Beruf der Polizistin. Inga Lürsen versteht sich auf eine fast mütterlich-kumpelhafte Art mit dem Junggesellen Stedefreund. Häufig ist Hellen in die Fälle, die ihre Mutter lösen muss, involviert.
In Berlin arbeitete von 1999 bis 2000 Robert Hellmann (Stefan Jürgens) gemeinsam mit Till Ritter (Dominic Racke). Hellmann verließ den Polizeidienst, der Neue an Ritters Seite wurde 2001 Felix Stark (Boris Aljinovic). Wieder zwei sehr unterschiedliche Charaktere: Ritter, körperlich großgewachsen und unzufriedener Junggeselle, der kleinere Stark ist treusorgender alleinerziehender Vater eines Sohnes. Das ausgleichende Element zwischen den beiden Dickköpfen bildet der Älteste im Team, Lutz Weber (Ernst-Georg Schwill).
Vier Jahre war in Saarbrücken Stefan Deininger Assistent von Max Palu (Jochen Senf). Nach dessen Ausscheiden hoffte er, nun Hauptkommissar zu werden. Doch er konnte kaum seine Enttäuschung verhehlen, als ihm 2006 Franz Kappl, noch dazu ein Bayer und kein Saarländer, vor die Nase gesetzt wurde. Bereits nach ihrem ersten gemeinsamen Fall wird auch Deininger gleichberechtigter Hauptkommissar in seinem alten Dezernat.
Da die Morde nicht allein der Kommissar lösen kann, ist eine Reihe von Mit- und Zuarbeitern notwendig geworden. Sie reicht vom Kriminaltechniker der Spurensicherung bis zum Gerichtsmediziner. Der »Tatort« trug dieser Tatsache Rechnung, indem die Serienmacher weitere Hauptfiguren installierten, die keine Polizisten sind: den Pathologen und den Psychologen. Vorbild dafür waren unter

anderem internationale Serien wie »C.S.I. – Den Tätern auf der Spur« aus den USA, oder die englische Psychologen-Reihe »Cracker«(auf Deutsch: »Für alle Fälle Fitz«).

Ab 2002 treten der Münsteraner Kommissar Frank Thiel (Axel Prahl) und der Professor der Gerichtsmedizin Karl-Friedrich Boerne (Jan Josef Liefers) als Tandem auf. Nicht nur diese Figuren-Konstellation ist innerhalb des »Tatorts« einzigartig: Angelegt sind sie auch als eine Art »Commedia dell' Arte«-Ermittler und damit sehr erfolgreich. »Tatort«-Erfinder Gunther Witte ist ein Fan der beiden, gerade wegen ihrer Komödiantik.

Im selben Jahr nahm auch Klara Blum (Eva Mattes) ihren Dienst am Bodensee auf. In der ersten Folge musste sie gleich einen herben privaten Rückschlag verkraften: Ihr Mann und Vorgesetzter wurde bei einem Einsatz erschossen. Seitdem lebt sie allein und erhielt zwei Jahre später einen jungen Kollegen an die Seite, Kai Perlmann (Sebastian Bezzel), zu dem sie schon nach ihrem ersten gemeinsamen Fall »Bitteres Brot« (555/04) ein kokett-kollegiales Verhältnis entwickelte. Blum und Perlmann müssen ab und an – wie auch mancher Kollege aus dem Saarland – über die bundesrepublikanische Grenze hinaus ermitteln – mal illegal, mal offiziell.

2003 musste in seiner ersten Folge der Kieler Kommissar Klaus Borowski (Axel Milberg) zur Polizeipsychologin Frieda Jung (Maren Eggert). Er hatte bei einer Festnahme etwas überreagiert und den Tatverdächtigen auf dem Dach eines Bordells festgebunden. Nur widerwillig ging er in ihre Sprechstunde. Es brauchte einige Folgen, bis sich Borowski und Jung annäherten – auch privat. Die Psychologin wurde für die Ermittlungen bis zu ihrem Ausscheiden 2010 immer wichtiger.

Nachdem der Stuttgarter Bienzle nach 25 gelösten Fällen aus dem Dienst schied, kamen zwei Neue auf seinen Posten: Sebastian Bootz (Felix Klare) und der einstige Hamburger Undercover-Ermittler Thorsten Lannert (Richy Müller). Beide sind wesentlich jünger und draufgängerischer als Bienzle, der noch den alten Kommissar-Beamtentyp verkörperte. Mit Bienzle verschwand das schwäbische Lokalkolorit aus der Serie.

Als bisher letztes Team tritt seit 2008 ein ehemaliges Ehepaar in

Leipzig in Aktion: Eva Saalfeld (Simone Thomalla) und Andreas Keppler (Martin Wuttke). Auch nach ihrer Trennung scheinen sie noch immer kein konfliktfreies Verhältnis zu haben. Beide leben ohne Partner, Saalfeld besucht häufig ihre Mutter, und Keppler ist in eine kleine Pension gezogen.

Abschiede

Auf sehr unterschiedliche Art und Weise verabschieden sich altgediente Kommissare aus der Serie: Schimanski hebt mit einem Drachenflieger vom Dach ab; Stöver und Brockmöller heuern als Musiker auf einem Kreuzfahrtschiff an; Brinkmann verschwindet in den Straßen von Marseille; Bienzle tritt einen Spaziergang in Stuttgart an; Ehrlicher wird mit einem großen Empfang im Präsidium verabschiedet …

Von Singles und Familienmenschen

Die schlechte Bezahlung der Beamten ist nicht selten Thema einiger »Tatort«-Folgen. Über ihr Privatleben erfährt man relativ wenig oder auch überhaupt nichts – zum Beispiel vom Frankfurter Kommissar Brinkmann, dem Mann mit der Fliege, weiß man nichts. Den langjährigen Kommissaren wird eine gewisse Entwicklung zugestanden, was ihre meist räumlichen Lebensumstände betrifft. Doch keiner der überwiegenden Singles heiratet im Laufe der Jahre; eher zieht er mal mit seinem Kollegen zusammen – wenn auch nur vorübergehend. Eine Familie hat der Kommissar beziehungsweise die Kommissarin in der Regel nicht und wenn, dann nur andeutungsweise; auch wird diese nur selten in die Spielhandlung miteinbezogen. Familien haben zum Beispiel der Stuttgarter Sebastian Bootz und Freddy Schenk in Köln. Ernst Bienzle zieht mit seiner »Hannelore« zusammen und macht ihr erst im vorletzten Fall (657/07) einen Heiratsantrag. Der Hamburger Jan Casstorff, der Berliner Felix Stark, die Bremerin Inga Lürsen und die Hannoveranerin Charlotte Lindholm sind alleinerziehend. Lindholm lebt in einer Wohngemeinschaft mit dem Krimiautor Martin Felser, der jedoch 2010 auszog und sich aus der Serie ganz verabschiedete; Klaus Borowski wird ab und an von seiner Tochter in Kiel besucht, ebenso Ernst Roiter von seiner Tochter in Berlin, der Münsteraner Frank Thiel telefoniert nur mit seinem Sohn.

Der Kommissar und der Todesschuss

Der polizeiliche Gebrauch der Schusswaffe ist in der Realität wie in den deutschen Krimis eine heikle Sache: Jeder Schuss, der abgegeben wurde – egal, ob er jemanden verletzt oder gar getötet hat – wird polizeiintern gewissenhaft untersucht. Ist es zu einem Todesschuss gekommen, wird die psychische Verfassung des Schützen im Film thematisiert: mitfühlend von Kollegenseite bis hin zu quälenden Selbstzweifeln.

Umso erstaunlicher ist Haferkamps Schusswaffeneinsatz in »Treffpunkt Friedhof« (56/75). Irrtümlich erschießt er den Hauptverdächtigen, der von seiner Geliebten in eine Falle gelockt wurde. Haferkamp bleibt von dem Todesschuss offensichtlich ungerührt; der Film thematisiert die Tötung nicht weiter.

Im ersten »Tatort«-Jahrzehnt trägt der Kommissar seine Waffe nicht offen zur Schau, so dass man meinen könnte, er habe gar keine. Erst in den späteren Folgen, vor allem im neuen Jahrtausend, wird die Dienstwaffe geradezu martialisch im Büro im Halfter getragen.

Wilde Schießereien mit Gangstern à la US-Actionkino liefern sich »Tatort«-Kommissare selten; wenn doch, wirken sie in dieser Serie eigentlich deplaziert, die darauf angelegt ist, Verbrechen aus dem sozialen und psychologischen Kontext heraus aufzuklären. In der Realität kommen heftige Schusswechsel zwischen Gewalttätern und Gesetzeshütern auch relativ selten vor.

Lokales

Das charakteristische der Serie ist das Lokalkolorit, bedingt und geprägt durch die unterschiedlichen Sendeanstalten. Dieser Aspekt scheint immer mehr an Bedeutung zu verlieren, einige Fälle könnten überall spielen.

Bei den Kommissaren ist es ähnlich: Trimmel und Finke waren typische Norddeutsche. Bienzle ein waschechter Schwabe, in seinen Folgen wurde dann auch ordentlich geschwäbelt. Bei Palu und Deininger in Saarbrücken kommt immer wieder der Heimatstolz durch, vor allem beim guten Essen. Bei Ehrlicher und Kain spielt die unmittelbare Vergangenheit der DDR eine große Rolle. Charlotte Lindholm ist viel unterwegs, mancher kleinere Ort Niedersachsens kommt so zu »Tatort«-Ehren. Der Ludwigshafener »Tatort« zeigt wenig von der Industriestadt am Rhein. Zu sehen sind häufig die Hochbrücke und der Hafen, bevorzugt bei Nacht gefilmt. Ansonsten wird im Wesentlichen in Baden-Baden gedreht. In Hamburg spielten natürlich der Hafen und das Umland eine Rolle, in Stuttgart die Weinberge, in Konstanz sind es der Bodensee und die angrenzende Schweiz. München leuchtet bei jedem Wetter.
Die Kamera fängt heute mehr Großstadtbilder aus der Höhe ein, vor allem nachts: Abendstimmungen und verfließende Lichtmeere werden eindrucksvoll filmisch ästhetisiert, aber häufig losgelöst von dramaturgischen Erfordernissen der Handlung. Der zeitliche Fortschritt soll damit deutlich werden. Die Filmsprache ist eigenständiger, wenn man so will selbstbewusster. Heutige Regisseure und Kameraleute orientieren sich immer häufiger an der Entwicklung der Filmästhetik des großen Kinos. So sind einige neuere Folgen einer cineastischen Bildersprache geschuldet.

Nah und fern

Der Kommissar der 1970er Jahre kann kein Englisch – er ist in seiner Region verwurzelt, dort kennt er sich aus. Ab und an müssen die Ermittler aber doch ihr angestammtes Revier verlassen: unter anderem spielte eine Folge (»Kindergeld«, 140/82) fast nur in Andalusien, eine andere (»Tango für Borowski«, 761/10) durchgängig in Finnland.
Am weitesten reisen Ballauf/Schenk: Sie müssen nach »Manila« (383/98). Odenthal ermittelt einmal in den USA (440/00), Markowitz fliegt nach Fuerteventura (275/93), Lindholm reist nach Barcelona (711/08), Schimanski muss nach Rotterdam (230/90) und

Amsterdam (143/82). Brinkmann folgt einer Spur nach Karlsbad (362/97), Ehrlicher und Kain ermitteln in der Hohen Tatra und Krakau (349/96) sowie in Prag (503/02). Haferkamp überführt einen Verdächtigen am Adriastrand von Jesolo (95/79) – Sightseeing in Venedig inbegriffen.

Die Kommissare, die in grenznahen Orten zu Hause sind, überschreiten schon mal die Staatsgrenze: der Saarbrücker Schäfermann muss nach Frankreich (98/79), Blum fährt häufig von Konstanz aus in die Schweiz (zuletzt in der Folge-Nr. 753/10). Palu gehört auch zu den Grenzgängern; mal muss er nach Metz (579/04), mal nach Luxemburg (272/93). Zollfahnder Kressin ist ständig international auf Achse.

Bienzle ermittelt häufig außerhalb von Stuttgart: unter anderem auf der Alb (365/97), in Blaubeuren (273/93) und in Ravensburg (286/94). Auf hoher See ermitteln zum Beispiel Borowski (639/06) und Lürsen (734/09).

In zwei Fällen überkreuzen sich räumlich die Ermittlungen zweier Teams: Den Anfang machten Ballauf / Schenk, die in der Jubiläumsfolge »Quartett in Leipzig« (458/00) mit Ehrlicher / Kain zusammenarbeiteten; die dann wiederum ihr »Rückspiel« (514/02) in Köln hatten.

Fiktion trifft auf Realität

Als in der ersten Folge am 29. November 1970 der etwas bärbeißige Hamburger Kommissar Trimmel ein Taxi bestieg, um nach Leipzig zu fahren (1/70), ahnte niemand, dass dies der Beginn eines großen Serienerfolgs werden sollte. Viele von den damaligen Schauspielern sind heute unbekannt, bis auf Hans Peter Hallwachs, der über die vier Jahrzehnte immer wieder zu sehen war. Häufig musste er den Schurken spielen.

Dass der erste Tatort ein West-Ost-Thema behandelte, war wohl auch dem politischen Zeitgeist geschuldet, näherten sich doch die beiden deutschen Staaten gerade auf diplomatischem Wege zaghaft an. Die sogenannte Ostpolitik des damaligen Bundeskanzlers Willy Brandt – Wandel durch Annäherung – fand im ersten »Tatort« in gewisser Weise eine filmische Entsprechung. Regie führte einer der Großen der deutschen Fernsehgeschichte, Peter Schulze-Rohr, der das Drehbuch zusammen mit Friedhelm Werremeier schrieb. Als Produzent zeichnete Dieter Meichsner vom NDR verantwortlich.

Neben den Produktionsbedingungen durch die verschiedenen Sendeanstalten und den wechselnden Kommissaren unterscheidet sich der »Tatort« grundlegend von anderen Serien. Er erweitert damit das gängige Serienkonzept, national wie international. Auch wenn der »Tatort« wie das oben schon erwähnte »Stahlnetz« keine realen Fälle fiktional umsetzt, so ist der Realitätsgehalt der Serie von Anfang an sehr hoch, ja konstituierend. Das entspricht den politischen Entwicklungen der 1970er Jahre: Man wollte auch in der Unterhaltung mehr soziale Wirklichkeit zeigen.

Die bundesrepublikanische Gesellschaft war bereits im Jahrzehnt zuvor aufgebrochen, sich von dem Muff und den überkommenen Wertevorstellungen der 1950er Jahre zu befreien. Man wollte sich mit den Realien der Gegenwart kritisch auseinandersetzen.

So behandelten die »Tatort«-Plots gesellschaftliche Themen, waren Sozialdramen und genau beobachtete Milieu-Studien. Von Gesellschaftskritik zu sprechen, wie dem »Tatort« häufig unterstellt wird, trifft den Kern dieser Serie nicht. Soziale Entwicklungen wie die allmähliche Herausbildung von Parallelgesellschaften, politischer Zündstoff wie Giftmüllskandale oder zunehmende Fremdenfeindlichkeit und Rechtsradikalismus spielen eine bedeutende Rolle. Sie bilden nicht nur den Hintergrund, sondern sind Thema der jeweiligen Krimihandlung.

Nichts bleibt so, wie es ist

Bei älteren Folgen, vor allem aus den 1970er und 1980er Jahren wird augenfällig, wie sich die deutsche Wirklichkeit gewandelt hat. Immer spielt ein »Tatort« in der Gegenwart, das macht ihn zeitgeschichtlich so interessant. Alte Folgen sind eine wahre Fundgrube für Nostalgiker: Hier sieht man Produkte, die es schon lange nicht mehr gibt. Telefoniert wurde mit Apparaten mit einer Wählscheibe,

auf dem Schreibtisch stand ein schwarzer Bakelit-Apparat. In manchen Wohnungen sah man das Telefon mit Samtplüsch überzogen. Telefonhäuschen mit Münzapparaten standen in den Straßen. Es ist die noch handyfreie Zeit. Über die ersten klobigen mobilen Telefone in den 1990er Jahren amüsiert man sich heute.
Auch Computer gab es nicht. Die Büroeinrichtungen waren schlicht. Die Kommissare klopften ihre Protokolle in eine mechanische, später in eine elektrische Schreibmaschine. Im Zeitalter der Digitalisierung haben sich die Kommunikations- und die Recherche-Möglichkeiten so beschleunigt, dass man sich wundert, wie manche Täter noch entkommen können – in der Realität, im »Tatort« nicht, da werden sie immer gefasst.
Heute kommt keine Folge mehr ohne eine aufwendige Spurensicherung aus, der Pathologe ist immer dabei und trägt von belehrend bis zynisch überheblich zur Klärung des Falles bei. Wer genau hinhört, bekommt manchen kleinen medizinischen Exkurs geboten.
Die »Spusi« ist unentbehrlich, sie liefert im wahrsten Sinne des Wortes den letzten Fitzel oder Krümel für eine schlüssige Indizienkette. Ohne DNA-Analyse, den genetischen Fingerabdruck, geht fast gar nichts mehr in der heutigen Forensik. Der »Tatort« bietet den Beleg dafür, welchen grandiosen Siegeszug die Technik, vor allem die elektronische, angetreten hat. Aus den über 760 Folgen ließe sich ein Lehrfilm über die rasante technische Entwicklung nicht nur der Forensik, sondern des gesamten Alltags machen.
Und nicht zuletzt die Automodelle jener Jahrzehnte sind eine einzige Oldtimer-Parade.
In den 1970ern fuhr der Hauptkommissar noch Käfer oder den ersten Passat, später kamen dann leistungskräftigere Pkw der Marken Mercedes und, besonders bevorzugt, BMW zum Einsatz. Frankfurts Kommissar Brinkmann fuhr der Region verpflichtet Opel.
Lena Odenthal ist mit Mario Kopper Anfang des neuen Jahrtausends häufig in dessen altem Fiat 130 unterwegs, ein Modell aus den Turiner Werkstätten, das selbst Fiat-Fans nicht so bekannt ist. Denn so selten wie dieses Modell ist kein anderer Fiat. Der 130er wurde 1969 gebaut und konnte es durchaus mit dem Mercedes Strich-Acht oder den Opel-Modellen Rekord und Commodore

aufnehmen. Eine noble Karosse mit Ledersitzen und Klimaanlage, aber kein Verkaufsschlager: Bis 1976 wurden nur 15 000 Stück verkauft.

Von Mördern und Motiven – oder der psychologische »Tatort«

Zu 99 Prozent wird in der Serie der Mörder überführt. Es kommt aber schon einmal vor, dass der Kommissar ein Auge zudrückt und ihn entkommen lässt – aus Mitleid oder Großherzigkeit und der Einsicht, dass es Straftaten geben kann, die keinen Richter brauchen.

Zum Beispiel Brinkmann in seinem letzten Fall, der den bezeichnenden Titel »Havarie« (480/01) trägt – eine Havarie von Moral mit der Rechtsstaatlichkeit. Brinkmann zeigt Verständnis für das Täterpaar und verabschiedet sich damit aus der Serie mit der Bemerkung, Gerechtigkeit sei nicht immer mit dem Gesetz zu verrechnen.

Und Dellwo und Sänger sind sich in der Folge »Weil sie böse sind« (751/10) sicher, dass der Täter tödlich verunglückt ist. Doch in der letzten Einstellung gehen beide an einer Parkbank vorbei, wo der wahre, unglückselige Täter sitzt. Und irgendwie ist der Zuschauer in beiden Beispielen mit der Lösung der Fälle einverstanden.

»Tatort«-Kommissare handeln rechtsstaatlich; ab und zu jedoch beugen sie zugunsten der Opfer oder aus Beweisnot ein wenig das Recht, ohne dabei selbst zu Kriminellen zu werden. Mit Kriminellen in den eigenen Reihen und in der Justiz haben sie es dagegen häufig zu tun. Ein sehr kritisches Bild der Polizei respektive Justiz wird da gezeigt.

In der Frankfurter Folge »Leerstand« (609/05) werden kritisch die Verhörmethoden reflektiert, die reale wie fiktive Ermittler anwenden, um zum Beispiel bei einer Entführung vom vermeintlichen Tatverdächtigen das Versteck des Opfers zu erfahren. »Leerstand« spielt auf den authentischen Fall des Entführers und Mörders Magnus Gäfgen von 2002 an, dem Folter angedroht worden war.

Um einen Fall zu lösen, muss der Kommissar nach den Motiven der Tat und ihren Hintergründen suchen. Zusammen mit den Ermittlern versteht dann auch der Zuschauer zum Teil komplexe psychologische und soziale Zusammenhänge, die zu einem oder mehreren Morden geführt haben. Die Täter sind in der Regel, abgesehen von brutalen Berufskriminellen, nicht abgrundtief böse. Natürlich gibt es hin und wieder den grausamen oder psychisch gestörten Serienkiller. Klischees werden vermieden, denn die »Tatort«-Macher bemühen sich mit Erfolg um Political Correctness: Fremdenfeindliche oder gar rassistische Tendenzen gibt es nicht. Sie sind eher Thema einiger Folgen, um die Wurzeln und Hintergründe derartiger gesellschaftlicher Erscheinungen darzustellen.

Viele Verbrechen entwickeln sich aus bestimmten Lebenssituationen und -konstellationen heraus. Auch der Raubmord geschieht nicht stets aus reiner krimineller Energie. Not und Verzweiflung sind ebensolche Antriebsfedern. Im besten Sinne des Wortes klärt der »Tatort« auf – über menschliche Stärken und Schwächen, soziale wie psychologische Phänomene, die einen Menschen zum Mörder machen können.

Aktuelle Themen wie Arbeitslosigkeit und Hartz IV, Wohlstandsverwahrlosung, Sterbehilfe und Pflegenotstand, Drogen- und Waffenhandel, Umweltdelikte und politischer Missbrauch, Subventionsbetrug und dubiose Finanzgeschäfte, NS- und Stasi-Vergangenheit etc. stehen ebenso im Mittelpunkt einer Folge wie Vergewaltigung und Kindesmissbrauch, Eifersucht oder Rache, Gier oder Habsucht. Die ganze Palette des zwischenmenschlichen wie gesellschaftlichen Zusammenlebens, der Arbeitswelt und Milieus, bilden den Hintergrund für die Krimihandlungen.

»Tatort«-Folgen spielen in allen gesellschaftlichen Schichten und bilden sie äußerst realitätsgenau ab. Den Ausstattern gelingt es seit 40 Jahren, die Inneneinrichtungen bis ins kleinste Detail authentisch zu gestalten. Die Drehort-Scouts finden dazu immer das passende äußere Ambiente: vom Plattenbau bis zur Villa am See, von Straßenzügen in der Großstadt bis zum Dorfanger.

Mit dem »Tatort« erhält der Zuschauer Einblicke in eine Lebenswelt, die nicht immer die seine sein muss, die ihn aber umgibt. Der Wiedererkennungseffekt ist hoch, da die Folgen nie ins Phantastische oder Unglaubwürdige umkippen. »Tatort« ist weder Film Noir noch »Pulp Fiction«, kein Gewaltthriller noch überdrehtes Actionkino – er will es auch erst gar nicht sein, und bisher hat die Serie auch der Versuchung widerstanden, diese Genres auch nur ansatzweise zu kopieren. »Tatort« ist Realität pur und ein genauer Seismograph unseres Alltags.

Drehbuch und Regie

Die bisher meisten »Tatort«-Drehbücher stammen von Felix Huby (*1938): Sein erstes Drehbuch war für die Schimanski-Folge »Grenzgänger« (131/81). Huby erfand auch die Kommissare Max Palu (Saarbrücken), Jan Casstorff (Hamburg) und den Stuttgarter Ernst Bienzle.

Neunzehn Drehbücher stammen von Herbert Lichtenfeld (1927 bis 2001), der auch für viele andere Serien die Bücher lieferte, unter anderem für »Der Alte«, »Der Landarzt«, »Die Schwarzwaldklinik« und »Das Traumschiff«.

Bekannte Schriftsteller und Journalisten haben ebenfalls »Tatort«-Drehbücher geschrieben: so zum Beispiel Thea Dorn, Hans-Werner Kettenbach, Bodo Kirchhoff, Erich Loest, Herbert Riehl-Heyse, Herbert Rosendorfer, Asta Scheib, Martin Suter und Martin Walser.

Und auch einige »Tatort«-Schauspieler waren an Drehbüchern beteiligt, unter anderem Nina Hoger, Chiem van Houweninge oder Vadim Glowna. (s. Teil 3, S. 435)

Ein Weltstar unter den »Tatort«-Regisseuren ist Wolfgang Petersen (Jahrgang 1941). Bevor er den Welterfolg »Das Boot« (1980) drehte und ab 1984 zahlreiche Hollywood-Blockbuster, führte er in sechs Kieler »Tatort«-Folgen für Kommissar Finke nach den Drehbüchern von Herbert Lichtenfeld Regie. Es waren zum Teil eindrucksvolle Episoden. Begonnen hatte es mit »Blechschaden« (8/71), und den wohl bekanntesten »Tatort« in der 40-jährigen Geschichte der Serie kennen auch jene, die die Folge vielleicht nie gesehen haben: »Reifezeugnis« (73/77). Eine Schülerin (Nastassja Kinski) hat eine sexuelle Beziehung mit ihrem Lehrer (Christian Quadflieg). Um einen lästigen Mitwisser (Marcus Boysen) loszuwerden, verführt sie diesen und erschlägt ihn. Ein Tabuthema und dessen relativ freizügige

Darstellung sorgten auch in den aufgeschlossenen 1970er Jahren für einen mittelprächtigen Skandal in der skandalarmen Seriengeschichte.

Zu den großen Namen zählt auch der US-Regisseur Samuel Fuller (1912–1997). Er führte 1973 Regie mit internationaler Besetzung bei der Kressin-Folge »Tote Taube in der Beethovenstraße« (25/73).

Ein Altmeister des deutschen Kinos war Wolfgang Staudte (»Die Mörder sind unter uns« 1946, »Der Untertan« 1951). Er wurde 1906 in Saarbrücken geboren und starb 1984. Er war einer der bekanntesten Regisseure der Nachkriegszeit. Für seine Arbeiten erhielt er zahlreiche Auszeichnungen. In den 70ern bis Mitte der 80er drehte er sieben »Tatort«-Folgen.

Der österreichische Filmemacher Axel Corti führte Regie bei zwei Folgen (63/76, 119/80). Er wurde 1933 in Paris geboren und starb 1993 in Salzburg. Er moderierte die Talkshow des »Club 2«, betreute über Jahre das ORF-Radiofeuilleton »Schalldämpfer«und lehrte an der Wiener Filmhochschule. Bekannt wurde er mit Literaturverfilmungen, unter anderem von Josef Roths »Radetzkymarsch«. Posthum wurde er mit dem Adolf-Grimme-Preis ausgezeichnet.

Margarethe von Trotta drehte die Folge »Unter uns« (676/07). Die vielfach ausgezeichnete Regisseurin führte 1977 ihre erste eigenständige Regie mit dem Film »Das zweite Erwachen der Christa Klages«. Für ihren dritten Film »Die bleierne Zeit« (1981) erhielt sie unter anderem den Bundesfilmpreis »Filmband in Gold« sowie den Kritikerpreis. Als Schauspielerin wirkte sie mehrfach bei Rainer Werner Fassbinder mit.

Gunther Witte, der von 1979 bis 1998 beim WDR die Programmgruppe »Fernsehspiel« leitete und damit auch der »Tatort«-Koordinator war, ärgert sich bis heute darüber, dass er einem der renommiertesten Regisseure des (damals) jungen deutschen Films eine »Tatort«-Regie verweigerte: Rainer Werner Fassbinder (1945 bis 1982). Der hatte selbst angefragt, und es sollte um einen Bundesliga-Skandal gehen. Doch Witte lehnte das Exposé ab, es war ihm zu »hingeschludert« …

Der für seine TV-Mehrteiler bekannte Dieter Wedel drehte die Folge »Ein ganz gewöhnlicher Mord« (26/73), für die er auch das Drehbuch schrieb.

Wedel wurde am 12.11.1939 in Frankfurt am Main geboren und feierte als Film- und Fernsehregisseur große Erfolge. Um nur einige seiner TV- Spielfilme zu nennen: »Gier«, »Der Schattenmann«, »Der große Bellheim, »Die Affäre Semmeling«. Wedel erhielt zahlreiche Preise und Auszeichnungen, darunter den Adolf-Grimme-Preis.

Regie führten auch die Schauspieler Peter Weck, Wilm ten Haaf, Vadim Glowna und Fritz Eckhardt. Weitere Drehbuchautoren und Regisseure finden Sie in Teil 3 (S. 435)

Eine kleine dramaturgische Besonderheit

Eine Seltenheit im »Tatort« ist die Einheit der Handlung, des Ortes und der Zeit, wie sie aus der griechischen Tragödie bekannt ist und auf Aristoteles zurückgeht. Gemeint ist damit eine einzige und linear ablaufende Handlung, die sich an einem Ort innerhalb eines Tages ereignet. Dieses antike theatrale Prinzip greift der Regisseur Friedemann Fromm in der Münchner Folge »Außer Gefecht« (630/06) teilweise auf. Die Handlung ereignet sich in Realzeit – von 20.15 bis 21.45 Uhr, das heißt der Zuschauer ist »just-in-time« beim Geschehen dabei. Hinzu kommt, dass in den meisten Einstellungen das zentrale Ereignis des Films auf einen Schauplatz konzentriert wird – in diesem Fall die in 65 Meter Höhe steckengebliebene Kabine des Fahrstuhls im Münchner Olympiaturm, in dem Leitmayr vom Täter festgesetzt und lebensgefährlich bedroht wird. In weiteren, wesentlich kürzeren Szenen werden die Rettungsbemühungen von Batic und Carlo gezeigt.

Und Musik ist immer dabei

In den ersten »Tatort«-Folgen der 1970er Jahre wird Musik zum Teil sehr zurückhaltend eingesetzt. Entweder werden Songs der damaligen Hitparade gespielt, oder über lange Einstellungen hinweg ist gar keine Musik zu hören. Vor der Stille hatte niemand Angst. Häufig ist die Filmmusik so dezent eingebaut, dass der Zuschauer sie kaum wahrnimmt. Ihre dramaturgische Funktion war somit aufs beste erfüllt. Bekannte Musiker und Gruppen komponierten oder interpretierten ihre Songs für die Serie – hier eine Auswahl:

Ben Becker mit »Alter Mann« in »Falsches Alibi« (312/95)
Bonnie Tyler mit »Against the Wind« in »Der Fall Schimanski« (252/91)
Büdi Siebert mit »The Champion« in »Bienzle und der Champion« (394/98)
Chris Norman mit »Midnight Lady« in »Der Tausch« von (180/86)
Dhuo mit »Walkin« in »Heißer Schnee« (161/84)
Die Toten Hosen mit »Verschwende deine Zeit« in »Voll auf Hass«(198/87)
F.B. Eye mit »Money is the Power« in »Leiche im Keller« (179/86)
Frank Duval mit »Hey Girl« in »Schüsse in der Schonzeit«(77/77)
Ian Cussick mit »Too Lonely To Win« in »Sein letzter Wille« (203/88)
Jil Anderson mit »Without You (Baby, Baby)« in »Haie vor Helgoland« (157/84)
Klaatu mit »Woman« in »Tödlicher Treff« (210/88)
Liv Kristine mit »3 AM« in »Dagoberts Enkel« (417/99)
Mark Spiro mit »Winds of Change« in »Das Haus im Wald« (171/85)
Markus Küpper mit »Sie hat Schluss gemacht« in »Ein ehrenwertes Haus« (302/95)
Patricia Simpson »Dreams in the City« in »Nachtstreife« (172/85)
Rebecca Littig mit »Kyrie« in »Heilig Blut« (324/96)
Rio Reiser mit »Über Nacht« in »Der Pott« (217/89)
Roger Chapman mit »Slap Bang in the Middle« in »Einzelhaft« (209/88)
Sandra mit »Stop for a Minute« in »Salü Palu« (201/88)
The Brandalls mit »Not the Time to write a Love Song« in »Das Mädchen mit der Puppe« (330/96)
Warning mit »Why can the Bodies fly« in »Peggy hat Angst« (148/83)
Wolf Maahn mit »Cool« in »Der Mörder und der Prinz« (258/92)

Weitere »Tatort«-Filmmusik-Komponisten finden sich in Teil 3 (S. 449)

Der sogenannte Giftschrank der Mainstream-Serie

Es handelt sich im Prinzip um nur sechs Folgen aus vier Jahrzehnten, die aus den unterschiedlichsten Gründen in den Sendearchiven einen Sperrvermerk tragen und bisher nicht wiederholt wurden:

1) **»Der Fall Geisterbahn«** (16/72) – Nach dem Konkurs der Produktionsfirma sind die Lizenzrechte nicht geklärt. Übrigens mit nur 73 Minuten eine der kürzesten Folgen.

2) **»Der gelbe Unterrock«** (109/80) – spielt im Drogenmilieu. Die drastische Gewaltphantasie des Täters dürfte offensichtlich das Wiederholungsverbot veranlasst haben. Aus heutiger Sicht eigentlich unverständlich, da das öffentlich-rechtliche Fernsehen schon manch härtere »Kost« gesendet hat.

3) **»Mit nackten Füßen«** (110/80) – Eine Rollenfigur erwähnt die ZDF-Serie »Ein Fall für Zwei«. Die Konkurrenz wollte man doch nicht so hervorheben. Drehbuchautor dieser »Tatort«-Folge und von der ZDF-Serie war Karl Heinz Willschrei.

4) **»Tod im Jaguar«** (335/96) – setzte sich des antisemitischen Verdachts aus, da jüdische Geschäftsleute eine dubiose Rolle spielen.

5) **»Krokodilwächter«** (346/96) – wegen seiner Sex- und Gewaltszenen erregte die Folge den vehementen Widerspruch von Politikern.

6) **»Wem Ehre gebührt«** (684/07) – Das Thema ist ein sogenannter Ehrenmord: Die islamische Glaubensgemeinschaft der Aleviten fühlte sich verunglimpft beziehungsweise sah sie ihre religiösen Gefühle verletzt. Es war sogar zu Strafanzeigen gegen die Drehbuchautorin Angelina Maccarone und den NDR gekommen.

Die Berliner-Folge »Tod im U-Bahnschacht« (57/75) gehörte nach ihrer Erstausstrahlung zu den umstrittensten Episoden der Serie. Einem Bauarbeiter werden von einer Raupe die Beine abgefahren. Sein Todeskampf ist in einer langen Einstellung zu sehen. In man-

chen actionreichen Schimanski-Folgen ging es ebenfalls hart zur Sache: zum Beispiel in »Schwarzes Wochenende« (184/86) oder »Zahn um Zahn« (200/ 87).
Über 25 Jahre war die WDR-Folge »Drei Schlingen« (78/77) wegen zu drastischer Gewaltszenen in den Giftschrank verbannt worden. Sie wurde vom WDR in der Haferkamp-Reihe 2010 wiederholt, mit leichten Schnitten.
Alles in allem lässt sich daraus wahrlich keine Skandal-Chronik ableiten. Der »Tatort« ist Mainstream im besten Sinne des Wortes. Ein paar unbedeutende Ausrutscher hat es hier und dort gegeben, sie wurden aber bei den Wiederholungen bereinigt. Vor allem seit 2005, meist ging es darum, Schleichwerbung zu vermeiden.
Von Zensur bei den Giftschrank-Folgen zu sprechen, würde weit über das Ziel hinausschießen. Es ist eine gewisse Vorsicht – man mag sie teilen oder nicht. Aus heutiger Sicht dürfte keine der oben aufgeführten Episoden großen seelischen Schaden beim aufgeklärten Zuschauer anrichten. Die Kino- und Fernsehwelt ist da längst zu ganz anderen Ufern aufgebrochen.
Die Serie »Tatort« hat zu keiner Zeit wirklich für nachhaltige Aufregung gesorgt. Sie ist vielmehr in ihrer überwiegenden Mehrzahl der Folgen – in unterschiedlicher Qualität – ein »ausgewogenes« Abbild der deutschen Gesellschaft geblieben. Der »Tatort« wird seit 40 Jahren seinem Programmauftrag, beste Krimi-Unterhaltung zu bieten, gerecht.

Teil 1:

Die Folgen 1970–2010 (1–765)

Das erste Jahrzehnt

Tatort-Folgen 1970–1979 (1–107)

1970

1/70 – Taxi nach Leipzig (NDR)

Sendedatum:	29.11.70
Quote*:	61 % Marktanteil (MA)
Hamburg:	Trimmel
Drehbuch:	Friedhelm Werremeier, Peter Schulze-Rohr
Regie:	Peter Schulze-Rohr
Schauspieler:	unter anderem Hans-Peter Hallwachs, Günter Lamprecht

Die Schuhe, die ein toter Junge trägt, der auf einem Autobahnrastplatz bei Leipzig gefunden wird, wurden in der Bundesrepublik gekauft. Die Behörden der DDR fordern die BRD zur Mitarbeit an der Aufklärung des Falles auf. Doch sie ziehen ihr Hilfeersuchen bald wieder zurück. Trimmel bleibt an den Ermittlungen dran. Hartnäckige und grenzüberschreitende Nachforschungen enthüllen schließlich eine tragische Affäre zwischen Ost und West.

2/70 – Saarbrücken, an einem Montag (SR)

Sendedatum:	13.12.70
Quote:	65 % MA
Saarbrücken:	Liersdahl
Drehbuch:	Johannes Niem
Regie:	Karl-Heinz Bieber
Schauspieler:	unter anderem Erik Schumann, Arthur Brauss

* Quote und Marktanteil nicht für jede Folge ermittelbar.

Die Spuren einer verschwundenen Datenverarbeiterin, die in einem saarländischen Stahlwerk angestellt war, führen die Kommissare Liersdahl und Schäfermann auch über die Grenze nach Frankreich. Von ihren dortigen Kollegen bekommen sie wichtige Informationen. Ein Mord geschieht. Die Recherchen der beiden in ihren Charakteren so unterschiedlichen Kommissare bekommen eine neue Richtung.

1971

3/71 – Kressin und der tote Mann im Fleet (WDR)

Sendedatum: 10. 01. 71
Quote: 50 % MA
Köln: Kressin
Drehbuch: Wolfgang Menge
Regie: Peter Beauvais
Musik: Klaus Doldinger
Schauspieler: unter anderem Sabine Sinjen, Eva Renzi, Ivan Desny, Paul Verhoeven, Hermann Lenschau

Kurz vor Ende einer Mittelmeer-Kreuzfahrt und der Rückkehr nach Hamburg lernt Zollfahnder Kressin den Reiseleiter Canitz kennen. Dieser wird kurze Zeit später ermordet. Als Kressin davon aus der Zeitung erfährt, schaltet er sich in die Ermittlungsarbeit von Kommissar Trimmel ein. Er gerät auf die Fährte einer Verbrecherbande, die größere Rauschgiftmengen ins Land schmuggelt.

4/71 – Auf offener Straße (SDR)

Sendedatum: 07. 02. 71
Quote: 59 % MA
Stuttgart: Lutz
Drehbuch: Leonie Ossowski, Gunther Solowjew
Regie: Theo Mezger
Schauspieler: unter anderem Karl-Heinz von Hassel

Ein in Mannheim an Land gegangener, aggressiver Matrose bedroht einen Passanten. Auf einen Fußgänger, der dem anderen couragiert zur Hilfe eilen will, sticht er mit einem Messer mehrfach ein. Der Grund seiner grenzenlosen Wut: Ein Bar-Mädchen ließ ihn nach einer auf seine Kosten durchzechten Nacht abblitzen. Dabei wollte er sie doch heiraten. Seine Enttäuschung schlägt in Wut um.

5/71 – Kressin und der Laster nach Lüttich (WDR)

Sendedatum:	07. 03. 71
Quote:	61 % MA
Köln:	Kressin
Drehbuch:	Wolfgang Menge
Regie:	Tom Toelle
Musik:	Klaus Doldinger
Schauspieler:	unter anderem Ivan Desny

Kressin und seine Kollegen sind Alkoholschmugglern auf der Spur. Die Bande hat dafür einen einfachen wie raffinierten Trick: Ein LKW bringt die getarnte Ware aus dem Ostblock über die Grenze, als Transitgut nach Belgien deklariert. In einem geheimen Versteck wird der Alkohol gegen die in den Zollpapieren bezeichnete Ware ausgetauscht. Ein fast gefahrloses Unternehmen, würde nicht eines Tages ein Mord geschehen.

6/71 – Frankfurter Gold (HR)

Sendedatum:	04. 04. 71
Quote:	55 % MA
Stuttgart:	Konrad
Drehbuch:	Eberhard Fechner
Regie:	Eberhard Fechner
Schauspieler:	unter anderem Hans-Christian Blech, Karl Lieffen, Günter Strack, Rolf Schimpf

Nach einem authentischen Fall: Stein hat mit seinen erfolgreichen Börsenspekulationen Anerkennung und Vertrauen bei Freunden und Bekannten, die von seinen Geschäften profitiert haben, gewonnen. Jetzt hat er ein neues Geschäft im Auge, und dafür kann er kiloschwere Sicherheiten anbieten, von denen niemand weiß, dass sie nur eine Attrappe sind. Eine Familie ist besonders an Steins geplanter »Transaktion« interessiert.

7/71 – Kressin stoppt den Nordexpress (WDR)

Sendedatum:	02.05.71
Quote:	49 % MA
Köln:	Kressin
Drehbuch:	Wolfgang Menge
Regie:	Rolf von Sydow
Musik:	Klaus Doldinger
Schauspieler:	unter anderem Gitte Haenning, Ivan Desny, Edgar Hoppe, Alexander May

Sievers und seine Bande bereiten Kressin Ärger. Zwei Kriminelle sollen aus dem Ausland nach Köln überführt werden. Gangsterboss Sievers und »seine Mitarbeiter« wollen die beiden entführen. Er plant, den »Nordexpress« an geeigneter Stelle zu stoppen und schleust Bandenmitglieder beim Zugpersonal ein. Was sie nicht wissen: Zollfahnder Kressin sitzt auf seiner Rückreise aus Dänemark im Zug.

8/71 – Blechschaden (NDR)

Sendedatum:	13.06.71
Quote:	60 % MA
Kiel:	Finke
Drehbuch:	Herbert Lichtenfeld
Regie:	Wolfgang Petersen
Schauspieler:	unter anderem Ruth-Maria Kubitschek, Götz George, Wolf Roth, Horst Beck

Auf der Heimfahrt von einem Wochenendtrip mit seiner Geliebten nach Travemünde verursacht der verheiratete Bauunternehmer Breuke einen Unfall mit einem Radfahrer und begeht Fahrerflucht. Ein Erpresser versucht die Situation für sich zu nutzen. Und dann wird noch in der Nähe ein von mehreren Kugeln getroffener Mann gefunden.

9/71 – Exklusiv! (NDR)

Sendedatum:	11.07.71
Quote:	42 % MA
Hamburg:	Trimmel
Drehbuch:	Friedhelm Werremeier
Regie:	Peter Schulze-Rohr
Schauspieler:	unter anderem Heinz Bennent, Heinz Schubert, Konrad Mayerhoff, Jürgen Schmidt

Noch einmal ein neues Leben beginnen. Das war der Wunsch des Filialleiters einer Bank, der eine Million Mark in seinen Besitz bringt. Sich der Polizei zu stellen und eine Gefängnisstrafe von höchstens fünf Jahren zu kassieren, kalkulierte er ein. Die Beute musste vorher sicher versteckt sein, um einen Diebstahl des Geldes vortäuschen zu können. Doch wie bei (fast) jedem perfekten Verbrechen geschieht etwas Unvorhergesehenes.

10/71 – AE612 ohne Landeerlaubnis (NDR)

Sendedatum:	12.09.71
Quote:	61 % MA
Hamburg:	Trimmel
Drehbuch:	Friedhelm Werremeier
Regie:	Peter Schulze-Rohr
Schauspieler:	unter anderem Günter Mack, Heinz Bennent, Gunnar Möller, Ilona Grübel, Dieter Prochnow, Günter Gaus

Max Bergusson besteigt dasselbe Flugzeug wie ein Araber, der in den Libanon fliegen will. Er telefoniert vor Abflug mit Kommissar Trimmel. Nachdem die Maschine in der Luft ist, wird sie von Bergusson nach Hamburg entführt. Der Araber bemerkt die Richtungsänderung. Es kommt zu einem Konflikt zwischen den beiden Männern, den der Kapitän zu entschärfen versucht. Trimmel dramatisiert die Ereignisse in der Luft durch sein Eingreifen vom Boden aus.

11/71 – Der Richter in Weiß (NDR)

Sendedatum: 10.10.71
Quote: 66 % MA
Hamburg: Trimmel
Drehbuch: Friedhelm Werremeier
Regie: Peter Schulze-Rohr
Schauspieler: unter anderem Erika Pluhar, Helmut Käutner, Gerda Gmelin, Peter Roggisch, Rolf Bossi

Die Leiche des angesehenen Chefarztes eines Hamburger Krankenhauses führt Trimmel ins Milieu der Schönen und Reichen, in eine Villa an der Alster. Schnell gerät die attraktive, verwöhnte Witwe des Erschossenen in Verdacht, ihren Ehemann im Wahn, aber aus Notwehr umgebracht zu haben. Der Amtsarzt empfiehlt, die Frau zur Untersuchung in eine psychiatrische Klinik einzuweisen. Trimmel glaubt nicht an Notwehr.

12/71 – Mordverdacht (ORF)

Sendedatum: 07.11.71
Quote: 68 % MA
Wien: Marek
Drehbuch: Fritz Eckhardt
Regie: Walter Davy
Schauspieler: unter anderem Paul Hörbiger, Werner Hinz

Der Mord an der Frau des Großindustriellen Tüllmann bringt den Ehemann selbst in Verdacht. Er versucht seine zerrüttete Ehe vor der Polizei zu verbergen und in einem besseren Licht darzustellen. Die Ermittlungen bringen jedoch die krankhafte Eifersucht der Toten und Kontakte zur kriminellen Szene ans Tageslicht. Inspektor Marek führt die Fäden zusammen.

13/71 – Der Boss (SFB)

Sendedatum: 19.12.71
Quote: 38 % MA
Berlin: Kasulke

Drehbuch: Johannes Hendrich
Regie: Heinz Schirk
Schauspieler: unter anderem Heribert Sasse

An der Grenze zur DDR wird ein toter junger Mann gefunden. Spuren führen Kommissar Kasulke zu einer Gruppe von Jugendlichen, die sich auf Pelzdiebstahl spezialisiert hat. Sie sind Amateure, der Tote ihr Anführer. Er allein kannte den Weg, die gestohlene Ware zu verschieben. Ein Geheimnis, das er mit dem Tod bezahlen musste.

1972

14/72 – Münchner Kindl (BR)
Sendedatum: 09.01.72
Quote: 64 % MA
München: Veigl
Drehbuch: Michael Kehlmann, Carl Merz
Regie: Michael Kehlmann
Schauspieler: unter anderem Louise Martini, Hans Reiser, Walter Kohut, Walter Sedlmayr, Walter Schmidinger

Ein Kind wird entführt. Die Polizei verdächtigt eine aus der Psychiatrie entflohene Frau, die vor Jahren schon einmal ein Kind entführt hatte und das dabei ums Leben kam. Ob es damals ein Unfall war, oder sich um gezielte Tötung handelte, konnte nicht geklärt werden. Einige Tage nach der aktuellen Entführung ruft ein Erpresser bei den Eltern des Kindes an und fordert Lösegeld für die Freilassung. Eine völlig neue Spur oder ein weiterer Puzzlestein in diesem Kidnapping-Fall?

15/72 – Wenn Steine sprechen (SWF)
Sendedatum: 13.02.72
Quote: 59 % MA
Baden-Baden: Pflüger

Drehbuch: Bruno Hampel
Regie: Erich Neureuther
Schauspieler: unter anderem Joachim Bliese, Eva Astor

Ein Obdachloser beichtet kurz vor seinem Tod einen lange zurückliegenden Mord während des Zweiten Weltkrieges an einem »Westwallarbeiter«. Doch bevor die Kriminalpolizei Genaueres erfahren kann, wird der todkranke Mann umgebracht. Kommissar Pflüger muss beide Mordfälle recherchieren. Spuren führen in die sogenannten »besseren Kreise« der Baden-Badener Gesellschaft.

16/72 – Der Fall Geisterbahn (HR)

Sendedatum: 12.03.72
Quote: 59 % MA
Frankfurt: Konrad
Drehbuch: Hansjörg Martin, Hans Dieter Schwarze
Regie: Hans Dieter Schwarze
Musik: Klaus Doldinger
Schauspieler: unter anderem Herbert Bötticher, Ursula Herking, Rainer Basedow, Lia Wöhr

Klipp, Hauptmeister beim Einbruchsdezernat, vertritt den kranken Kommissar Konrad. Er muss den Mord an Otto Forster, dem Fahrgeschäft-Betreiber einer Geisterbahn, aufklären. Ein Mitarbeiter des Rummelplatzes kann seine Aussage nicht mehr machen, denn auch er kommt ums Leben. Klipp hat bald einen Verdacht.

17/72 – Kennwort Fähre (SDR)

Sendedatum: 03.04.72
Quote: 64 % MA
Stuttgart: Lutz
Drehbuch: Wolfgang Menge
Regie: Theo Mezger
Schauspieler: unter anderem Siegfried Rauch, Ulla Berkewicz, Frank Strecker, Max Strecker

Der Unfall einer jungen Frau, die nachts über Bord einer Bodenseefähre fiel, wirft einige Fragen auf. Die Leiche wird trotz intensiver Suche nicht gefunden. Kommissar Lutz verdächtigt den Ehemann eines Gewaltverbrechens an seiner Frau, doch er hat ein Alibi für die Tatzeit. Lutz ermittelt konsequent weiter und entdeckt bald einen besonders ausgeklügelten Versicherungsbetrug.

18/72 – Kressin und die Frau des Malers (WDR)

Sendedatum:	28.05.72
Quote:	55 % MA
Köln:	Kressin
Drehbuch:	Pim de la Parra jr., Klaus Recht, Hans Heinrich Ziemann
Regie:	Pim de la Parra jr.
Musik:	Klaus Doldinger
Schauspieler:	unter anderem Heidi Stroh, Hans Quest, Wolfgang Hinze, Ivan Desny, Klaus Höhne

Die Sievers-Bande schmuggelt wertvolle Gemälde alter Meister nach Holland. Um ungesehen durch die Zollkontrollen zu kommen, werden die Bilder als moderne Collagen getarnt. Kressin kommt der Bande dennoch auf die Spur und verfolgt die Schmuggler, die für ihr lukratives Geschäft auch vor einem Mord nicht zurückschrecken.

19/72 – Strandgut (NDR)

Sendedatum:	25.06.72
Quote:	61 % MA
Hamburg:	Finke
Drehbuch:	Herbert Lichtenfeld
Regie:	Wolfgang Petersen
Schauspieler:	unter anderem Wolf Roth, Wolfgang Kieling, Dieter Kirchlechner, Rolf Zacher, Karl-Heinz von Hassel

Rätselhafte Vorfälle erfordern Kommissar Finkes Einsatz auf Sylt. Ihm sind Fotos zugespielt worden, die zwei Männer in verfänglichen Positionen mit einem hübschen Mädchen zeigen. Einer der

Männer wurde zwischen Wenningstedt und Kampen zusammengeschlagen, der andere, so gibt dieser wenigstens vor, sei in den Dünen Sylts in Scherben getreten. Das Mädchen wird kurz darauf als Leiche an den Strand gespült.

20/72 – Kressin und der Mann mit dem gelben Koffer (WDR)

Sendedatum:	09.07.72
Quote:	56 % MA
Köln:	Kressin
Drehbuch:	Wolfgang Menge
Regie:	Michael Verhoeven
Musik:	Klaus Doldinger
Schauspieler:	unter anderem Ivan Desny, Paul Verhoeven, Günther Stoll, Rolf Castell, Traugott Buhre, Friedrich von Thun, Hermann Lenschau, Friedrich Nowottny, Ernst-Dieter Lueg

Zollfahnder Kressin hat den aus den Folgen 7/71 und 18/72 bekannten Gangsterboss Sievers, der sich dieses Mal auf Waffenschmuggel spezialisiert hat, nicht dingfest machen können. Eigentlich sollten die Waffen verschrottet werden, für die Sievers jetzt aber einen Interessenten gefunden hat. Auch scheut er nicht vor einem Mord an einem Mann zurück, der seinem Geschäft gefährlich in die Quere kam.

21/72 – Rechnen Sie mit dem Schlimmsten (NDR)

Sendedatum:	24.09.72
Quote:	64 % MA
Hamburg:	Trimmel
Drehbuch:	Friedhelm Werremeier
Regie:	Peter Schulze-Rohr
Schauspieler:	unter anderem Joachim Richert, Ulrich von Bock, Manfred Schermutzki, Sabine Sinjen, Kornelia Boje, Günter Einbrodt, Franz Rudnick, Bruno Dallansky, Gustl Bayrhammer

Ein Fall, der am Ende sogar für Kommissar Trimmel gefährlich wird. Bei dem erschossenen Leiter eines Rechenzentrums findet die Kripo nur bruchstückhafte Informationen. Kurz darauf wird auf eine enge Mitarbeiterin des Toten ein Anschlag verübt. Die Fährte führt zu einem Professor, der Gott über Leben und Tod spielt und seit einiger Zeit für ein größeres Angebot von Nieren auf dem »Transplantationsmarkt« sorgt.

22/72 – Rattennest (SFB)

Sendedatum:	08.10.72
Quote:	63 % MA
Berlin:	Kasulke
Drehbuch:	Johannes Hendrich
Regie:	Günter Gräwert
Schauspieler:	unter anderem Gerhard Dressel, Götz George, Ingrid van Bergen, Herbert Fux, Willy Semmelrogge, Klaus Sonnenschein, Dieter Hallervorden

Latschke, ein Kleinkrimineller, hat allen Grund zu verschwinden. Er hat es mit einer Schutzgeld-Erpresserbande aufgenommen, in deren Fängen er sich immer weiter verstrickt. Kommissar Kasulke, aber auch Latschkes Frau und sein halbwüchsiger Sohn suchen ihn. Es kommt zu einem Finale, in dem Latschke die Rechnung bezahlen muss.

23/72 – Die Samtfalle (ORF)

Sendedatum:	12.11.72
Quote:	68 % MA
Wien:	Marek
Drehbuch:	Fritz Eckhardt
Regie:	Walter Davy
Schauspieler:	unter anderem Kurt Jaggberg, Albert Rolant, Maria Emo, Ursula Stiller, Sieghardt Rupp, Heinz Reincke

Marek muss die Umstände aufklären, unter denen ein Spediteur ums Leben gekommen ist. Eine Uranerz-Ladung, die er transportieren sollte, wurde gestohlen. In dieser Tatsache wird ein Mordmotiv vermutet. Im engeren Familienkreis stößt Marek auf Intrigen und dubiose Verhältnisse, die ihn schließlich auf die richtige Fährte bringen. Auch Zollfahnder Kressin gerät ins Visir des Täters.

24/72 – Kennwort Gute Reise (HR)
Sendedatum: 10.12.72
Quote: 71 % MA
Frankfurt: Konrad
Drehbuch: Daniel Christoff
Regie: Georg Tressler
Schauspieler: unter anderem Frithjof Vierock, Heinz Kraehkamp

Drei Freunde, alle Gelegenheitsarbeiter, wollen ihren Traum vom großen Geld verwirklichen. Sie planen einen Überfall auf den Geldtransport einer Bank. Der Plan funktioniert. Die Kripo findet vorläufig keinen Hinweis auf die möglichen Täter. Kommissar Konrad bleibt jedoch gelassen, denn jeder Gauner macht früher oder später einen Fehler …

1973

25/73 – Tote Taube in der Beethovenstraße (WDR)
Sendedatum: 07.01.73
Quote: 59 % MA
Köln: Kressin
Drehbuch: Samuel Fuller
Regie: Samuel Fuller
Musik: The Can
Schauspieler: unter anderem Anton Diffring, Glenn Corbett, Christa Lang

Es geschieht während des turbulenten Kölner Karnevals: Ein Privatdetektiv aus New York, der einem überregionalen Erpresserring auf der Spur ist, wird ermordet. Ein Kollege des Toten schleust sich in die Erpresserbande ein. Kressin unterstützt ihn, Licht in den undurchschaubaren Fall zu bringen, der weitere Blutspuren hinterlässt.

26/73 – Ein ganz gewöhnlicher Mord (RB)
Sendedatum: 04.02.73
Quote: 53 % MA
Bremen: Böck
Drehbuch: Dieter Wedel
Regie: Dieter Wedel
Schauspieler: unter anderem Hans-Helmut Dickow, Franz Rudnick, Dagmar Berghoff, Fritz Lichtenhahn, Herbert Mensching, Günter Strack, Hans Brenner, Uwe Dallmeier, Antje Hagen, Edgar Bessen, Rainer Basedow

Die Zufallsbekanntschaft von vier Männern am Bremer Hauptbahnhof hat für einen der Männer schwerwiegende Konsequenzen. Nachdem die vier einen feuchtfröhlichen Abend gemeinsam verbracht haben, suchen sie am Ende noch ein Lokal außerhalb Bremens auf. Dort wird am nächsten Morgen eine Leiche gefunden. Hauptkommissar Böck steht vor einem Rätsel. Es vergeht wertvolle Zeit, bis der Tote identifiziert werden kann.

27/73 – Cherchez la femme oder die Geister vom Mummelsee (SWF)
Sendedatum: 04.03.73
Quote: 38 % MA
Baden-Baden: Gerber
Drehbuch: Dieter Waldmann
Regie: Wilm ten Haaf
Schauspieler: unter anderem Rosemarie Fendel, Günther Ungeheuer, Wolfgang Preiss, Sabine von Maydell, Gerda Gmelin

Die Busfahrt einer Reisegesellschaft in den Schwarzwald hält für die Mitreisenden der »Kieler Sprotte« eine böse Überraschung bereit. Eine Frau, die mit ihrer engen Freundin reiste, wird eines Tages ermordet aufgefunden. Ein mitfahrender Herr hatte zuvor für Unfrieden zwischen den sonst unzertrennlichen Freundinnen gesorgt. Für Kommissar Gerber ist erst einmal jeder der Mitreisenden ein potenzieller Täter.

28/73 – Stuttgarter Blüten (SDR)

Sendedatum:	01.04.73
Quote:	71% MA
Stuttgart:	Lutz
Drehbuch:	Wolfgang Menge
Regie:	Theo Mezger
Schauspieler:	unter anderem Frank Strecke, Max Strecker, Wolfgang Hepp, Willy Reichert

Diesmal hilft Kommissar »Zufall«: Bei einem Autounfall in der Nähe von Stammheim entdecken Polizisten eine 100-Mark-Schein-Druckplatte, die im Rahmen einer Falschgeldserie bereits bundesweit gesucht wird. Seit geraumer Zeit erscheinen regelmäßig falsche Hunderter, wenn auch nur im geringen Umfang. Eine Fährte führt Kommissar Lutz zu einer Gefängnisdruckerei.

29/73 – Jagdrevier (NDR)

Sendedatum:	13.05.73
Quote:	60% MA
Kiel:	Finke
Drehbuch:	Herbert Lichtenfeld
Regie:	Wolfgang Petersen
Schauspieler:	unter anderem Wolf Roth, Jürgen Prochnow, Walter Buschhoff, Karl-Heinz von Hassel

Kommissar Finke soll Kresch, den »wichtigsten« Mann eines kleinen Schleswig-Holsteinischen Dorfes beschützen: Ein entflohener Häftling hat Kresch Rache geschworen. Der Grund- und Hausbesitzer erscheint Finke in einem dubiosen Licht; und einige Bewohner des Dorfes scheinen auch Angst vor ihm zu haben. Der Vorgesetzte von Finke schätzt den Fall ganz anders ein. Doch davon lässt dieser sich nicht leiten.

30/73 – Weißblaue Turnschuhe (BR)

Sendedatum:	24.06.73
Quote:	47 % MA
München:	Veigl
Drehbuch:	Herbert Rosendorfer
Regie:	Wolf Dietrich
Schauspieler:	unter anderem Karl Obermayr, Maria Stadler, Franz Rudnick, Dieter Eppler

Veigl macht einen Obdachlosen dingfest, der einer alten Frau auf dem Friedhof die Handtasche stahl, in der sich neben der Brille nur 10 Mark befanden. Sie finden bei dem Gefassten mehr als nur den Inhalt der Tasche: kostbaren Schmuck. Spuren führen die Kommissare weiter zu einem alten Fall, der seit Monaten nicht aufgeklärt werden konnte.

31/73 – Kressin und die zwei Damen aus Jade (WDR)

Sendedatum:	08.07.73
Quote:	59 % MA
Köln:	Kressin
Drehbuch:	Karl Heinz Willschrei
Regie:	Rolf von Sydow
Musik:	Klaus Doldinger
Schauspieler:	unter anderem Ivan Desny, Francisca Tu, Ilona Grübel, Gert Haucke, Hermann Lenschau, Günter Lamprecht, Hans Hass jr., Volker Spengler, Dieter Prochnow, Dieter Eppler

Kressin hatte einen angenehmen Rückflug. Er erwartet in der Gepäckhalle des Flughafens seinen Koffer, als ihm eine Leiche, die eine Menge Geld bei sich hat, auf dem Transportband entgegenkommt.

Er vermutet eine Schmugglerbande hinter dem Mord und übernimmt die Ermittlungen. Die »Damen aus Jade«, zwei Schachfiguren, sind der Schlüssel zur Lösung des Falles.

32/73 – Platzverweis für Trimmel (NDR)

Sendedatum: 19.08.73
Quote: 55 % MA
Hamburg: Trimmel
Drehbuch: Friedhelm Werremeier, Peter Schulze-Rohr
Regie: Peter Schulze-Rohr
Schauspieler: unter anderem Christa Berndl, Jürgen Scheller, Hans Häckermann

Louis Spindel liegt tot im Fußballstadion. Doch der Fundort ist nicht der Tatort. Die Beweggründe, warum Spindel aus seinem Heimatdorf im Ruhrgebiet nach Hamburg in eine kleine Pension gezogen ist, sind unbekannt. Seine Ehefrau, die sich Irene Kohl nennt, besuchte ihren Mann ab und zu. Warum wurde die Leiche ausgerechnet im Fußballstadion abgelegt?

33/73 – Das fehlende Gewicht (SR)

Sendedatum: 30.09.73
Quote: 68 % MA
Saarbrücken: Liersdahl
Drehbuch: Bruno Hampel
Regie: Rolf von Sydow
Schauspieler: unter anderem Anita Lochner

Die Razzia in einem abseits, jedoch grenznah gelegenen Gasthof, einem mutmaßlichen Umschlagplatz für Rauschgift, ist nach monatelanger Observierung ergebnislos. Man vermutet eine undichte Stelle in den Reihen der Polizei. Zollinspektor Ridder ist verdächtig. Seine von ihm sitzengelassene Freundin macht Aussagen, die den Verdacht erhärten. Ihre auf diese Art ausgeübte Rache muss die Ex-Freundin mit dem Leben bezahlen. Ridder bestreitet sowohl den Mord als auch die Spitzeltätigkeit.

34/73 – Tote brauchen keine Wohnung (BR)

Sendedatum: 11.11.73
Quote: 47 % MA
Hamburg: Veigl
Drehbuch: Michael Molsner
Regie: Wolfgang Staudte
Musik: Popgruppe »18 Karat Gold«
Schauspieler: unter anderem Arthur Brauss, Veronika Faber, Veronika Fitz, Walter Sedlmayr

Der junge Bacher, der gerade aus der Jugendstrafanstalt aus Hamburg entlassen wurde, sucht sich in München, dem Wohnort seiner Mutter, einen Job. Er hilft einem Hausbesitzer bei der Entmietung alter Häuser, die dem Bau von neuen lukrativen Bürobauten im Weg stehen. Eines Tages liegt in einem solchen Haus eine tote Rentnerin; auch Bacher wird kurze Zeit später am Ufer der Isar erschlagen aufgefunden. Veigl hat einen komplizierten Fall zu lösen.

35/73 – Frauenmord (ORF)

Sendedatum: 09.12.73
Quote: 73 % MA
Wien: Marek
Drehbuch: Fritz Eckhardt
Regie: Fritz Eckhardt
Schauspieler: unter anderem Gert Westphal, Christiane Rücker, Otto Tausig, Peter Fricke, Max Strecker

Die Entführung der Frau eines Industriellen endet mit Mord. Marek und seinen Kollegen wird während ihrer Nachforschungen die zerrüttete Ehe offenbart. Zahlreiche Liebhaber, die nicht nur aus dem Unternehmen ihres Mannes stammten, begleiteten das luxuriöse und scheinbar lustvolle Leben der Frau. Hängen die Entführung und der Mord zusammen, gibt es nur einen Täter?

1974

36/74 – Nachtfrost (NDR)

Sendedatum: 20.01.74
Quote: 76 % MA
Kiel: Finke
Drehbuch: Herbert Lichtenfeld
Regie: Wolfgang Petersen
Schauspieler: unter anderem Hans-Peter Korff, Herbert Mensching, Uwe Dallmeier, Werner Schumacher

Die tote Verkäuferin in einem Mietshaus hatte noch einen lukrativen Nebenjob, von dem kaum jemand etwas wusste: Sie arbeitete als Callgirl. Das Tatmotiv liegt jedoch nicht sofort auf der Hand. Finke ermittelt im sozialen Umfeld der jungen Frau und unter den Kunden. Am Tag ihrer Ermordung hatte sie einen höheren Betrag von ihrem Konto abgehoben, um eine Boutique zu erwerben. Das Geld ist verschwunden.

37/74 – Eine todsichere Sache (HR)

Sendedatum: 17.02.74
Quote: 65 % MA
Frankfurt: Konrad
Drehbuch: Herbert Lichtenfeld
Regie: Thomas Fantl
Schauspieler: unter anderem Siegfried Wischnewski, Reiner Schöne, Hans-Helmut Dickow, Hildegard Krekel

Die sonntägliche Ruhe des Fabrikanten Moll wird durch einen Anruf abrupt beendet. Der Anrufer erklärt, dass er Molls Frau in seiner Gewalt habe und sie gegen ein Lösegeld einzutauschen bereit sei. Moll will es erst nicht glauben, fordert einen Beweis und muss dann die Tatsache akzeptieren. Er will das Geld zahlen, doch er schaltet auch die Polizei ein.

38/74 – Playback oder die Show geht weiter (SWF)

Sendedatum: 17.03.74
Quote: 60 % MA
Baden-Baden: Gerber
Drehbuch: Henner Höhs
Regie: Rolf von Sydow
Schauspieler: unter anderem Peter Bongartz, Tilo von Berlepsch, Frank Strecker, Heidi Brühl, Christiane Krüger, Rob Leuwen, Eckart Dux, Arthur Brauss

Der Schlagerstar Heidi Brühl wird im Rahmen ihrer Tournee auch bei einer großen Gala in Baden-Baden auftreten. Kommissar Gerber erhält einen Spezialauftrag: Er soll sich um die Sicherheit der prominenten Gäste kümmern. Auf den Orchesterleiter und auf eine Sängerin werden Attentate verübt – Gerber hat jede Menge zu tun.

39/74 – Acht Jahre später (WDR)

Sendedatum: 28.04.74
Quote: 66 % MA
Essen: Haferkamp
Drehbuch: Karl Heinz Willschrei
Regie: Wolfgang Becker
Schauspieler: unter anderem Karin Eickelbaum, Herbert Bötticher, Klaus Schwarzkopf

Der Entlassungstag des Einbrechers Brossberg aus der Haftanstalt naht. Haferkamp hatte ihn vor Jahren gestellt und dabei seinen Bruder getötet. Jetzt muss Haferkamp in seinem ersten Tatort-Auftritt die damals angedrohte Rache fürchten. Auch mit der Ex-Geliebten will Brossberg ein »Hühnchen rupfen«. Sie bittet Haferkamp um Hilfe, der sie in seiner Wohnung versteckt …

40/74 – 3:0 für Veigl (BR)

Sendedatum: 26.05.74
Quote: 65 % MA
Hamburg: Veigl

Drehbuch: Michael Kehlmann, Carl Merz
Regie: Michael Kehlmann
Schauspieler: unter anderem Edwin Noel, Gustl Weishappel, Klaus Löwitsch, Fritz Strassner, Max Grießer, Sammy Drechsel, Werner Schumacher

Alles steht im Fieber der bevorstehenden Fußball-Weltmeisterschaft. Veigl, wieder über Personalmangel klagend, hat mehrere Fälle zu lösen: Gefälschte Eintrittskarten für die WM, einen Selbstmord, der keiner war, die Flucht des Chefs eines Gangstersyndikats und den Mord an zwei Kriminellen durch einen ihrer ehemaligen Kumpanen.

41/74 – Zweikampf (WDR)
Sendedatum: 23.06.74
Quote: 64 % MA
Essen: Haferkamp
Drehbuch: Karl Heinz Willschrei
Regie: Wolfgang Becker
Schauspieler: unter anderem Bernd Schäfer, Karin Eickelbaum, Heinz Baumann, Ursula Lingen, Thomas Astan, Werner Bruhns, Horst Sachtleben, Gustl Bayrhammer

Die Ehefrau eines Industriellen wird entführt. Nach geglückter Lösegeldübergabe wieder freigelassen ist sie jedoch keine große Hilfe bei der Aufklärung. Die Überführung des Täters scheitert vorerst, doch Kommissar Haferkamp bleibt hartnäckig dem Verdächtigen dicht auf den Fersen.

42/74 – Gift (NDR)
Sendedatum: 21.07.74
Quote: 55 % MA
Hamburg: Trimmel
Drehbuch: Friedhelm Werremeier
Regie: Peter Schulze-Rohr
Schauspieler: unter anderem Klaus Schwarzkopf, Edgar Hoppe, Ulrich von Bock, Renate Grosser, Werner Cartano, Hans Kahlert

Spielende Kinder finden auf einer Müllkippe eine Leiche. Doch nicht nur diese liegt hier, sondern auch eine ganze Reihe von Giftfässern. Trimmel und Finke ermitteln im weiteren Verlauf in Hamburg und Kiel. Schon bald sehen sie einen Zusammenhang zwischen dem Toten und der skandalösen Umweltverschmutzung. Bevor die Kriminalisten den Fall komplett aufdecken können, geschieht ein weiterer Mord.

43/74 – Gefährliche Wanzen (SDR)

Sendedatum:	29.09.74
Quote:	59 % MA
Stuttgart:	Lutz
Drehbuch:	Wolfgang Menge
Regie:	Theo Mezger
Schauspieler:	unter anderem Werner Kreindl, Günther Ungeheuer, Claus Theo Gärtner, Rolf von Sydow, Dietz Werner Steck, Helmut Stange, Peter Drescher, Karl-Heinz von Hassel

In einer Ölraffinerie kann der »Spion« durch zahlreich installierte Wanzen mithören. Aus dem Kernkraftwerk in Karlsruhe werden Konstruktionspläne und andere geheime Unterlagen entwendet. Kommissar Lutz vermutet ausländische Militärspionage. Doch bald korrigiert er seine Vermutung. Es sich handelt sich um reine Wirtschaftsspionage.

44/74 – Mord im Ministerium (ORF)

Sendedatum:	13.10.74
Quote:	70 % MA
Wien:	Marek
Drehbuch:	Fritz Eckhardt
Regie:	Fritz Eckhardt
Schauspieler:	unter anderem Kurt Jaggberg, Albert Rolant, Ivan Desny, Dagmar Koller, Paul Esser, Stefan Paryla

Eine vergiftete Tasse Kaffee trank vielleicht der Falsche; der Anschlag könnte auch dem Minister gegolten haben. Der Kriminalpolizei bleibt nicht viel Zeit, dann geschieht ein zweiter Giftmord. Wer profitiert von den Todesfällen? Inspektor Marek hat eine Vermutung.

45/74 – Kneipenbekanntschaft (NDR)

Sendedatum:	10.11.74
Quote:	68 % MA
Hannover:	Brammer
Drehbuch:	Hans Drawe, Rüdiger Humpert
Regie:	Jörg-Michael Baldenius
Musik:	Rolf Kühn
Schauspieler:	unter anderem Karl Michael Vogler, Rosemarie Fendel, Dieter Prochnow, Hanni Vanhaiden, Udo Lindenberg

Eine Frau, die gern in verschiedenen Kneipen unterwegs war, wird eines Abends in einem Park umgebracht. Die Kripo vermutet einen Raubmord, obwohl der oder die Täter den Schmuck ihres Opfers, einen wertvollen Ring und ein Armband, übersehen haben müssen. Ein Sexualdelikt ist nicht auszuschließen. In den Kreis der Verdächtigen rücken drei Männer mit plausiblem Tatmotiv.

46/74 – Der Mann aus Zimmer 22 (WDR)

Sendedatum:	08.12.74
Quote:	72 % MA
Duisburg:	Haferkamp
Drehbuch:	Oliver Storz
Regie:	Heinz Schirk
Schauspieler:	unter anderem Rolf Schimpf, Karin Eickelbaum, Alexander Kerst, Monica Bleibtreu, Marie-Luise Marjan, Ulli Lommel, Hans Häckermann

In einem Hotelzimmer geschieht ein Frauenmord. Der Zimmerkellner (Ulli Lommel) wird verdächtigt und verhaftet. Doch Kommissar Haferkamp wachsen immer mehr Zweifel, ob er wirklich der Täter ist. Eine Spur führt ihn in Abgründe gesellschaftlicher Tabus und schließlich zu einem Serienmörder.

1975

47/75 – Die Rechnung wird nachgereicht (HR)

Sendedatum: 19.01.75
Quote: 52% MA
Frankfurt: Konrad
Drehbuch: Herbert Lichtenfeld
Regie: Fritz Umgelter
Schauspieler: unter anderem Herbert Stass, Sabine von Maydell, Udo Vioff, Günter Strack, Heinz Werner Kraehkamp, Willi Rose, Sky Dumont, Karl-Heinz von Hassel

Von der versteckten großen Beute haben die Geldräuber nichts mehr. Der eine wurde erschossen, der andere ging in den Knast. Seine Gesundheit wird ihm eine Rückkehr in die Freiheit nicht mehr erlauben. Häftling Klein soll entlassen werden. Der Kranke verrät ihm das Versteck. Nichts bleibt so, wie es ist: Als Klein das Versteck aufsucht, muss er feststellen, dass an der beschriebenen Stelle, wo das Geld liegen soll, ein Wohnhaus steht.

48/75 – Als gestohlen gemeldet (BR)

Sendedatum: 16.02.75
Quote: 67% MA
München: Veigl
Drehbuch: Erna Fentsch
Regie: Wilm ten Haaf
Schauspieler: unter anderem Gisela Uhlen, Susanne Uhlen, Hans Löscher, Leopold Gmeinwieser, Addi Adametz, Gerd Deutschmann

Der Kfz-Meister Jirisch, Angestellter einer größeren Autowerkstatt, stirbt im Krankenhaus, nachdem er am Stadtrand schwerverletzt aufgefunden wurde. Veigl muss untersuchen, ob es ein Verbrechen oder ein Verkehrsunfall war. Er stößt bei seinen Recherchen auf ein offensichtlich florierendes Geschäft: Viele Kunden der Werkstatt, Besitzer neuer Autos, müssen häufig einen Autodiebstahl anzeigen. Die Firma kann in kürzester Zeit Ersatz anbieten.

49/75 – Tod eines Einbrechers (SWF)

Sendedatum:	16. 03. 75
Quote:	57 % MA
Baden-Baden:	Gerber
Drehbuch:	Rolf von Sydow, Herbert Lichtenfeld
Regie:	Rolf von Sydow
Schauspieler:	unter anderem Peter Bongartz, Judy Winter, Werner Bruhns, Dietmar Schönherr, Gerd Keller, Wolfgang Zerlett, Hanns Bernhardt

Während eine verheiratete Frau mit ihrem Liebhaber in ihrem Haus schöne Stunden verlebt, werden die beiden von einem Einbrecher gestört. Der Liebhaber erschlägt den Störenfried. Das Paar lässt die Leiche verschwinden, die jedoch bald gefunden wird. Jemand scheint das Liebespaar beobachtet zu haben, das nun zusätzlich in eine Erpressung verstrickt wird.

50/75 – Wodka Bitterlemon (WDR)

Sendedatum:	13. 04. 75
Quote:	55 % MA
Essen:	Haferkamp
Drehbuch:	Henry Kolarz
Regie:	Franz Peter Wirth
Schauspieler:	unter anderem Claudia Amm, Heinz Bennent, Jürgen Kloth, Lil Dagover, Margot Trooger, Sabine von Maydell, Katharina Seyferth, Sky Dumont

Fabrikant Koenen braucht abendliche Gesellschaft. Er nimmt ein junges Mädchen mit zu sich nach Hause, das ihren Bus verpasst hat. Nach einem Drink ist das Mädchen tot, als der Fabrikant aus dem Badezimmer zurückkehrt. Er gerät in Panik und bringt die Leiche in einen Park. Indizien weisen schnell auf Koenen als Täter, das

Mädchen wurde vergiftet. Doch findet Haferkamp kein überzeugendes Motiv. Er nimmt die Familie des Fabrikanten genauer unter die Lupe …

51/75 – Das zweite Geständnis (BR)

Sendedatum:	11.05.75
Quote:	51 % MA
München:	Veigl
Drehbuch:	Michael Molsner
Regie:	Wilm ten Haaf
Schauspieler:	unter anderem Hans Baur, Eberhard Peiker, Theowald Lössl, Veronika Fitz, Lisa Fitz, Siegfried Rauch, Werner Schnitzer, Gerd Deutschmann, Toni Berger, Franz Keck, Leopold Gmeinwieser

Bauer Koczyk sitzt in U-Haft. Er bestreitet heftig die ihm zur Last gelegten Taten: Brandstiftung auf seinem Hof und Mord. Während eines Streites mit seinem Zellengenossen gibt er an, seine Schwägerin ermordet zu haben. Nur Angabe? Veigl hat die Ermittlungen in beiden Fällen übernommen. Mit Hilfe von Freunden und Bekannten des Bauern versucht er eine Rekonstruktion des Tatablaufes.

52/75 – Die Abrechnung (WDR)

Sendedatum:	08.06.75
Quote:	46 %
Essen:	Haferkamp
Drehbuch:	Karl Heinz Willschrei
Regie:	Wolfgang Becker
Schauspieler:	unter anderem Maria Schell, Irina Wanka, Rolf Becker, Romuald Pekny

In einer Villa wird der Hausherr ermordet. Der vermeintliche Täter wird von der Schwiegertochter erschossen. Kommissar Haferkamp verdächtigt die Schwiegertochter, auch ihren Schwiegervater getötet zu haben. Es kommt zur Anklage. Doch überzeugende Beweise fehlen, und dank eines guten Strafverteidigers wird die Angeklagte freigesprochen. Kurz darauf wird die Tochter der Freigesprochenen ermordet. Derselbe Strafverteidiger hält diesmal kein überzeugendes Plädoyer.

53/75 – Mordgedanken (NDR)

Sendedatum:	06. 07. 75
Quote:	55 % MA
Haannover:	Brammer
Drehbuch:	Rainer Boldt, Rüdiger Humpert (Romanvorlage Stefan Murr)
Regie:	Bruno Jantoss
Schauspieler:	unter anderem Gunnar Möller, Silvia Reize, Herbert Bötticher, Peter Herzog, Jutta Speidel, Karl-Ulrich Meves

Eine zufällige und grauenhafte Entdeckung macht ein Bahnangestellter in einem Vorort von Hannover: In einem französischen Margarinekarton findet er eine abgetrennte Frauenhand. Ein ähnlicher Fund war bereits einige Tage zuvor in Bayern gemacht worden. Kommissar Brammer begibt sich auf die Spuren eines mysteriösen Falles. Er trifft auf einen im Harz lebenden Fleischwaren-Fabrikanten …

54/75 – Schöne Belinda (SDR)

Sendedatum:	31. 08. 75
Quote:	70 % MA
Stuttgart:	Lutz
Drehbuch:	Urs Aebersold
Regie:	Theo Mezger
Schauspieler:	unter anderem Frank Strecker, Werner Bruhns, Monika Gabriel, Annette Kluge

Der Chauffeur des schwäbischen Geschäftsmannes Lippens wird erschossen aus der Donau gefischt. Die Spuren führen in die Ulmer Unterwelt. Eine schöne, rätselhafte Frau, Belinda, war mit dem alleinlebenden Geschäftsmann bekannt. Welche Absichten verfolgt sie?

55/75 – Urlaubsmord (ORF)

Sendedatum: 28.09.75
Quote: 56 % MA
Wien: Marek
Drehbuch: Fritz Eckhardt
Regie: Peter Weck
Schauspieler: unter anderem Albert Rolant, Lieselotte Plauensteiner, Karl Mittner, Karl Augustin, Ferdinand Kaup

Dieser Fall führt Marek, ohne es anfangs zu ahnen, zu zwielichtigen Gestalten des Rauschgiftschmuggels. Der Tod einer jungen Frau, die in der verschlossenen Wohnung eines Ehepaares liegt, das verreist war, lässt keinen Zusammenhang mit dem Mord an einem Rauschgiftschmuggler, der ganz in der Nähe des Urlaubsortes passierte, erkennen.

56/75 – Treffpunkt Friedhof (WDR)

Quote: 12.10.75
Sendedatum: 62 % MA
Essen: Haferkamp
Drehbuch: Werner Kließ
Regie: Wolfgang Becker
Schauspieler: unter anderem Karin Eickelbaum, Krista Keller, Karl-Maria Schley, Matthias Fuchs, Peter Oehme

Ein Fabrikant wird erpresst. Beim Einbruch in sein Wohnhaus wird die Haushälterin erschossen. Der mutmaßliche Erpresser und Mörder wird schnell ermittelt, doch für die Verhaftung fehlen noch Beweise. Ein vergangenes Geschehen liefert ein schlüssiges Motiv: Ein Angestellter, der für das Unternehmen eine wichtige Erfindung gemacht hatte, war seiner Ansicht nach dafür nicht genügend entlohnt worden. Die Tochter des Angestellten und Ex-Freundin des Täters sorgt für ein Treffen zwischen Täter und Kommissar, das dramatische Folgen hat.

57/75 – Tod im U-Bahnschacht (SFB)

Sendedatum: 09.11.75
Quote: 56 % MA
Berlin: Schmidt
Drehbuch: Peter Stripp
Regie: Wolf Gremm
Schauspieler: unter anderem Erdal Merdan, Manfred Günther, Dorothea Moritz, Günter Meisner, Klaus Münster

Kommissar Schmidt und seine Kollegen setzen den jungen Türken Arkan als »Lockvogel« ein. Sie wissen, dass er als unerwünschter Zeuge eines Unfalls für eine kriminelle Bande gefährlich ist, und hoffen, durch ihn auf eine entscheidende Spur zu gelangen. Die Rechnung der Kommissare geht auf. Arkan gerät als lebende Zielscheibe zwischen die Fronten von Gut und Böse.

58/75 – Kurzschluss (NDR)

Sendedatum: 07.12.75
Quote: 61 % MA
Hamburg: Finke
Drehbuch: Herbert Lichtenfeld, Wolfgang Petersen
Regie: Wolfgang Petersen
Schauspieler: unter anderem Dieter Laser, Günter Lamprecht, Johanna Liebeneiner, Henry Kielmann, Ilse Seemann, Fritz Hollenbeck, Wolf Roth

Die zufällige Begegnung von drei Personen hat für die Beteiligten folgenschwere Konsequenzen. Ein Dominoeffekt nimmt seinen Anfang mit dem streikenden Fluchtauto eines Bankräubers. Dieser sucht sich mit Waffengewalt einen »Chauffeur«: ein Vertreter, der wegen eines Alkoholdelikts keine Fahrerlaubnis mehr besitzt. Unterwegs gerät ein Polizeiauto, bei dem die Funkanlage defekt ist, zufällig hinter den Fluchtwagen, was die Fliehenden als Verfolgung interpretieren. Sie erhöhen ihr Tempo, werden auffällig …

1976

59/76 – Augenzeuge (SDR)

Sendedatum: 18. 01. 76
Quote: 67 % MA
Stuttgart: Lutz
Drehbuch: Urs Aebersold
Regie: Theo Mezger
Schauspieler: unter anderem Frank Strecker, Henning Venske, Kornelia Boje, Heinz Meier, Oskar Müller

Der Besitzer einer Land-Tankstelle fällt einem Raubmord zum Opfer. Ein Zeuge, der Weinhändler Santner, kann mit seinen Schilderungen der Polizei nicht viel weiterhelfen. Kommissar Lutz hegt die Vermutung, dass Santner von den Tätern erpresst wird. Dieser entwickelt hingegen einen eigenen Plan, der ihm Geld einbringen soll, und damit begibt er sich in eine gefährliche Situation.

60/76 – Kassensturz (SWF)

Sendedatum: 15. 02. 76
Quote: 66 % MA
Baden-Baden: Gerber
Drehbuch: Hasso Plötze
Regie: Michael Braun
Musik: Tangerine Dream
Schauspieler: unter anderem Peter Bongartz, Walter Jokisch, Eva Pflug, Wolfgang Völz, Gustl Weishappel, Christian Wolff, Helga Anders

Nach dem Diebstahl des Geldes aus dem Panzerschrank einer Poststelle verschwindet der Postinspektor Salm. Damit fällt der Tatverdacht fast automatisch auf ihn. Der Fall zieht in der kleinen Stadt weite Kreise. Mit der Waffe von Salm wird ein einflussreicher Mann erschossen. Die Schlinge um den Verdächtigen zieht sich weiter zu.

Gerber und sein Kollege Ihle müssen bald erfahren, dass sie in die Irre geführt wurden.

61/76 – Zwei Leben (WDR)

Sendedatum: 14.03.76
Quote: 60 % MA
Essen: Haferkamp
Drehbuch: Karl Heinz Willschrei
Regie: Wolfgang Staudte
Schauspieler: unter anderem Bernd Schäfer, Gisela Uhlen, Heinz Bennent, Dirk Dautzenberg

Ein Mann – von einer Dame beauftragt – verfolgt einen Fotohändler, der seiner Spielleidenschaft an den verborgensten Orten frönt. Der Verfolger gibt sich immer mehr zu erkennen, die Rollen verkehren sich: Der Verfolgte – nun enttarnt – wird zum Verfolger und erschießt den lästigen Beobachter. Eine Kamera, die er dem Toten nicht mehr entwenden konnte, bringt Kommissar Haferkamp auf die Spur, die zur New Yorker Mafia führt.

62/76 – Zwei Flugkarten nach Rio (HR)

Sendedatum: 11.04.76
Quote: 64 % MA
Frankfurt: Konrad
Drehbuch: Herbert Lichtenfeld
Regie: Fritz Umgelter
Schauspieler: unter anderem Manfred Seipold, Christian Quadflieg, Heinz W. Kraehkamp, Hans-Helmut Dickow, Liesel Christ, Günter Strack, Franz Grothe, Karl-Heinz von Hassel

Bei einem Banküberfall wird ein Kunde als Geisel auf die Flucht mitgenommen. Er kommt später wieder frei, doch er kann seinen Koffer nicht mitnehmen. Den behalten die Bankräuber. Sie sind über dessen Inhalt bei der Öffnung mehr als freudig überrascht: Geld und Schmuck im Wert von über einer Million DM. Die Ex-Geisel, ein trickreicher Dieb, gibt seine wertvolle Beute so ohne weiteres nicht verloren …

63/76 – Wohnheim Westendstraße (BR)
Sendedatum: 09.05.76
Quote: 52 % MA
München: Veigl
Drehbuch: Herbert Rosendorfer
Regie: Axel Corti
Schauspieler: unter anderem Hans Baur, Veronika Fitz, Toni Berger, Karl Obermayr, Jörg Hube, Kurt Weinzierl, Leopold Gmeinwieser

Veigl und sein Team gehen getrennte Wege. Ein Betriebsunfall mit Todesfolge auf dem Bahngelände ist nur vordergründig reine Routine. Es tauchen Ungereimtheiten auf. Bei einem Schwarzbau werden gestohlene Materialien der Bundesbahn verbaut. Recherchen führen die Kripo ins Münchner Gastarbeiter-Milieu. Eine engagierte Dolmetscherin hilft Veigl, die Sprachbarrieren zu überwinden.

64/76 – Fortuna III (WDR)
Sendedatum: 07.06.76
Quote: 56 % MA
Essen: Haferkamp
Drehbuch: Wolfgang Mühlbauer (Idee Hannes Burger)
Regie: Wolfgang Becker
Schauspieler: unter anderem Gerd Böckmann, Gracia-Maria Kaus, Bernd Schäfer, Hans Beerhenke, Ferdinand Dux, Hans Dieter Schwarz, Jürgen Schornagel

Der nächtliche Versuch einer Vergewaltigung auf der stillgelegten Schachtanlage Fortuna III endet für die junge Frau tödlich. Ein 12-Jähriger wird Zeuge. Der Täter ist der Verlobte der Schwester des Jungen. Der kleine Zeuge wird vom Täter zum Schweigen angehalten. Das ist für den notorischen Schulschwänzer und Herumtreiber kein Problem, will er doch sowieso zu seinem einzigen Freund nach

Australien. Kommissar Haferkamp fehlen Beweise und Indizien. Nur seinem Gefühl folgend beobachtet er den Jungen und versucht, seine Freundschaft zu gewinnen.

65/76 – ... und dann ist Zahltag (NDR)

Sendedatum: 15.08.76
Quote: 42% MA
Hannover: Brammer
Drehbuch: Werner Jörg Lüddecke; Romanvorlage »Der Zahltag« von Joachim Jessen
Regie: Jürgen Roland
Schauspieler: unter anderem Uwe Dallmeier, Jörg Pleva, Monica Bleibtreu, Walter Jokisch

Der Überfall von zwei Männern auf den Geldboten eines Supermarktes geht schief. Der eine Ganove kann verhindern, dass sein Komplize schießt. Dafür bekommt er mildernde Umstände und erhält eine neue Chance. Der andere wird zu einer längeren Haftstrafe verurteilt. Nach seiner Haftentlassung will er mit seinem Kumpanen abrechnen …

66/76 – Annoncen-Mord (ORF)

Sendedatum: 12.09.76
Quote: 61% MA
Wien: Marek
Drehbuch: Fritz Eckhardt
Regie: Peter Weck
Schauspieler: unter anderem Axel von Ambesser, Bruno Thost, Knut Hinz

Heiratsannoncen wurden für zwei Männer, die nach Wien kommen, zum Verhängnis. Ein vermisster, alleinstehender Gutsbesitzer wird tot aus der Donau gezogen. Die Obduktion ergibt, dass er vergiftet wurde. Auch ein alleinstehender Kaufmann musste auf diese Weise sterben. Bald gibt es auch noch ein weiteres Opfer.

67/76 – Trimmel und der Tulpendieb (NDR)

Sendedatum:	10.10.76
Quote:	48 % MA
Hamburg:	Trimmel
Drehbuch:	Friedhelm Werremeier, Peter Schulze-Rohr
Regie:	Peter Schulze-Rohr
Schauspieler:	unter anderem Ulrich von Bock, Joachim Richert, Brian O'Shaughnessy, Rudolf Brand, Peter Wagenbreth, Cees Heyne

Die Täter, die in Hamburg einen Geldtransport überfallen haben, können unerkannt entkommen. Sie haben als Treffpunkt eine kleine holländische Insel ausgesucht, um von dort mit einem Boot nach England zu fliehen. Die Polizei kommt ihnen noch rechtzeitig auf die Spur. Die Gangster nehmen zwei Inselbesucher als Geiseln, um ihrer Verhaftung zu entgehen.

68/76 – Abendstern (WDR)

Sendedatum:	07.11.76
Quote:	62 % MA
Essen:	Haferkamp
Drehbuch:	Herbert Lichtenfeld
Regie:	Wolfgang Becker
Schauspieler:	unter anderem Günter Gräwert, Andrea Rau, Christian Kohlund, Horst Sachtleben, Peter Musäus

Während einer Spazierfahrt eines älteren Mannes mit seiner jungen Freundin geht das Benzin aus. Der Fahrer geht zur nächsten Tankstelle. Als er zurückkommt, liegt seine Freundin schwer verletzt neben dem Auto. Er kann ihr nicht mehr helfen und lässt die Tote verschwinden. Sie wird bald entdeckt, da ganz in ihrer Nähe eine weitere männliche Leiche gefunden wurde.

69/76 – Transit ins Jenseits (SFB)

Sendedatum:	05.12.76
Quote:	44 % MA

Berlin: Schmidt
Drehbuch: Jens-Peter Behrend, Günter Gräwert
Regie: Günter Gräwert
Musik: Klaus Doldinger
Schauspieler: unter anderem Marius Müller-Westernhagen, Götz George, Gerd Baltus

Die Liebe einer Westberlinerin zu ihrem Freund wird von diesem nur oberflächlich erwidert. Die Frau wird von ihm benutzt, um Hinweise zur Fluchthilfe zu bekommen, die er an seinen Komplizen weitergibt. Eines Tages wird an der Transitstrecke von Westberlin in die Bundesrepublik eine Frauenleiche gefunden. Die Ostberliner Behörden schalten Kommissar Schmidt aus Westberlin ein.

1977

70/77 – Das Mädchen am Klavier (BR)
Sendedatum: 02. 01. 77
Quote: 68 % MA
München: Veigl
Drehbuch: Erna Fentsch
Regie: Lutz Büscher
Schauspieler: unter anderem Michael Degen, Ruth Drexel, Sissy Höfferer, Helen Vita

In den Trümmern einer abgebrannten Schule liegt die Leiche eines jungen Mädchens. Die Obduktion ergibt, dass die Tote durch einen Genickbruch und nicht durch den Brand ums Leben kam. Das Opfer wird später als eine türkische Putzfrau identifiziert. Das Hausmeisterehepaar ist im Urlaub. Der vorbestrafte Hausmeister macht sich verdächtig. Doch Veigl und Lenz haben viel zu tun, es kommen allerhand Tatverdächtige in Frage.

71/77 – Himmelblau mit Silberstreifen (SDR)

Sendedatum:	30.01.77
Quote:	65% MA
Stuttgart:	Lutz
Drehbuch:	Fritz Eckhardt
Regie:	Theo Mezger
Schauspieler:	unter anderem Klaus Herm, Edda Pastor, Günter Strack, Claudia Wedekind, Louise Martini, Max Strecker, Walter Schultheiß

Ein wohlhabender Mann ist in seinem Bungalow ermordet worden. Obwohl der Wandsafe aufgebrochen ist, glaubt Kommissar Lutz nicht an einen Raubmord. Es wurden keine Spuren für einen gewaltsamen Einbruch gefunden. Im Kreis der Verdächtigen steht der Bruder, mutmaßlicher Erbe des Opfers, der in der Stadt ein Fotogeschäft mit seiner Frau betreibt. Neben dem Bruder hatte die Haushälterin einen Schlüssel zur Wohnung. Und der Nachbar, der kurz vorher in der Wohnung war, hatte der ein Motiv?

72/77 – Flieder für Jaczek (HR)

Sendedatum:	27.02.77
Quote:	66% MA
Frankfurt:	Konrad
Drehbuch:	Stefan Murr, Jürgen Scheschkewitz
Regie:	Fritz Umgelter
Schauspieler:	unter anderem Walter Renneisen, Alfred Reiterer, Hans Brenner, Günter Lamprecht, Michaela May, Peter Roggisch, Günter Strack, Hermann Treusch

Franz Jaczek ist gerade aus dem Knast entlassen worden. Er hatte einen Geldtransporter überfallen, bei dem der Fahrer erschossen worden war; angeblich von Jaczeks Komplizen, der später von der Polizei getötet wurde. Wieder in Freiheit, entführt er mit zwei anderen Männern die Frau eines Bankdirektors. Das Lösegeld soll Kommissar Konrad auf einer Mainbrücke übergeben; dabei stellt er fest, dass es sich bei dem Maskierten, der ihm gegenübertritt, nicht um Jaczek handelt. Ein Wettlauf mit der Zeit beginnt …

73/77 – Reifezeugnis (NDR)

Sendedatum: 27.03.77
Quote: 67 % MA
Kiel: Finke
Drehbuch: Herbert Lichtenfeld
Regie: Wolfgang Petersen
Schauspieler: unter anderem Nastassja Kinski, Christian Quadflieg, Judy Winter, Markus Boysen, Rüdiger Kirschstein

Die attraktive Gymnasiastin Sina ist unsterblich in ihren Klassenlehrer verliebt. Beide können ihre Affäre eine Zeitlang geheim halten, bis versetzungsgefährdete Klassenkameradinnen davon erfahren und ihr Wissen erpresserisch gegen den Lehrer einsetzen. Sina erschlägt eines Tages ihren verschmähten Freund und Mitwisser ihres Geheimnisses. Der Polizei schildert sie einen Überfall durch einen gesuchten Gewaltverbrecher, dem sich der Junge schützend in den Weg stellen wollte.

74/77 – Finderlohn (SWF)

Sendedatum: 24.04.77
Quote: 63 % MA
Baden-Baden: Gerber
Drehbuch: Henry Kolarz
Regie: Peter Schulze-Rohr
Schauspieler: unter anderem Peter Bongartz, Michael Rasmussen, Peter Pasetti, Lisi Mangold, Constanze Franz-Engelbrecht

Der tödliche Ausgang des Autounfalls einer Frau am Rheinufer, der von zwei Mädchen von einem Schiff aus beobachtet wird, veranlasst die zwei zu detektivischen Ermittlungen, denn die Frau soll bereits schon früher verstorben sein. Eine Spur führt die Mädchen nach Straßburg. Mit ihrer Neugier geraten sie in ein Netz krimineller Machenschaften. Es wird lebensgefährlich.

75/77 – Spätlese (WDR)

Sendedatum: 22.05.77
Quote: 54 % MA
Essen: Haferkamp
Drehbuch: Herbert Lichtenfeld
Regie: Wolfgang Staudte
Schauspieler: unter anderem Andrea Jonasson, Claudia Wedekind, Udo Vioff, Alexander Kerst, Bernd Schäfer, Horst Michael Neutze, Claus Fuchs

Eine junge Frau erhält die Todesnachricht ihres Mannes: Raubmord, Täter unbekannt. Während Haferkamp einem, wie sich bald herausstellt, falschen Verdacht nachspürt, beginnt die Witwe den Nachlass zu sichten. Als Vertreter mit mittlerem Einkommen hinterließ ihr Mann (zu) viel Geld. Die Ehefrau macht erschreckende Entdeckungen. Um seine Ehre zu retten, versucht sie alles zu vertuschen. Sie begibt sich selbst auf einen kriminellen Weg. Dank Haferkamps hartnäckiger Geduld wird ein lange zurückliegendes Verbrechen auch aufgeklärt.

76/77 – Wer andern eine Grube gräbt (SR)

Sendedatum: 19.06.77
Saarbrücken: Schäfermann
Drehbuch: Hans-Peter Kaufmann
Regie: Günter Gräwert
Schauspieler: unter anderem Xenia Pörtner, Nora von Collande, Arno Assmann, Kathrin Ackermann

Schäfermann fahndet nach einer Einbrecherbande, die sich offensichtlich auf Trauerhäuser spezialisiert hat. Diese begeht Einbrüche, wenn die Bewohner auf der Beerdigung sind. Recherchen führen den Kommissar zur Witwe eines Bankdirektors, der Geld unterschlagen hat und scheinbar Selbstmord beging. Das steht für die Vorgesetzten Schäfermanns fest. Schäfermann ermittelt auf eigene Faust weiter.

77/77 – Schüsse in der Schonzeit (BR)

Sendedatum: 17.07.77
Quote: 57 % MA
München: Veigl
Drehbuch: Willy Purucker
Regie: Helmuth Ashley
Schauspieler: unter anderem Martin Semmelrogge, Siegfried Rauch, Veronika Fitz, Jörg Hube

In einer Gaststätte, die leckere Wildspezialitäten auf ihrer Speisekarte preiswert anbietet, scheinen die Fäden verschiedener Vorkommnisse zusammenzulaufen. Eine tote Anhalterin, gestohlene Autos und Wilderei während der Schonzeit. Zwischenfälle gefährden Veigls Ermittlungsarbeit.

78/77 – Drei Schlingen (WDR)

Sendedatum: 28.08.77
Quote: 60 % MA
Essen: Haferkamp
Drehbuch: Karl Heinz Willschrei
Regie: Wolfgang Becker
Schauspieler: unter anderem Traugott Buhre, Simone Rethel, Hans Beerhenke, Marie-Luise Marjan, Vico Torriani

Ein Geldtransporter hält vor einer Bank. Der Beifahrer Schiesser (Traugott Buhre) betritt das Gebäude. Vor den Augen des Fahrers Fink wird eine Frau überfahren. Er eilt ihr zu Hilfe und wird erschossen. Schiesser, ein ehemaliger Polizist, kommt zu spät, der Geldtransporter ist ausgeraubt. Die verunglückte Frau ist verschwunden. Haferkamp sucht nach ihr. Zwei weitere als Selbstmord getarnte Morde führen ihn zu einem Judo-Verein, bei dem auch Schiesser, der inzwischen auf eigene Faust ermittelt, Mitglied ist.

79/77 – Der vergessene Mord (ORF)

Sendedatum: 11.09.77
Quote: 41 % MA
Wien: Marek
Drehbuch: Fritz Eckhardt
Regie: Peter Patzak
Schauspieler: unter anderem Ernst Meister, Albert Rolant, Klaus Wildbolz, Lieselotte Plauensteiner, Peter Fricke, Hanno Pöschl

Der Großgrundbesitzer, der ermordet in seiner Villa entdeckt wird, hatte offensichtlich etwas zu verbergen. Inspektor Marek stellt bei seinen Nachforschungen fest, dass der Mann erpresst wurde. Doch da wird ihm der Fall plötzlich entzogen. Marek entscheidet sich, jetzt erst recht den dubiosen Mord im Milieu der »besseren Gesellschaft« aufzuklären.

80/77 – Feuerzauber (SFB)

Sendedatum: 09.10.77
Quote: 58 % MA
Berlin: Schmidt
Drehbuch: Karl Heinz Knuth, Joachim Nottke
Regie: Fritz Umgelter
Schauspieler: unter anderem Günter Pfitzmann, Willi Rose, Anita Kupsch

Der Brand in der Firma eines erfolgreichen Rennbootfahrers, bei dem ein Angestellter ums Leben kam, wirft bei der Kripo viele Fragen auf. Einige Verdächtige – ein kleiner Dieb, ein entlassener Mechaniker und der Bruder des Geschädigten – rücken ins Visier der Ermittlungen. Der Inhaber, dessen Firma kurz vor dem Ruin stand, hat jedoch ein hieb- und stichfestes Alibi.

81/77 – Das stille Geschäft (NDR)

Sendedatum: 06.11.77
Quote: 64 % MA
Hannover: Brammer

Drehbuch: Joachim Wedegärtner, Fred Zander
Regie: Jürgen Roland
Schauspieler: unter anderem Claus Theo Gärtner, Horst Bollmann, Günther Ungeheuer, Hans Peter Hallwachs, Gerda Gmelin

Die Leiche eines bei einem Verkehrsunfall umgekommenen Mannes besaß falsche Papiere. Das stellt die Polizei fest, als sie die Familie über den Verkehrsunfall informiert, denn der vermeintlich Tote ist quicklebendig. Im Unfallauto findet man ein kleines Bauteil mit einer Fertigungsnummer, die zu einem neuen Zielgerät beim Leopard-Panzer gehört, das sich noch in der Testphase befindet. Ein klarer Fall für den MAD-Ermittler Delius und Brammer.

82/77 – Das Mädchen von gegenüber (WDR)
Sendedatum: 04.12.77
Quote: 64% MA
Essen: Haferkamp
Drehbuch: Martin Gies
Regie: Hajo Gies
Schauspieler: unter anderem Jürgen Prochnow, Herlinde Latzke

Der 15-jährige Kalle ist in seine Mitschülerin Bärbel verliebt. Doch die liebt ihren Lehrer und will sich mit ihm in einem verlassenen Bahnhof treffen. Kalle folgt Bärbel, bedrängt sie, nach einem kurzen Gerangel fällt sie unglücklich und ist tot. Haferkamp sieht in dem Lehrer, der sich verdächtig verhält, den Täter. Kalle, der als Zeuge befragt wird, ist verzweifelt und will sich das Leben nehmen. Haferkamp begreift erst sehr spät, was mit dem Jungen los ist.

1978

83/78 – Rot – rot – tot (SDR)

Sendedatum: 01.01.78
Quote: 65 % MA
Saarbrücken: Lutz
Drehbuch: Karl Heinz Willschrei
Regie: Theo Mezger
Schauspieler: unter anderem Curd Jürgens, Christian Berkel, Frank Strecker, Christiane Pauli, Gerhard Dressel

Die zwei weiblichen erdrosselten Mordopfer, die innerhalb weniger Tage in einem Stuttgarter Nobel-Wohnviertel gefunden werden, sind rothaarig. Während der Recherchen stößt Kommissar Lutz auf eine Familie, die mit ihren zynisch gespannten, innerfamiliären Beziehungen auffällig ist. Die Ehefrau ist rothaarig und betrügt ihren Mann, der Sohn des dominanten Vaters hat ein Alkoholproblem. Bald gibt es ein weiteres Opfer.

84/78 – Der Mann auf dem Hochsitz (SWF)

Sendedatum: 29.01.1978
Quote: 66 % MA
Mainz: Buchmüller
Drehbuch: Richard Hey
Regie: Erich Neureuther
Schauspieler: unter anderem Klaus Höhne, Stefan Orlac, Lis Verhoeven

Der Sonntagsjäger Löbert hat einen Stamm-Hochsitz. Bei der Ausübung seines Hobbys wird er eines Sonntags beinahe selbst erlegt. Löbert kennt den Täter. Es wird Kommissarin Buchmüllers erster Fall. Bald erkennt sie, dass Löbert nicht die Wahrheit gesagt hat und ganz andere Ziele zu verfolgen scheint.

85/78 – Zürcher Früchte (HR)
Sendedatum: 12.02.78
Quote: 69% MA
Frankfurt: Bergmann
Drehbuch: Wolfgang Fechtner
Regie: Heinz Schirk
Schauspieler: unter anderem Rainer Hunold, Veronika Faber, Angelika Milster, Heinz W. Kraehkamp, Lia Wöhr

Ein Frankfurter Ganoventrio hat die Idee für einen größeren Coup. Ein Unternehmer soll um seine Millionen, die aus Steuerhinterziehungen stammen und auf einem Schweizer Bankkonto liegen, gebracht werden. Die drei streiten sich schon bei den Vorbereitungen zu ihrem Vorhaben, wobei einer der Täter versehentlich erschossen wird. Die geplante Erpressung wird nun vom Duo gestartet.

86/78 – Trimmel hält ein Plädoyer (NDR)
Sendedatum: 27.03.78
Quote: 47% MA
Hamburg: Trimmel
Drehbuch: Friedhelm Werremeier
Regie: Peter Schulze-Rohr
Schauspieler: unter anderem Karl-Heinz Vosgerau

Viele junge Hamburger Frauen leben in Angst, denn ein Sexual-Serienmörder hat bereits vier Opfer gefunden. Ein Tatverdächtiger, Schiefelbeck, wird festgenommen. Doch er gesteht die Taten nicht. Die Indizien sind so mager, dass der renommierte Anwalt Zanck seinen Klienten wieder auf freien Fuß bekommt. Ein fünfter Mordanschlag kann verhindert werden. Das Opfer kann den Täter identifizieren.

87/78 – Rechnung mit einer Unbekannten
Sendedatum: 23.04.78
Quote: 56% MA
Essen: Haferkamp

Drehbuch: Wolfgang Becker
Regie: Peter Hemmer
Schauspieler: unter anderem Peter Matic, Gertrud Kückelmann, Edith Hancke, Susanne Beck, Nicole Heesters, Bernd Schäfer, Katja Burow, Rolf Wanka

Ein wohlhabender Kohlenhändler erschießt in seiner Villa eine Frau, die er über eine Anzeige kennengelernt hat. Gegenüber der Polizei gibt er die Tote als seine Frau aus, die er nach der Rückkehr von einer Party zu Hause tot aufgefunden habe. Die Untermieterin bestätigt, dass es sich um die Ehefrau handelt. Trotz ihrer vermeintlichen Alibis machen sich beide verdächtig. Als die neue (und erste) Tatort-Kommissarin Buchmüller aus Mainz um Amtshilfe bittet, eröffnet sich für Haferkamp und Kreuzer ein neuer Ermittlungsansatz.

88/78 – Schlussverkauf (BR)

Sendedatum: 21.05.78
Quote: 53 % MA
München: Veigl
Drehbuch: Konrad Sabrautzky
Regie: Wilm ten Haaf
Schauspieler: unter anderem Gustl Bayrhammer, Helmut Fischer, Willi Harlander, Ida Ehre

Der Zeitpunkt war günstig. Inmitten des Winterschlussverkaufes, wo der Ansturm der Kauflustigen einen Höhepunkt erreicht, bricht ein Mann zusammen und sinkt zu Boden. Die schiebende Menschenschlange gerät ins Stocken: Dem Mann, der da auf dem Fußboden liegt, steckt ein Messer im Rücken. Der Notarzt kann ihm nicht mehr helfen …

89/78 – Lockruf (WDR)

Sendedatum: 02.07.78
Quote: 55 % MA
Essen: Haferkamp
Drehbuch: Herbert Lichtenfeld

Regie: Wolfgang Becker
Schauspieler: unter anderem Agnes Finck, Herbert Fleischmann, Dieter Schidor

Ein verheirateter Architekt hat ein Verhältnis mit einer Innenarchitektin. Sie verbringen einige Tage in seinem Wochenendhaus – und werden von seiner Ehefrau beobachtet. Als sie am nächsten Tag zum Wochenendhaus kommt, ist aber ihr Sohn mit einem jungen Mädchen dort. Sie verwechselt das Mädchen mit der Geliebten ihres Mannes und erschießt sie. Als der Sohn in Verdacht gerät, nimmt der Architekt die Schuld auf sich. Haferkamp glaubt ihm nicht, sein Kollege Kreutzer greift zu einem nicht ganz legalen Trick …

90/78 – Himmelfahrt (NDR)

Sendedatum: 13.08.78
Kiel: Finke
Drehbuch: Herbert Lichtenfeld
Regie: Rainer Wolffhardt
Schauspieler: unter anderem Diether Krebs, Dominique Horwitz, Ferdinand Dux, Edgar Bessen

Auf einige Mitglieder der Musikkapelle der Freiwilligen Feuerwehr eines kleinen Ortes werden nacheinander Attentate verübt. Die Bewohner sind verängstigt, kann doch niemand die Angriffe verstehen. Der Bürgermeister will schließlich eine Bürgerwehr gründen, denn Tatmotive sind anfangs nicht erkennbar. Nur die Opfer der Anschläge ahnen, warum sie angegriffen wurden, und das hat ihrer Meinung nach die Polizei nicht zu interessieren. Stattdessen wollen sie die Sache selbst in die Hand nehmen.

91/78 – Der Feinkosthändler (WDR)

Sendedatum: 10.09.78
Quote: 60 % MA
Essen: Haferkamp
Drehbuch: Martin Gies

Regie: Hajo Gies
Schauspieler: unter anderem Walter Kohut, Christine Hammacher, Marie-Luise Millowitsch, Kathrin Ackermann

Eine Kundin des Feinkosthändlers Wever liegt erschlagen in ihrer Villa. Zuvor hatte ihr der Ladenbesitzer auf Bitte der Frau, die von einer Reise zurückgekommen war, noch Lebensmittel vorbeigebracht. Auf Wever fällt der erste Tatverdacht der Kommissare, der jedoch alles hartnäckig bestreitet. Ebenso hartnäckig verfolgt Haferkamp die Familie des Ladeninhabers. Der Sohn hat ein Verhältnis mit einer Angestellten, was der Vater überhaupt nicht billigen würde und deshalb streng geheim bleiben muss.

92/78 – Mord im Krankenhaus (ORF)
Sendedatum: 08.10.78
Quote: 38 % MA
Wien: Marek
Drehbuch: Fritz Eckhardt
Regie: Michael Kehlmann
Schauspieler: unter anderem Ernst Cohen, Ludwig Hirsch, Otto Tausig

Inspektor Marek liegt im Krankenhaus. Sein Bettnachbar ist eines Tages verschwunden. Von Krankenschwestern erfährt er, dass sein Zimmergenosse ermordet wurde. Drei entflohene Häftlinge aus einem nahe gelegenen Gefängnis werden für die Tat verantwortlich gemacht. Marek beschleicht ein unheimlicher Verdacht …

93/78 – Sterne für den Orient (SFB)
Sendedatum: 05.11.78
Quote: 50 % MA
Berlin: Behnke
Drehbuch: Georg Alten, Günter Gräwert
Regie: Günter Gräwert
Musik: Klaus Doldinger
Schauspieler: unter anderem Ulrich Faulhaber, Hans-Helmut Dickow, Dieter Schidor, Gerd Baltus, Walter Jokisch

Kommissar Behnke hat einen Mord, der in einem Parkhaus geschah, aufzuklären. Der Besitzer einer Luxuslimousine wurde mehrfach überfahren. Das Auto ist verschwunden. Behnke vermutet, dass der Ermordete die Täter beim Diebstahl überrascht hatte. Im Verlauf der weiteren Ermittlungen geschieht ein weiterer Mord.

94/78 – Schwarze Einser (BR)

Sendedatum: 03.12.78
Quote: 50 % MA
München: Veigl
Drehbuch: Willy Purucker
Regie: Wolf Dietrich
Schauspieler: unter anderem Karl Heinz Böhm, Hans Reinhard Müller, Peter Hoheisel

Der Sturz einer wohlhabenden Dame aus ihrer Eigentumswohnung eines Hochhauses wird als Selbstmord eingestuft. Veigl hat Zweifel an dieser Version und stellt Nachforschungen an. Dabei lernt er Verwandte und Freunde des Opfers kennen, die von dem Tod der Frau profitieren. Eine kostbare Briefmarkensammlung mit der berühmten wie wertvollen »Schwarzen Einser« ist verschwunden. Eine Spur führt Veigl nach Nizza.

1979

95/79 – Die Kugel im Leib (WDR)

Sendedatum: 14.01.79
Quote: 49 % MA
Essen: Haferkamp
Drehbuch: Georg Feil
Regie: Wolfgang Staudte
Schauspieler: unter anderem Klaus Löwitsch, Hans-Georg Panczak, Ilona Grübel, Mady Rahl

Die Geschäfte des Motorrad-Artisten, der auf Rummelplätzen an senkrechten Wänden seine Fahrkünste demonstriert, gehen schlecht. Seine Investition, die Modernisierung der Steilwand, bekommt keine TÜV-Abnahme. Er begeht einen Banküberfall. Dabei wird ein Polizist erschossen, den Täter trifft eine Kugel in den Rücken. Die operative Entfernung der Kugel kommt für ihn nicht in Frage, denn sie ist das einzige Beweisstück für seine Tat. Haferkamp muss den Verdächtigen bis nach Italien verfolgen.

96/79 – Der King (HR)

Sendedatum: 11.02.79
Quote: 63 % MA
Frankfurt: Konrad
Drehbuch: Hans Kelch
Regie: Dietrich Haugk
Schauspieler: unter anderem Paul Hoffmann, Christian Quadflieg, Xenia Pörtner, Ruth Drexel

Der Bestsellerautor Hüttner hat auf der Frankfurter Buchmesse sein neues Buch »King« angekündigt. Kurze Zeit später wird er in seinem Sportwagen erschossen aufgefunden. Kommissar Konrad findet im Rahmen seiner Spurensuche einen Frankfurter Geschäftsmann und Waffenhändler mit dem Spitznamen »King«, der hinter seiner lässigen Fassade gar nicht so entspannt ist. Es passieren Dinge, die viele nur in Kriminalromanen vermuten …

97/79 – Alles umsonst (NDR)

Sendedatum: 11.03.79
Quote: 49 % MA
Braunschweig: Nagel
Drehbuch: Theodor Schübel
Regie: Hartmut Griesmayr
Schauspieler: unter anderem Horst Michael Neutze, Monica Bleibtreu, Robert Naegele

Der Inhaber einer gutgehenden Bäckerei lebt in eingefahrenen Bahnen. Was ihn mit seiner rechthaberischen und ihn immer bevormundenden Ehefrau noch verbindet, weiß er nicht so recht. Eine neue Aushilfskraft öffnet ihm die Augen über sein trostloses Ehedasein. Er schmiedet einen Plan. Dieser wäre sicher erfolgversprechend, wenn nicht der Zufall seine Absichten durchkreuzen würde.

98/79 – 30 Liter Super (SR)

Sendedatum: 08.04.79
Quote: 60 % MA
Saarbrücken: Schäfermann
Drehbuch: Bruno Hampel
Regie: Hans-Jürgen Tögel
Schauspieler: unter anderem Günther Maria Halmer, Martin Semmelrogge, Alexander May, Franz Rudnik, Peter Bongartz

Ein Bauunternehmer aus Saarbrücken wurde im Nachtzug nach Paris ermordet. Alles deutet auf Raubmord hin. Der verschuldete Teilhaber des Unternehmens, der zur Tatzeit zu Hause geschlafen haben will, gerät unter Verdacht. Der Neffe der Haushälterin bestätigt sein Alibi, denn er hat mit dem schnellen Auto des Tatverdächtigen zur fraglichen Zeit eine Spritztour nach Metz zu seiner Freundin gemacht. Schäfermann muss auch in Frankreich recherchieren.

99/79 – Ende der Vorstellung (BR)

Sendedatum: 06.05.79
Quote: 57 % MA
München: Veigl
Drehbuch: Norbert Ehry
Regie: Georg Marischka
Schauspieler: unter anderem Claudia Demarmels, Sabine von Maydell, Harry Kalenberg, Werner Asam

Der Mord an einer Schauspielerin führt Veigl in die Theaterwelt Münchens. Die Tote war die Ex-Freundin eines bekannten Schauspielers, der inzwischen mit der jüngeren und hübschen Johanna, einer Cousine der Toten, zusammenlebt. Eine weitere Fährte zeigt auf den mehrfach vorbestraften Inninger, der trotz polizeilicher Überwachung plötzlich tot aufgefunden wird. Veigl bezweifelt, dass es Selbstmord war.

100/79 – Ein Schuss zuviel (WDR)

Sendedatum:	14.06.79
Quote:	36 % MA
Essen:	Haferkamp
Drehbuch:	Wolfgang Mühlbauer
Regie:	Hartmut Griesmayr
Schauspieler:	unter anderem Michaela May, Herbert Stass, Friedrich-Georg Beckhaus

Zwei Häftlinge brechen aus dem Gefängnis aus. Ein Vollzugsbeamter erschießt einen der beiden Flüchtenden. Selzer, der andere, entkommt. Er behauptete immer, unschuldig zu sein. Der sonst so korrekte und integre Aufsichtsbeamte muss sich den Vorwurf eines Kollegen anhören, dass er unnötigerweise geschossen habe. Der flüchtige Selzer hält die Polizei in Atem und wird zusehens in die Ecke getrieben. Am Ende reflektiert ein selbstkritischer Haferkamp die dramatische Wende des Falles.

101/79 – Freund Gregor (NDR)

Sendedatum:	01.07.79
Quote:	47 % MA
Hamburg:	Delius
Drehbuch:	Fred Zander
Regie:	Jürgen Roland
Schauspieler:	unter anderem Klausjürgen Wussow, Günther Ungeheuer, Cordula Trantow, Werner Asam

Der Ingenieur Schuster arbeitet für das Bundesamt für Wehrtechnik und sitzt für Spionagezwecke feindlicher Agenten an interessanter Stelle. Da er in seinem beruflichen und privaten Leben keine Anhaltspunkte für eine mögliche Erpressung zur Spionage bietet, soll ein getarnter »Freund« (Klausjürgen Wussow) sein Vertrauen erwerben, um ihm geheime Fakten zu entlocken. Ein Fall für MAD-Oberstleutnant Delius.

102/79 – Zweierlei Knoten (SDR)

Sendedatum: 29.07.79
Quote: 46 % MA
Stuttgart: Lutz
Drehbuch: Karl Heinz Willschrei
Regie: Theo Mezger
Schauspieler: unter anderem Martin Schwab, Arnfried Krämer, Rainer Will, Carolin Ohrner

Dem Gutachten seines Psychiaters hat es der zweifache Mädchenmörder Hirmer zu verdanken, dass er nach 15 Jahren aus der Haft entlassen wird. Doch in seiner Wohnung wird wieder ein ermordetes Mädchen gefunden. Der Fall scheint schnell aufgeklärt zu sein, doch Kommissar Lutz kommen Zweifel. Einige Details passen in der Beweislage nicht zusammen, und Hirmer bestreitet verzweifelt die Tat.

103/79 – Mitternacht, oder kurz danach (SWF)

Sendedatum: 26.08.79
Quote: 48 % MA
Mainz: Buchmüller
Drehbuch: Irene Rodrian
Regie: Michael Lähn
Schauspieler: unter anderem Henry van Lyk, Otto Sander, Hannelore Hooger

Ein bekannter Künstler wird nach einer abgebrochenen Party im eigenen Haus ermordet. Seine Ehefrau und er hatten kurz vorher einen heftigen Streit. Das Verhältnis der Ehefrau mit einem Freund und Kollegen des Malers war nicht Gegenstand der Auseinandersetzung, obwohl der Tote, dem es finanziell wesentlich besserging als dem erfolglosen Freund, eifersüchtig gewesen sein soll.

104/79 – Gefährliche Träume (SFB)

Sendedatum: 23.09.79
Quote: 51% MA
Berlin: Behnke
Drehbuch: Georg Alten, Günter Gräwert
Regie: Günter Gräwert
Schauspieler: unter anderem Michael Tregor

Eine Schülerin, die den Drogentod ihres Freundes rächen und den Dealer überführen will, verstrickt sich mit ihren Ermittlungskünsten im kriminellen Netz und gerät selbst unter Mordverdacht. Der Vater des Mädchens vermisst seine Tochter und begibt sich auf die Suche nach ihr. Dabei stößt er auf das Opfer eines Gewaltverbrechens. Kommissar Behnke erhält ein Geständnis, das ihn aber nicht überzeugt.

105/79 – Mord im Grandhotel (ORF)

Sendedatum: 21.10.79
Quote: 52% MA
Wien: Marek
Drehbuch: Fritz Eckhardt
Regie: Georg Lhotsky
Schauspieler: unter anderem Hanno Pöschl, Walter Schmidinger

Eine Spezialaufgabe erwartet Oberinspektor Marek und seine Kollegen. Ein hoher Staatsgast will für eine Nacht im Grandhotel absteigen. Für seine Sicherheit soll mit hohem Aufwand gesorgt werden. Unter den zahlreichen Augen von Polizeibeamten geschieht dennoch ein Mord. Am nächsten Morgen entdecken Beamte einen unbekannten toten Mann am Swimmingpool des Hotels.

106/79 – Schweigegeld (WDR)

Sendedatum: 18.11.79
Quote: 62% MA
Essen: Haferkamp
Drehbuch: Herbert Lichtenfeld

Regie: Hartmut Griesmayr
Schauspieler: unter anderem Dieter Kirchlechner, Hannelore Hoger, Wolfgang Kieling, Liane Hielscher

Der Einbruch beim Briefmarkenhändler Klaven soll offensichtlich einen Versicherungsbetrug decken: Wenig wurde gestohlen, offiziell wurde aber eine sehr wertvolle Sammlung mitgenommen. Der Schwager des Händlers hat den Einbruch beobachtet. Er verfolgt den Täter und tötet ihn dabei unabsichtlich. Um seine eigene schwierige finanzielle Situation aufzubessern, erpresst er ein Schweigegeld von Klaven.

107/79 – Maria im Elend (BR)
Sendedatum: 16.12.79
Quote: 55 % MA
München: Veigl
Drehbuch: Willy Purucker
Regie: Wolf Dietrich
Schauspieler: unter anderem Felix von Manteuffel, Art Brauss, Hans Stetter, Rainer Basedow, Veronika Faber

Eine Bande erpresst Geld von einer Boulevardzeitung. Gegen 300 000 Mark Lösegeld will sie die von ihr gestohlene, wertvolle Madonna »Maria im Elend« zurückgeben. Mit Aussicht auf eine spektakuläre Story stimmen die Zeitungsmacher zu. Fotograf Lansky soll die Übergabe, die ohne Komplikationen abläuft, dokumentieren. Wenig später ist der Fotograf verschwunden. Dann wird seine Leiche in einem ausgebrannten Auto in einer Schlucht im Gebirge gefunden.

Das zweite Jahrzehnt

Tatort-Folgen 1980–1989 (108–226)

1980

108/80 – Kein Kinderspiel (SDR)

Sendedatum: 13.01.80
Quote: 19,05 Mio./53% MA
Stuttgart: Lutz
Drehbuch: Peter Scheibler
Regie: Theo Mezger
Schauspieler: unter anderem Karl-Heinz von Hassel, Werner Schulze-Erdel

Die 10-jährige Stefanie hat Probleme mit ihrer Stiefmutter. Als Ersatz für die tote Mutter kann das Mädchen die Frau nicht akzeptieren. Mit aller Macht versucht sie, die Aufmerksamkeit ihres Vaters auf sich zu ziehen. Eines Tages ist Stefanie verschwunden und wird Tage später tot aufgefunden. Ein Stadtstreicher gerät in Verdacht, da er in Besitz von Stefanies Schulranzen ist, den er angeblich auf einer Müllkippe gefunden hat. Die Vorstrafe der Stiefmutter bleibt der Kripo auch nicht verborgen.

109/80 – Der gelbe Unterrock (SWF)

Sendedatum: 17.02.80
Quote: 14,12 Mio./43% MA
Mainz: Buchmüller
Drehbuch: Kristian Kühn
Regie: Kristian Kühn
Schauspieler: unter anderem Henry van Lyck, Thomas Heitkamp, Rolf Zacher, Barbara Sukowa, Hermann Lause

Harry ist ein Frauenkleiderfetischist. Bei ihm findet die Kripo ein Kleidungsstück, einen gelben Unterrock, der dem ermordeten Opfer Marianne Klefisch gehörte. Es ist Karneval in Mainz. Diesen Umstand will der Vater der Toten nutzen, um den vermeintlichen Täter zur Verantwortung zu ziehen. Kommissarin Buchmüller vernimmt eine Ex-Freundin des Tatverdächtigen, die aber nicht sehr auskunftswillig ist.

110/80 – Mit nackten Füßen (HR)

Sendedatum: 09.03.80
Quote: 18,16 Mio./54 % MA
Frankfurt: Sander
Drehbuch: Karl Heinz Willschrei
Regie: Franz Peter Wirth
Schauspieler: unter anderem Dieter Kirchlechner, Sky Dumont

Die Cutterin einer Werbeagentur wurde ermordet. Es könnte eine Eifersuchtstat gewesen sein. Eine Kollegin der Toten wird verhaftet. Ein zweiter Mord mit parallelem Tatprofil geschieht. Das entlastet die Kollegin, die daraufhin aus der Haft entlassen wird. Der ermittelnde Kommissar Sander lässt sich auf ein Abenteuer mit ihr ein. Bald weiß er, dass er zwei Mörder suchen muss.

111/80 – Der Zeuge (WDR)

Sendedatum: 07.04.80
Quote: 16,48 Mio./50 % MA
Essen/Frankfurt: Enders
Drehbuch: Peter Adam
Regie: Peter Adam
Schauspieler: unter anderem Claudia Demarmels, Heinz Hönig, Uwe Dallmeier, Heinz-Werner Kraehkamp, Walter Renneisen, Peter Bongartz, Pit Krüger, Erika Wackernagel

Mehrfache Bankräuber aus dem Essener Raum haben ihr Arbeitsfeld nach Frankfurt verlegt. Kommissar Paul Enders aus Essen unterstützt die Frankfurter Kripo. Einem verdächtigen Autoverleiher, bei dem das Fluchtauto für den Bankraub gemietet wurde, können die Kommissare nichts nachweisen. Enders hat eine Idee und arbeitet undercover bei dem Autoverleiher, um mit den mutmaßlichen Tätern in Verbindung zu kommen. Die Rechnung scheint aufzugehen.

112/80 – Hände hoch, Herr Trimmel (NDR)

Sendedatum: 04.05.80
Quote: 16,07 Mio./48% MA
Hamburg: Trimmel
Drehbuch: Friedhelm Werremeier
Regie: Carlheinz Caspari
Schauspieler: unter anderem Karl Heinz von Hassel, Karin Baal, Hans Helmut Dickow, Nikolaus Schilling, Ulrich von Bock

Der Kollege von Trimmel, Höffgen, hat sich in eine »Dame der Gesellschaft« verguckt. Diese ist einem Heiratsschwindler aufgesessen. Doch bevor sich Höffgen seiner Herzensdame und ihren Problemen widmen kann, müssen sich die Kommissare um die Erkennung einer fast verwesten Leiche kümmern, die kurz darauf als die eines Ganoven identifiziert wird, der einen Pelzhändler erpresst hatte. Trimmel gerät in eine sehr bedrohliche Situation.

113/80 – Schussfahrt (WDR)

Sendedatum: 01.06.80
Quote: 15,59 Mio./45% MA
Essen: Haferkamp
Drehbuch: Peter Hemmer
Regie: Wolfgang Staudte
Schauspieler: unter anderem Heinz Baumann, Doris Kunstmann, Volkert Kraeft, Burkhard Driest, Diana Körner

Der Manager Wiedemann, Ende vierzig, ist arbeitslos geworden. Da er befürchtet, keine vergleichbare Stellung wiederzufinden, schlägt er kriminelle Wege ein, um seinen Lebensstandard zu sichern und um seine junge Frau an sich zu binden. Er bringt ihren Liebhaber um und täuscht einen Einbruch vor, um die Versicherung abkassieren zu können. Plötzlich taucht der von Wiedemann nur erfundene Komplize des toten Täters auf und will Schweigegeld.

114/80 – Spiel mit Karten (BR)
Sendedatum: 27.07.80
Quote: 11,89 Mio. / 37 % MA
München: Veigl
Drehbuch: Theo Regnier
Regie: Wolf Dietrich
Schauspieler: unter anderem Ilse Neubauer, Claus Eberth, Franz Xaver Kroetz

Der nächtliche Unfall auf dem Heimweg, der für den Fahrer, einen Anzeigenverkäufer, tödlichen Ausgang hat, ist in Wirklichkeit ein geplanter Mord. Die Bremsschläuche sind durchschnitten. Die Münchner Mordkommission enthüllt die bewegte Vergangenheit des Toten: Er war ein Spieler. Nicht nur beim Kartenspielen, sondern auch durch Pferdewetten verlor er viel Geld, was er durch gelegentliche Erpressungen wohlhabender Bürger wieder auszugleichen versuchte.

115/80 – Streifschuss (NDR)
Sendedatum: 24.08.80
Quote: 18,70 Mio. / 57 % MA
Bremen: Piper
Drehbuch: Herbert Lichtenfeld
Regie: Hartmut Griesmayr
Schauspieler: unter anderem Agnes Fink, Willy Witte, Horst Michael Neutze, Stephan Orlac, Olivia Pascal, Ingar Werdenigg, Wolfgang Zerlett, Hans Häckermann, Edgar Bessen

Der Politiker und Theologe Redders ist an einem Herzinfarkt bei der Arbeit gestorben. So möchte die Witwe die Todesnachricht ihres Ehemannes veröffentlicht sehen, um dessen Ehre zu wahren und die Parteifreunde kurz vor den Wahlen nicht in skandalöse Schlagzeilen zu bringen. Denn in Wahrheit wurde der Tote in einem anrüchigen Nachtlokal gefunden. Nicht nur die Polizei, sondern auch der Sohn will wissen, was wirklich passiert ist.

116/80 – Tote reisen nicht umsonst (SR)

Sendedatum: 21.09.80
Quote: 18,84 Mio./57% MA
Saarbrücken: Schäfermann
Drehbuch: Hans Dieter Schreeb, Hans Georg Thiemt
Regie: Rolf von Sydow
Schauspieler: unter anderem Beatrice Kessler

Der Geschäftsführer Ottmann arbeitet in dem Unternehmen seiner vermögenden Frau. Oft muss er auf Geschäftsreise gehen. Dabei besucht er regelmäßig seine Freundin, die an ihrem Geliebten vorrangig ein finanzielles Interesse hat. Gemeinsam entwickeln sie einen Plan, um an das Vermögen der Ehefrau heranzukommen, die die Firmenkonten für ihren Mann gesperrt hat. Der Plan wird von einem unerwarteten Zwischenfall durchkreuzt.

117/80 – Mord auf Raten (ORF)

Sendedatum: 19.10.80
Quote: 15,85 Mio./47% MA
Wien: Marek
Drehbuch: Fritz Eckhardt
Regie: Georg Lhotsky
Schauspieler: unter anderem Lieselotte Plauensteiner, Annemarie Düringer, Gusti Wolf, Bruno Dallansky, Jaromir Borek

Der Tod eines Handlungsreisenden erweist sich nach genauer Untersuchung als Giftmord. Inspektor Marek aus Wien und seine Kollegen geraten bei ihrer Spurensuche in ein dubioses »Unterhaltungsetablissement«, in dem ihnen zwielichtige Personen begegnen. Doch den erfahrenen Marek bringt nichts aus der Ruhe …

118/80 – Schönes Wochenende (WDR)

Sendedatum:	16.11.80
Quote:	22,28 Mio. / 63 % MA
Essen:	Haferkamp
Drehbuch:	Uwe Erichsen, Martin Gies
Regie:	Wolfgang Staudte
Schauspieler:	unter anderem Dieter Prochnow, Birke Bruck, Dirk Dautzenberg, Peter Millowitsch, Willi Thomczyk, Uwe Ochsenknecht

Drei Ganoven haben einen Überfall auf den Großmarkt geplant. Sie warten auf ihren Einsatz. Ein Mitwisser taucht auf und verlangt mehr Geld als vereinbart. Der Anführer räumt ihn kurzerhand mit der Schusswaffe aus dem Weg. Die Kommissare stoßen bei ihren Recherchen zum Mordfall auf den Unternehmer Röder, der den Großmarkt beliefert. Dieser zeigt großes Interesse am Stand der Ermittlungen …

119/80 – Herzjagd (WDR)

Sendedatum:	14.12.80
Quote:	12,72 Mio. / 38 % MA
Essen:	Kreutzer
Drehbuch:	Bernd Schwamm
Regie:	Axel Corti
Schauspieler:	unter anderem Claude-Oliver Rudolph, Tilli Breidenbach, Towje W. Kleiner, Ernst Jacobi

Der Gefreite Tielens verlässt trotz Ausgangssperre die Kaserne, um seine Mutter im Krankenhaus zu besuchen. Er bekommt den Eindruck, dass die Mutter dort nicht ausreichend behandelt wird, und sucht ein Gespräch mit dem Chefarzt. Inzwischen wurde in der Kaserne das Verschwinden bemerkt. Feldjäger erscheinen in der Klinik, um den Gefreiten festzunehmen. Die Situation eskaliert. Kommissar Haferkamp hat Urlaub, Kreutzer führt die Ermittlungen allein.

1981

120/81 – Nebengeschäfte (SDR)

Sendedatum: 11. 01. 81
Quote: 16,97 Mio. / 46 % MA
Stuttgart: Lutz
Drehbuch: Peter Scheibler
Regie: Bruno Voges
Musik: Wolfgang Dauner
Schauspieler: unter anderem Manfred Seipold, Heinz Werner Kraehkamp, Susanne Schaefer

Mit der Rückstufung vom Lagerverwalter zum einfachen Arbeiter ist auch ein schmerzhafter Gehaltsverlust verbunden, den Ihmig unbedingt ausgleichen muss, will er nicht sein Dach über dem Kopf verlieren. Er klaut in seiner Firma einige Videogeräte, um sie zu verkaufen. Bei seinem Diebstahl wird Ihmig von seinem Kollegen Reindl beobachtet, der ihn, statt ihn anzuzeigen, erpresst und ihn immer weiter hinunter in die Spirale krimineller Machenschaften zieht.

121/81 – Schattenboxen (HR)

Sendedatum: 08. 02. 81
Frankfurt: Bergmann
Drehbuch: Hans Kelch
Regie: Fritz Umgelter
Schauspieler: unter anderem Lutz Moik, Matthias Dittmer, Karl-Michael Vogler, Günter Strack, Günter Lamprecht, Richy Müller

Der junge Boxer will Profi werden. Derzeit verdient er seinen Lebensunterhalt als Arbeiter in einem Werk in Frankfurt. Eines Morgens entdeckt er beim morgendlichen Training die Leiche seines Chefs mit einem Kopfschuss. Von seinem Trainer lässt er sich überreden, die Leiche verschwinden zu lassen und eine Entführung vorzutäuschen. Am Anfang funktioniert der Plan, die Ehefrau ist zur Zahlung eines hohen Lösegelds bereit.

122/81 – Beweisaufnahme (SFB)

Sendedatum:	08.03.81
Quote:	20,65 Mio./55 % MA
Berlin:	Walther
Drehbuch:	Herbert Lichtenfeld
Regie:	Peter Keglevic
Musik:	Peer Raben
Schauspieler:	unter anderem Ulrich Faulhaber, Dieter Thomas Heck, Magdalena Montezuma, Manfred Lindlbauer, Anita Kupsch, Leslie Malton, Mareike Carriere

Zwei junge Männer verstehen die Welt nicht mehr, ihre Zivilcourage fand keine Anerkennung. Nachdem sie die Vergewaltigung eines Mädchens verhindern konnten, indem sie den Täter zusammenschlugen, gibt es bei der Gerichtsverhandlung keinen Täter und kein Opfer. Stattdessen werden sie wegen Körperverletzung verurteilt. Sie beginnen den Freigesprochenen zu beobachten; ihre Vermutung bestätigt sich. Der Täter sucht sich ein neues Opfer. Doch die beiden haben aus ihren Erfahrungen gelernt.

123/81 – Usambaraveilchen (SFB)

Sendedatum:	20.04.81
Quote:	12,98 Mio./35 % MA
München:	Veigl
Drehbuch:	Herbert Rosendorfer
Regie:	Wilm ten Haaf
Schauspieler:	unter anderem Stefan Orlac, Robert Naegele, Wolfgang Büttner, Franz Hanfstingl, Marianne Brandt, Sabine Kretzschmar

Ein verheirateter Rechtsanwalt beendet nach vielen Jahren sein Verhältnis mit einer alleinstehenden Apothekerin. Anschließend verreist er. Wenig später findet die Hausmeisterin die Apothekerin erschossen in ihrer Wohnung. Der Nachbar berichtet vom regelmäßigen Besuch eines Herrn. Am Tag ihres Todes bekam sie Besuch von einer Dame, die ein Usambaraveilchen dabei hatte. Kommissar Veigl hat einen komplizierten Fall zu lösen.

124/81 – Das Lederherz (SWF)
Sendedatum: 03.05.81
Quote: 19,73 Mio./54% MA
Baden-Baden: Wiegand
Drehbuch: Irene Rodrian
Regie: Imo Moszkowicz
Schauspieler: unter anderem Peter Dirschauer, Margit Schulte-Tigges

Ein Ehepaar gerät über die nötigen Überstunden des Mannes, der als freier Architekt seine Termine halten muss, und über die Gestaltung des Abends in einen Streit, der die Eheprobleme der beiden offenlegt. Die Frau versucht mit einer Drohung ihren Wünschen Nachdruck zu verleihen und steigt aufs Fensterbrett ihrer höher gelegenen Etagenwohnung. Sie droht zu springen und stürzt tatsächlich hinunter. Kommissarin Wiegand muss die Schuld oder Unschuld des Ehemannes beweisen.

125/81 – Das Zittern der Tenöre (NDR)
Sendedatum: 31.05.81
Quote: 15,17 Mio./44% MA
Norddeutsche
Kleinstadt: Greve
Drehbuch: Hans Jörg Martin
Regie: Hans Dieter Schwarze
Schauspieler: unter anderem Paul Edwin Roth, Elisabeth Wiedemann, Heinz Schimmelpfenning, Hans Beerhenke

Bei der Sanierung seines Dachbodens entdeckt ein Pensionär den bereits vergessenen Koffer seines am Ende des Krieges gefallenen Bruders, der viel Material aus der Nazizeit gesammelt hat. Er berichtet seinen Freunden im Gesangverein von seinem Fund, ohne zu ahnen, bei einigen eine Angst über mögliche Enthüllungen aus vergangener Zeit auszulösen. Auf unterschiedlichste Weise versucht man, den Koffer zu ergattern. Das geht schief. So erscheint Kommissar Greve eines Tages mit dem Koffer im Verein.

126/81 – Duisburg-Ruhrort (WDR)
Sendedatum: 28.06.81
Quote: 15,38 Mio./42% MA
Duisburg: Schimanski/Thanner
Drehbuch: Thomas Wittenburg, Horst Vocks
Regie: Hajo Gies
Schauspieler: unter anderem Ulrich Matschoss, Brigitte Janner

Schimanskis und Thanners erster Fall: Der Binnenschiffer Petschek wird im Duisburger Hafen tot aufgefunden. Tatverdächtig ist der Ehemann der Geliebten des Opfers. Weitere Ermittlungen enthüllen jedoch illegale Machenschaften des Toten: Rauschgiftschmuggel. Außerdem hatte Petschek bei einem anderen Binnenschiffer angeheuert. Der Gewerkschafter Celik wird plötzlich ermordet. Die beiden kannten sich. Hatten sie ein gemeinsames Geheimnis?

127/81 – Katz und Mäuse (SFB)
Sendedatum: 23.08.81
Quote: 18,53 Mio./49% MA
Berlin : Walther
Drehbuch: Karl Heinz Knuth, Joachim Nottke
Regie: Eberhard Itzenplitz
Schauspieler: unter anderem Ulrich Faulhaber, Arne Hirsch, Peter Seum, Susanne Uhlen

Das junges Paar, Arne und Sophie, braucht Geld, um seine Träume von einem anderen Leben unter Palmen auf einer fernen Insel verwirklichen zu können. Sie planen, von der Chefin des Mädchens durch die vorgetäuschte Entführung Sophies ein Lösegeld zu erpressen. Der gut ausgedachte Plan geht schief …

128/81 – Slalom (NDR)

Sendedatum: 13. 09. 81
Quote: 15 Mio. / 42 % MA
Lübeck: Beck
Drehbuch: Wolfgang Storch, Claus Bender
Regie: Wolfgang Storch
Schauspieler: unter anderem Gerhart Lippert, Ernst Dietz

Lanninger ist in einem norddeutschen Sportgeschäft unter dem Werbemotto »Unser Skilehrer aus Österreich« ein gutbezahlter Mann. Doch das Einkommen reicht für seine finanziellen Probleme nicht aus. Bei einer günstigen Gelegenheit erleichtert er eine ältere Dame um 8000 Mark. Durch einen Zufall kommt seine Tat ans Tageslicht: Nach einem Unfall, bei dem er einem Kind das Leben gerettet hat, wird in seinem Auto das geraubte Geld gefunden.

129/81 – Mord in der Oper (ORF)

Sendedatum: 18. 10. 81
Quote: 14,98 Mio. / 42 % MA
Wien: Marek
Drehbuch: Fritz Eckhardt
Regie: Wolfgang Glück
Schauspieler: unter anderem Liselotte Gottesmann-Reichert

Die Garderobiere der Wiener Oper erleidet nur wenig später das gleiche Schicksal wie die berühmte Carmen auf der Bühne: Sie wird von ihrem eifersüchtigen Liebhaber erstochen. Doch für Marek und Wirz ist das Tatmotiv auf den ersten Blick nicht so leicht erkennbar. Ein Mann der »besseren Gesellschaft« verhält sich verdächtig. Doch die beiden Inspektoren suchen auch im unmittelbaren Umfeld der Garderobenfrau nach dem Täter.

130/81 – Im Fadenkreuz (BR)

Sendedatum: 15. 11. 81
Quote: 22,22 Mio. / 57 % MA
München: Lenz

Drehbuch: Peter Hemmer
Regie: Thomas Engel
Musik: Klaus Doldinger
Schauspieler: unter anderem Rolf Castell, Peter Fricke, Herbert Stass, Max Griesser

Veigls ehemaliger Assistent Lenz hat seine Nachfolge in der Münchner Mordkomission angetreten. Er muss nun alleinverantwortlich in einem Fall ermitteln, in dem ein Polizist auf einen fliehenden Kriminellen geschossen und diesen verletzt hat. Eine ganze Kette weiterer Ereignisse und Verdächtigungen fordern ihn heraus, und er gerät dabei in gefährliche Situationen.

131/81 – Grenzgänger (WDR)
Sendedatum: 13.12.81
Quote: 13,61 Mio./37% MA
Duisburg: Schimanski/Thanner
Drehbuch: Felix Huby
Regie: Ilse Hofmann
Schauspieler: unter anderem Ulrich Matschoss, Günther Maria Halmer, Charles Brauer, Wilhelm Thomczyk, Beatrice Kessler, Reinhold Olszewski

Ein Freund und Kollege Schimanskis wurde als verdeckter Ermittler enttarnt und kehrt nun wieder zurück in den Alltag polizeilicher Arbeit. Sie bearbeiten gemeinsam einen Fall, der sich erst in der Zukunft ereignen soll: ein geplanter Überfall auf einen Geldtransport. Schimanski bekommt den Verdacht, dass sich die Grenzen bei seinem Kollegen verwischt haben und dass er bei diesem Millionen-Coup auch auf der anderen Seite mitspielt.

1982

132/82 – Blinde Wut (SDR)

Sendedatum:	10. 01. 82
Quote:	20,63 Mio. / 54 % MA
Stuttgart:	Lutz
Drehbuch:	Peter Scheibler
Regie:	Theo Mezger
Schauspieler:	unter anderem Volker Eckstein, Claudia Wedekind, Dietz Werner Steck, Christiane Timerding

Den von Nachbarn alarmierten Polizeibeamten zeigt sich eine Familientragödie: Auf alle drei Familienmitglieder wurde geschossen. Die Frau ist tot, Kind und Mann lebensgefährlich verletzt. Hat der Ehemann das Massaker verübt? Es gibt keinerlei Hinweise auf ein Motiv. Der Mann erwacht wieder aus dem Koma. Doch er leidet an partieller Amnesie. Mit Bestürzung reagiert er auf die Nachricht von dem Geschehen.

133/82 – So ein Tag ... (HR)

Sendedatum:	07. 02. 82
Quote:	17,82 Mio. / 48 % MA
Hamburg:	Rolfs
Drehbuch:	Jürgen Roland, Uwe Erichsen
Regie:	Jürgen Roland
Schauspieler:	unter anderem Günter Ungeheuer, Diana Körner

Polizeihauptmeister Rolfs ist ein erfahrener Kollege im Frankfurter Bahnhofsviertel. Ein Bundesligaspiel in der Mainmetropole bedeutet Großeinsatz. Das wissen auch Ganoven, die so einen Termin gern für sich ausnutzen. Für solch einen Samstag wird der Überfall auf einen Pelzhändler geplant, bei dem auch Rolfs Freundin arbeitet. Doch ein guter Plan ist noch keine Garantie für ein gutes Gelingen …

134/82 – Der unsichtbare Gegner (WDR)

Sendedatum: 07. 03. 82
Quote: 16,07 Mio. / 43 % MA
Duisburg: Schimanski / Thanner
Drehbuch: Horst Vocks / Thomas Wittenburg
Regie: Hajo Gies
Schauspieler: unter anderem Werner Schwuchow, Chiem van Houweninge, Helga Engel, Peter Bongartz, Reinhard Glemnitz, Nate Seids

Die Morde an zwei Männern innerhalb kürzester Zeit stehen im Zusammenhang. Beide Männer waren an einem Banküberfall beteiligt. Weitere Komplizen sind noch unerkannt auf freiem Fuß. Dank akribischer Spurensuche der Duisburger Kommissare laufen die Fäden bald zusammen, doch es kommt zu allerhand Komplikationen, die Schimanski in große Gefahr bringen und die Thanner abzuwenden versucht.

135/82 – Tod auf dem Rastplatz (BR)

Sendedatum: 12. 04. 82
Quote: 18,56 Mio. / 46 % MA
München: Lenz
Drehbuch: Frank Lämmel
Regie: Wilm ten Haaf
Schauspieler: unter anderem Henner Quest, Rolf Castell, Gisela Freudenberg, Werner Schulze-Erdel, Toni Berger, Wolfgang Fürleger

Ein Fernfahrer wird nachts auf einem Rastplatz an der Autobahn erschossen. Eine studentische Aushilfe war spontan als Fahrer für einen überarbeiteten Kollegen eingesprungen. Wer von beiden war mit dem Attentat tatsächlich gemeint? Die Kripo ermittelt im Umfeld der Transportfirma, die ihre gestressten Mitarbeiter mit kriminellen Rahmenbedingungen im Akkord, ohne Beifahrer, mit manipulierten Fahrtenschreibern auf die Straße schickt. Auch das Umfeld des Studenten eröffnet den Kommissaren mögliche Tatmotive.

136/82 – Wat Recht is, mutt Recht bliewen (NDR)
Sendedatum: 02. 05. 82
Quote: 14,39 Mio. / 41 % MA
Bremerhaven: Schnoor
Drehbuch: Elke Loewe; Vorlage: Boy Lornsen
Regie: Volker Vogeler
Schauspieler: unter anderem Werner Eichhorn, Uwe Ochsenknecht

Die Bank vor der Gastwirtschaft am Deich wird »Schifferbank« genannt. Vier seit der Kindheit befreundete alte Seemänner sitzen dort täglich und schauen aufs Meer und den Hafen. In einem Mordfall an einem Hamburger Wochenendsegler – es ging um Rauschgift – wollen die schweigenden Seebären nichts gesehen oder beobachtet haben. Kommissar Schnoor mag es nicht glauben … (zum Teil mit hochdeutschen Untertiteln für plattdeutsche Dialoge)

137/82 – Sterben und sterben lassen (SFB)
Sendedatum: 31. 05. 82
Quote: 10,28 Mio. / 29 % MA
Berlin: Walther
Drehbuch: Bernhard Frey, Jens-Peter Behrend
Regie: Peter Keglevic
Musik: Peer Raben
Schauspieler: unter anderem Hanno Pöschl, Vadim Glowna, Ursula Gerstel

Zwei Brüder träumen von einem eigenen Restaurant. Einer der beiden Brüder, Niki, arbeitet als gutbezahlter Fernfahrer für eine dubiose Firma, die mit illegalen Medikamenten handelt. Bei einem Verkehrsunfall begeht Niki Fahrerflucht und bringt damit seine Chefin mit ihrer Firma in Gefahr. Ein präpariertes Auto brennt aus. Darin saß ein Freund von Niki …

138/82 – Das Mädchen auf der Treppe (WDR)
Sendedatum: 27. 06. 82
Quote: 17,11 Mio. / 48 % MA

Duisburg: Schimanski / Thanner
Drehbuch: Martin Gies
Regie: Peter Adam
Schauspieler: unter anderem Chiem van Houweninge, Günter Lamprecht, Jörg Hube, Jan Fedder, Erich Bar

Die Mutter der 17-jährigen Tanja wurde ermordet. Tanja wartet vor Schimanskis Wohnung. Ihre Mutter arbeitete in einem Restaurant, in dem mit Drogen gehandelt wird. Die Duisburger Kommissare kümmern sich um das Mädchen, hinter dem jetzt die Täter her sind, weil sie in der Wohnung nicht das fanden, was die Mutter unterschlagen hat: Drogen. Sie wollte aus dem Geschäft aussteigen, jedoch nicht ohne Startkapital für die eigene Zukunft.

139/82 – Blasslila Briefe (SWF)
Sendedatum: 25.07.82
Quote: 12,56 Mio. / 35 % MA
Baden-Baden: Wiegand
Drehbuch: Kurt Rittig (Vorlage: Kurt Rosendorfer)
Regie: Stanislav Barabas
Musik: Rolf Kühn
Schauspieler: unter anderem Rita Russek, Rolf Jülich, Monica Bleibtreu, Helmut Ehmig

Die Lüge des Immobilienmaklers Waldner, der unter dem Absender einer fiktiven Freundin Liebesbriefe an seine Geliebte Grete Steinbeiss schickt, fordert Tote. Als der betrogene Ehemann Steinbeiss die Freundin seiner Frau endlich mal kennenlernen will, muss eine Bekannte engagiert werden, die die Rolle der fiktiven Freundin übernehmen soll. Steinbeiss kommt zur Wohnung, wo er die vermeintliche Freundin ermordet auffindet.

140/82 – Kindergeld (NDR)
Sendedatum: 22.08.82
Quote: 16,93 Mio. / 46 % MA
Bremen: Piper

Drehbuch: Herbert Lichtenfeld
Regie: Hartmut Griesmayr
Schauspieler: unter anderem Monika Kirchlechner, Dieter Kirchlechner, Fernando Cómez

Den unerlaubten Griff eines spanischen Zimmermädchens auf Mallorca in seine Brieftasche nutzt der zwielichtige Geschäftsmann Hoffmann, um das Mädchen sexuell zu nötigen. Er bezieht den Bungalow seines Bekannten Lieck. Dieser erhält Monate später die Aufforderung einer spanischen Familie, für ein sexuelles Abenteuer, das für das Mädchen nicht ohne Folgen blieb, zu zahlen. Lieck zieht sofort die richtigen Schlüsse und setzt seinen Bekannten Hoffmann unter Druck. (Spanische Dialoge sind untertitelt) – Eine weitere Besonderheit: Erst in der 84. Minute tauchen die Leiche sowie Kommissar Piper auf.

141/82 – Trimmel und Isolde (NDR)
Sendedatum: 19.09.82
Quote: 16,28 Mio./47% MA
Hamburg: Trimmel
Drehbuch: Friedhelm Werremeier
Regie: Peter Weck
Schauspieler: unter anderem Christiane Krüger, Klausjürgen Wussow, Horst Michael Neutze, Paul Edwin Roth, Elisabeth Ackermann

Am Fundort einer Leiche findet Trimmel auf dem Plattenspieler eine Aufnahme von Wagners »Tristan und Isolde«. Die Tote ist die Tochter eines berühmten Wagner-Interpreten. Ihr Ex-Mann gerät in Verdacht, die Indizien sind jedoch nicht ausreichend, und er hat ein Alibi. Die Tochter der Toten hat den Mörder allerdings gesehen.

142/82 – Mordkommando (ORF)
Sendedatum: 17.10.82
Quote: 16,82 Mio./48% MA

Wien: Marek
Drehbuch: Fritz Eckhardt
Regie: Jochen Bauer
Schauspieler: unter anderem Nadja Tiller, Lieselotte Plauensteiner, Klaus J. Behrendt

Ein Polizist agiert undercover in der Terroristenszene. Er muss seinen Einsatz mit dem Leben bezahlen. Die Kripobeamten finden einen in seine Kleidung eingenähten Zettel, der die Namen von drei Industriellen enthält, auf die jeweils ein Attentat geplant ist. Dass aber nun der erste Anschlag bei der Polizei vorher angekündigt wird, macht Oberinspektor Marek stutzig …

143/82 – Kuscheltiere (WDR)
Sendedatum: 12.12.82
Quote: 14,91 Mio. / 42 % MA
Duisburg: Schimanski / Thanner
Drehbuch: Chiem van Houweninge
Regie: Hajo Gies
Schauspieler: unter anderem Werner Schwuchow, Chiem van Houweninge, Ulrich Matschoss, Christoph Hofrichter, Nate Seids, Geert de Jong

Das asiatische Kind war bereits tot, als es in Duisburg in den Rhein geworfen wurde. Schimanski und Thanner vermuten illegale Adoption hinter dem Fall. Dem Kind waren in einem Plastiksack verschiedene Dinge beigegeben, die auf eine rituelle Bestattung hinweisen. Spuren führen die Kommissare nach Amsterdam. Die holländischen Kollegen sind über die Recherchen des Duisburger Teams nicht sehr erfreut …

1983

144/83 – Mord ist kein Geschäft (SDR)
Sendedatum: 09. 01. 83
Quote: 11,26 Mio. / 33 % MA
Stuttgart: Lutz
Drehbuch: Felix Huby
Regie: Theo Mezger
Schauspieler: unter anderem Hartmut Reck

Ein Bauer entdeckt in einem Campingbus im Wald die Leiche eines Mannes. Kommissar Lutz und sein Assistent stoßen bei ihren Recherchen auf den mehrfach vorbestraften Kehl, der unter Geschäftsleuten und Lokalbesitzern im Namen einer größeren Organisation Schutzgelder kassiert. Einige der erpressten Geschäftsleute haben sich zur Wehr gegen die Erpresser zusammengeschlossen. Doch darüber hinaus ergeben sich für die Kommissare weitere überraschende Aspekte.

145/83 – Fluppys Masche (SFB)
Sendedatum: 06. 02. 83
Quote: 19,27 Mio./ 53 % MA
Berlin: Walther
Drehbuch: Joachim Nottke, Karlheinz Knuth, Wolfgang Luderer
Regie: Wolfgang Luderer
Schauspieler: unter anderem Sabine Sinjen, Friedrich Siemers

Beim Überfall auf einen Juwelier muss der Täter feststellen, dass vor ihm bereits ein anderer da gewesen ist. Er kann mit einem kleinen Rest der noch übrigen Beute untertauchen. Der Juwelier überlebt den Überfall nicht. Die Tätersuche bringt die Kripo auf die Spur des Ehemanns eines in finanzielle Schwierigkeiten geratenen Paares, das seinen wertvollen Familienschmuck beim Juwelier verpfändet hat.

146/83 – Miriam (WDR)

Sendedatum: 03.04.83
Quote: 16,90 Mio./43% MA
Duisburg: Schimanski/Thanner
Drehbuch: Horst Vocks, Thomas Wittenburg, Peter Adam
Regie: Peter Adam
Musik: Tangerine Dream
Schauspieler: unter anderem Christoph Hofrichter, Sunnyi Melles, Pit Krüger

Schimanski hat den Mord am Gehilfen des Privatdetektivs Scholl aufzuklären. Die Tochter eines Großindustriellen hatte Scholl, der jetzt verschwunden ist, beauftragt, gegen den eigenen Vater zu ermitteln. Schimanski stößt auf ein tragisches Ereignis in der Familie, was 20 Jahre zurückliegt. Ihm gelingt es schließlich, den verschwundenen Privatdetektiv aufzufinden und Licht in den verwirrenden Fall zu bringen.

147/83 – Blütenträume (HR)

Sendedatum: 01.05.83
Quote: 16,92 Mio./48% MA
Frankfurt: Bergmann
Drehbuch: Bruno Hampel
Regie: Claus-Peter Witt
Schauspieler: unter anderem Manfred Zapatka, Edgar Hoppe, Claus Fuchs

Seemann Rohwedder hat eine große Menge »Blüten« in seinem Seesack. Nachdem er sie in Hamburg nicht umsetzen kann, fährt er zu einer alten Freundin nach Frankfurt. Von ihr erfährt er, dass er inzwischen Vater einer kleinen Tochter ist. Nun soll in Zukunft alles besser werden. Er versucht aufs Neue, das Falschgeld in Umlauf zu bringen, doch die »Blütenmarkt-Mafia« duldet keine Konkurrenz. Es wird gefährlich.

148/83 – Peggy hat Angst (SWF)

Sendedatum: 23.05.83
Quote: 17,86 Mio. / 47 % MA
Baden-Baden: Wiegand
Drehbuch: Norbert Ehry
Regie: Wolfgang Becker
Schauspieler: unter anderem Hannelore Elsner, Ute Christensen, Hannelore Schroth, Heinz-Werner Kraehkamp, Anita Kupsch, Roger Fritz, Harry Wüstenhagen, Ulrich Kinalzik

Das Fotomodell Peggy hört am Telefon mit, wie ihre Freundin brutal ermordet wird. Kommissarin Wiegand glaubt ihr nicht, bis sie die Leiche der Freundin findet. Peggy erhält plötzlich anonyme Briefe. Eine Anruferin weiß offenbar mehr, doch ohne Zusicherung einer Belohnung will sie nicht aussagen. Die Ermittlungen geraten ins Stocken, bis Wiegand einer erst für unwichtig erachteten Fährte folgt.

149/83 – Wenn alle Brünnlein fließen (NDR)

Sendedatum: 26.06.83
Quote: 13,11 Mio. / 38 % MA
Stade: Ronke
Drehbuch: Detlef Müller
Regie: Pete Ariel
Schauspieler: unter anderem Peter Dirschauer, Claudia Wedekind, Joachim Hansen

Dem bekannten Bauunternehmer Severing ist ein wichtiger städtischer Auftrag wegen leerer Gemeindekassen geplatzt. Mit ihm stehen auch andere, von ihm abhängige Firmen vor dem Ruin. Besonders hart trifft es den Kleinunternehmer Groth. Eines Tages liegt Severing erschossen im Partykeller seines Hauses. War es Mord oder Selbstmord?

150/83 – Mord in der U-Bahn (ORF)

Sendedatum: 18.09.83
Quote: 17,40 Mio. / 48 % MA

Wien: Marek
Drehbuch: Fritz Eckhardt
Regie: Kurt Junek
Schauspieler: unter anderem Paul Hoffmann, Lieselotte Plauensteiner

Ein Fußballspiel bringt die üblichen negativen Begleiterscheinungen mit sich: Es kommt zu gewalttätigen Auseinandersetzungen zwischen den vorwiegend jugendlichen Fans der rivalisierenden Clubs. In der U-Bahn ist ein Mann erstochen worden. Der mutmaßliche Täter bestreitet aber vehement, den Mann getötet zu haben. Der pensionierte Kommissar Marek mischt sich in unkonventioneller Weise in die polizeilichen Ermittlungen ein.

151/83 – Roulette mit sechs Kugeln (BR)

Sendedatum: 16.10.83
Quote: 15,53 Mio. / 42 % MA
München: Lenz
Drehbuch: Peter Hemmer
Regie: Lutz Büscher
Schauspieler: unter anderem Henner Quest, Rolf Castell, Manfred Zapatka, Ilona Grübel, Edwin Noel, Peter Musäus, Henner Dobrick, Heino Hallhuber

In einem Münchner Villenvorort wird der kleine Sohn eines wenig begüterten Ehepaares entführt. Mit Hilfe einer Bank und der übrigen Familie wird die geforderte Lösegeldsumme von 200 000 DM aufgebracht. Der Vater des entführten Jungen schaltet die Polizei ein, die auch bei der Geldübergabe helfen soll. Der Fall nimmt einen überraschenden Verlauf: Ein Kriminalbeamter wird bei der Übergabe erschossen. Der kleine Junge wird am Abend unversehrt in einem Lokal gefunden.

152/83 – Der Schläfer (NDR)

Sendedatum: 06.11.83
Quote: 16,89 Mio. / 43 % MA
Hamburg: Delius

Drehbuch: Joachim Wedegärtner
Regie: Jürgen Roland
Schauspieler: unter anderem Günther Ungeheuer, Horst Bollmann, Klaus Löwitsch, Klaus Höhne, Hellmut Lange, Gunnar Möller

Die Versuchsreihe bei der Marine für einen neuen Minenzünder ist erfolgreich verlaufen, der Termin zur Präsentation wird festgelegt. Ein ausländischer Geheimdienst versucht an die Konstruktionspläne zu gelangen. Ein Referent im Verteidigungsministerium, ein Schläfer, soll als Spion aktiviert werden. Beim letzten Minentest kommt es zu einer ungewollten Explosion. War es Versagen des Konstrukteurs oder Sabotage?

1984

153/84 – Rubecks Traum (HR)
Sendedatum: 08.01.84
Quote: 14,23 Mio./37 % MA
Heppenheim: Rullmann
Drehbuch: Heinz Schirk
Regie: Heinz Schirk
Schauspieler: unter anderem Witta Pohl, Hans-Werner Bussinger, Rudi Knaus, Heini Göbel

Der Filialleiter einer Sparkasse möchte sich einen Traum verwirklichen: Um mit seiner jungen Freundin, die eigentlich schon gar nichts mehr von ihm wissen mag, noch mal ein neues Leben beginnen zu können, hat er viel Geld bei seiner Bank unterschlagen. Er wird eines Tages von einem Fremden erpresst. Bei der Geldübergabe vollkommen überrascht, tötet er den Erpresser im Affekt. Er gesteht seiner Frau alles und muss ihr etwas versprechen …

154/84 – Freiwild (SFB)

Sendedatum:	05.02.84
Quote:	20,90 Mio./53% MA
Berlin:	Walther
Drehbuch:	Heinz-Dieter Ziesing
Regie:	Wolfgang Staudte
Schauspieler:	unter anderem Armin Mueller-Stahl, Tilly Lauenstein, Hans-Peter Hallwachs, Bruno Hübner, Paul-Albert Krumm, Hans-Helmut Dickow

Zwei ungeklärte Morde sorgen für Unruhe unter Obdachlosen im Zentrum Berlins. Spuren führen Kommissar Walther und seinen Assistenten Stettner über einen Apotheker zu einem Arzt, der wissenschaftliche Studien betreibt und der erschrocken über den Tod der Stadtstreicher reagiert. Die Gerichtsmedizin untermauert den Verdacht, den Kommissar Walther hegt, und der nun hieb- und stichfeste Beweise liefern muss.

155/84 – Verdeckte Ermittlung (SDR)

Sendedatum:	26.02.84
Quote:	19,69 Mio./50% MA
Stuttgart:	Lutz
Drehbuch:	Peter Scheibler
Regie:	Theo Mezger
Schauspieler:	unter anderem Martin Schwab, Nate Seids

Für die entführte 15-jährige Tochter fordern Erpresser eine Summe von 300000 DM. Die Eltern können das Geld nur mit Hilfe der Tante aufbringen. Die Polizei wird trotz Warnung der Entführer eingeschaltet. Die erste Geldübergabe scheitert. Die Eltern machen sich Vorwürfe. Nach der zweiten Übergabe findet die Kripo den Vater betäubt im Auto. Ein weiterer Anruf mit einem neuen Erpressungsversuch erreicht kurz darauf die Eltern.

156/84 – Kielwasser (WDR)

Sendedatum:	25.03.84
Quote:	19,02 Mio./50% MA
Duisburg:	Schimanski/Thanner
Drehbuch:	Chiem van Houweninge
Regie:	Hajo Gies
Schauspieler:	unter anderem Felix von Manteuffel, Hermann Treusch, Franz Kollasch, Franziska Oehme, Ulrich Matschoss

Die Vorwürfe eines Arztes finden bei der Kripo erst nach seiner Ermordung Gehör. Er hatte bei Schimanski und Thanner über die Verklappung von Giftstoffen im Rhein geklagt, die zum Tod eines Patienten, einem Rheinfischer, geführt haben. Ein Abfallverwertungsunternehmen rückt ins Blickfeld. Aber auch der Direktor dieses Unternehmens wird eines Tages ermordet …

157/84 – Haie vor Helgoland (NDR)

Sendedatum:	23.04.84
Quote:	16,85 Mio./42% MA
Hamburg:	Stoever
Drehbuch:	Peter Hemmer
Regie:	Hartmut Griesmayr
Schauspieler:	unter anderem Edgar Bessen, Ferdinand Dux, Bernd Tauber, Dietrich Mattausch, Werner Cartano, Thomas Kröger

Zwei Diebe saßen für ihre Raubüberfälle sieben Jahre in Haft. Ihr dritter Komplize kam mit einer geringeren Haftstrafe davon. Auf einem Ausflugsdampfer nach Helgoland feiern die drei ihr Wiedersehen bei zollfreiem Sekt und Kaviar. Da ihre Taschen leer sind, planen sie einen neuen Coup, bei dem es allerdings einen Toten gibt. Mit der gleichen Tatwaffe waren wenige Wochen zuvor auch Schüsse auf den pensionierten Kommissar Mühlenkamp abgegeben worden …

158/84 – Täter und Opfer (SWF)

Sendedatum: 27.05.84
Quote: 15,77 Mio./43 % MA
Baden-Baden: Wiegand
Drehbuch: Peter Hemmer
Regie: Ilse Hofmann
Schauspieler: unter anderem Christoph Marius Ohrt, Maja Maranow, Wolf-Dietrich Sprenger, Rolf Becker, Christiane Lemm

Nachbarn alarmieren die Polizei, als sie Schreie aus der Wohnung von Frau Bernett hören. Doch die Frau erklärt Kommissarin Wiegand ihre Blutspuren mit Nasenbluten. Wiegand erkennt in ihrem Gegenüber eine zutiefst verletzte und gedemütigte Frau. Am nächsten Tag wird die Leiche eines Mannes gefunden, der durch einen Unfall ums Leben kam. Es gibt einen überraschenden Zusammenhang zwischen Frau Bernett und dem Verunglückten.

159/84 – Zweierlei Blut (WDR)

Sendedatum: 22.07.84
Quote: 14,30 Mio./40 % MA
Duisburg: Schimanski/Thanner
Drehbuch: Fred Breinersdorfer, Felix Huby
Regie: Hajo Gies
Schauspieler: unter anderem Chiem van Houweninge, Ulrich Matschoss, Gerhard Olschewski, Brigitte Janner, Dietmar Bär

Thanner ist zwischenzeitlich bei Schimanski eingezogen. Doch seine Ordnungsvorstellungen vertragen sich nicht mit Schimanskis Ordnungssinn. Die beiden gehen auf Distanz zueinander. Auf einem Fußballplatz wird ein Mann erschlagen. Er scheint ein Opfer brutaler Schlägereien zwischen Fußballfans geworden zu sein. Waren es wirklich Fans? Oder führen illegale Geschäfte zu einem Tatmotiv? Wollte das Opfer jemanden erpressen?

160/84 – Gelegenheit macht Liebe (NDR)
Sendedatum: 19.08.84
Quote: 14,95 Mio./41% MA
Hamburg: Stoever
Drehbuch: Peter Hemmer
Regie: Pete Ariel
Schauspieler: unter anderem Rainer Goernemann, Günther Maria Halmer, Uwe Bohm

Hauptkommissar Stoever sucht den Mörder eines erschossenen jungen Mannes. Die Kugel aus der Bundeswehrwaffe beschädigte zugleich einen Pkw. Der Eigentümer, leitender Angestellter einer Großmolkerei, hat sein Auto zum Zeitpunkt des Mordes als gestohlen gemeldet. Ein Taxifahrer bezeugt, dass er eine Frau, Chefsekretärin im gleichen Betrieb, zur fraglichen Zeit aus der Nähe des Tatortes abgeholt hatte.

161/84 – Heißer Schnee (BR)
Sendedatum: 09.09.84
Quote: 16,27 Mio./43% MA
München: Lenz
Drehbuch: Plym Pahl
Regie: Wilma Kottusch
Schauspieler: unter anderem Herbert Knaup, Rainer Langhans

Eine Prostituierte wird zusammengeschlagen. In unmittelbarer Nähe wird ein Amerikaner durch einen Schuss verletzt. Kommissar Lenz kann einen weiteren Mordanschlag auf den Amerikaner vereiteln und den Täter verhaften. Es ist ein rauschgiftabhängiger Zuhälter, der sich später im Knast den »goldenen Schuss« setzt. Beide Verletzten erwähnten einen »General«. Lenz informiert die Militärpolizei, die jedoch wenig Licht ins Dunkel bringt.

162/84 – Geburtstagsgrüße (SR)
Sendedatum: 04.11.84
Quote: 12,23 Mio./33% MA

Saarbrücken:	Schäfermann
Drehbuch:	Herbert Lichtenfeld
Regie:	Georg Tressler
Schauspieler:	unter anderem Nate Seids, Nicolas Lansky

An seinem Geburtstag, den er mit seiner Freundin verbringen will, entgeht Kollege Kurt Sander nur knapp einem Briefbombenattentat. Stattdessen trifft der Anschlag die kleine Tochter der Nachbarin, die das Päckchen für ihn entgegennahm. Kommissar Schäfermann muss bestürzt feststellen, dass auf dem Absender des Päckchens sein Name steht.

163/84 – Der Mann mit den Rosen (ORF)

Sendedatum:	25.11.84
Quote:	17,76 Mio. / 47 % MA
Wien:	Hirth
Drehbuch:	Kurt Junek; Vorlage: Harald Minis »Räuber und Gendarm«
Regie:	Kurt Junek
Schauspieler:	unter anderem Walter Klinger, Christine Aichberger, Joe Berger

Ein Junge ist in der Stadt unterwegs, um für seine Hausaufgaben ein optimales Objekt zu finden: Er muss eine Beobachtung schreiben. Schließlich findet er eine interessante Person, die sich zu eignen scheint. Er folgt ihr durch Wien, bis dieser mit einem Strauß Rosen in einer Gasse verschwindet. Nur wenige Stunden später ist der Junge ermordet. In der Tasche des Kindes findet der Oberinspektor einen Zettel. Hatte der Junge seine Hausaufgaben schon gemacht?

164/84 – Rechnung ohne Wirt (WDR)

Sendedatum:	09.12.84
Quote:	15,47 Mio. / 40 % MA
Duisburg:	Schimanski / Thanner
Drehbuch:	Peter Adam
Regie:	Peter Adam
Schauspieler:	unter anderem Wilfried Blasberg, Chiem van Houweninge

Ein Bekannter Schimanskis, der Wirt des italienischen Restaurants »Guido«, soll Schutzgeld zahlen. Er weigert sich. Sein Restaurant wird zertrümmert, und auch er wird zusammengeschlagen. Schimanski, der den Mord an einem Boxer, der in Schutzgeldgeschäfte verstrickt war, aufklären muss, hilft dem Wirt. Dieser beteuert, den Boxer nicht gekannt zu haben. Doch bald stellt sich heraus, dass er gelogen hat.

1985

165/85 – Ordnung ist das halbe Sterben (SFB)

Sendedatum: 06.01.85
Quote: 14,22 Mio./38% MA
Berlin: Walther
Drehbuch: Detlef Michel
Regie: Wolfgang Tumler
Schauspieler: unter anderem Ernst Jacobi

Der unbescholtene Bankangestellte Wilpert meldet seine Frau als vermisst. Die Polizei erhält einen Anruf, dass sie ermordet in einer Tiefgarage liegt. Für Kommissar Walther ist der Ehemann einer der Hauptverdächtigen. Dieser versucht, den oder die Täter auf eigene Faust aufzuspüren. Er stellt dem Kommissar eine Falle während der Nachstellung des Tatherganges.

166/85 – »Acht, neun – aus!« (HR)

Sendedatum: 10.02.85
Quote: 9,47 Mio./29% MA
Frankfurt: Dietze
Drehbuch: Jürgen Roland, Uwe Erichsen
Regie: Jürgen Roland
Schauspieler: unter anderem Pierre Franckh, Klaus Höhne

Nach 30 gestandenen Dienstjahren will Polizeihauptmeister Dietze den Dienst quittieren und bei einem Wachschutz mit besserer Bezahlung und weniger Arbeit neu anfangen. Bei einem Einsatz findet er gemeinsam mit seinem neuen jungen Kollegen dessen bei einem Raubüberfall lebensgefährlich verletzte Ehefrau. Der junge Kollege beginnt auf eigene Faust nach den unbekannten Tätern zu suchen und gerät in eine gefährliche Situation.

167/85 – Doppelspiel (WDR)
Sendedatum: 31. 03. 85
Quote: 11,60 Mio. / 35 % MA
Duisburg: Schimanski / Thanner
Drehbuch: Christoph Fromm
Regie: Hajo Gies
Musik: David Knopfler
Schauspieler: unter anderem Chiem van Houweninge, Ulrich Matschoss

Der Tod einer Frau, die sich vom Balkon hinuntergestürzt hat, ist nur auf den ersten Blick ein Selbstmord. Der Ehemann hatte sich gegen die Einweisung seiner Frau in die Psychiatrie ausgesprochen. Für den Todeszeitpunkt fehlt ihm jedoch ein plausibles Alibi. Die Freundin der Toten gehört einer Sekte an, der auch das Opfer angehörte …

168/85 – Irren ist tödlich (NDR)
Sendedatum: 14. 04. 85
Quote: 15,35 Mio. / 44 % MA
Hamburg: Stoever
Drehbuch: Peter Hemmer
Regie: Wolfgang Storch
Schauspieler: unter anderem Horst Michael Neutze, Rolf Pulch, Ursula Lubisch

In der Nähe von Kiel wird in einem Waldstück eine tote junge Frau gefunden. Von dort führt die Spur in den Hamburger Hafen, wo eine männliche Leiche im Wasser treibt. Die Kieler ermitteln gemeinsam mit den Hamburger Kollegen. Der Verlobte der jungen Frau spielt eine dubiose Rolle, er scheint mehr zu wissen als er vorgibt.

169/85 – Miese Tricks (SDR)
Sendedatum: 26.05.85
Quote: 12,95 Mio./37 % MA
Stuttgart: Lutz
Drehbuch: Karl Heinz Willschrei
Regie: Theo Mezger
Schauspieler: unter anderem Angelika Bender, Michael Mendl, Rolf Zacher, Klaus Spürkel, Manfred Boehm, Ingeborg Stüber, Fred Reyes

Die gehbehinderte Bilanzbuchhalterin Pommer wird Zeugin eines Banküberfalls. Sie wird als Geisel genommen und muss den Bankräuber durch die Stadt fahren, bis dieser in einer Seitenstraße aussteigt und verschwindet. Für die Kripo ist schnell klar, dass hier ein Profi am Werk war, der alles bis ins Detail geplant hat.

170/85 – Der Mord danach (SWF)
Sendedatum: 23.06.85
Quote: 19,19 Mio./53 % MA
Baden-Baden: Wiegand
Drehbuch: Sylvia Hoffmann
Regie: Iwan Schumacher
Schauspieler: unter anderem Laszlo Kish, Ilona Grübel, Robert Atzorn, Jacques Breuer, Gabriela Dossi, Beate Jensen, Gabriel Laub

In einem engen Geflecht emotionaler Beziehungen muss Kommissarin Wiegand den Mord an einem bekannten, aber nicht bei jedem beliebten Redakteur des Hörfunks aufklären. Dieser hatte ein Verhältnis mit einer Musikredakteurin, was allerdings seit kurzem beendet war. Die Musikredakteurin hat ein Alibi durch ihren geschiedenen Mann. Die Ehefrau des Toten hat eine Affäre mit einem jungen Mann. Wiegand bekommt ein überraschendes Geständnis.

171/85 – Das Haus im Wald (WDR)
Sendedatum: 18.08.85
Quote: 19,40 Mio./48 % MA
Duisburg: Schimanski/Thanner
Drehbuch: Peter Adam
Regie: Peter Adam
Schauspieler: unter anderem Werner Schwuchow, Christiane Lemm, Rolf Zacher, Andras Fricsay, Dominic Raacke, Hartmut Nolte, Nicolas Brieger

Der Lebensgefährte einer Frau, der als Journalist oft – getarnt – riskante Recherchen betreibt, ist spurlos verschwunden. Schimanski fährt mit der jungen Frau, die ihn um Hilfe gebeten hat, in das einsam gelegene Haus, aus dem er nicht mehr rauskommt, weil versteckte Schützen das Haus beschießen. Sie haben den Journalisten gekidnappt und stellen Forderungen. Erst jetzt erfährt Schimanski, was dort »gespielt« wird. Thanner beginnt nach seinem verschwundenen Kollegen zu fahnden.

172/85 – Nachtstreife (ORF)
Sendedatum: 15.09.85
Quote: 19,66 Mio./49 % MA
Wien: Hirth
Drehbuch: Leo Frank
Regie: Jochen Bauer
Schauspieler: unter anderem Miguel Herz-Kestranek

Ein Mopeddieb schießt nachts auf einen Inspektor und verletzt ihn schwer. Alle Wiener Polizisten sind empört und beteiligen sich an der Fahndung nach dem Täter. Es kommt bald zur Verhaftung eines Verdächtigen. Dieser erhängt sich kurze Zeit später in der Zelle. Dann stellt sich heraus, dass er nicht der Täter gewesen sein kann. Die Ermittlungen müssen von vorn beginnen …

173/85 – Schmerzensgeld (HR)

Sendedatum:	13.10.85
Quote:	19,22 Mio./47% MA
Frankfurt:	Brinkmann
Drehbuch:	Hans Kelch; Vorlage: Peter Hebel
Regie:	Wolfgang Luderer
Schauspieler:	unter anderem Frank Muth, Peter Fricke, Angelika Bender, Christiane Krüger, Arthur Brauss, Heinz W. Kraehkamp, Siegfried Rauch

Eine angekündigte Revision bringt Bankfilialleiter Corbut in Verlegenheit. Er hat viel Geld unterschlagen. In einem Spielcasino will er es zurückgewinnen und hat Erfolg. Beim Verlassen des Casinos wird er jedoch von einem Ganoven in der Tiefgarage abgefangen, der die Geheimnisse des Filialleiters kennt und ihn nun erpresst. Corbut plant mit dem Erpresser einen Überfall auf den Geldtransporter seiner Bank. Sie wissen nicht, dass sich ihr Vorhaben mit den Plänen anderer verhängnisvoll kreuzt.

174/85 – Tod macht erfinderisch (SFB)

Sendedatum:	10.11.85
Quote:	23,58 Mio./60% MA
Berlin:	Bülow
Drehbuch:	Detlef Michel
Regie:	Rolf von Sydow
Schauspieler:	unter anderem Udo Vioff, Jürgen Kluckert

Bülow wird nach mehreren Jahren in einen Fall involviert, in dem ein damals von ihm dingfest gemachter Geiselnehmer die Hauptrolle spielt. Dieser wird todkrank vorzeitig aus der Haft entlassen. Er hatte immer seine ihm aufgrund von Indizien nachgewiesene Tat bestritten und der Polizei Rache geschworen. Spät durchschaut Bülow die Absicht des Entlassenen: Er will mit einer besonderen Aktion die Polizei auf die tatsächlichen Hintergründe des damaligen Geschehens aufmerksam machen.

175/85 – Baranskis Geschäft (NDR)

Sendedatum: 01.12.85
Quote: 16,05 Mio./42% MA
Hamburg: Delius
Drehbuch: Friedhelm Werremeier, Jochen Wedegärtner
Regie: Jürgen Roland
Schauspieler: unter anderem Knut Hinz, Ullrich Dobschütz, Karl-Walther Diess

Eine Import- und Exportfirma für osteuropäische Delikatessen fungiert als Kurier und befördert westliche Geheiminformationen in den Ostblock. Am Tag des Geburtstages seines Chefs sieht der Angestellte Baranski eine Chance, in der Firma geheime Papiere zu fotografieren und mit den Fotos unterzutauchen. Er will im Geschäft mit dem MAD eine neue Identität bekommen. Doch zu einem Treffen kommt es nicht; Baranski wird überfahren.

176/85 – Schickimicki (BR)

Sendedatum: 29.12.85
Quote: 20,04 Mio./48% MA
München: Lenz
Drehbuch: Ernst Fischer, Herbert Riehl-Heyse
Regie: Hans-Reinhard Müller
Schauspieler: unter anderem Hannelore Elsner, Erich Hallhuber, Felix von Manteuffel, Hans-Reinhard Müller

Ein Journalist einer Boulevardzeitung wird ermordet. Er betrieb gerade einige Recherchen über traditionsreiche Lokale, die verschwanden oder edel, »schickimicki«-mäßig, saniert wurden. Auf den ersten Blick starb das Opfer infolge eines brutalen Rocker-Anschlages. Doch Kommissar Lenz sammelt mit Hilfe einer befreundeten Journalistin immer mehr Indizien, die auf einen Täter aus der Welt der Gastronomie hinweisen.

1986

177/86 – Die kleine Kanaille (SFB)

Sendedatum: 26.01.86
Quote: 17,11 Mio. / 44 % MA
Berlin: Bülow
Drehbuch: Dieter Schubert
Regie: Rolf von Sydow
Schauspieler: unter anderem Maximilian Wigger

Eine Pelzhändlerin ertrinkt in Anwesenheit ihres jüngeren Mannes in ihrem eigenen Swimmingpool. Ein 16-jähriges Mädchen beobachtete das Paar. Sie sieht eine Chance, sich den Traum vom Leben im Luxus zu verwirklichen und beginnt, den jungen Witwer zu erpressen. Nur durch Zufall und knapp kann sie einer gestellten Falle, die sie mundtot machen sollte, entgehen. Der ermittelnde Kommissar ahnt nichts von dem gefährlichen Spiel des Mädchens.

178/86 – Einer sah den Mörder (SDR)

Sendedatum: 23.02.86
Quote: 20,70 Mio. / 52 % MA
Stuttgart: Lutz
Drehbuch: Fritz Eckhardt
Regie: Theo Mezger
Schauspieler: unter anderem Horst Michael Neutze, Dieter Eppler, Daphne Wagner, Friedrich G. Beckhaus

Kommissar Lutz gerät als mutmaßlicher Täter in die Fallstricke seines Falles, den er eigentlich selbst aufklären sollte. Er kannte die Tote; ein Zeuge hat ihn zur Tatzeit bei der Frau gesehen. Schließlich wird dieser Zeuge auch noch ermordet. Lutz – vom Dienst suspendiert – muss untertauchen und aus seinem Versteck heraus nach dem wahren Täter suchen. Der Ehemann der Toten hat ein hieb- und stichfestes Alibi durch seine Sekretärin. Hat sie einen Grund zu lügen?

179/86 – Leiche im Keller (NDR)

Sendedatum:	31. 03. 86
Quote:	15,71 Mio. / 41 % MA
Hamburg:	Brockmöller / Stoever
Drehbuch:	Kurt Bartsch
Regie:	Pete Ariel
Schauspieler:	unter anderem Beathe Finckh, Irm Hermann

Der Beifahrer eines Geldtransportes, von seinem Zwillingsbruder angestiftet, raubt den Transporter aus. Dabei tötet er seinen Bruder und nimmt die vermeintlich bessere Identität an. Doch er ahnt nichts von den Geschäften, die sein Bruder führte: Er zwang minderjährige Mädchen zur Prostitution. Die Kommissare erliegen ebenso der Verwechslung, bis sie beim lebenden Bruder eine getragene Halskette entdecken, die beim Toten einen Abdruck auf der Haut hinterlassen hatte.

180/86 – Der Tausch (WDR)

Sendedatum:	13. 04. 86
Quote:	23,46 Mio. / 58 % MA
Duisburg:	Schimanski / Thanner
Drehbuch:	Hartmut Grund, Chiem van Houweninge
Regie:	Ilse Hofmann
Musik:	Dieter Bohlen
Schauspieler:	unter anderem Ulrich Matschoss, Reiner Matschurat, Dieter Eppler

Ein Physiker, der wegen eines Unfalls mit tödlichem Ausgang und Fahrerflucht im Gefängnis sitzt, soll gewaltsam aus der Haftanstalt befreit werden. Der Befreiungsversuch misslingt, es gibt dabei einen toten Gefängnisbeamten und einen toten Täter. Der Häftling selbst hat keine großen Ambitionen, aus der Haft freizukommen. Auch ein Journalist, der Informationen über die Befreier anbietet, wird erschossen. Die Täter setzen nun ein härteres Druckmittel ein: Sie entführen den kleinen Sohn von Schimanskis Lebensgefährtin.

181/86 – Riedmüller, Vorname Sigi (BR)

Sendedatum: 19. 05. 86
Quote: 20,54 Mio. / 54 % MA
München: Riedmüller
Drehbuch: Franz Xaver Wendleder
Regie: Michael Kehlmann
Schauspieler: unter anderem Maria Singer, Margot Mahler, Harry Kalenberg, Herbert Fux, Bruno Dallansky

Das bayrische Team der Mordkommission erhält mit dem Kollegen Riedmüller aus Regensburg Verstärkung. Sie haben gleich mehrere Fälle zu lösen. Eine Prostituierte wurde ermordet. Der verhaftete Zuhälter hat jedoch ein Alibi. Und auf einem Autohof findet man den Fahrer eines Autotransporters erschossen auf seinem Fahrersitz. Die von ihm geladenen Limousinen sind verschwunden.

182/86 – Aus der Traum (SWF)

Sendedatum: 15. 06. 86
Quote: 10,06 Mio. / 30 % MA
Baden-Baden: Wiegand
Drehbuch: Norbert Ehry
Regie: Hansgünther Heyme
Schauspieler: unter anderem Frank Holtmann, Uwe Friedrichsen, Ulli Kinalzik

Der Besitzer einer Spedition erhielt in seiner Badewanne einen Stromschlag. War es Mord? Die Ehefrau ist eigentlich unverdächtig, doch sie hat einen stürmischen Liebhaber, den Mitarbeiter Ballou. Dieser träumt davon, ein großer Schauspieler zu werden und nicht in der heruntergewirtschafteten Spedition tätig sein zu müssen. Kommissarin Wiegand greift in ihre »Trickkiste«, um den Mörder überführen zu können.

183/86 – Tödliche Blende (SFB)

Sendedatum: 13. 07. 86
Quote: 15,41 Mio. / 42 % MA

Berlin: Bülow
Drehbuch: Rolf von Sydow
Regie: Horst Flick
Schauspieler: unter anderem Jürgen Kluckert, Maximilian Wigger, Horst Schön, Eckart Dux, Anita Lachner

Während der Dreharbeiten zu einem Krimi wird aus Fiktion Realität. Die Kostümbildnerin wird wenige Tage vor Ende der Dreharbeiten ermordet. Kommissar Bülow hatte die Aufgabe, das Team fachlich zu beraten und ist deshalb sofort am Tatort. Es gibt Indizien, die auf einen Zusammenhang mit mehreren anderen ungeklärten Frauenmorden hinweisen. Bevor sich das Netz um den Täter zuziehen kann, schlägt er noch einmal zu.

184/86 – Schwarzes Wochenende (WDR)
Sendedatum: 10.08.86
Quote: 16,24 Mio. / 43 % MA
Duisburg: Schimanski / Thanner
Drehbuch: Bernd Schwamm, Dominik Graf, Michael Hatry
Regie: Dominik Graf
Schauspieler: unter anderem Siegfried Wischnewski, Barbara Freier, Marie-Louise Millowitsch, Dieter Pfaff

Der Mord am Möbelfabrikanten Hencken scheint der Höhepunkt im Kampf der zwei miteinander verfeindeten und konkurrierenden Familien Hencken und Möhlmann zu sein. Schimanski stößt bei seiner Recherche auf einen Journalisten, der nach Beweisen für die krummen Geschäfte der Familie Möhlmann sucht. Es gab einen betrügerischen Bankrott, um den auch andere wussten, und die ihr Wissen erpresserisch eingesetzt haben. Es bleibt nicht bei einem Mord in diesem komplizierten Fall.

185/86 – Tod auf Eis (NDR)
Sendedatum: 07.09.86
Quote: 20,08 Mio. / 52 % MA
Hamburg: Brockmöller / Stoever

Drehbuch: Wolfgang Graetz
Regie: Dietrich Haugk
Schauspieler: unter anderem Johanna von Koczian, Lola Müthel

Der Mord an einem Hotelbesitzer, der tot in einem Kühlraum seines Betriebes liegt, lässt Stoever und Brockmüller hinter die Kulissen eines größeren Hotels blicken. Der Hotelier war nicht sehr beliebt bei seinen Angestellten, und auch in seinem großen Verwandtschaftskreis hatte er viele Feinde. Die Kommissare haben am Ende ihres Falles mehr als nur einen Täter.

186/86 – Wir werden ihn Mischa nennen (ORF)
Sendedatum: 21.09.86
Quote: 19,80 Mio./50% MA
Wien: Hirth
Drehbuch: Kurt Junek, Harald Mini
Regie: Kurt Junek
Schauspieler: unter anderem Heinz Zuber, August Schmölzer, Jaromir Borek

Eine hochschwangere Frau wird Zeugin eines Banküberfalls und scheint sogar einen der Täter zu erkennen. Das muss sie mit dem Leben bezahlen. Im Krankenhaus wird ein Versuch unternommen, das ungeborene Kind, was Mischa heißen soll, zu retten. Der Ehemann sowie auch der Vater der toten Frau gehen auf eigenständige Suche nach den Bankräubern.

187/86 – Automord (HR)
Sendedatum: 30.11.86
Quote: 19,97 Mio./51% MA
Frankfurt: Brinkmann (Marek i.R.)
Drehbuch: Fritz Eckhardt
Regie: Wilm ten Haaf
Schauspieler: unter anderem Dietrich Mattausch, Lisa Kreuzer, Dieter Kirchlechner, Franziska Bronnen, Heinz W. Kraehkamp, Lia Wöhr

Der pensionierte Kommissar Marek aus Wien kommt nach Frankfurt. Dort läuft ihm ein bekannter Krimineller aus seiner Wiener Dienstzeit über den Weg. Brinkmann gegenüber äußert er seinen Verdacht, dass dieser Mann wohl die Absicht habe, in Frankfurt eine ähnliche Tat zu begehen. Brinkmann nimmt Mareks Aussage nicht ernst, bis ein anderer Kollege aus dem Ausland ihn ebenfalls aufsucht, um ihm brisante Informationen zu geben, die auch in einem anderen Mordfall zu Erkenntnissen führen.

188/86 – Freunde (WDR)

Sendedatum:	28.12.86
Quote:	15,61 Mio. / 37 % MA
Duisburg:	Schimanski / Thanner
Drehbuch:	Horst Vocks, Thomas Wittenburg
Regie:	Klaus Emmerich
Schauspieler:	unter anderem Ulrich Matschoss, Klaus Wennemann

Mehreren Gangstern gelingt es, einen Geldtransporter zu überfallen und mit der Beute zu fliehen. Auch ein eingesetzter Polizeihubschrauber kann die Bande nicht stoppen. Schimanski hat seinen alten Freund Frieder, den Besitzer eines Antiquitätengeschäftes, in Verdacht, als Kopf der Bande tätig zu sein. Sein Geschäft dient nur als Kulisse. Schimanski und Frieder kennen sich zu gut; sie beginnen sich zu beobachten und zu belauern. Wer wird wen am Ende besiegen?

1987

189/87 – Die Macht des Schicksals (BR)

Sendedatum:	25.01.87
Quote:	13,85 Mio. / 35 % MA
München:	Lenz
Drehbuch:	Klaus Richter, Ulf Miehe

Regie: Reinhard Schwabenitzky
Musik: Peer Raben
Schauspieler: unter anderem Georg Einerdinger, Uschi Wolff, Hans Clarin, Sebastian Koch, Gunnar Möller, Karl Merkatz, Nate Seids

Ein erfolgloser Schauspieler erweist sich in seiner selbst erwählten Rolle, ein echter Kommissar zu sein, sehr erfolgreich. Er geht einem lukrativen Geschäft nach, bei dem er vorgibt zu helfen und zu beschützen. Bürgern, die zum Beispiel erpresst werden, hilft er bei der Geldübergabe, um die Täter dabei verhaften zu können. Mit dem Geld verschwindet er dann und sein Gehilfe auch. Kommissar Lenz werden zwei Leichen »serviert«, bevor er den »Helfer« festsetzen kann.

190/87 – Eine Million Mäuse (SDR)

Sendedatum: 22. 02. 87
Quote: 17,42 Mio. / 44 % MA
Stuttgart: Schreitle
Drehbuch: Gerd Angermann
Regie: Theo Mezger
Schauspieler: unter anderem Matthias Ponnier, Hans Peter Hallwachs

Nach sieben Jahren Haft wird der Bankräuber Kramer entlassen. Die Beute konnte damals nicht sichergestellt werden. Sein Komplize verunglückte auf der Flucht tödlich. Als er in die wiedergewonnene Freiheit kommt, wartet nicht nur der Kommissar, der inoffiziell weiterermitteln will, auf ihn. Er steigt in das Auto eines Mannes. Eine junge Frau beobachtet das Geschehen.

191/87 – Blindflug (HR)

Sendedatum: 29. 03. 87
Quote: 18,28 Mio. / 47 % MA
Frankfurt: Brinkmann
Drehbuch: Sylvia Hoffman
Regie: Sylvia Hoffman
Schauspieler: unter anderem Klaus Adler, Uwe Ochsenknecht, Susanne Uhlen, Dieter Schidor, Christian Mey

Der bei Frauen sehr beliebte Flugkapitän spannt seinem Chefsteward die Freundin aus. In Frankfurt zu einem Stelldichein mit seiner neuen Flamme, der Stewardess Anita, verabredet, wird er ermordet. Die Freundin hat den fliehenden Täter nicht erkennen können. War es der Chefsteward, der seine Niederlage noch nicht verkraftet hat? Da geschieht ein zweiter Mord.

192/87 – Tod im Elefantenhaus (NDR)
Sendedatum: 20.04.87
Quote: 14,92 Mio. / 38 % MA
Hamburg: Brockmöller / Stoever
Drehbuch: Sven Freiheit nach einem Roman von Peter Weisflog
Regie: Bernd Schadewald
Schauspieler: unter anderem Raimund Harmstorf, Hannelore Elsner, Peter Bongartz, Ben Becker, Bruno Dallansky, Evelyn Hamann, Franz Rudnik

Im Hamburger Tierpark Hagenbeck wird die Elefantenkuh Mogli zur Mörderin. Sie trampelt in ihrem Stall einen Tierparkinspektor, der besonders unbeliebt war, zu Tode. Stoever und Brockmöller geraten bei ihren Recherchen, ob es ein Unfall oder Mord war, in ein motivreiches Feld von Hass, Missgunst und Misstrauen. In der Vergangenheit des Toten finden sie schließlich ein Tatmotiv.

193/87 – Spiel mit dem Feuer (SWF)
Sendedatum: 17.05.87
Quote: 18,53 Mio. / 48 % MA
Baden-Baden: Wiegand
Drehbuch: Knut Boeser, Barbara Piazza
Regie: Wolfgang Storch
Schauspieler: unter anderem Michael Lesch, Jürgen Arndt

War es fahrlässige Tötung, Totschlag oder Mord? Die Untersuchungen eines Brandes in einem Mietshaus, bei dem ein Ehepaar und eine junge Lehrerin ums Leben kamen, bringen Kommissarin Wiegand eine Überraschung: Die Lehrerin war schon vor Ausbruch des

Feuers tot. Sie wurde erwürgt. Wer wollte diese Tat verdecken? Eine angesehene Persönlichkeit gerät in den Kreis der Verdächtigen, doch diese Person leugnet die Tat vehement.

194/87 – Spielverderber (WDR)
Sendedatum: 08.06.87
Quote: 17,65 Mio./44 % MA
Duisburg: Schimanski/Thanner
Drehbuch: Felix Huby, Hartmut Grund
Regie: Pete Ariel
Schauspieler: unter anderem Lutz Reichert, Jenny Evans, Erich Will

Die tote Prostituierte scheint einen ihrer Kunden erpresst zu haben. Als Schimanski und Thanner auf einen mutmaßlichen Waffenschmuggler stoßen, schaltet sich das BKA Wiesbaden ein. Ein Spezialist soll gemeinsam mit ihnen den Fall klären. Als weitere Morde geschehen, hegt der misstrauische Thanner einen schweren Verdacht gegen den BKA-Mann.

195/87 – Pension Tosca oder die Sterne lügen nicht (BR)
Sendedatum: 12.07.87
Quote: 13,45 Mio./38 % MA
München: Scherrer
Drehbuch: Michael Kehlmann
Regie: Michael Kehlmann
Schauspieler: unter anderem Rolf Castell, Walter Buschhoff, Barbara Kutzer

Der Kantinenwirt eines kleinen Fußballvereins ist der Polizei verdächtig, doch sein Vorhaben ist für die Beamten vorerst noch nicht zu durchschauen. Eine Pension, auf deren Besitzerin eines Tages ein Mordanschlag verübt wird, steht im Mittelpunkt seines Interesses. Die Kriminalpolizei betreibt Nachforschungen über einige Pensionsgäste, die sich als Dauer- oder Stammgäste bei dem netten Wirtsehepaar sehr wohl zu fühlen scheinen.

196/87 – Wunschlos tot (ORF)

Sendedatum:	30.08.87
Quote:	13,73 Mio. / 36 % MA
Wien:	Passini
Drehbuch:	Kurt Junek, Bert Steingötter
Regie:	Kurt Junek
Schauspieler:	unter anderem Bruno Dallansky, Michael Janisch, Georg Einerdinger, Gerhard Ernst, Karl Krittl, Angelika Meyer, Fritz Eckhardt

In einem Wohnhaus wird eines Tages eine alte Hausbewohnerin tot aufgefunden. Die Polizei findet kein Tatmotiv, bis sie von Mitbewohnern des Hauses auf den rauschgiftabhängigen Neffen aufmerksam gemacht wird, der eine weitere Spur zu einem bekannten Boss der Unterwelt liefert. Doch dieser scheint Freunde in den oberen Reihen der Gesellschaft zu haben, die ihn schützen. Dann wird eines Tages auch der Neffe tot aufgefunden.

197/87 – Gegenspieler (BR)

Sendedatum:	13.09.87
Quote:	13,93 Mio. / 37 % MA
München:	Lenz
Drehbuch:	Ulf Miehe, Klaus Richter
Regie:	Reinhard Schwabenitzky
Schauspieler:	unter anderem Uschi Wolff, Horst Kummeth, Johanna von Koczian, Karl Michael Vogler, Max Tidof, Ellen Frank, Richard Lauffen

Der Freund einer Gastwirtin ist ein Spieler. Zu oft macht er die Erfahrung »wie gewonnen, so zerronnen«. Um seiner Freundin das gestohlene und verspielte Geld zurückgeben zu können, lässt er sich zu einem Tankstellenüberfall überreden. Am Anfang läuft alles wie geplant, doch bei der Flucht kommt es zu Komplikationen. Spuren führen die Polizei zum Spieler, der sich in den Fallstricken einer weitreichenden Tat verfängt.

198/87 – Voll auf Hass (NDR)

Sendedatum: 08.11.87
Hamburg: Brockmöller / Stoever
Drehbuch: Bernd Schadewald
Regie: Bernd Schadewald
Schauspieler: unter anderem Ulrich Pleitgen, Johanna Liebeneiner

Liebe kennt keine ethnischen Grenzen. Doch die Verlobungsfeier eines Türken und einer Deutschen endet für den Bräutigam tödlich. Das Restaurant, in dem die Feier stattfindet, wird von Skins brutal überfallen. Stoever und Brockmöller vermuten, dass nicht nur Ausländerfeindlichkeit hinter dem Attentat steckt. Die Skins könnten auch als Schlägertruppe engagiert worden sein. Steckt eine Schutzgelderpressung dahinter?

199/87 – Der letzte Mord (ORF)

Sendedatum: 29.11.87
Wien: Marek
Drehbuch: Fritz Eckhardt
Regie: Kurt Junek
Schauspieler: unter anderem Werner Friedl, Erich Schenk

Oberinspektor Marek ist pensioniert. Er hat ein altes, fast abbruchreifes Haus geerbt, in dem eines Tages eine Leiche gefunden wird. Sein Enkel wohnt vorübergehend bei ihm. Er führt ein ausschweifendes Nachtleben, statt seinem Studium nachzugehen. Die Freundin erweckt bei Marek den Verdacht, dass es Verbindungen zwischen der Leiche und dem Bekanntenkreis seines Enkels gibt.

200/87 – Zahn um Zahn (WDR)

Sendedatum: 27.12.87
Duisburg: Schimanski / Thanner
Drehbuch: Horst Vocks, Thomas Wittenburg. Hartmut Grund, Hajo Gies
Regie: Hajo Gies

Musik:	Klaus Lage
Schauspieler:	unter anderem Renan Demirkan, Charles Brauer, Martin Lüttge (lief zugleich als Kinofilm)

Profitgier: Eine Werksiedlung soll verkauft werden und dann der Abrissbirne zum Opfer fallen. Ein von der Zwangsräumung Betroffener läuft Amok. Er bringt sich und seine Familie um. War es eine Verzweiflungstat? Es handelt sich um einen alten Schulfreund von Schimanski, der sofort den Großindustriellen Grassmann der Profitgier und der Menschenverachtung beschuldigt. Grassmann hat Beziehungen, er sorgt dafür, dass die Akte des Familienvaters geschlossen wird. Doch das beeindruckt Schimanski nicht, er ermittelt weiter.

1988

201/88 – Salü Palu (SR)

Sendedatum:	24.01.88
Quote:	16,40 Mio./44% MA
Saarbrücken:	Palu
Drehbuch:	Felix Huby
Regie:	Hans-Christoph Blumenberg
Schauspieler:	unter anderem Gudrun Landgrebe, Hans Peter Hallwachs, Kai Fischer, Eberhard Feik

Der bekannte Pianist Domberg, der im Verdacht steht, mit Kokain gehandelt zu haben, wird aus der Untersuchungshaft entlassen. Palu braucht für seinen ersten Fall die Hilfe des Pianisten, der ihn zu einer Mädchenhändlerbande führen soll. Palu weiß nicht, dass Domberg seine Freundin wegen dieser Menschenhändler verlor. Er geht eigene Wege, um den Täter zu stellen.

202/88 – Schuldlos schuldig (SFB)

Sendedatum: 28.02.88
Berlin: Bülow
Drehbuch: Peter Scheibler
Regie: Thomas Engel
Schauspieler: unter anderem Jürgen Kluckert, Maximilian Wigger, Horst Schön, Rolf Becker, Antje Hagen

Ein heimtückischer Mord sollte vertuscht werden. Die Leiche wurde in einem Container mit verseuchtem Erdreich versteckt, der auf eine Sondermülldeponie in die DDR abtransportiert werden sollte. Bülow ermittelt im privaten und beruflichen Umfeld der Toten und findet das Tatmotiv. Er bekommt Druck von »oben«.

203/88 – Sein letzter Wille (SDR)

Sendedatum: 04.04.88
Quote: 10,60 Mio./28 % MA
Stuttgart: Schreitle
Drehbuch: Hartmut Grund, Felix Huby
Regie: Hartmut Griesmayr
Schauspieler: unter anderem Günter Mack, Peter von Strombeck, Arnulf Schumacher

Das schöne alte Fachwerkhaus mit einer alteingeführten Musikalienhandlung am Marktplatz ist seit Generationen in Familienbesitz. Doch jetzt ist es einem Bauinvestor, der eine Ladenpassage im großen Stil bauen will, im Weg. Der eigenwillige Eigentümer des Hauses wird bedrängt und bedroht. Eines Abends liegt er tot in seinem Laden.

204/88 – Die Brüder (HR)

Sendedatum: 17.04.88
Frankfurt: Brinkmann
Drehbuch: Heinz Schirk
Regie: Heinz Schirk
Schauspieler: unter anderem Hans-Werner Bussinger, Thomas Ahrens, Lutz Mackensy, Franz Rudnick, Hans Clarin

Der Tote im Hinterhof eines Spielclubs wird schnell identifiziert: Es handelt sich um den aus der Bahn geworfenen Journalisten Rieber. Er hat in seiner letzten Zockerrunde viel Geld gewonnen, sich dafür aber von seinen Mitspielern den Vorwurf des Betruges eingehandelt. Der Halbbruder eines ermittelnden Kommissars gerät in Verdacht. Dieser übergibt den Fall wegen Befangenheit an Brinkmann.

205/88 – Gebrochene Blüten (WDR)

Sendedatum: 01.05.88
Duisburg: Schimanski / Thanner
Drehbuch: Martin Gies
Regie: Hajo Gies
Schauspieler: unter anderem Renate Krößner, Miro Nemec

Der Leiter des Tanzstudios Prinz wurde erstochen. Der Täter ist ein Thai, der den Indizien zufolge Selbstmord beging. Das Tanzstudio Prinz bildete jedoch nur die Fassade für einen florierenden Handel mit Mädchen aus Thailand, die ins Rotlichtmilieu verkauft werden. Frau Prinz erhält Anrufe von Geschäftsfreunden ihres toten Mannes, die weitere »Lieferungen« anfordern.

206/88 – Ausgeklinkt (SWF)

Sendedatum: 23.05.88
Baden-Baden: Wiegand
Drehbuch: Sylvia Hoffman
Regie: Sylvia Hoffman
Schauspieler: unter anderem Michael Lesch, Wolfgang Hinze, Helmut Zierl, Ralf Richter, Antje Hagen, Udo Samel, Johanna Liebeneiner, Manfred Seipold

Der grausame Mord an einem Patienten einer psychiatrischen Klinik macht Kommissarin Wiegand nachdenklich: Vor geraumer Zeit war dieser bei ihr im Büro erschienen, um ihr etwas mitzuteilen. Doch sie hat nicht hingehört, fühlt sich jetzt schuldig. In der Klinik gab es schon einen anderen ungeklärten Todesfall. Um den Mörder zu finden und zu überführen, greift sie zu unerlaubten Mitteln. Dabei bringt sie sich in eine unangenehme Situation.

207/88 – Spuk aus der Eiszeit (NDR)

Sendedatum: 10.07.88
Hamburg: Brockmöller/Stoever
Drehbuch: Erich Loest
Regie: Stanislav Barabas
Schauspieler: unter anderem Leo Bardischewski, Siegfried Wischnewski, Christoph Quest, Lutz Reichert

Der Kioskbesitzer Menkhaus erkennt das Gesicht des Mannes wieder, den er für seine langjährige Haftstrafe in Bautzen verantwortlich macht. Dieser arbeitete im gleichen Hamburger Transportunternehmen wie die Sekretärin, deren Tod die Hamburger Kripo aufzuklären hat. Stoever und Brockmöller geraten mit ihren Ermittlungen in das schwierige Geflecht deutsch-deutscher Beziehungen. War es Mord aus Rache oder sollte eine Mitwisserin ausgeschaltet werden?

208/88 – Pleitegeier (NDR)

Sendedatum: 07.08.88
Hamburg: Brockmöller/Stoever
Drehbuch: Bruno Hampel
Regie: Pete Ariel
Schauspieler: unter anderem Hans-Helmut Dickow, Heidi Kabel, Horst Frank, Eleonore Weisgerber, Jürgen Roland

Ein Elektromeister steht am Ende seines langen Arbeitslebens vor dem Ruin: Er ist Opfer eines Konkurs-Betrügers geworden. Seinen letzten Rettungsversuch bezahlt er mit dem Leben. Stoever und Brockmöller müssen klären, ob es Selbstmord, ein Unfall oder Mord war. Der Sohn des Toten will sich an dem in Luxus lebenden Schuldigen rächen. Die Mutter versucht vergeblich, den Sohn aufzuhalten.

209/88 – Einzelhaft (WDR)

Sendedatum:	21.08.88
Duisburg:	Schimanski / Thanner
Drehbuch:	Frank Göhre
Regie:	Theodor Kotulla
Musik:	Eberhard Weber
Schauspieler:	u. a. Brigitte Karner, Juraj Kukura, Maria Hartmann

Schimanski rollt einen bereits abgeschlossenen Fall wieder auf. Thanner wirft ihm vor, dies nur wegen der attraktiven Tochter des Angeklagten zu tun, die fest von der Unschuld ihres Vaters an dem Mord ihrer Stiefmutter überzeugt ist. Während ihrer Ermittlungen auf eigene Faust entgeht die Tochter nur knapp verschiedenen Mordanschlägen, was sie Schimanski zu verdanken hat. Die Täter scheinen aus Zuhälterkreisen zu kommen – die Stiefmutter führte ein Doppelleben.

210/88 – Tödlicher Treff (SDR)

Sendedatum:	04.09.88
Stuttgart:	Schreitle
Drehbuch:	Peter Scheibler
Regie:	Bruno Voges
Schauspieler:	u. a. Ulrike Bliefert, Hans Korte, Manfred Seipold

Ein engagierter Computer-Spezialist eines großen Stuttgarter Unternehmens wurde nachts in seinem Büro getötet. Ein Tatmotiv ergibt sich anfangs nicht. Der Angestellte sammelte auf seinem PC zu Hause Personaldaten von Firmenangestellten. Nur über zwei Personen finden sich keine Negativdaten: über einen Direktor der Firma und den Verkaufschef Zoller, der wenig später einem weiteren Mord zum Opfer fällt. Eine Mitarbeiterin und Geliebte Zollers rückt in den Kreis der Verdächtigen.

211/88 – Feuerwerk für eine Leiche (ORF)

Sendedatum:	02.10.88
Wien:	Pfeiffer

Drehbuch: Bert Steingötter
Regie: Kurt Junek
Schauspieler: u. a. Michael Janisch, Dorothea Parton, Joe Berger

Die Aufklärung eines Banküberfalles, bei dem eine Bankangestellte erschossen wurde, gestaltet sich schwierig. Für Fichtl ist der Filialleiter ein rotes Tuch und verdächtig. Mit seinem viel zu teuren Auto würde er den »Yuppi« am liebsten hinter Gittern sehen. Die Spuren führen ihn schließlich zum Ehemann der Toten, der am Tag des Überfalls krank im Bett lag. Nachdem der Kommissar hinter die Ehefassade des Paares geschaut hat, fragt er sich, ob der Ehemann an jenem Tag tatsächlich krank war.

212/88 – Winterschach (SR)
Sendedatum: 13.11.88
Saarbrücken: Palu
Drehbuch: Manfred Jacobs
Regie: Hans-Christoph Blumenberg
Schauspieler: unter anderem Peter Fitz, Nina Hoger, Nicolas Lansky, Brigitte Janner

Der Literaturwissenschaftler Santos hat nach seiner politischen Flucht aus Südamerika in Saarbrücken ein neues Zuhause gefunden und lehrt an der Uni. Seine traumatischen Erlebnisse mit der Militärjunta in der Heimat verarbeitet er bei einem Psychiater. Nach dem dubiosen Besuch eines Agenten erklärt der Professor seiner Lebensgefährtin plötzlich, in seine Heimat zurückkehren zu wollen. Der Psychiater wird kurz darauf ermordet.

213/88 – Programmiert auf Mord (BR)
Sendedatum: 11.12.88
München: Brandenburg
Drehbuch: Peter Hemmer
Regie: Konrad Sabrautzky
Schauspieler: unter anderem Michele Oliveri, Alexander Duda, Martin Lüttge, Maja Maranow

Doppelmord: Ein Hightech-Unternehmer wird zusammen mit seiner Schwägerin tot aufgefunden. Tatmotiv Eifersucht? Warum identifiziert der Bruder die tote Frau nicht als seine Frau, sondern als seine Schwägerin? Eine weitere Spur findet man: Teure Mikroprozessoren wurden gestohlen und der Firma zum Wiederkauf angeboten. Eine Freundin der Familie wird ermordet. Die Zeit eilt, der nächste Mord scheint vorprogrammiert zu sein.

214/88 – Moltke (WDR)

Sendedatum: 28.12.88
Duisburg: Schimanski / Thanner
Drehbuch: Jan Hinter, Thomas Wesskamp, Axel Götz
Regie: Hajo Gies
Musik: Dieter Bohlen
Schauspieler: u. a. Hubert Kramer, Gerd Silberbauer, Wolfgang Preiss

Die Akten eines nicht vollständig gelösten Falles müssen nochmals aufgeschlagen werden, als der Mittäter eines Bankraubes, der seine Komplizen nie verraten hat, aus dem Gefängnis entlassen wird. Der Ex-Häftling wird seinen Bruder, der bei dem Überfall vom Anführer der Bande getötet wurde, rächen. Das weiß Schimanski; er heftet sich an die Fersen des Entlassenen und schließt sogar einen Pakt mit ihm.

1989

215/89 – Kopflos (HR)

Sendedatum: 22.01.89
Quote: 17,91 Mio. / 65 % MA
Frankfurt: Brinkmann
Drehbuch: Hans Kelch
Regie: Sylvia Hoffman
Schauspieler: unter anderem Thomas Ahrens, Dietrich Mattausch, Sabine von Maydell

Ein mysteriöser Mordfall beschäftigt Kommissar Brinkmann: Eine Leiche gibt es nicht, und Hinweise auf ein Verbrechen sind auch nicht eindeutig. Der Leiter der Forschungsabteilung eines Frankfurter Werkes ist verschwunden. Zum Zeitpunkt seines Verschwindens wurde er von einem Privatdetektiv beschattet. Wer hat den Detektiv beauftragt? Kann dieser das Rätsel lösen? Ein Fall mit Überraschungen …

216/89 – Schmutzarbeit (NDR)

Sendedatum: 19.02.89
Quote: 16,23 Mio./58 % MA
Hamburg: Brockmöller/Stoever
Drehbuch: Ulrich Kressin
Regie: Werner Masten
Schauspieler: unter anderem Lou Castel, Diana Körner, Dietrich Mattausch, Irm Herrmann

Die Hamburger Kripo erhält einen anonymen Anruf, dass ein Profikiller den Auftrag bekommen habe, einen Tagungsteilnehmer einer Stiftung umzubringen. Stoever nimmt den Anruf nicht ernst. Er hat einen anderen Mordfall aufzuklären. Fast zu spät erkennt er einen Zusammenhang zwischen beiden Fällen. Es geht um Waffenhandel …

217/89 – Der Pott (WDR)

Sendedatum: 09.04.89
Quote: 12,92 Mio./48 % MA
Duisburg: Schimanski/Thanner
Drehbuch: Axel Götz, Thomas Wesskamp
Regie: Karin Hercher
Musik: Rio Reiser
Schauspieler: unter anderem Sabine Postel, Michael Brandner, Wilhelm Thomczyk, Miroslav Nemec, Horst Lettenmayer

Nachdem eine hohe Spendensumme, die für streikende Arbeiter eines Stahlwerkes bestimmt war, geraubt wurde, ist auch ein Gewerkschaftsfunktionär ermordet worden. Schimanski muss bei den

Ermittlungen mit einem jungen Kollegen zusammenarbeiten, denn Thanner hat eine neue Stelle beim BKA in Bonn besetzt. Er hilft jedoch Schimanski von seiner neuen Position aus, den komplizierten Fall aufzuklären und entschließt sich zur Rückkehr nach Duisburg.

218/89 – Bier vom Fass (BR)
Sendedatum: 14.05.89
München: Brandenburg
Drehbuch: Frank Lämmel
Regie: Rüdiger Graf
Schauspieler: unter anderem Franz Boehm, Toni Berger, Tommi Piper

Einer der beiden Betreiber eines Bierzelts auf dem Volksfest in einem Vorort von München wird von einer ehemaligen Bedienung überfallen und getötet. Zusammen mit einem Freund will der Täter mit der Beute selbst eine Kneipe eröffnen. Auch der Freund, der Schmiere stand, wird ermordet.

219/89 – Keine Tricks, Herr Bülow (SFB)
Sendedatum: 28.05.89
Berlin: Bülow
Drehbuch: Harald Vock
Regie: Jürgen Roland
Schauspieler: unter anderem Arthur Brauss, Dieter Kirchlechner, Eleonore Weisgerber

Ein ganz normaler Arbeitsalltag für Kommissar Bülow, der in verschiedenen Fällen ermitteln muss. Eine neue Kollegin soll in einer Frauenmord-Serie als Lockvogel getarnt mitarbeiten. Ein gemeldeter Banküberfall erfordert Bülows persönlichen Einsatz vor Ort. Es gelingt ihm, den Überfall zu beenden. Dann wird schließlich auch noch die Wirtin seines Lieblingsrestaurants entführt, und der Mörder holt sich ein weiteres Opfer. Die Fälle entwickeln sich mit überraschendem Ende.

220/89 – Armer Nanosh (NDR)
Sendedatum: 09.07.89
Hamburg: Brockmöller / Stoever
Drehbuch: Asta Scheib, Martin Walser
Regie: Stanislav Barabas
Schauspieler: unter anderem Edgar Selge, Lisa Kreuzer

Eine Malerin wurde in ihrem Atelier erstochen. Valentin Sander, Eigentümer eines Kaufhauses und angesehener Geschäftsmann, gerät unter Mordverdacht. Er ist seit dem Mord nicht auffindbar. Der Sohn des Verschwundenen war in die junge Frau genauso verliebt wie der Vater. Bei den Recherchen der Kripo taucht die Herkunftsgeschichte Sanders auf, der als geborenes Sintikind von einem reichen Kaufmann adoptiert wurde, um ihn vor der Deportation zu bewahren.

221/89 – Alles Theater (SFB)
Sendedatum: 30.07.89
Berlin: Bülow
Drehbuch: Knut Boeser
Regie: Peter Adam
Schauspieler: unter anderem Dietrich Mattausch, Christine Ostermayer, Daniela Ziegler

Bei der Theaterpremiere des Stückes »Sechs Personen suchen einen Autor« stirbt einer der Hauptdarsteller in einer Selbstmordszene tatsächlich. War es Selbstmord oder Mord? Die Frage klärt sich schnell. Kommissar Bülow hat die Aufführung besucht; der Kreis der Verdächtigen ist groß …

222/89 – Blutspur (WDR)
Sendedatum: 20.08.89
Duisburg: Schimanski / Thanner
Drehbuch: Peter Steinbach
Regie: Werner Masten
Schauspieler: unter anderem Gerhard Olschewski, Marita Marschall, Michaela Wolko, Vadim Glowna, Rolf Zacher, Dieter Pfaff

Zwei polnische Fernfahrer werden auf einem Duisburger Schrottplatz von arabischen Killern erschossen. Der Schrottplatzbesitzer kann entkommen. Thanner und Schimanski beobachten das Massaker. Kurze Zeit später sterben in einem Hotel zwei weitere Männer infolge einer Explosion. Wieder ist der Schrottplatzbesitzer davongekommen. Dubiose Geschäfte mit dem Nahen Osten scheinen im Hintergrund zu stehen.

223/89 – Blinde Angst (ORF)
Sendedatum: 01.10.89
Wien: Fichtl
Drehbuch: Bert Steingötter
Regie: Kurt Junek
Schauspieler: unter anderem Carlo Böhm

Ein Jugendlicher wird des Mordes an einem alten Mann, der in einer einsamen verfallenen Villa lebte, bezichtigt. Der Junge gibt zwar zu, dem Alten das Versteck seiner Ersparnisse gewaltsam herausgepresst zu haben, den Mord streitet er jedoch ab. Dem Verdächtigen gelingt die Flucht. Während sich bei der Kripo allmählich herausstellt, dass er den Mord tatsächlich nicht begangen hat, verwickelt sich der Geflohene immer mehr in Schwierigkeiten.

224/89 – Die Neue (SWF)
Sendedatum: 29.10.89
Ludwigshafen: Odenthal
Drehbuch: Norbert Ehry
Regie: Peter Schulze-Rohr
Schauspieler: unter anderem Michael Mendl

Ein maskierter Täter, dem eine Reihe von Vergewaltigungen zur Last gelegt wird, jagt den Frauen Ludwigshafens Angst ein. Die schwierigen Ermittlungen konzentrieren sich auf drei einschlägig vorbestrafte Männer. Ein weiterer Überfall auf eine Frau endet tödlich. Die Indizien- und Beweiskette gegen einen Verdächtigen weist noch Lücken auf. Lena Odenthal, die von der Sitte zur Mordkommission gewechselt hat, muss in ihrem ersten Fall dem Täter eine Falle stellen.

225/89 – Katjas Schweigen (WDR)

Sendedatum: 03.12.89
Duisburg: Schimanski / Thanner
Drehbuch: Uwe Erichsen
Regie: Hans Noever
Schauspieler: unter anderem Gerhard Olschewski, Katja Riemann, Ulrich Pleitgen

Schimanski hat eine soziale Ader. Er trainiert eine junge Football-Mannschaft, die sich hauptsächlich aus straffällig gewordenen Jugendlichen zusammensetzt. Innerhalb einer Serie von Einbrüchen in Supermärkte kommt ein Polizist ums Leben. Thanner hat einen Verdacht, der den Spielführer von Schimanskis Mannschaft betrifft. Bei einer Verhaftung des Jungen wird dieser erschossen. Es sieht so aus, als ob Thanner den Todesschuss abgegeben habe, doch er bestreitet den Vorwurf entschieden.

226/89 – Herzversagen (SR)

Sendedatum: 27.12.89
Saarbrücken: Palu
Drehbuch: Hans Georg Thiemt, Hans Dieter Schreeb
Regie: Michael Mackenroth
Schauspieler: unter anderem Ulrike Kriener, Radost Bokel, Edwin Noel, Günter Meisner, Max Tidof

Ein Kunstraub in Metz und der Tod einer älteren Frau rufen nicht nur die französische Polizei, sondern auch Palu auf den Plan. Denn eine Spur weist nach Saarbrücken. Der Tod eines Kunst- und Antiquitätenhändlers, der auch als Hehler für gestohlene Gemälde tätig war, führt Palu in die engen Familienbeziehungen des Toten, wo jeder seine eigenen Interessen zu verfolgen scheint.

Das dritte Jahrzehnt

Tatort-Folgen 1990–1999 (227–431)

1990

227/90 – Lauf eines Todes (NDR)

Sendedatum:	21.01.90
Quote:	16,23 Mio./55 % MA
Hamburg:	Brockmöller/Stoever
Drehbuch:	Lothar Hirschmann
Regie:	Wolfgang Storch
Schauspieler:	unter anderem Joachim Bliese, Christian Brückner

Der Chauffeur eines Staatsrates war zugleich Zuhälter für Homosexuelle. Als dieser erstochen aufgefunden wird, erfährt der Politiker erst von dem Doppelleben seines Fahrers. Als der Staatsrat kurze Zeit später mit dem Auto der Tochter tödlich verunglückt, müssen die Hamburger Kommissare herausfinden, ob dies ein geplanter Mordanschlag war oder ein Unfall, oder gar Selbstmord. Ein Journalist war Zeuge des Unfalls.

228/90 – Tod einer Ärztin (HR)

Sendedatum:	18.02.90
Quote:	17,29 Mio./65 % MA
Frankfurt:	Brinkmann
Drehbuch:	Heinz Schirk
Regie:	Heinz Schirk
Schauspieler:	unter anderem Thomas Ahrens, Hans-Peter Korff, Karin Baal, Loni von Friedl

In der Ermordung der Erbtante seiner Frau sieht Architekt Gerber eine Chance, sich vor dem Ersticken in eigenen finanziellen Problemen zu retten. Die Ärztin, die den Totenschein ausstellen soll, erkennt, dass es sich nicht um einen natürlichen, sondern um den gewaltsamen Tod der alten Dame handelt – sie wird am nächsten Tag auch ermordet. Stehen die beiden Morde im Zusammenhang? Brinkmann muss verschiedenen Spuren folgen, bis er den Täter überführen kann.

229/90 – Howalds Fall (SF/DRS)

Sendedatum:	16.04.90
Quote:	51,40 Mio. / 12 % MA
Bern:	Howald
Drehbuch:	Johannes Bösinger, Urs Egger
Regie:	Urs Egger
Schauspieler:	unter anderem Hannelore Elsner, Fritz Lichtenhahn

Der Chef der Gruppe »Leib und Leben« der Berner Stadtpolizei, Howald, erhält in seinem ersten (und einzigen) Tatort-Einsatz einen anonymen Hinweis, dem er und sein Assistent Carlucci folgen. Sie geraten auf eine Spur, die zu Waffengeschäften mit dem Zielort Beirut führt. Howalds private Probleme belasten ihn während der Ermittlungen, seine Frau hat sich von ihm getrennt und plötzlich verschwindet seine Tochter.

230/90 – Medizinmänner (WDR)

Sendedatum:	13.05.90
Duisburg:	Schimanski / Thanner
Drehbuch:	Chiem van Houweninge
Regie:	Peter Carpentier
Schauspieler:	unter anderem Gerhard Olschewski, Christoph Bantzer

Ein kleiner Junge wurde offenbar Zeuge, wie sein Vater, Geschäftsführer eines Pharmabetriebes, erschossen wurde. Er wird kurze Zeit später entführt. Die drei Kommissare der Duisburger Kripo entdecken illegalen Medikamentenhandel mit der Dritten Welt. Die Spuren führen nach Rotterdam, wo auch der kleine Junge auf einem Schiff auf seine Ausreise nach Afrika wartet. Schimanski schmuggelt sich an Bord.

231/90 – Rendezvous (SWF)
Sendedatum: 04.06.90
Ludwigshafen: Odenthal
Drehbuch: Martin Gies
Regie: Martin Gies
Schauspieler: unter anderem Michael Schreiner, Hans-Günther Martens, Jürgen Vogel, Heinz Hönig

Eine »Todesfee« scheint sich als Opfer jedes Mal wohlhabende Männer, mit denen sie zuvor ein Rendezvous hatte, auszusuchen. Bereits zwei Morde zeigen so ein Tatmuster. Odenthal trifft bei ihren Ermittlungen auf ein unscheinbares Mädchen, das in der Tankstelle und Autowerkstatt ihres Vaters arbeitet. Doch das Mädchen hat zwei sehr wandlungsfähige Gesichter.

232/90 – Zabou (WDR)
Sendedatum: 22.07.90
Duisburg: Schimanski / Thanner
Drehbuch: Martin Gies, Axel Götz
Regie: Hajo Gies
Musik: Klaus Lage Titelsong »Now that you're gone«
Schauspieler: unter anderem Claudia Messner, Wolfram Berger, Hannes Jaenicke, Dieter Pfaff, Klaus Lage

Spuren der Drogenmafia führen Schimanski in einen Edel-Club, in dem sich Reiche und Polit-Prominenz, aber auch Angehörige des Rotlichtmilieus treffen. Schimanski trifft auf die inzwischen erwachsene Zabou, Tochter einer Freundin, die er gern aus dieser zwielichtigen Szene herausholen möchte. Als der Geschäftsführer des Clubs mit seiner Dienstwaffe erschossen aufgefunden wird, gerät er unter Verdacht. Thanner versucht seinem Kollegen zu helfen. Auf welcher Seite steht Zabou?

233/90 – Zeitzünder (NDR)
Sendedatum: 04.08.90
Hamburg: Brockmöller / Stoever

Drehbuch: Detlef Müller
Regie: Pete Ariel
Schauspieler: unter anderem Diether Krebs, Eleonore Weisgerber, Heinz-Werner Kraehkamp, Franz Boehm, Hans Putz

Der Überfall auf einen Lkw im Hamburger Hafen, bei dem der Fahrer getötet wird, der Beifahrer aber flüchten kann, stellt sich später »nur« als ein Ablenkungsmanöver für ein großangelegtes illegales Geschäft heraus. Eine kriminelle Bande will Zeitzünder für den Bau von Atombomben schmuggeln. Der geflohene Lkw-Beifahrer will nicht zur Polizei gehen, denn er ist vorbestraft. Er sucht Hilfe bei seinem Bewährungshelfer.

234/90 – Schimanskis Waffe (WDR)
Sendedatum: 02.09.90
Duisburg: Schimanski / Thanner
Drehbuch: Uwe Erichsen, Hans Noever, Wolfgang Hesse
Regie: Hans Noever
Schauspieler: unter anderem Klaus J. Behrendt, Nina Petri

Schimanski gerät nach einem Überfall auf ein italienisches Restaurant, in dem er mit seiner Freundin war, zwischen die Fronten der Mafia. Seine Begleitung wurde bei dem Überfall getötet. Der Restaurantbesitzer Salvatore schweigt; wenig später wird sein Sohn ermordet. Schimanski erfährt, dass die Salvatores mit einem Koffer nicht abgelieferter Schutzgelder untertauchen wollten. So etwas kann »die Familie« nicht dulden.

235/90 – Unter Brüdern (WDR)
Sendedatum: 28.10.90
Duisburg: Schimanski / Thanner
Drehbuch: Helmut Krätzig, Veith von Fürstenberg
Regie: Helmut Krätzig
Schauspieler: unter anderem Peter Borgelt, Andreas Schmidt-Schaller

Kurz nach der Öffnung der Mauer wird die polizeiliche Zusammenarbeit zwischen Ost (Polizeiruf 110, Fuchs und Grawe) und West erforderlich. Gemälde aus DDR-Besitz sind von Stasi-Mitarbeitern beiseitegeschafft worden, um sie in den Westen zu verkaufen. In Duisburg wird die Leiche eines Mittelsmannes gefunden, der in der DDR polizeilich gesucht wird. Ein Kunsthändler in Düsseldorf soll eine Schlüsselrolle spielen. Schimanski und Thanner beschließen, »Lockvögel« in diesem Fall zu spielen.

236/90 – Seven Eleven (ORF)

Sendedatum: 11.11.90
Wien: Fichtl
Drehbuch: Peter Zingler
Regie: Kurt Junek
Schauspieler: unter anderem Sieghardt Rupp, Otto Tausig

Den Höhepunkt des Geburtstages eines »Paten« bildet ein privater Boxkampf mit anschließendem Seven-Eleven-Spiel. Die gesamte Unterwelt trifft sich. Ein polizeilicher Undercover-Agent ist mit von der Partie. Bei einem Zugriff der Polizei werden wichtige Leute aus der halbseidenen Welt unterschiedlichster Bereiche festgesetzt. Doch dann passiert ein Mord während der Razzia.

237/90 – Blue Lady (SR)

Sendedatum: 09.12.90
Saarbrücken: Palu
Drehbuch: Charlie Bick, Erhard Schmied
Regie: Hans-Christoph Blumenberg
Schauspieler: unter anderem Konstantin Wecker, Matthias Fuchs

Der Tod einer jungen Frau führt Palu ins Geschäft des Telefonsex und zu einem weiteren lukrativen Geschäft, was sich aus dem ersten ergeben kann: Erpressung. Die Freundin Jutta leugnet anfangs, die Tote gekannt zu haben. Es stellt sich heraus, dass die beiden Frauen in der gleichen Agentur gearbeitet haben. Ein Unbekannter hat die beiden Frauen streitend in einem Café beobachtet.

Zugleich wurde er auch Zeuge einer Auseinandersetzung des Opfers mit ihrem Ex-Freund.

1991

238/91 – Animals (BR)

Sendedatum: 01. 01. 91
Quote: 8,71 Mio./32% MA
München: Batic/Leitmayr
Drehbuch: Max Zihlmann, Veith von Fürstenberg
Regie: Walter Bannert
Schauspieler: unter anderem Andreas Borcherding, Edwin Noel

Batic und Leitmayr müssen eine Tierfreundin, die eine Kosmetikfirma wegen illegaler Tierversuche anzeigen will, enttäuschen. Sie können ihr nicht helfen – auch nicht, als die Frau kurze Zeit später durch einen Hundebiss von einem Kampfhund getötet wird. Ihre Recherchen führen die Kommissare zum Besitzer der Kosmetikfirma, der jedoch leugnet, die Frau gekannt zu haben und dass in seinem Labor illegale Tierversuche laufen. Leitmayr verfolgt die Spur zu einem Bauern, der Hunde für die Kosmetikfirma und deren Versuche organisiert.

239/91 – Finale am Rothenbaum (NDR)

Sendedatum: 20. 01. 91
Quote: 13,11 Mio./48% MA
Hamburg: Brockmöller/Stoever
Drehbuch: Frank Göhre
Regie: Dieter Kehler
Schauspieler: unter anderem Konstantin Graudus, Christina Plate, Knut Hinz

Ein Tennisstar wird nach einem Spiel im Haus seiner Freundin gekidnappt. Die Entführer wollen den Austausch mit einem Bankräuber, der in Frankreich verhaftet wurde, erpressen. Warum wurde gerade das Tennistalent ausgewählt?, fragt sich Tennisfan Stoever, der auf eine heiße Fährte stößt. Der Einsatz des SEKs steht dennoch bevor, es kommt zum großen Finale auf dem Center Court am Rothenbaum.

240/91 – Wer zweimal stirbt (BR)

Sendedatum: 03.03.91
Quote: 44,90 Mio./12 % MA
München: Batic/Leitmayr
Drehbuch: Thomas Wesskamp, Stefan Cantz
Regie: Ilse Hofmann
Musik: David Knopfler, Titel »Lonely is the Night«
Schauspieler: unter anderem Heiner Lauterbach, Saskia Vester, Diego Wallraff

Eine durchs Rauschgiftdezernat überwachte Kokain-Übergabe misslingt. Der Transporter, in dem das Rauschgift sein sollte, ist leer. Ein Polizeispitzel wird getötet. Der spätere Kronzeuge Zenker wird auf einem Transport ins Polizeipräsidium ermordet. Batic entwickelt einen auch für ihn gefährlich werdenden Plan. Er lanciert die Meldung, dass Zenker den Anschlag nur leicht verletzt überlebt habe.

241/91 – Rikki (HR)

Sendedatum: 17.03.91
Frankfurt: Brinkmann
Drehbuch: Sylvia Hoffman
Regie: Sylvia Hoffman
Schauspieler: unter anderem Helmut Zierl, Pierre Franckh, Lia Wöhr

Alles scheint gut zu sein in der Ehe der Poelkes, die zwei Kinder haben. Ein schönes neues Haus dekoriert die glänzende Familienfassade zusätzlich. Keiner bemerkt die großen finanziellen Probleme, die Bauleiter Poelke, der viel in Afrika tätig war, hat. Eine scheinbar gute Idee soll ihn aus seiner finanziellen Not befreien. Aus Afrika hat er Rauschgift eingeschmuggelt, das an professionelle Dealer verkauft werden soll. Doch Amateure und Profis vertragen sich nicht, die Übergabe läuft schief.

242/91 – Kameraden (SF/DRS)

Sendedatum: 01.04.91
Bern: Carlucci
Drehbuch: Markus Fischer
Regie: Markus Fischer
Schauspieler: unter anderem Ursula Andermatt, Marcus Signer, Peter Freiburghaus

Ein junger Afrikaner kommt bei einem Streit mit Skinheads ums Leben. Die polizeilichen Ermittlungen scheinen im Sand zu verlaufen. Die Freundin des Opfers verfolgt die Täter auf eigene Faust. Mit Drohungen und Attacken versuchen diese, die Freundin einzuschüchtern. Kommissar Carlucci greift zu außergewöhnlichen Maßnahmen. Er schleust sich verdeckt in die rechtsextremen Kreise der Skins, um sie auf frischer Tat zu erwischen.

243/91 – Tödliche Vergangenheit (SFB)

Sendedatum: 20.05.91
Berlin: Markowitz
Drehbuch: Marianne Lüdke
Regie: Marianne Lüdke
Schauspieler: unter anderem Hans Nitschke, Karin Baal, Richy Müller

Als Markowitz zu einem Einsatz gerufen wird, ist er persönlich sehr betroffen. Er erkennt in dem Mordopfer seine Tochter, die er allerdings 30 Jahre lang nicht gesehen hat, und die er damals samt seiner Ex-Frau im Osten zurückließ. Er trifft nach langer Zeit auf alte Bekannte, mit denen er vor seinem Umzug nach Westberlin, vor dem Mauerbau, befreundet war. Markowitz wird von dem Fall abgezogen, privat ermittelt er dennoch weiter.

244/91 – Bis zum Hals im Dreck (WDR)

Sendedatum: 09.06.91
Duisburg: Schimanski / Thanner
Drehbuch: Chiem van Houweninge
Regie: Peter Carpentier

Musik: Tangerine Dream, Chi Coltrane
Schauspieler: unter anderem Peter Striebeck, Ilona Schulz, Max Herbrechter

Am Tag seiner Hochzeit mit der reichsten Tochter des Bauern im Dorf wird der Bräutigam, ein Tierarzt, an einem Baum erhängt aufgefunden. War es Selbstmord? Schimanski und Thanner finden ein Motiv, was einige Leute im Dorf gehabt haben könnten. Der Tote versorgte Kälber mit verbotenen Mast-Hormonpräparaten und beutete damit viele Bauern aus. Als das informierte Landwirtschaftsministerium die hormonverseuchten Kälber töten lässt, reagieren einige Bauern – um ihr gesamtes Hab und Gut gebracht – verzweifelt.

245/91 – Tini (SFB)
Sendedatum: 07. 07. 91
Berlin: Markowitz
Drehbuch: Werner Waldhoff
Regie: Stanislav Barabas
Schauspieler: unter anderem Hans Nitschke, Lisa Kreuzer, Rüdiger Vogler, Henry Arnold, Alexander Hauff

Auf den ersten Blick scheint es wie ein tödlicher Arbeitsunfall, doch es war Mord. Die Familie des toten Ingenieurs verhält sich auffällig, als Kommissar Markowitz die Todesnachricht überbringt. Er beobachtet die Familienmitglieder. Schon bald offenbart sich ihm eine Familientragödie, die aus Opfern Täter gemacht hat.

246/91 – Tod eines Mädchens (NDR)
Sendedatum: 04. 08. 91
Hamburg: Brockmöller / Stoever
Drehbuch: Horst Bieber
Regie: Jürgen Roland
Schauspieler: unter anderem Helmut Zierl, Katja Studt, Monica Bleibtreu, Dieter Ohlendiek

Paul Trimmel (Walter Richter)

Kressin (Sieghardt Rupp)

Liersdahl (Dieter Eppler)

Links: Eugen Lutz (Werner Schumacher)

Konrad (Klaus Höhne)

Links: Finke (Klaus Schwarzkopf)

Viktor Marek
(Fritz Eckhardt)

Links: Erwin Kasulke (Paul Esser)

Zweiter von links: Melchior Veigl (Gustl Bayrhammer)

Horst Pflüger (Ernst Jacobi)

Walter Böck (Hans Häckermann)

Franz Gerber (Heinz Schimmelpfennig)

Links: Heinz Brammer (Knut Hinz)

Marianne Buchmüller (Nicole Heesters)

Rechts: Matthias Behnke
(Hans Peter Korff)

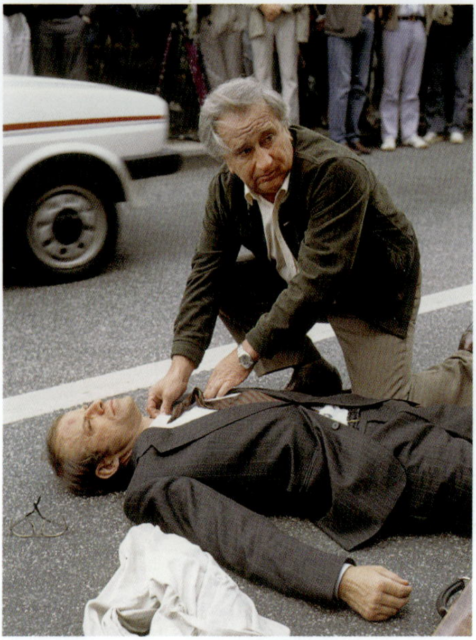

Delius (Horst Bollmann)

Zweiter von links: Nagel (Diether Krebs)

Sander (Volkert Kraeft)

Paul Enders (Jörg Hube)

Jochen Piper (Bernd Seebacher)

Rechts: Willy Kreutzer (Willy Semmelrogge)

Links: Friedrich Walter (Volker Brandt)

Hanne Wiegand (Karin Anselm)

Rechts: Horst Greve (Erik Schumann)

Schimanski / Thanner (Götz George / Eberhard Feik)

Rechts: Ludwig Lenz (Helmut Fischer)

Werner Rolfs / Reinhold Dietze (Klaus Löwitsch)

Rechts: Nikolaus Schnoor (Uwe Dallmeier)

Links: Ronke (Ulrich von Bock)

Rullmann (Hans-Werner Bussinger)

Kurt Hirth (Kurt Jaggberg)

Stoever / Brockmöller
(Manfred Krug / Charles Brauer)

Edgar Brinkmann (Karl-Heinz von Hassel)

Links: Hans Georg Bülow (Heinz Drache)

Links: Sigi Riedmüller (Günther-Maria Halmer)

Karl Scherrer
(Hans Brenner)

Georg Thomas Schreitle
(Horst Michael Neutze)

Herbert Passini
(Christoph Waltz)

Seine Neigung zu sexuellen Beziehungen mit jungen Mädchen wird einem Mann, der die vierzig erreicht hat, zum Verhängnis. Ein totes Mädchen liegt in seiner Badewanne. Der Mann gerät unter Mordverdacht. Doch als die Hamburger Kommissare ihn verhaften wollen, ist auch er tot. Alles deutet auf Mord, war er ein unerwünschter Zeuge? Die Kripo muss verschiedenen Spuren folgen.

247/91 – Telefongeld (ORF)

Sendedatum: 15.09.91
Wien: Fichtl
Drehbuch: Peter Zingler
Regie: Hans Noever
Schauspieler: unter anderem Michael Bukowsky, Dorothea Barton, Gerhard Dorfer

Der Tote, der aus der Donau gefischt wird, war Vermittler von illegalen Warentermingeschäften. Die Kripo taucht bei ihren Nachforschungen in den Sumpf dubioser Machenschaften der Inhaber von Scheinfirmen. Wenn ein Geschäft gelaufen ist, werden nur noch verlassene leere Büroräume und tote Telefonanschlüsse vorgefunden. Die Betrogenen solcher Geschäfte kommen leider immer zu spät.

248/91 – Blutwurstwalzer (SFB)

Sendedatum: 22.09.91
Berlin: Markowitz
Drehbuch: Horst Sczerba
Regie: Wolfgang Becker
Schauspieler: unter anderem Jürgen Vogel, Heinz Hoenig

Der Kommissar liegt im Krankenhaus. Er wird Zeuge, wie sein verletzter junger Zimmernachbar nachts verschwindet und kurz darauf ermordet aufgefunden wird. Kaum genesen, recherchiert Markowitz in dem Fall und lernt einen Freund des Opfers kennen, der eigene Wege zu gehen scheint, um den Tod seines Freundes zu rächen. In einem Lokal trifft er auf Ex-Fremdenlegionäre und Jugendliche, die von großen Abenteuern träumen.

249/91 – Tod im Häcksler (SWF)
Sendedatum: 13.10.91
Ludwigshafen: Odenthal
Drehbuch: Stefan Dähnert, Nico Hofmann
Regie: Nico Hofmann
Schauspieler: unter anderem Ben Becker, Monica Bleibtreu, Rudolf Kowalski

Odenthal muss in einem kleinen pfälzischen Dorf ermitteln. Dort eröffnet sich für sie eine nahezu fremde Welt. Kinder haben Kleider im Wald gefunden, die wahrscheinlich einem seit zwei Jahren verschwundenen Rumänen und Aussiedler, der einen Hühnerhof betrieb, gehören. Eine großangelegte Suchaktion nach der Leiche bleibt ergebnislos. Die Nachforschungen von Odenthal sind vielen nicht willkommen: Das erfährt sie schmerzhaft, als sie heimlich einer nächtlichen Versammlung der Dorfbewohner lauscht.

250/91 – Kinderlieb (WDR)
Sendedatum: 27.10.91
Duisburg: Schimanski / Thanner
Drehbuch: Gaby Pauler, Hartmut Grund
Regie: Ilse Hofmann
Schauspieler: unter anderem Wolfgang Reichmann, Wolf-Dietrich Sprenger, Saskia Vester, Hansa Czypionka

Der Tod eines kleinen Mädchens führt Schimanski und Thanner auch zu einem Freund der Familie. Der Vater des Opfers verstarb vor kurzem. Sie erhalten nur wenig Auskünfte. Bei weiteren Recherchen machen die Kommissare eine schreckliche Entdeckung, die sie in die Abgründe der Kinderpornografie führt. Haben die Eltern mit ihren Kindern lukrative Geschäfte verfolgt?

251/91 – Die chinesische Methode (BR)

Sendedatum: 10.11.91
München: Batic / Leitmayr
Drehbuch: Volker Maria Arend, Andreas Missler-Morell
Regie: Maria Knillio
Schauspieler: unter anderem Karl Friedrich, Ric Young, Grace Yoon

Während des Faschings wird ein chinesischer Student erstochen. Der Täter war maskiert. Die Kommissare ermitteln in der chinesischen Gemeinde Münchens. Dabei entdecken sie ein Schutzgeldgeschäft großen Stils, das sich in der chinesischen Restaurantszene abspielt. Getarnt wird das Geschäft offensichtlich durch eine Firma, die exotische Zierfische in Aquarien an chinesische Restaurants vermietet und die in jedem chinesischen Lokal zu finden sind.

252/91 – Der Fall Schimanski (WDR)

Sendedatum: 29.12.91
Duisburg: Schimanski / Thanner
Drehbuch: Axel Götz / Thomas Wesskamp
Regie: Hajo Gies
Schauspieler: unter anderem Peter Fitz, Maja Maranow, Lola Müthel, Armin Rohde, Alexander Radzun, Heinrich Schafmeister

Schimanski steht während seines Urlaubes auf einem Campingplatz im Mittelpunkt einer Intrige. Eine Frau, mit der er eine Affäre hat, spielt dabei eine zwielichtige Rolle. Ihm werden Bestechlichkeit und Mord vorgeworfen. Selbst Thanner gerät wegen der erdrückenden Beweislage gegen seinen Kollegen ins Zweifeln. Schimanski bleibt nichts anderes übrig, als den Dienst zu quittieren und auf eigene Faust zu ermitteln. Er kommt einem Geldwäschegeschäft auf die Spur – für ihn wird es lebensgefährlich.

1992

253/92 – Ein Fall für Ehrlicher (MDR)

Sendedatum: 19. 01. 92
Quote: 12,19 Mio. / 36 % MA
Dresden: Ehrlicher / Kain
Drehbuch: Hans-Werner Honert
Regie: Hans-Werner Honert
Schauspieler: unter anderem Gustl Bayrhammer, Bernd-Michael Lade, Monika Pietsch

Ehrlicher hat es in seinem ersten Fall mit einer Vermisstenmeldung zu tun, die sich aber nicht in eine Serie von anderen Sexualverbrechen einordnen lässt. Es ergeben sich Verdachtsmomente gegen den Stiefvater des Mädchens. Die Verhaftung des Stiefvaters verbreitet sich schnell in der sächsischen Stadt, in der Fremdenfeindlichkeit herrscht. Der Fall setzt eine Kettenreaktion mit tödlichem Ende in Gang. Den Münchner Kommissar Veigl hat man den Dresdner Kollegen als Vorgesetzten vor die Nase gesetzt.

254/92 – Camerone (SR)

Sendedatum: 16. 02. 92
Quote: 12,24 Mio. / 36 % MA
Saarbrücken: Palu
Drehbuch: Hans-Christoph Blumenberg
Regie: Hans-Christoph Blumenberg
Schauspieler: unter anderem Hans-Peter Hallwachs, Nina Hoger, Tilo Prückner, Brigitte Janner, Hugo Egon Balder, Barbara Krabbe, Leo Bardischewski, Robert Vaughn

Bei einem Sprengstoffanschlag wird ein französischer Oberst, ein ehemaliger Geheimdienstleiter, getötet. Kurze Zeit später kommt ein Ex-Fremdenlegionär ebenfalls durch eine Explosion ums Leben. Palu muss zur Klärung der beiden Morde, die offensichtlich im Zusammenhang stehen, in der Vergangenheit recherchieren, was einigen Personen nicht zu gefallen scheint. Palu bekommt Schwierigkeiten: Seine Freundin wird entführt, ihm wird der Fall entzogen.

255/92 – Verspekuliert (HR)

Sendedatum: 15.03.92
Quote: 13,63 Mio./40 % MA
Frankfurt: Brinkmann
Drehbuch: Peter Scheibler
Regie: Wolfgang Luderer
Schauspieler: unter anderem Eleonore Weisgerber, Udo Vioff, Karin Eickelbaum

Ein Mord wird als Selbstmord inszeniert, doch die Gerichtsmedizin lässt sich nicht täuschen. Die Kommissare recherchieren im Privatleben und im Geschäftsumfeld eines toten Bankers. Die Ehefrau hat etwas zu verbergen. Eine alte Freundin des Toten benötigte dringend einen größeren Kredit. Schließlich folgt Brinkmann einer Spur zu einem lukrativen Geschäft, das der Banker mit ehemaligen SED-Geldern illegal abwickelte.

256/92 – Blindekuh (NDR)

Sendedatum: 20.04.92
Quote: 12,33 Mio./38 % MA
Hamburg: Brockmöller/Stoever
Drehbuch: Ulrich Kressin
Regie: Werner Masten
Musik: Klaus Doldinger
Schauspieler: unter anderem Diether Krebs, Lutz Reichert, Angelika Thomas, Antje Weisgerber

Ein Mann verstrickt sich immer mehr in einen auf ihm lastenden Tatverdacht, anstatt sich daraus zu befreien. Ein junges Mädchen wurde ermordet. Der Mann der Familie, bei dem das Mädchen als Babysitterin jobbte, gerät in Verdacht. Freunde, Kollegen und Ehefrau wenden sich von ihm ab. Stoever und Brockmöller entdecken schließlich beim Vater der Tochter ein belastendes Video, das auf sexuellen Missbrauch deutet.

257/92 – Experiment (NDR)

Sendedatum:	03.05.92
Quote:	15,29 Mio. / 50 % MA
Hamburg:	Brockmöller / Stoever
Drehbuch:	Peter Sichrowsky
Regie:	Werner Masten
Musik:	Klaus Doldinger
Schauspieler:	unter anderem Felix von Manteuffel, Lutz Reichert, Dolly Dollar, Ludwig Haas, Wolf-Dietrich Sprenger

Ist der Patient eines Hamburger Krankenhauses an den Nebenwirkungen eines neuen Rheuma-Medikaments gestorben oder eines natürlichen Todes? Kurze Zeit später wird eine Krankenschwester in ihrer Wohnung ermordet aufgefunden. Sie war in den Professor verliebt und hatte eigene Nachforschungen über die neue Rheumatherapie angestellt. Stoever und Brockmöller müssen zu ungewöhnlichen Maßnahmen greifen, um im Rahmen der ärztlichen Schweigepflicht und unter den »Göttern in Weiß« Ermittlungsergebnisse zu erzielen.

258/92 – Der Mörder und der Prinz (WDR)

Sendedatum:	17.05.92
Quote:	14,09 Mio. / 35 % MA
Düsseldorf:	Flemming
Drehbuch:	Nikolaus Stein von Kamienski, Jacki Engelken, Wolfgang Hesse
Regie:	Kaspar Heidelbach
Musik:	Wolf Maahn
Schauspieler:	unter anderem Uwe Ochsenknecht, Nicole Heesters, Brigitte Janner, Claudine Wilde

Der Karneval ist auf dem Höhepunkt, und die Düsseldorfer Kripo hat jede Menge zu tun. In einem Wald wird die Leiche eines Mannequins gefunden. Ein weiterer Mord hält die Polizei in Atem: Ein toter Taxifahrer liegt im Kofferraum seines Wagens, offenbar beraubt. Bei einem Anschlag auf den Karnevalsprinzen Schuba wird dieser leicht verletzt. Die Ermittlungen ergeben, dass die Todesfälle und der Anschlag miteinander im Zusammenhang stehen.

259/92 – Tod aus der Vergangenheit (MDR)

Sendedatum:	08.06.92
Quote:	9,88 Mio./35% MA
Dresden:	Ehrlicher/Kain
Drehbuch:	Hans-Werner Honert
Regie:	Hans-Werner Honert
Schauspieler:	unter anderem Renan Demirkan, Gustl Bayrhammer, Thomas Rudnick, Monika Peitsch, Walter Nickel

Die Leiche einer Frau aus Jena wird vor dem Haus einer Firma, die ihre Einweihungsparty feierte, gefunden. Die Frau war auf der Party, um dem Geschäftsführer Weinkauf Patentdiebstahl vorzuwerfen. Für die Verhaftung des mordverdächtigen Geschäftsführers reichen die Indizien nicht aus. Ehrlicher und Kain finden heraus, dass die Patente tatsächlich von Weinkauf gestohlen wurden. Ehrlicher entschließt sich, eine Falle zu stellen.

260/92 – Stoevers Fall (NDR)

Sendedatum:	05.07.92
Quote:	15,86 Mio./53% MA
Hamburg:	Brockmöller/Stoever
Drehbuch:	Willi Voss
Regie:	Jürgen Roland
Musik:	Klaus Doldinger
Schauspieler:	unter anderem Walter Plathe, Dieter Thomas Heck, Holger Mahlich, Lutz Reichert, Horst Frank

St. Pauli ruft die Kommissare Brockmöller und Stoever. Dort soll ein leitender Beamter der Hamburger Kripo Geld vom »Paten« genommen haben. Die Presse bekommt Beweismaterial zum Kauf angeboten. Da wird der Polizeireporter Horstmann ermordet. Erst jetzt glaubt Stoever, was über den Beamten behauptet wird. Die Ermittlungen werden schwierig, sie führen zu Verdächtigen innerhalb und außerhalb der eigenen Polizeireihen.

261/92 – Kinderspiel (ORF)

Sendedatum: 16. 08. 92
Quote: 12,81 Mio. / 48 % MA
Wien: Fichtl
Drehbuch: Peter Zingler
Regie: Oliver Hirschbiegel
Schauspieler: unter anderem Sylvia Haider, Gerhard Dorfer, Hanno Pöschl

Kinderbanden agieren in vielen Städten, so auch in Wien. Die Mitglieder und auch die Anführer solcher Banden wissen, dass sie – sofern unter 14 Jahren – noch nicht strafmündig sind und deshalb auch für ihre Taten nicht belangt werden können. Die Wiener Kriminalpolizei ermittelt im Kreis Krimineller, die vom Balkan stammen, begleitet von einer Atmosphäre der Ausländerfeindlichkeit.

262/92 – Kainsmale (BR)

Sendedatum: 20. 09. 92
Quote: 11,47 Mio. / 38 % MA
München: Batic / Leitmayr
Drehbuch: Wolfgang Hesse
Regie: Erwin Keusch
Schauspieler: unter anderem Claudia Messner, Michael von Au, Mathias Fuchs

Wie passt ein Doktor der Philosophie und Bauarbeiter aus der ehemaligen DDR jetzt als Mordopfer auf eine Münchner Baustelle? Der Tote gehörte einer Leiharbeiterfirma aus Potsdam an. Ein weiterer Mitarbeiter der Firma und Freund des Toten scheint mehr zu wissen, als er der Kripo mitteilt. Leitmayr entschließt sich zur verdeckten Ermittlung auf der Baustelle …

263/92 – Unversöhnlich (WDR)
Sendedatum: 04.10.92
Quote: 11,63 Mio. / 38 % MA
Düsseldorf: Flemming
Drehbuch: Norbert Ehry
Regie: Ilse Hofmann
Schauspieler: unter anderem Heinz Baumann, Hannelore Hoger, Christoph Marius Ohrt, Andrea Sawatzki

Der Industrielle Joest wird entführt, sein Fahrer wird bei dem Überfall getötet. Das geforderte Lösegeld wird übergeben, der Entführte wird einige Zeit später freigelassen. Doch bei der Täterbeschreibung ist Joest wenig hilfreich. Ein erneuter Erpressungsversuch, der an die Familie gerichtet ist, bringt Kommissar Flemming auf den Verdacht, dass Joest etwas zu verbergen hat …

264/92 – Marion (SF/DRS)
Sendedatum: 11.10.92
Quote: 11,36 Mio. / 36 % MA
Bern: Carlucci
Drehbuch: Johannes Bösinger, Niklaus Schlienger, Bruno Kaspar
Regie: Bruno Kaspar
Schauspieler: unter anderem Anna Katarina, Fritz Lichtenhahn

Das Kindermädchen hatte ein Verhältnis mit dem Vater des Kindes. Musste das Mädchen deshalb sterben, oder hat es seine Nase zu neugierig in die Familiengeschäfte gesteckt? Kommissar Carlucci verliebt sich bei den Ermittlungen in die tatverdächtige Ehefrau Marion. Im Zuge weiterer Nachforschungen stellt er fest, dass die im Familienbesitz befindliche Pharmafirma illegale Geschäfte mit chemischen Kampfstoffen macht.

265/92 – Tod eines Wachmanns (WDR)
Sendedatum: 25.10.92
Quote: 14,26 Mio. / 43 % MA
Düsseldorf: Flemming

Drehbuch: Axel Götz, Thomas Wesskamp
Regie: Ilse Hofmann
Musik: Stefan Waggershausen
Schauspieler: unter anderem Klaus J. Behrendt, Roswitha Schreiner, Ulrich Pleitgen

Beim Einbruch in das Düsseldorfer Bauamt werden Lagepläne gestohlen. Ein Wachmann, der die Einbrecher überraschte, wird getötet. In letzter Minute entdeckt Flemming, dass die gestohlenen Pläne Objekte betreffen, die auf der Besuchsroute der englischen Königin liegen, die durch Düsseldorf verläuft. Das Auto der Queen wird umgeleitet, zwei Beamte sterben jedoch durch eine Bombenexplosion. Der Kommissar macht eine weitere Entdeckung: Das Attentat galt gar nicht der Monarchin …

266/92 – Bienzle und der Biedermann (SDR)
Sendedatum: 06.12.92
Frankfurt: Bienzle
Drehbuch: Felix Huby, Dieter de Lazzer, Peter Adam
Regie: Peter Adam
Schauspieler: unter anderem Hanns Zischler, Rüdiger Vogler, Christina Plate, Dieter Eppler

Bienzle muss in einem Fall von Wirtschaftskriminalität gegen einen Fachanwalt für Wirtschaftsrecht ermitteln. Er steht im Verdacht, maßgeblich an Subventionsbetrügereien beteiligt zu sein. Ein doppelbödiges, korruptes Beziehungsgeflecht scheint bis in die oberen Ebenen gewisser Ministerien zu reichen und dem Anwalt Rückendeckung zu geben. Der Kommissar trifft auf einen alten Freund, der sich vom Metzger zum Fleischgroßhändler entwickelt hat.

267/92 – Falsche Liebe (SWF)
Sendedatum: 20.12.92
Quote: 10,70 Mio./31 % MA
Ludwigshafen: Odenthal
Drehbuch: Ulli Stephan

Regie: Susanne Zanke
Schauspieler: unter anderem Michael Schreiner, Ralf Rufus Beck, Peter Kremer

Der ehemals drogenabhängige junge Freund einer Kunsthistorikerin, die in einem Ludwigshafener Museum angestellt ist, wird während eines Spazierganges am Rheinufer von der Freundin tot aufgefunden. Die Freundschaft des ungleichen Paares wurde im privaten sowie beruflichen Umfeld der Frau argwöhnisch beobachtet. Als die gerufene Polizei eintrifft, ist die Leiche jedoch verschwunden. Odenthal muss die Leiche und den Täter finden.

1993

268/93 – Amoklauf (NDR)
Sendedatum: 03.01.93
Quote: 9,47 Mio./26% MA
Hamburg: Brockmöller/Stoever
Drehbuch: Dieter Hirschberg, Werner Masten nach einer Idee von Asta Scheib
Regie: Werner Masten
Musik: Klaus Doldinger
Schauspieler: unter anderem Lutz Reichert, Peter Lohmeyer, Werner Tietze

Der Schlepper Brandner, der kurdische Wirtschaftsflüchtlinge über die deutsch-dänische Grenze bringt, lebt – bis zum Herztod eines älteren Kurden während des Transportes – unauffällig und zurückgezogen mit seiner Tochter. Der Tote gibt Anlass zum handfesten Streit mit einem kurdischen Mitarbeiter der Schlepperfirma. Die Tochter von Brandner verschwindet kurze Zeit später plötzlich. Der Vater glaubt zu wissen, wer seine Tochter entführt hat.

269/93 – Berlin – beste Lage (SFB)
Sendedatum: 10. 01. 93
Quote: 10,61 Mio. / 29 % MA
Berlin: Markowitz
Drehbuch: Rainer Berg, Matti Geschonneck
Regie: Matti Geschonneck
Schauspieler: unter anderem Hans Nitschke, Renate Küster

Westliche Profitgier hat im Wohnviertel Berlin-Mitte Einzug gehalten. Ein Wohnhaus soll entmietet werden. Ein Toter wird im Bauschutt eines Abrisshauses, der nach Polen transportiert werden sollte, gefunden. Es handelt sich um einen Tischlermeister, dem seine mit hohem Existenzgründer-Darlehen finanzierte Werkstatt gekündigt worden war. Markowitz entdeckt bei seinen Recherchen die Geschichte des Hauses, mit deren Bekanntwerden der Abriss hätte verhindert werden können.

270/93 – Renis Tod (HR)
Sendedatum: 31. 01. 93
Quote: 12,85 Mio. / 36 % MA
Frankfurt: Brinkmann
Drehbuch: Heinz Schirk
Regie: Heinz Schirk
Schauspieler: unter anderem Martin May, Hannelore Elsner

Der Mitarbeiter und Ehemann der Baufirmenchefin stürzt bei der Arbeit vom Hochhaus. Der tödliche Absturz ist für viele kein Unfall gewesen: Die Chefin hat ein Verhältnis mit dem Mitinhaber ihrer Firma, von dem auch der Ehemann wusste. Die Mitarbeiterin Laube hat bei dem Sturz etwas beobachtet. Doch auch sie wird nach einem Discobesuch mit einer Wunde am Kopf tot aufgefunden.

271/93 – Verbranntes Spiel (MDR)
Sendedatum: 28. 02. 93
Quote: 10,76 Mio. / 31 % MA
Dresden: Ehrlicher / Kain

Drehbuch: Knut Boeser
Regie: Bodo Fürneisen
Schauspieler: unter anderem Corinna Harfouch, Suzanne von Borsody, Henry Hübchen

Ehrlicher wird zum 60. Geburtstag eines Freundes, einem Familienunternehmer alter Schule, nach Naumburg eingeladen. Mit medizinisch-technischen Geräten ist dieser inzwischen erfolgreich. Die Spannungen innerhalb der Familie sind für Ehrlicher nicht zu übersehen. Der Schwiegersohn berichtet dem Kommissar von einem Erpressungsversuch. Als wenig später die Assistentin des Unternehmers bei einem mysteriösen Unfall stirbt, glaubt Ehrlicher an ein Komplott gegen seinen alten Freund.

272/93 – Kesseltreiben (SR)
Sendedatum: 07.03.93
Quote: 11,41 Mio./34% MA
Saarbrücken: Palu
Drehbuch: Michael Haneke
Regie: Peter Schulze-Rohr
Schauspieler: unter anderem Michaela May, Jürgen Arndt, Friedrich-Karl Praetorius, Dinah Hinz

Der Chefingenieur der Messabteilung einer Firma, die Kernkrafttechnik baut, wird unbequem. Sein Tod als Drogentod inszeniert wirft viele Fragen auf. Die Schwester erhält von ihrem zu Tode gekommenen Bruder brisante Unterlagen mit der Post. Der Firma sind alle Mittel recht, in den Besitz dieser Unterlagen zu gelangen. Ein Krimi nach dem Mottto »die Kleinen hängt man, die Großen lässt man laufen«…

273/93 – Bienzle und die schöne Lau (SDR)
Sendedatum: 28.03.93
Stuttgart: Bienzle
Drehbuch: Felix Huby, Werner Zeindler
Regie: Hartmut Griesmayr
Schauspieler: u. a. Rita Russek, Bernd Tauber, Matthias Ponnier

Die Urlaubspläne Bienzles platzen, als er vom Tod eines routinierten Höhlentauchers am Blautopf, einer Karstquelle bei Blaubeuren auf der Schwäbischen Alb, erfährt. Für einen Freund des Toten ist sofort klar, dass es kein Unfall gewesen sein kann, sondern ein geplanter Mord. Bienzle übernimmt den Fall. Er trifft auf die attraktive Ehefrau des Opfers, die in Anspielung auf eine Sagengestalt des Blautopfs die »schöne Lau« genannt wird. Die Ehe scheint am Ende gewesen zu sein. Auch der Bruder des Höhlentauchers war mit dem Ermordeten zerstritten.

274/93 – Flucht nach Miami (WDR)

Sendedatum: 18. 04. 93
Quote: 10,95 Mio. / 33 % MA
Düsseldorf: Flemming
Drehbuch: Nikolaus Stein von Kamienski, Jacki Engelken
Regie: Ulrich Stark
Schauspieler: unter anderem Heiner Lauterbach, Manfred Steffen, Ulrike May

Die Leiche einer Frau, die auf einem Schrottplatz gefunden wird, bringt die ermittelnden Kommissare auf die Fährte eines Kredithaies, der durch die Übernahme von Bankbürgschaften Kredite mit Wucherzinsen vergibt. Ein Rentner hat als Mitarbeiter dieser Firma bei Frauen besonderen Geschäftserfolg mit der Beschaffung hoher Kredite. Nicht selten prostituieren sich die Frauen, um ihr Darlehen tilgen zu können. Ein wichtiges Beweisstück führt Flemming schließlich auf die richtige Spur.

275/93 – Tod einer alten Frau (SFB)

Sendedatum: 25. 04. 93
Quote: 10,05 Mio. / 33 % MA
Berlin: Markowitz
Drehbuch: Claudi Cueni
Regie: Matti Geschonneck
Schauspieler: unter anderem Claudia Balko, Katrin Saß

Markowitz gibt sich mit der für alle anderen plausiblen Erklärung nicht zufrieden, dass eine ältere tote Frau nur ein Zufallsopfer bei einem Einbruch in ihre Wohnung geworden sei. Seine Nachforschungen ergeben, dass der Ehemann der Toten in ihr gemeinsames Winterdomizil Fuerteventura vorausgeflogen ist, um das Ferienhaus herzurichten. Der Kommissar entscheidet sich für einen Kurzurlaub. Er mischt sich auf Fuerteventura unter die Feriengäste, um Licht in den Fall zu bringen.

276/93 – Gehirnwäsche (SFDRS)

Sendedatum: 06. 06. 93
Quote: 7,88 Mio./30 % MA
Bern: von Burg
Drehbuch: Peter Zeindler
Regie: Bernhard Giger
Schauspieler: unter anderem Stefan Kurt, Urs Bihler, Ernst C. Sigrist

Für die Sekte des Vaters ist die Tochter vom rechten Weg abgekommen. Sie muss nun alles in der Sauna »ausschwitzen«. Dabei wird ihr der eigentliche Lebenssinn eingetrichtert. In ihrer Not bittet sie ihren Freund und Lehrer um Fluchthilfe. Was sie nicht weiß: Der Lehrer ist auch Sektenmitglied. Die rechte Hand der spirituellen Organisation, Cornelia Frank, nutzt ihr Wissen um die sexuelle Beziehung des Lehrers zu seiner Schülerin. Sie will ihn erpressen. Das muss sie mit dem Leben bezahlen.

277/93 – Gefährliche Freundschaft (WDR)

Sendedatum: 11. 07. 93
Quote: 10,51 Mio./34 % MA
Düsseldorf: Flemming
Drehbuch: Wolfgang Mühlbauer
Regie: Ulrich Stark
Schauspieler: unter anderem Rolf Illig, Ivan Desny

Der drogenabhängige Enkel Alexander gerät in Verdacht, seine wohlhabende Großmutter getötet zu haben. Kommissar Flemming muss feststellen, dass sein Sohn den Verdächtigen kennt, nach dem gefahndet wird und der schließlich die Tat gesteht. Nach dem tödlichen Unfall seines Vaters widerruft er jedoch sein Geständnis. Es taucht ein guter Freund der Toten auf, der den Fall in ein anderes Licht rückt.

278/93 – Ein Sommernachtstraum (BR)

Sendedatum:	25.07.93
Quote:	10,38 Mio./37 % MA
München:	Batic/Leitmayr
Drehbuch:	Franz Geiger/Hans Dräxler
Regie:	Walter Bannert
Schauspieler:	unter anderem Max Tidof, Wolfgang Bauer

Ein Toter führt die Kommissare in die bunte sommerliche Szene des Englischen Gartens. Sie lernen Anhänger einer Sekte kennen, zu denen das Opfer gehörte. Von einem ehemaligen Krankenpfleger angeführt, hat sie ihren Treffpunkt am Monopteros. Eine junge Schauspielerin, die mit ihrer Theatergruppe zum Jugendfestival Shakespeares »Sommernachtstraum« aufführen will, ist in den Bann der »Jünger Luzifers« geraten.

279/93 – Alles Palermo (BR)

Sendedatum:	29.08.93
Quote:	10,38 Mio./34 % MA
München:	Batic/Leitmayr
Drehbuch:	Josef Rödl
Regie:	Josef Rödl
Schauspieler:	unter anderem Ruth Drexel, Friedrich von Thun, Jacques Breuer, Veronica Ferres, Leonard Lansink, Hans Brenner

Ein Gärtnereibesitzer im Norden Münchens wird ermordet. Er war ein regelmäßiger Besucher des Rotlichtmilieus. Die Kripo stößt auf eine Freundin des Toten und auf einen Zuhälter, der mangels Beweisen in einem anderen Mordfall wieder auf freien Fuß kam. Batic hofft, ihn diesmal festsetzen zu können. Doch ein hieb- und stichfestes Alibi scheint einer Verhaftung wieder entgegenzustehen.

Leitmayr kommt unterdessen auf eine Spur, die in ein Labyrinth von Korruption und Bestechung nach sizilianischer Art führt.

280/93 – Um Haus und Hof (NDR)

Sendedatum: 26.09.93
Quote: 12,83 Mio./40% MA
Hamburg: Brockmöller/Stoever
Drehbuch: Raimund Weber
Regie: Werner Masten
Musik: Klaus Doldinger
Schauspieler: unter anderem Florian Mertens, Gerda Gmelin, Götz Schubert, Ulrich Faulhaber, Edgar Bessen

Die grausam zugerichtete Leiche eines Mädchens führt die Hamburger Kripo in ein nahe der Stadt gelegenes, idyllisches Dorf, aus dem die Tote stammte. Dort treffen sie auf den erbarmungslosen Kampf einer Dorfmafia, dem ein Bauer, der Haus und Grund verloren hat, zum Opfer fällt. Ein junger Polizist, Thorwald, fällt durch sein kriminalistisches Talent auf …

281/93 – Stahlwalzer (ORF)

Sendedatum: 24.10.93
Quote: 11,54 Mio./33% MA
Wien: Fichtl
Drehbuch: Peter Zingler
Regie: Hans Noever
Schauspieler: unter anderem Sylvia Haider, Michael Bukowsky, Gerhard Dorfer, Helmut Berger

Ein Ex-Häftling bricht in Fichtls Wohnung ein und bedroht ihn mit einer Waffe. Der Kommissar ermittelt zu diesem Zeitpunkt gerade bei einem Stahlkonzern, der gegen internationales Waffenrecht verstoßen hat und von dem zwei Manager entführt wurden. Die Akte über den Tod des Pressesprechers des Unternehmens soll nach Aufforderung von »oben« als Selbstmord geschlossen werden. Fichtl blickt nachdenklich auf seine lange Dienstzeit bei der Polizei zurück.

282/93 – Die Zärtlichkeit des Monsters (SWF)
Sendedatum: 31.10.93
Quote: 9,30 Mio./28 % MA
Ludwigshafen: Odenthal
Drehbuch: Hartmut Schön
Regie: Hartmut Schön
Schauspieler: unter anderem Michael Schreiner, Hans-Günter Martens, Manfred Zapatka

Ein bekannter Schauspieler wird wegen des Mordes an seiner Freundin verurteilt. Der von Odenthal gefasste Verbrecher verlor alles, was er besaß: Ruhm, Karriere und Ansehen. Er schwor der Kommissarin Rache. Es gelingt ihm, aus der psychiatrischen Klinik zu fliehen und sich an Odenthals Fersen zu hängen. Ein gefährliches Spiel beginnt; am Ende schnappt eine Falle zu.

283/93 – Bauernopfer (MDR)
Sendedatum: 21.11.93
Quote: 10,04 Mio./28 % MA
Dresden: Ehrlicher/Kain
Drehbuch: Vadim Glowna
Regie: Vadim Glowna
Schauspieler: u. a. Heinz Hoenig, Vadim Glowna, Vera Tschechowa

Der Einbruch bei einem Dresdner Juwelier ruft einen Kollegen des Hamburger Sonderdezernats für organisiertes Verbrechen auf den Plan. Alles deutet daraufhin, dass hinter dem Einbruch die Mafia steckt. Der Sonderermittler sieht die Chance, einen über lange Zeit Beobachteten endlich überführen zu können. Ehrlicher ist über die Hilfe aus Hamburg beleidigt, weil man ihm den Kampf gegen organisierte Kriminalität offensichtlich allein nicht zutraut.

284/93 – Himmel und Erde (BR)
Sendedatum: 28.11.93
Quote: 8,93 Mio./25 % MA
München: Batic/Leitmayr

Drehbuch: Ljubisa Rictic
Regie: Markus Fischer
Schauspieler: unter anderem Susanne Lothar, Detlef Kügow, Gisela Hoeter

Eine attraktive Trickdiebin, die mit Kollegen gutorganisiert zusammenarbeitet, gerät in das Blickfeld von Leitmayr und Batic, der sich in die Frau verliebt. Leitmayr versucht vergeblich, seinen Kollegen vor einem Irrtum zu bewahren. Die Trickdiebin, die auch hohe Spielschulden hat, gerät mit erdrückenden Indizien unter Mordverdacht. Batic muss heftig mit seinen Gefühlen kämpfen …

285/93 – Deserteure (WDR)
Sendedatum: 19.12.93
Quote: 9,32 Mio./27 % MA
Düsseldorf: Flemming
Drehbuch: Horst Vocks
Regie: Ilse Hofmann
Schauspieler: u. a. Heinz Schubert, Gunnar Möller, Stefan Reck

Zwei über lange Zeit erfolgreiche Einbrecher haben sich zur richtigen Zeit zur Ruhe gesetzt. Sohn Axel wandelt aber auf gleichen kriminellen Spuren wie ehemals der Vater. Ein V-Mann der Polizei will bei einem Waffengeschäft das Geld selbst kassieren, Axel soll ihm dabei helfen. Anstatt aber einen Anteil des Geldes wie versprochen abzugeben, tötet der Undercover-Polizist seinen Mitwisser. Die »pensionierten« Einbrecher wollen den toten Sohn rächen.

1994

286/94 – Bienzle und das Narrenspiel (SDR)
Sendedatum: 23.01.94
Stuttgart: Bienzle

Drehbuch: Felix Huby
Regie: Hartmut Griesmayr
Schauspieler: u. a. Robert Atzorn, Andrea L'Arronge, Ulrich Matschoss, Hans Georg Panczak, Angelika Hartung-Atzorn

Eigentlich ist Bienzle zum Vergnügen im oberschwäbischen Ravensburg, wo wie jedes Jahr zur Fasnacht fröhliche Narren den Winter austreiben. Genau zu dieser Zeit wird eine Bank überfallen, wobei der Bankkassierer von dem als Narr getarnten Räuber erstochen wird. Ein Tatverdächtiger wird schnell gefasst. Schon bald stellt Bienzle im lokalen Intrigensumpf fest, dass es einflussreiche Leute in der Stadt gibt, die keine Tarnung brauchen, um unbequeme Mitmenschen von der Bildfläche verbannen zu können.

287/94 – Die Sache Baryschna (SFB)
Sendedatum: 06.02.94
Quote: 8,57 Mio./24% MA
Berlin: Markowitz
Drehbuch: Andreas Pflüger
Regie: Matti Geschonneck
Schauspieler: unter anderem Hans Nitschke, Claudia Balko, Michael Degen

Die Panne eines Lkw, der einen Container mit ausländischen Flüchtlingen nach Skandinavien transportiert, hat für ein Flüchtlingsehepaar tödliche Folgen. Markowitz will an die Drahtzieher der Schlepperbande kommen. Seine einzige Zeugin, die Tochter der Toten, ist verstört und spricht nicht. Sie hat Angst, abgeschoben zu werden, und versucht der Polizei zu entkommen, um mit Hilfe der Hintermänner der kriminellen Organisation ins Ausland zu gelangen. Sie gerät in große Gefahr.

288/94 – Ein Wodka zu viel (NDR)
Sendedatum: 06.03.94
Quote: 10,45 Mio./30% MA
Hamburg: Brockmöller/Stoever

Drehbuch: Dieter Hirschberg
Regie: Werner Masten
Musik: Klaus Doldinger
Schauspieler: unter anderem Mark Keller, Dietrich Mattausch, Jenny Gröllmann, Ulrich Faulhaber

Die Ereignisse bei der Hamburger Mordkommission überschlagen sich. Die Stelle des im Dienst ums Leben gekommenen »Meyer Zwo« wird mit Kriminalobermeister Thorwald neu besetzt. Kriminelle aus St. Petersburg betreiben ein gutorganisiertes Schmuggelgeschäft, ein russischer Ermittler fiel der Bande bereits zum Opfer. Die Hamburger Kripo wird in den Fall involviert, wobei es für Stoever sehr gefährlich wird. Er wird als Geisel genommen.

289/94 – Der Rastplatzmörder (HR)
Sendedatum: 27.03.94
Quote: 8,64 Mio./26 % MA
Frankfurt: Brinkmann
Drehbuch: Sylvia Hoffman
Regie: Sylvia Hoffman
Schauspieler: unter anderem Anja Jaenicke, Ulrich Wildgruber, Doris Kunstmann, Pierre Franckh, Evelyn Künneke, Iris von Reppert-Bismarck, Lia Wöhr

Ein Geschäftsreisender mit Vorliebe für sexuelle Abenteuer nahm über die Mitfahrervermittlung eine junge Frau mit. Gegen die Annäherungsversuche des Fahrers kann sie sich erfolgreich wehren. Auf dem nächsten Rastplatz steigt sie aus; am nächsten Tag wird sie an der Autobahn ermordet aufgefunden. Die Polizei fahndet nach dem Fahrer, dieser gerät in Panik, flieht und sucht auf eigene Faust nach dem wahren Mörder …

290/94 – Mord in der Akademie (WDR)
Sendedatum: 24.04.94
Quote: 10,70 Mio./35 % MA
Düsseldorf: Flemming

Drehbuch: Claus-Michael Rohne
Regie: Ulrich Stark
Schauspieler: unter anderem Markus Knüffken, Gerd Böckmann, Rufus Beck, Oliver Lentz

Ein Kunststudent wird in der Akademie während seiner Arbeit von einer maskierten Person erdrosselt. Die Freundin stand Modell, hat aber den Täter nicht erkannt. Der erste Tatverdächtige scheint kein Motiv zu haben. Die Kripo findet heraus, dass der Leiter der Werkstatt homosexuell war und ein Verhältnis mit dem Studenten hatte. Der Tote war HIV-infiziert. In einem Beziehungsgeflecht aus Eifersucht, Verlassensein und Verlassenwerden scheinen die Kommissare das Tatmotiv zu finden.

291/94 – Laura, mein Engel (MDR)
Sendedatum: 01.05.94
Quote: 8,81 Mio./27% MA
Dresden: Ehrlicher/Kain
Drehbuch: Richard Hey
Regie: Ottokar Runze
Schauspieler: unter anderem Davia Dannenberg, Ivan Desny, Petra Ehlert, Monika Pietsch, Thomas Rudnick

In einem Motel wird eine Frau ermordet aufgefunden. Sie war in Begleitung ihrer 12-jährigen Tochter. Diese ist jedoch spurlos verschwunden, nachdem sie zuvor in Ehrlichers Büro aufgetaucht war und wortlos wieder verschwand. Nachforschungen ergeben, dass die Frau in den 80ern in den Westen floh, während die Tochter in einem Kinderheim lebte. Die Boulevardpresse scheint zu wissen, dass die Tochter ihre Mutter umgebracht hat. Doch Ehrlicher glaubt, dass das Kind in großer Gefahr ist.

292/94 – Singvogel (NDR)
Sendedatum: 23.05.94
Quote: 8,82 Mio./29% MA
Hamburg: Brockmöller/Stoever

Drehbuch: Willi Voss
Regie: Michael Knof
Schauspieler: unter anderem Mark Keller, Elisabeth Schwarz, Hans Kremer, Claude-Oliver Rudolph, Klaus Piontek

Die Frau eines Häftlings, der einen Millionenraub beging, wurde ermordet. Der Ehemann beschuldigt den »Knastkönig« des Mordes an seiner Frau. Er hat Angst und fordert seine sofortige Verlegung, was die Gefängnisleitung jedoch ignoriert und folgenschwere Konsequenzen hat. Die Ermittlungen der Kripo geraten ins Stocken; schließlich wird ein V-Mann ins Gefängnis eingeschleust …

293/94 – Klassen-Kampf (BR)
Sendedatum: 05.06.94
Quote: 8,12 Mio./25 % MA
Hamburg: Batic/Leitmayr
Drehbuch: Friedemann Fromm
Regie: Friedemann Fromm
Schauspieler: unter anderem Benno Fürmann, Axel Milberg, Dieter Kirchlechner, Johanna Liebeneiner

Als der Bruder seiner Freundin Elke, ein Skin, ermordet wird, gerät auch Drago, der Anführer einer konkurrierenden Schülerclique, in den Kreis der Tatverdächtigen. Batic und Leitmayer müssen im aggressiven Milieu einer Hauptschule ermitteln und befürchten, dass der Mord erst der Anfang einer sich immer schneller drehenden Gewaltspirale sein könnte.

294/94 – Jetzt und alles (MDR)
Sendedatum: 31.07.94
Quote: 6,22 Mio./28 % MA
Dresden: Ehrlicher/Kain
Drehbuch: Bernd Anger, Bernd Sad
Regie: Bernd Böhlich
Schauspieler: unter anderem Winfried Glatzeder, Henry Hübchen

Jugendliche klauen Autos und liefern sich anschließend Autorennen. Eines Nachts finden sie in dem von einem Spielothekbesitzer geklauten Auto eine Leiche. Sie kommen auf die Idee, den Autoeigentümer zu erpressen. Hinter der Fassade der Spielothek verbirgt sich organisierter Menschenhandel. Schwerkriminelle lassen sich jedoch nicht von Kids erpressen.

295/94 – Die Frau an der Straße (WDR)

Sendedatum: 14.08.94
Quote: 9,10 Mio./31% MA
Düsseldorf: Flemming
Drehbuch: Nikolaus Stein von Kamienski, Jacki Engelken
Regie: Ilse Hofmann
Schauspieler: unter anderem Andrea Sawatzki, Claus Eberth, Armin Rohde

Flemming wird in einen dubiosen Fall verwickelt, der die Suspendierung zur Folge hat. Eine junge Frau, nach einer Fehlgeburt Patientin einer Privatklinik, ist von dort weggelaufen. Von ihrem Ehemann als psychotisch charakterisiert, wird sie zwischenzeitlich von Flemming aufgenommen. Der Geschäftspartner des Ehemannes verstirbt nach einem Verkehrsunfall in der gleichen Klinik. Die junge Frau wird kurze Zeit später mit Flemmings Dienstwaffe erschossen. Ballauf, der seinen Dienst schon quittiert hat, hilft seinem Chef.

296/94 – Geschlossene Akten (SFB)

Sendedatum: 04.09.94
Quote: 7,64 Mio./25% MA
Berlin: Markowitz
Drehbuch: Günther Lamprecht, Matti Geschonneck
Regie: Matti Geschonneck
Schauspieler: unter anderem Claudia Balko, Jutta Wachowiak

Die Akte über den Tod eines Artisten wurde von der Polizei geschlossen: Es war angeblich Selbstmord. Nur die Witwe glaubt nicht an einen Suizid. Sie drängt Kommissar Markowitz, inoffiziell nochmals zu ermitteln. Er kann auf den ersten Blick nichts anderes feststellen. Doch auf den zweiten Blick eröffnet sich eine Fährte, die über eine Firma nach Spandau und dann nach Lettland, aus dem der Artist stammte, führt.

297/94 – Herrenboxer (SFDRS)

Sendedatum:	16.10.94
Quote:	4,22 Mio.
Berg:	von Burg
Drehbuch:	Martin Suter
Regie:	Christian von Castelberg
Schauspieler:	unter anderem Albert Freuler, Jürg Löw, Siegfried W. Kernen

Ein ehemaliger Berufsboxer, der als Rausschmeißer arbeitete, wird in einem Penthouse in Bern ermordet aufgefunden. Ins Zentrum der Ermittlungen geraten prominente Persönlichkeiten der Stadt, die auch als Sponsoren des Boxsportes auftreten. Ein junger Boxer, der kurz vor seinem ersten wichtigen Boxkampf steht, war offensichtlich der letzte Besucher des Toten. Von Burg und sein Kollege Gertsch entdecken im Penthouse ein Privatbordell. Skandalöse Videokassetten dienten offensichtlich Erpressungszwecken im größeren Stil.

298/94 – Ostwärts (ORF)

Sendedatum:	30.10.94
Quote:	7,33 Mio./21% MA
Wien:	Fichtl
Drehbuch:	Peter Zingler
Regie:	Oliver Hirschbiegel
Schauspieler:	unter anderem Sylvia Haider

Gutorganisiert werden Autos im großen Stil nach Polen verschoben. Die Wiener Inspektorin Kern muss deshalb nach Warschau reisen. Der Handel mit gestohlenen Autos ist nicht nur für Osteuropäer ein lukratives Geschäft. Ein Versicherungsdetektiv hat einen V-Mann in die Autoschieberbande eingeschleust, doch dieser wird bereits kurze Zeit später tot aufgefunden.

299/94 – Der schwarze Engel (SWF)
Sendedatum: 13.11.94
Quote: 7,00 Mio./21% MA
Ludwigshafen: Odenthal
Drehbuch: Stefan Kolditz
Regie: Nina Grosse
Schauspieler: u. a. Dominic Raacke, Rolf Hoppe, Edgar M. Böhlke

Auf einen Undercover-Agent des LKA wird ein Mordanschlag verübt. Odenthal und ein Kollege des LKA, zugleich auch ein Freund des lebensgefährlich Verletzten, übernehmen die Ermittlungen. Die geplante Verhaftung eines Gangsterbosses darf nicht gefährdet werden. Eine Liste von bestechlichen Politikern und Polizisten ist von höchster Brisanz. Ein als illegales Spielcasino ausgebauter Rheindampfer ist Zentrum der Observation.

300/94 – ... und die Musi spielt dazu (BR)
Sendedatum: 11.12.94
Quote: 7,28 Mio./23% MA
München: Batic/Leitmayr
Drehbuch: Orkun Ertener
Regie: Hanns-Christian Müller
Schauspieler: unter anderem Hans Brenner, Veronica Ferres

Ein Star der Volksmusik wird während einer Probe in seiner Garderobe ermordet. Eine junge Sängerin, Jenny, hat zur Tatzeit einen Boulevard-Journalisten in der Nähe des Ermordeten beobachtet. Der Vater und Manager von Jenny verbietet seiner Tochter, der Polizei davon zu berichten und sieht seine Chance gekommen, sich an dem Journalisten für seine »Schmierereien« zu rächen. Die Kommissare kommen erst spät auf ein dunkles Geheimnis des Toten, das schließlich auf ein Tatmotiv hinweist.

1995

301/95 – Tod eines Polizisten (NDR)

Sendedatum:	01.01.95
Quote:	8,58 Mio./22% MA
Hamburg:	Brockmöller/Stoever
Drehbuch:	Dieter Hirschberg, Gerd Reinhard
Regie:	Jürgen Roland
Schauspieler:	unter anderem Mark Keller, Horst Frank, Rolf Becker, Beatrice Richter

Ein junger Streifenpolizist wird nachts in seinem Streifenwagen erschossen. Sein Kollege Schuster, der mit dem Toten gemeinsam auf Streife war, hat keine ausreichende Erklärung für seine Abwesenheit, während der Mord geschah. Auch sonst finden die Kommissare bei dem Kollegen einiges, was nicht in das Bild eines korrekten Beamten passen will.

302/95 – Ein ehrenwertes Haus (MDR)

Sendedatum:	08.01.95
Quote:	7,83 Mio./22% MA
Dresden:	Ehrlicher/Kain
Drehbuch:	Stefan Kolditz
Regie:	Petra Haffter
Schauspieler:	unter anderem Peter Fricke

Ein Musiker liegt tot in seiner Badewanne. War es Selbstmord? Schon bald sind die Kommissare vom Gegenteil überzeugt. Außer einer alten Frau, die dort mit 20 Katzen in einer Etagenwohnung lebt, war der tote Musiker, der eine Menge Probleme hatte, bei den Mitbewohnern des gutbürgerlichen Mietshauses nicht sehr beliebt, so dass Ehrlicher und Kain nach einem Tatmotiv unter den Bewohnern suchen. Das Haus bekam erst vor kurzem einen neuen Eigentümer.

303/95 – Eine mörderische Rolle (HR)

Sendedatum: 19.02.95
Quote: 7,66 Mio./22% MA
Frankfurt: Felber
Drehbuch: Rainer Bär
Regie: Rainer Bär
Schauspieler: unter anderem Heinz Schubert, Alexander Ott, Michael Roll, Karl-Heinz von Hassel, Dominique Horwitz, Pierre Franckh

Hauptkommissar a. D. Leo Felber, der vorzeitig aus seinem Dienst ausschied, hat seinen Enkel zu Besuch. Dieser berichtet eines Tages, er habe einen Mann in der Wohnung gegenüber beobachtet, wie der eine Frau umgebracht habe. Als Mörder identifiziert der Junge den Privatdetektiv einer sehr beliebten Fernsehserie. Der Kommissar wehrt alles als Phantasie eines Kindes ab. Doch da wird tatsächlich die Leiche einer jungen Frau gefunden, bei deren Ermordung der Enkel Zeuge war.

304/95 – Die Kampagne (SWF)

Sendedatum: 05.03.95
Quote: 8,99 Mio./25% MA
Ludwigshafen: Odenthal
Drehbuch: Thomas Bohn
Regie: Thomas Bohn
Schauspieler: unter anderem Ben Becker, Hannes Jaenicke, Hans-Günter Martens, Günter Meisner, Jörg Pleva

Ein Kind wurde ermordet. Die Mutter, Chefin einer Werbeagentur, startet eine bundesweite Kampagne, um nach dem Mörder zu suchen. TV-Spots und Reality-Shows gehören zur Kampagne. Das Medienspektakel scheint Erfolg zu haben. Nach wenigen Tagen präsentieren Privatdetektive einen Mörder. Man triumphiert, die Polizei ist blamiert. Doch Odenthal glaubt nicht an die Schuld des präsentierten Täters, sie ermittelt weiter.

305/95 – Endstation (SFB)

Sendedatum:	12.03.95
Quote:	7,64 Mio./22 % MA
Berlin:	Markowitz
Drehbuch:	Günther Lamprecht, Matti Geschonneck
Regie:	Hagen Müller-Stahl
Schauspieler:	unter anderem Hans Nitschke, Horst Bollmann

Ein junger Mann läuft Amok. Seine Frau hat die Scheidung eingereicht, er verlor seinen Arbeitsplatz und durch die Scheidung droht der Verlust des Kontaktes zu dem gemeinsamen Kind. Markowitz will vermitteln und gerät zwischen die Fronten. Er wird als Geisel genommen, die der ausgeflippte Ehemann gegen seine Frau und sein Kind eintauschen will. Die Ehefrau weigert sich, auch nur zum Schein auf die Forderungen einzugehen.

306/95 – Mordnacht (HR)

Sendedatum:	26.03.95
Quote:	9,08 Mio./30 % MA
Frankfurt:	Brinkmann
Drehbuch:	Heinz Schirk
Regie:	Heinz Schirk
Schauspieler:	unter anderem Martin May, Klaus Jürgen Wussow, Esther Schweins, Heino Ferch, Anke Sevenich, Walter Renneisen, Lutz Mackensy

Ein älterer Ehemann ist sehr eifersüchtig und lässt seine Ehefrau observieren, die sich ausgerechnet in ihren Beobachter verliebt. Als der Detektiv seinen Auftrag zurückgeben will, wird er vom wutentbrannten Ehemann erschlagen. Nur wenig später wird die Ehefrau als vermeintliches Opfer eines Raubmordes im nahe gelegenen Wald eines Nachtlokals aufgefunden. Sie hatte am Tag zuvor ihrem Mann eröffnet, dass sie ihn verlassen wolle.

307/95 – Im Herzen Eiszeit (BR)

Sendedatum: 02.04.95
Quote: 6,90 Mio./21% MA
München: Batic/Leitmayr
Drehbuch: Peter Probst
Regie: Hans Noever
Schauspieler: unter anderem Rio Reiser, Otto Grünmandl, Rudolph Moshammer

Bei einem Überfall auf eine Boutique vor zwölf Jahren wurde ein Wachmann erschossen. Dafür hat Kammermeier gesessen, ohne seine Komplizen zu verraten und ohne der Mörder zu sein. Als er aus dem Gefängnis entlassen wird, bricht Unruhe in der alten Clique, der früheren Hausbesetzer- und Anarcho-Szene, aus. Heute sind die damaligen Freunde etabliert und wohlhabend. Es geschieht ein Mord, ein weiterer Anschlag wird verübt. Eine junge Journalistin in der Nähe des Ex-Häftlings ist die Tochter des toten Wachmannes.

308/95 – Die schwarzen Bilder (WDR)

Sendedatum: 17.04.95
Quote: 7,41 Mio./21% MA
Düsseldorf: Flemming
Drehbuch: Susanne Schneider
Regie: Erwin Keusch
Schauspieler: unter anderem Katja Flint

Der Leiter einer psychiatrischen Klinik wurde erdrosselt. Die Kripo stellt Nachforschungen im familiären und im beruflichen Umfeld an. Ein Kollege hat illegale Versuche mit psychisch Kranken durchgeführt; der Tote besitzt Videokassetten über die Experimente. Aber auch andere Videoaufnahmen sollten besser vor der Polizei verborgen werden. Die Familie ist zerrüttet. Die Frau lebt getrennt von Kindern und Ehemann als Modedesignerin in Paris und hält sich nur zufällig in Düsseldorf zu einer Präsentation auf.

309/95 – Bienzle und der Mord im Park (SDR)
Sendedatum: 07.05.95
Stuttgart: Bienzle
Drehbuch: Felix Huby
Regie: Dieter Schlotterbeck
Schauspieler: unter anderem Wolf-Dietrich Sprenger, Walter Schultheiß

Unter Obdachlosen und Pennern treibt ein Serienmörder in Stuttgart sein Unwesen. Nach der dritten Leiche, die im Schlosspark gefunden wird, wird eine Sonderkommission eingerichtet. Bienzle und sein Kollege verhaften einen Computerfreak, der aber die Tat entschieden abstreitet. Dagegen verhält sich ein Kollege von Bienzle sehr auffällig.

310/95 – Tödliche Freundschaft (NDR)
Sendedatum: 21.05.95
Quote: 8,05 Mio./26 % MA
Hamburg: Brockmöller/Stoever
Drehbuch: Raimund Weber
Regie: Herrmann Zschoche
Musik: Klaus Doldinger
Schauspieler: unter anderem Gerd Baltus, Udo Schenk, Gert Haucke, Anke Sevenich, Holger Mahlich

Ein Biologe und Wissenschaftler wird erschossen aufgefunden. Die reiche Mutter des Toten, die in einem Sanatorium lebt, hat ihr Vermögen in eine dubiose Firma investiert. Der Sohn war mit der Pflegerin Ingrid und der Pflegerin Else befreundet. Beide waren schwanger, beide sind tot. Hat der Biologe seine privaten Kontakte wissenschaftlich ausgewertet? Stoever und Brockmöller erfahren von missgebildeten Embryos.

311/95 – Rückfällig (SFDRS)
Sendedatum: 05.06.95
Quote: 7,78 Mio./26 % MA

Bern: von Burg
Drehbuch: Ulrike Bliefert-Kish, Marcus P. Nester
Regie: Daniel Helfer
Schauspieler: unter anderem Karl Spoerri, Verena Peter

Zum wiederholten Mal wird am gleichen Ort die Leiche eines Mädchens gefunden. Der Verdacht fällt sofort auf den Täter des ersten Mordes, der jedoch die Tat bestreitet. Die Obduktion der Leiche ergibt, dass das Mädchen einem Ritualmord zum Opfer gefallen ist. Als der Tatverdächtige ein Opfer von Lynchjustiz wird, glaubt die Kripo, dass sich der wirkliche Täter hinter dem Verdächtigen zu verstecken scheint.

312/95 – Falsches Alibi (MDR)
Sendedatum: 18. 06. 95
Quote: 6,78 Mio. / 22 % MA
Dresden: Ehrlicher / Kain
Drehbuch: Peter Probst
Regie: Bernd Böhlich
Schauspieler: unter anderem Thomas Rudnick, Monika Pietsch, Ingeborg Westphal, Robert Glatzeder, Pascal Freitag

Ein Autoknacker wird erschossen auf einem Parkplatz aufgefunden. Bei den Ermittlungen kommt das Schutzgeldgeschäft des Ermordeten ans Licht. Ehrlicher hat einen für ihn unangenehmen Verdacht: Ist sein Sohn in den Fall verwickelt? Eine Spur führt in die Kneipe seines Sohnes. Mit Kain kann Ehrlicher darüber nicht reden. Die Freundschaft der beiden Kollegen wird auf die Probe gestellt.

313/95 – Tod eines Auktionators (WDR)
Sendedatum: 25. 06. 95
Quote: 5,95 Mio. / 22 % MA
Düsseldorf: Flemming
Drehbuch: Claus-Michael Rohne
Regie: Erwin Keusch
Schauspieler: unter anderem Ilse Neubauer, Nicolas Lansky, Saskia Vester

Der ermordete Auktionator Kampenrath war dabei, eine Versteigerung aus dem Nachlass eines Afrikareisenden zu organisieren, der Militaria aus deutscher Kolonialzeit besaß. Die Tatwaffe, ein Dolch, scheint das wertvollste Stück gewesen zu sein; sie ist verschwunden. Alles deutet auf Raubmord. Der Kreis der Verdächtigen ist groß. Der Dolch wird schließlich im Hinterzimmer eines Trödlerladens wiederentdeckt.

314/95 – Mordauftrag (HR)
Sendedatum: 09.07.95
Quote: 5,64 Mio./26 % MA
Frankfurt: Brinkmann
Drehbuch: Hans Kelch
Regie: Wolfgang Luderer
Schauspieler: unter anderem Frank Schröder, Iris Berben, Nina Hoger, Dietrich Mattausch

Eine Ehe ist zu Ende. Die Ehefrau erteilt telefonisch einen Auftrag, ihren Ehemann, den sie hasst, ermorden zu lassen. Mit einem Mitschnitt des Telefonats wird sie später erpresst. Der Ehemann wird ermordet. Doch auch ihr Geliebter kommt bei der Geldübergabe ums Leben. Die Witwe sucht bei ihrem Rechtsanwalt, der die oft dubiosen Geschäfte ihres Mannes geregelt hat, Hilfe.

315/95 – Bienzle und die Feuerwand (SDR)
Sendedatum: 16.07.95
Stuttgart: Bienzle
Drehbuch: Felix Huby
Regie: Hartmut Griesmayr
Schauspieler: unter anderem Peter Bongartz, Siemen Rühaak, Eberhard Feik, Udo Vioff, Jacques Breuer

Der Tod kam mit einem Giftpfeil aus einem indianischen Blasrohr. Bienzles Recherchen führen zu einer Sekte, die vor kriminellen Machenschaften offensichtlich nicht zurückschreckt. Der Tote wollte einen kritischen Bericht über diese Sekte veröffentlichen. Musste er deshalb sterben? Auch für Bienzles Freundin Hannelore wird es gefährlich. Ihre Freundin und Verlegerin gehört der Sekte an und ist in den Fall involviert. Es bleibt nicht bei einem Toten.

316/95 – Herz As (WDR)

Sendedatum:	30.07.95
Quote:	5,69 Mio./25% MA
Düsseldorf:	Flemming
Drehbuch:	Horst Vocks
Regie:	Ulrich Stark
Schauspieler:	unter anderem Arthur Brauss, Jasmin Tabatabai, Johanna Mertinz

Nach 15-jähriger Abwesenheit kommt der totgeglaubte Familienvater Brandstätt zurück. Kurz darauf wird sein ehemaliger Geschäftspartner ermordet, der inzwischen die Frau seines früheren Partners geheiratet hatte. Brandstätt wird verhaftet. Bei einem Fluchtversuch kommt es zum Schusswechsel, bei dem er von Kommissar Flemming in Notwehr erschossen wird. Flemming fragt sich, ob Brandstätt unschuldig war. Kollegin Koch bringt ihren Chef auf die entscheidende Spur.

317/95 – Die Freundin (ORF)

Sendedatum:	13.08.95
Quote:	7,98 Mio./30% MA
Wien:	Fichtl
Drehbuch:	Jürgen Kaizik, Bert Steingötter
Regie:	Jürgen Kaizik
Schauspieler:	u. a. Margot Vuga, Gerhard Dorfer, Katharina Stemberger, Wolfgang Krassnitzer, Nikolaus Paryla, Jane Tilden

Der Inhaber einer Werbeagentur, ein bekannter Partylöwe der High Society und berüchtigter Frauenheld, wird tot in einem Auto aufgefunden. Die Kripo gerät mit ihren Ermittlungen in das Minenfeld einer Familienfehde. Der Sohn will mit allen Mitteln unbedingt Chef in der Werbeagentur seines Vaters werden; die Ehefrau lässt kein gutes Haar an ihrem toten Gatten.

318/95 – Der König kehrt zurück (NDR)

Sendedatum: 17.09.95
Quote: 7,35 Mio./23% MA
Hamburg: Brockmöller/Stoever
Drehbuch: Felix Mitterer, Michael Gutmann
Regie: Michael Gutmann
Schauspieler: unter anderem Gottfried John, Angelika Bartsch, Jörg Pleva, Lambert Hamel, Doris Kunstmann

Ex-Häftling und alte »Kiezgröße« Mucher wird in einem Mordfall erneut verdächtigt. Stoever und Brockmöller lernen den Sohn des ehemaligen Kiez-Königs kennen, der sich die alte Größe seines Vaters zurückwünscht. Doch dieser ist inzwischen krank und hat ganz andere Interessen. Ein alter »Freund« hat ihn um die Beute eines Banküberfalls geprellt. Da geschieht noch ein weiterer Mord.

319/95 – Bomben für Ehrlicher (MDR)

Sendedatum: 01.10.95
Quote: 4,70 Mio./14% MA
Dresden: Ehrlicher/Kain
Drehbuch: Hans-Werner Honert
Regie: Hans-Werner Honert
Schauspieler: unter anderem Günter Junghans, Monika Pietsch, Thomas Rudnick, Dagmar Sitte

Ein anonymer Anrufer will sich offensichtlich an Kommissar Ehrlicher rächen. Während die Polizei nach einer Bombe sucht, geschieht in einem anderen Stadtteil ein Banküberfall. Es geschehen weitere Überfälle, beim dritten Überfall gelingt die Verhaftung eines Täters, während der Komplize mit einer Geisel flieht. Ehrlicher erhält wieder einen Anruf von dem Unbekannten.

320/95 – Eine todsichere Falle (SR)

Sendedatum: 15.10.95
Quote: 6,41 Mio./19% MA
Saarbrücken: Palu

Drehbuch: Alain Page
Regie: Hans-Christoph Blumenberg
Schauspieler: unter anderem Arno Jos Graf, Jean-Pierre Cassel, Barbara Rudnik, Theresa Hübchen

Ein ehemaliger Angestellter bricht in seine alte Firma ein, um Beweise für illegale Waffengeschäfte seines Chefs zu sammeln. Die Ehefrau des Unternehmers hatte ihren Geliebten dazu angestiftet. Ein junges Pärchen wird Zeuge des Einbruchs. Der Täter versucht, die unliebsamen Zeugen zu überwältigen. Das Mädchen ist Palus Tochter …

321/95 – Blutiger Asphalt (BR)

Sendedatum: 12.11.95
Quote: 8,62 Mio./25 % MA
München: Batic/Leitmayr
Drehbuch: Harald Göckeritz
Regie: Vivian Naefe
Schauspieler: unter anderem Hansa Czypionka, Ulrich Wiggers, Josef Hannesschläger, Wolfgang Hinze

Eine junge Frau wird in der Waschküche eines Mietshauses erstochen. Die Mieter verdächtigen den Mitbewohner Kai Herman, der als Ingenieur an dem Patent einer profitträchtigen Erfindung im Bereich des Straßenbaus arbeitet. Auch der Verlobte der Toten rückt in den Kreis der Verdächtigen, nachdem die Kommissare das Geld der Toten aus einem kürzlichen Hausverkauf im Osten vermissen. Der Ingenieur glaubt immer mehr an eine Verschwörung.

322/95 – Frau Bu lacht (BR)

Sendedatum: 26.11.95
Quote: 8,06 Mio./23 % MA
München: Batic/Leitmayr
Drehbuch: Günter Schütter
Regie: Dominik Graf
Musik: Helmut Spanner
Schauspieler: unter anderem Ulrich Noethen

Ein Bewohner einer Neubausiedlung wird erschossen. Der Tote hatte keinen Kontakt ins kriminelle Milieu, ein Tatmotiv ist auf den ersten Blick nicht erkennbar. Die thailändische Ehefrau spricht nur gebrochen Deutsch. Sie ist tatverdächtig. Doch sie wird beinahe selber Mordopfer. Der Tote hatte seine Frau, die eine uneheliche kleine Tochter hat, über ein Vermittlungsinstitut kennengelernt. Eine Spur führt in die skandalöse Szene von organisiertem Kindesmissbrauch.

1996

323/96 – Der Spezialist (WDR)

Sendedatum: 01.01.96
Quote: 5,35 Mio./18 % MA
Düsseldorf: Flemming
Drehbuch: Alexander Adolph, Markus Fischer
Regie: Markus Fischer
Schauspieler: unter anderem Rolf Hoppe, Claudine Wilde

Ein Hauptkommissar der Abteilung für Wirtschaftskriminalität steht kurz vor der Pensionierung. Niemand seiner Kollegen ahnt von der doppelbödigen Moral und den schmutzigen Geschäften, die der anerkannte »Spezialist« auf eigene Rechnung betrieb. Ein letzter Coup sollte ein Waffendeal werden. Doch dabei gibt es einen Zwischenfall, ein Mann stürzt zu Tode.

324/96 – Heilig Blut (WDR)

Sendedatum: 14.01.96
Quote: 10,99 Mio./31 % MA
Düsseldorf: Flemming
Drehbuch: Dorothee Schön, Susanne Schneider
Regie: Hartmut Griesmayr
Schauspieler: unter anderem Maria Schell

Eine junge Nonne wird tot im Kloster aufgefunden. Für die Äbtissin kommt nur ein Unfall in Frage. Die Obduktion ergibt, dass die Tote schwanger war. Kommissarin Koch quartiert sich im Kloster ein und entdeckt einen nächtlichen männlichen Besucher im dunklen Klostergarten, der allerdings fliehen kann. Der Besucher stellt sich später als Restaurator und als der Vater des Kindes heraus. Den Mord an der Mutter seines Kindes streitet er jedoch ab. Die Äbtissin scheint mehr zu wissen …

325/96 – Freitagsmörder (HR)

Sendedatum: 21.01.96
Quote: 9,20 Mio./25% MA
Frankfurt: Brinkmann
Drehbuch: Heinz Schirk
Regie: Heinz Schirk
Schauspieler: unter anderem Martin May, Manfred Zapatka, Elfriede Kuzmany, Sabina Trooger, Susanne Uhlen

Ein Mörder schlägt ein viertes Mal an einem Freitag zu. Opfer ist eine Krankenschwester. Kurze Zeit später gibt es ein fünftes Opfer. Eine Orchestermusikerin entkommt nur knapp einem Mordanschlag. Ihr hat sich das aufdringliche Rasierwasser des Täters in die Nase eingebrannt. Brinkmann gelingt es schließlich, den Serienmörder zu verhaften, doch dieser gibt nicht alle Morde zu …

326/96 – Schneefieber (SWF)

Sendedatum: 18.02.96
Quote: 8,09 Mio./23% MA
Ludwigshafen: Odenthal
Drehbuch: Fred Breinersdorfer
Regie: Peter Schulze-Rohr
Schauspieler: unter anderem Anne Kasprik, Christina Plate, Jörg Schüttauf, Günther Maria Halmer

»Robin Hood« nennt sich ein Erpresser der Bahn. Verschiedene geplante Geldübergaben scheitern. Es gibt einen Toten. Daraufhin kann der Erpresser mit dem Lösegeld fliehen. Ein anonymer Anrufer gibt einen Hinweis auf den Apotheker Münter, der schließlich zugibt, das präparierte Geld gereinigt zu haben, aber nicht an der Erpressung beteiligt gewesen zu sein. Seine Ehefrau, Geliebte und ein Freund geraten ins Visier von Odenthal.

327/96 – Wer nicht schweigt muss sterben (MDR)

Sendedatum:	10. 03. 96
Quote:	7,38 Mio. / 21 % MA
Dresden:	Ehrlicher / Kain
Drehbuch:	Klaus Richter
Regie:	Hans Werner
Schauspieler:	unter anderem Michael Gwisdek, Hans Teuscher, Hartmut Reck, Monika Pietsch, Thomas Rudnik

Auf den ersten Blick erscheint es wie ein normaler Raubmord. Während weiterer Nachforschungen eröffnet sich den Kommissaren eine Fährte zu illegalen Waffengeschäften. Der Tote wollte einem Journalisten Beweise dafür übergeben. Der Journalist ist nun untergetaucht. Er ist ein alter Bekannter von Kommissar Ehrlicher und gilt vorerst als Hauptverdächtiger. Etwas unerwartetes geschieht im Verlauf der Ermittlungen, das Ehrlicher persönlich stark betroffen macht.

328/96 – Tod auf Neuwerk (NDR)

Sendedatum:	24. 03. 96
Quote:	9,48 Mio. / 29 % MA
Hamburg:	Brockmöller / Stöver
Drehbuch:	Raimund Weber
Regie:	Helmut Förnbacher
Schauspieler:	unter anderem Bernd Herzsprung, Michael Lesch, Ulrich Faulhaber, Manfred Reddemann

Der gefesselte Tote, der auf der Insel Neuwerk gefunden wird, stellt sich als der Hamburger Schifffahrtsdirektor Drost heraus. Er war in einige Bestechungsaffären verwickelt. Von den Inselbewohnern ist kaum etwas zu erfahren. Im Zimmer des Toten finden sie nur Seekarten. Allmählich ergeben Indizien, dass Drost ein Schiff suchte und beobachtete, auf dem vor einigen Jahren sein bester Freund ums Leben gekommen war. Aber war das der einzige Grund, warum er hier war?

329/96 – Bei Auftritt Mord (MDR)

Sendedatum:	31. 03. 96
Quote:	9,65 Mio. / 29 % MA
Dresden:	Ehrlicher / Kain
Drehbuch:	Peter Vogel
Regie:	Hans Werner
Schauspieler:	unter anderem Mathieu Carrière, Ursula Karven, Diego Wallraff, Nina Hoger

Auf den Werbeplakaten einer Ballettgruppe steht eines Morgens: »Bei Auftritt Mord«. In einem Nachtclub wird ein Mitglied der Truppe mit einem Messer schwer verletzt. Polizeischutz wird angefordert. Während der Generalprobe fällt eine vielversprechende Tänzerin einem Giftmord zum Opfer. Der Schluss liegt nahe, dass der Täter aus dem Ballett-Ensemble oder zumindest aus dem engsten Umfeld stammen muss.

330/96 – Das Mädchen mit der Puppe (WDR)

Sendedatum:	08. 04. 96
Quote:	7,25 Mio. / 22 % MA
Düsseldorf:	Flemming
Drehbuch:	Peter Märthesheimer, Pea Fröhlich
Regie:	Markus Fischer
Schauspieler:	unter anderem Udo Kier, Detlev Kügow

Ein skrupelloser Arbeitsvermittler weist Flüchtlingen aus Osteuropa unwürdige »Jobs« zu: Junge und hübsche Frauen werden in Sexgeschäfte vermittelt. Eine Kroatin muss in Kinderkleidung für Pornofotos Modell stehen. Sie wehrt sich und kommt ums Leben. Neben der Polizei beginnt auch der Bruder der toten Frau auf eigene Faust zu ermitteln.

331/96 – Fetischzauber (NDR)

Sendedatum:	05. 05. 96
Quote:	9,00 Mio. / 27 % MA
Hamburg:	Brockmöller / Stoever
Drehbuch:	Thorsten Näter, nach einer Idee von Nicole Schürmann
Regie:	Thorsten Näter
Schauspieler:	unter anderem Elisabeth Schwarz, Rolf Becker, Udo Schenk, Oliver Betke

Während einer Party im afrikanischen Kulturzentrum bricht ein Farbiger mit einem Messer im Bauch auf der Tanzfläche tot zusammen. Ein Bauunternehmer begeht fast zur selben Zeit Selbstmord. Bei ihren Recherchen im Kulturzentrum stoßen die Kommissare auf einen okulten Voodoo-Zauber. Eine Fetischpuppe trägt das aufgeklebte Foto des toten Bauunternehmers. Ein weiterer Toter erschwert die weiteren Ermittlungen der Kripo.

332/96 – Die Abrechnung (SFDRS)

Sendedatum:	12. 05. 96
Quote:	6,04 Mio. / 19 % MA
Bern:	von Burg
Drehbuch:	Markus Fischer
Regie:	Markus Fischer
Schauspieler:	unter anderem Albert Freuler, Claudine Wilde, Ulrich Mühe, Hannes Schmidhauser, Hans-Peter Müller

Fuchs wird wegen guter Führung nach zwölf Jahren Haft entlassen. Er saß wegen eines Raubüberfalls. Die Namen der Komplizen hat er nicht preisgegeben. Durch einen Mord in einem Altenheim gerät er wieder ins Visier der Polizei. Doch er hat ein Alibi. Fuchs will sich seinen Beuteanteil abholen und sucht seinen Komplizen auf. Beide Männer scheinen noch eine offene Rechnung miteinander begleichen zu müssen.

333/96 – Kolportage (ORF)

Sendedatum: 19.05.96
Quote: 6,21 Mio./19 % MA
Wien: Fichtl
Drehbuch: Peter Zingler
Regie: Hans Noever
Schauspieler: unter anderem Erwin Steinhauer, Vera Borek

In den Sumpf von Menschenhandel und Asylbetrug geraten die Kommissare, die im Mordfall eines pakistanischen Zeitungsverkäufers ermitteln müssen. Der Mord geschah in Wien und war als Verkehrsunfall getarnt. Der Bruder des Toten kam nur wenige Wochen zuvor in Graz auch durch einen Unfall ums Leben. Bei ihm konnte keine Absicht nachgewiesen werden. Das Tatmotiv »Profitgier« mit Hilfe billiger Arbeitskräfte aus der Dritten Welt liegt auf der Hand.

334/96 – Lockvögel (NDR)

Sendedatum: 27.05.96
Quote: 7,68 Mio./24 % MA
Hamburg: Brockmöller/Stoever
Drehbuch: Jörg Grünler
Regie: Jörg Grünler
Musik: Klaus Doldinger
Schauspieler: unter anderem Dirk Martens, Rudolf Kowalski, Rolf Becker, Sheri Hagen

Ein junger, undercover arbeitender Polizist, der einen Brandanschlag auf eine türkische Imbissbude aufklären soll, wurde offensichtlich enttarnt. Er wird in eine Falle gelockt, wo er einen türkischen Gastwirt, der gefesselt ist, erschießt. Brockmöller und Stoever bekommen Druck vom Staatsanwalt, den Fall so schnell wie möglich aufzuklären. Sind die Tatverdächtigen in der Neonazi-Szene zu suchen? Es gibt auch Hinweise auf kurdische Extremistenkreise. Ein weiterer Mord geschieht.

335/96 – Tod im Jaguar (SFB)

Sendedatum: 09.06.96
Quote: 6,26 Mio./23 % MA
Berlin: Roiter/Zorowski
Drehbuch: Raimund Kusserow, Peter Sandmeyer
Regie: Jens Becker
Schauspieler: unter anderem Ivan Desny

Das Kripoteam Roiter/Zorowski hat seinen ersten Fall aufzuklären. Ein wirtschaftlich und politisch einflussreicher jüdischer Geschäftsmann kommt bei einem Bombenattentat ums Leben. Der Kreis der Verdächtigen reicht von Neonazis, geschäftlichen Verbindungen zu verschiedenen Geheimdiensten bis ins engere familiäre Umfeld des Toten, der enterbten Tochter und ihrem Freund.

336/96 – Frankfurt-Miami (HR)

Sendedatum: 23.06.96
Quote: 6,31 Mio./19 % MA
Frankfurt: Brinkmann
Drehbuch: Jaques Labib/Frederic Fajardie
Regie: Klaus Biedermann
Schauspieler: unter anderem Martin Semmelrogge

Kommissar Brinkmann bekommt Hilfe von seinen Kollegen aus Frankreich, um den Mord an einer Prostituierten aus dem Frankfurter Eros-Center »Miami« aufzuklären. Das Etablissement wird von der türkischen Mafia kontrolliert, die vor nichts zurückschreckt: Sie entführt die kleine Tochter einer Prostituierten, doch die Mutter lässt sich dadurch nicht von einer Zusammenarbeit mit der Polizei abhalten.

337/96 – Aida (BR)

Sendedatum: 07.07.96
Quote: 7,22 Mio./24 % MA
München: Batic/Leitmayr
Drehbuch: Wolfgang Hesse

Regie: Klaus Emmerich
Schauspieler: unter anderem Angelika Bartsch, Carola Regnier, Michael Habek, Gert Anthoff, Reri Grist

Die Kommissare müssen hinter den Kulissen der Münchner Opernwelt gleich zwei Morde aufklären. Der Dirigent wird kurz vor der Premiere von »Aida« ermordet. In den Kreis der Tatverdächtigen geraten einige Mitglieder des Ensembles, doch alle sind im Premierenfieber und kaum für andere Dinge ansprechbar. Da wird dem Tenor, der an einer Katzenhaarallergie leidet, eine Katze in die Garderobe geschmuggelt. Er stirbt an einem Asthmaanfall …

338/96 – Mein ist die Rache (ORF)
Sendedatum: 14. 07. 96
Quote: 5,87 Mio. / 23 % MA
Wien: Becker
Drehbuch: Dariusch Allahyari, Houchang Allahyari
Regie: Houchang Allahyari
Schauspieler: unter anderem Margot Vuga, Michael Bukowsky, Gerhard Dorfer

Ein Kriminalkommissar verlor vor Jahren bei einem Einbruch in sein Wohnhaus seine Tochter und später seinen Job, weil er vom rechtsstaatlichen Weg abkam. Der damals verurteilte Täter wird wegen guter Führung vorzeitig aus der Haft entlassen. Da wird seine Therapeutin ermordet, und er gerät erneut unter Tatverdacht. Der Verdächtige kann fliehen und begeht schließlich Selbstmord. Eine Mitarbeiterin des ermittelnden Kommissars, für den der Fall längst klar ist, beginnt mit eigenen Recherchen.

339/96 – Der Phoenix-Deal (SFB)
Sendedatum: 28. 07. 96
Quote: 4,96 Mio. / 18 % MA
Berlin: Roiter / Zorowski
Drehbuch: Frank Grützbach
Regie: Peter Ristau

Schauspieler: unter anderem Robinson Reichel, Rainer Strecker, Hans-Peter Hallwachs, Tilo Prückner, Michael Gwisdek

TV-Talkshowgäste leben gefährlich. Während einer Werbepause wird ein Gast in der Studio-Toilette ermordet. Während der polizeilichen Ermittlungen kommt die wahre Identität des Toten ans Licht. Er arbeitete zu DDR-Zeiten für eine Stasi-Abteilung, die wertvolle Kunstsammlungen erbeutete und gegen hohe Devisen an den Westen verkaufte. Ein dunkles Kapitel der DDR-Vergangenheit öffnet sich der Berliner Kripo.

340/96 – Schlaflose Nächte (SWF)

Sendedatum: 08.09.96
Quote: 7,92 Mio./23 % MA
Ludwigshafen: Odenthal
Drehbuch: Hartmut Schön
Regie: Hartmut Schön
Schauspieler: unter anderem Hans-Günter Martens, Ingrid van Bergen, Rolf Hoppe, Hedi Kriegeskotte, Antje Westermann

Während die Mitschülerinnen ihr Abitur feiern, stürzt eine Klassenkameradin vom Hochhaus. War es ein Unfall? Die Obduktion ergibt, es war ein Gewaltverbrechen. Die Freundin der Toten hat Angst. Die Tote hatte ein Verhältnis mit einem Vorsitzenden des Internats, einem Geschäftsmann, dem Skrupellosigkeit und Gerissenheit nachgesagt wird. Außerdem hat er nicht nur eine Freundin. Da geschieht der Mord an seinem Sohn aus erster Ehe. Der Lebemann ist plötzlich zutiefst verletzt.

341/96 – Schattenwelt (BR)

Sendedatum: 22.09.96
Quote: 8,37 Mio./24 % MA
München: Batic/Leitmayr
Drehbuch: Joachim Masannek, Josef Rödl
Regie: Josef Rödl
Schauspieler: unter anderem Bruno Ganz, Dominic Raacke, Lisa Kreuzer

Eine Obdachlose wird in einer Tiefgarage überfahren. Der Autofahrer, der unter dem Motto »Gemeinsam für Menschen« Spenden für Wohltätigkeitszwecke sammelt und für seine Arbeit selbst sehr hohe Honorare kassiert, begeht Fahrerflucht. Der Lebensgefährte des Opfers war Zeuge des Unfalls. Er will den Tod seiner Frau nicht ungesühnt lassen und sucht Unterstützung bei anderen Obdachlosen. Diese verfolgen dann aber eigene Ziele: Sie erpressen den Täter. Ein weiterer Mord geschieht.

342/96 – Bienzle und der Traum vom Glück (SDR)

Sendedatum:	29.09.96
Stuttgart:	Bienzle
Drehbuch:	Felix Huby
Regie:	Dieter Schlotterbeck
Schauspieler:	unter anderem Dieter Eppler, Friedrich-Karl Praetorius, Veronika Fitz, Matthias Ponnier, Karoline Eichhorn

Der Schwiegersohn und Juniorchef hat es schwer in der Firma seines Schwiegervaters. Deshalb geht er seinen eigenen Interessen mit einem lukrativen Nebengeschäft nach, indem er den hochgiftigen Müll eines Recycling-Unternehmers im Steinbruch der Firma lagert. Bei einer Sprengung verunglückt ein Arbeiter tödlich. Die Obduktion der Leiche ergibt, dass der Mann mit hochgiftigen Substanzen in Verbindung gekommen ist.

343/96 – Der kalte Tod (SWF)

Sendedatum:	06.10.96
Quote:	9,16 Mio. / 26 % MA
Ludwigshafen:	Kopper / Odenthal
Drehbuch:	Sascha Arango Bueno
Regie:	Nina Grosse
Schauspieler:	unter anderem Matthias Habich, Sophie von Kessel, Hans-Günter Martens, Rudolf Kowalski

Die Geliebte des Professors für Pathologie, Stella, ist wahrscheinlich einem Gewaltverbrechen zum Opfer gefallen. Für Odenthal zählt der feinsinnige Pathologe mit seinem besonderen Humor selbst zu den Tatverdächtigen. Mit ihrem neuen Kollegen Mario Kopper macht sie sich auf die Suche nach der verschwundenen Toten. Aber auch Hendryk, ein Freund von Stella, ist verschwunden.

344/96 – Buntes Wasser (SFB)

Sendedatum: 13.10.96
Quote: 7,63 Mio./22% MA
Berlin: Roiter/Zorowski
Drehbuch: Uwe Saeger
Regie: Pete Ariel
Schauspieler: unter anderem Volkmar Kleinert, Ulrike Krumbiegel, Florian Martens, Stefanie Stappenbeck, Imogen Knogge

Umweltkriminalität wird nicht nur für die Berliner Kommissare gefährlich, sondern auch für spielende Kinder. Die Spätfolgen illegaler Müllverschiebungen zwischen West und Ost werden nochmals sichtbar. Ein Mord führt die Kommissare Roiter und Zorowski in die Zeit vor dem Fall der Mauer zurück und zu Drahtziehern damaliger Müllschiebereien.

345/96 – Parteifreunde (NDR)

Sendedatum: 27.10.96
Quote: 9,01 Mio./25% MA
Hamburg: Brockmöller/Stoever
Drehbuch: Detlef Müller
Regie: Ulrich Stark
Musik: Klaus Doldinger
Schauspieler: unter anderem Kurt Hart, Rolf Hoppe, Sven-Eric Bechtolf, Christoph Bantzer, Dietmar Mues

Der Mord an einem Kleinkriminellen vor dem Haus eines Politikers, der ein Doppelleben geführt zu haben schien, wirft vielseitige Spekulationen und Nachrichten für die Presse auf. Der ehemalige Parteichef verweigert seinem Parteifreund überraschend das Alibi, der daraufhin zum Hauptverdächtigen wird. Stoever und Brockmöller müssen ein kriminelles Beziehungsgeflecht von Politiker-Intrigen entwirren.

346/96 – Krokodilwächter (SFB)

Sendedatum:	10.11.96
Quote:	7,30 Mio./20 % MA
Berlin:	Roiter/Zorowski
Drehbuch:	Andreas Pflüger
Regie:	Berno Kürten
Schauspieler:	unter anderem Hermann Lause, Nadeshda Brennicke, Theresa Hübchen, Karl Kranzkowski

Bei der Explosion einer Briefbombe kommt ein Postangestellter ums Leben. Ein weiterer Mord an einer jungen Russin, die im Stadtwald gefunden wird, scheint zunächst nicht in Verbindung mit dem Briefbombenattentat zu stehen. Die Kripo kommt auf die Spur einer Menschenhändlerbande, die junge Frauen aus Russland illegal nach Berlin schleust und an Bordelle vermietet.

347/96 – Der Entscheider (SR)

Sendedatum:	24.11.96
Quote:	8,39 Mio./22 % MA
Saarbrücken:	Palu
Drehbuch:	Jochen Senf, Michael Seyfried
Regie:	Martin Buchhorn
Schauspieler:	unter anderem Arno Jos Graf, Tilo Prückner, Tayfun Bademsoy, Hermann Lause

Ein kurdischer Asylant wird in der Nähe der französischen Grenze erschossen. Es handelt sich um einen Journalisten, der in seiner Heimat brisante Recherchen durchgeführt hatte. Kurze Zeit später wird die Ehefrau des Toten nach der Entbindung aus dem Krankenhaus entführt. Die Obduktion des Journalisten ergibt, dass ihm eine Niere entnommen worden war. Für Palu eröffnet sich ein ganzer Katalog von Fragen, die er dem Leiter der Asylbewerberbehörde und der Amtsärztin stellen muss.

348/96 – Perfect Mind – im Labyrinth (BR)

Sendedatum: 15.12.96
Quote: 7,11 Mio./20 % MA
München: Batic/Leitmayr
Drehbuch: Christoph Fromm
Regie: Friedemann Fromm
Schauspieler: unter anderem Ulrich Tukur, Natalie Wörner, Jürgen Hentsch, Annette Kreft

Der Geliebte der Verwaltungsrichterin Beate Helmstedt gesteht ihr, Mitglied einer internationalen Sekte zu sein und dass seine Beziehung zu ihr reine Berechnung und ohne Liebe sei. Helmstedt soll nur wenig später in ihrem Amt über den Status einer Religionsgemeinschaft dieser Sekte entscheiden. Wenig später wird ihr Geliebter tot in seiner Wohnung aufgefunden. Die Münchner Kommissare stoßen in der Sektengemeinde auf Misstrauen, Bespitzelung und Betrug.

349/96 – Die Reise in den Tod (MDR)

Sendedatum: 29.12.96
Quote: 6,48 Mio./18 % MA
Dresden: Ehrlicher/Kain
Drehbuch: Hans-Werner Honert
Regie: Wolfgang Panzer
Schauspieler: unter anderem Marek Kondrat, Marijam Agischewa

Kommissar Ehrlichers Frau wird in Krakau Opfer eines Bombenattentats. Ehrlicher reist nach Polen, um seine Kollegen bei den Ermittlungen zu unterstützen. Seine Frau hatte offensichtlich eine männliche Urlaubsbekanntschaft, die in dunkle Geschäfte verwickelt war. Die polnischen Kollegen vermuten sogar eine Mittäterschaft von Ehrlichers Frau; denn die Spuren führen auch nach Dresden.

1997

350/97 – Tod im All (SWF)

Sendedatum: 12. 01. 97
Quote: 6,91 Mio. / 18 % MA
Ludwigshafen: Kopper / Odenthal
Drehbuch: Thomas Bohn
Regie: Thomas Bohn
Schauspieler: unter anderem Marquard Bohm, Carol Campbell, Johanna Liebeneiner, Dietmar Schönherr

Für Odenthal sieht es erst wie ein PR-Gag aus, als ein anonymer Anrufer vom Tod eines Ufologen, einem Bestseller-Autor, berichtet. Ein weiterer Mord an einer Radioreporterin, die das Verschwinden des Ufologen recherchiert, lässt keinen Zweifel mehr. Erfolg, Karriere und schneller Reichtum sind der Hintergrund für außerirdische Kontakte. Odenthal greift zu »außerirdischen« Mitteln, um dem Täter auf die Spur zu kommen und zu überführen.

351/97 – Akt in der Sonne (HR)

Sendedatum: 02. 02. 97
Quote: 6,95 Mio. / 19 % MA
Frankfurt: Brinkmann
Drehbuch: Heinz Schirk
Regie: Heinz Schirk
Schauspieler: unter anderem Elisabeth Endriss, Daniela Ziegler

Der Ex-Häftling Bode hat die besten Vorsätze, als er aus dem Gefängnis entlassen wird. Doch diese sind nicht von langer Dauer. Er lässt sich zu einem neuen Einbruch und dem Diebstahl eines wertvollen Gemäldes gemeinsam mit einem Freund überreden. Die Besitzerin des Bildes fällt in der gleichen Nacht einem Mordanschlag zum Opfer und auch sein Freund wird tödlich verletzt. Bode wird verhaftet. Über ein weiteres mögliches Tatmotiv eröffnet sich eine neue Spur.

352/97 – Ausgespielt (NDR)

Sendedatum: 23. 02. 97
Quote: 9,42 Mio. / 27 % MA
Hamburg: Brockmöller / Stoever
Drehbuch: Hans-Werner Kettenbach
Regie: Jürgen Roland
Schauspieler: unter anderem Anna Maria Kaufmann, Jörg Pleva, Burghardt Klaussner, Horst Frank, Holger Mahlich

Wurde der tote obdachlose Jazzmusiker Zeller um sein Lebenswerk betrogen? Diese Frage stellen sich Brockmöller und Stoever, die die Musik des Toten sehr schätzten. Die Ex-Freundin des Jazzmusikers probt gerade für ein neues Musical. Die Kommissare finden frappierende Ähnlichkeiten mit den Songs von Zeller. Ein obdachloser Bekannter des Toten versucht ebenfalls, noch seinen Nutzen aus der Geschichte zu ziehen und erpresst den Musicalproduzenten und den -komponisten. Ein weiterer Mord geschieht.

353/97 – Eulenburg (HR)

Sendedatum: 02. 03. 97
Quote: 7,24 Mio. / 21 % MA
Frankfurt: Brinkmann
Drehbuch: Sylvia Hoffman
Regie: Sylvia Hoffman
Schauspieler: unter anderem Anna Thalbach, Thomas Heinze, Daniela Lunkewitz, Anouschka Renzi, Ivan Desny, Walter Renneisen

Ein Investor wird vor der Oper von zwei Motorradfahrern erschossen. Brinkmanns neue, übereifrige junge Kollegin Alice Bohte ermittelt auf eigene Faust. Eine Notiz des Toten führt sie nach Rüdesheim in eine alte Villa. Diese ist inzwischen ein Asylantenheim, auf das ein Brandanschlag verübt worden war. Sie lernt den Villen-Besitzer und seine Schwester kennen. Brinkmann ist inzwischen auf dubiose Überweisungen auf ein Schweizer Konto des Toten gestoßen, die ihn ebenfalls nach Rüdesheim führen.

354/97 – Brüder (WDR)

Sendedatum: 23.03.97
Quote: 7,53 Mio./21% MA
Düsseldorf: Flemming
Drehbuch: Wolfgang Brenner
Regie: Hartmut Griesmayr
Schauspieler: unter anderem Diana Körner, Ulrich Gebauer, H. C. Blumenberg

Kommissar Flemming ist in seinem letzten Fall persönlich betroffen. Der Mordanschlag an einer jungen Studentin galt höchstwahrscheinlich seinem Bruder Karl, der als Spitzenkandidat der Bürgerpartei im Wahlkampf steht. Doch greifen politische Gegner auf Kommunalebene zu solchen Mitteln? Oder hat es etwas mit der Anwaltstätigkeit seines Bruders zu tun? Hier hatte er sich doch einen Konzern zum Feind gemacht, gegen den er einen Prozess führte und gewann.

355/97 – Gefährliche Übertragung (NDR)

Sendedatum: 31.03.97
Quote: 6,63 Mio./21% MA
Hamburg: Sommer
Drehbuch: Eva-Maria Mieke
Regie: Petra Haffter
Schauspieler: unter anderem Hansa Czypionka, Anna Thalbach, Barbara Rudnik

Der tödliche Sturz einer 19-jährigen Serbokroatin aus dem achten Stock eines Hochhauses sieht nicht nach einem Selbstmord aus. Die Tote scheint einen Lebenswandel geführt zu haben, der nicht in die Vorstellung des konservativen Vaters passte. Wegen ihrer Magersucht war sie bei einem Psychiater in Behandlung, der in der Therapie Berufliches mit Privatem vermischte. Auch die Ehefrau des Psychiaters scheint ein Tatmotiv zu haben. Der Fall nimmt eine überraschende Wende.

356/97 – Liebe, Sex, Tod (BR)

Sendedatum: 06.04.97
Quote: 9,62 Mio./29 % MA
München: Batic/Leitmayr
Drehbuch: Christian Jeltsch
Regie: Peter Fratzscher
Schauspieler: unter anderem Barbara Rudnik, Christian Koch

Die außergewöhnlichen Neigungen eines Streifenpolizisten werden ihm zum Verhängnis. Nachdem er mit einer ganz in Leder gekleideten Frau seine sexuellen Wünsche ausleben konnte, wird er an einem See tot und verstümmelt aufgefunden. Das Münchner Trio nimmt die Ermittlungen auf. Die Kommissare tauchen in das Geschäftsumfeld von Singles ein, die die speziellen Wünsche mit ihren häufig wechselnden Partnern zu befriedigen suchen.

357/97 – Bierkrieg (MDR)

Sendedatum: 13.04.97
Quote: 6,63 Mio./19 % MA
Dresden: Ehrlicher/Kain
Drehbuch: Claudia Sontheim, Peter Zender
Regie: Wolfgang Panzer
Schauspieler: unter anderem Esther Schweins, Christoph Hofrichter, Emanuela von Frankenberg

Der Verkaufsleiter einer Dresdner Brauerei wird im Kühlraum erschossen aufgefunden. Die Kommissare stellen bei den Recherchen fest, dass der Tote nicht nur Erfolg im Geschäftsleben, sondern auch bei Frauen hatte. Er pflegte gleich mehrere Verhältnisse parallel. Ist das Tatmotiv unter Geschäftskonkurrenten oder unter eifersüchtigen Frauen zu finden?

358/97 – Hahnenkampf (ORF)

Sendedatum: 20.04.97
Quote: 5,89 Mio./17 % MA
Wien: Kant/Varanasi

Drehbuch: Gerhard J. Rekel
Regie: Hans Noever
Schauspieler: unter anderem Melanie Kocsan

Ein Geflügelzüchter wird ermordet aufgefunden. Die Ehefrau und der Verwalter der Großgeflügelfarm hätten triftige Gründe für den Mord gehabt. Aber auch der Nachbar, ein Biobauer und Gegner von Massentierhaltung, ist seit Jahren mit dem Toten verfeindet und verhält sich merkwürdig gegenüber der Polizei. Er verschwindet plötzlich und lässt seine 9-jährige Tochter allein zurück.

359/97 – Alptraum (NDR)
Sendedatum: 04.05.97
Quote: 6,38 Mio./19 % MA
Hamburg: Sommer
Drehbuch: Bodo Kirchhoff
Regie: Bodo Fürneisen
Schauspieler: unter anderem Helmut Berger, Walter Kreye, Suzanne von Borsody, Rudolf Kowalski

Kommissarin Sommer jagt in ihrem zweiten und letzten Fall einen Sexualmörder. Dieser scheint keine erfolgreichen selbständigen Frauen zu mögen. Er terrorisiert die Kommissarin mit nächtlichen Anrufen. Schließlich geht er der Kripo in eine gestellte Falle. Doch er gesteht nur zwei von insgesamt drei Morden. Wer ist der andere Mörder?

360/97 – Mord ohne Leiche (ORF)
Sendedatum: 19.05.97
Quote: 5,85 Mio./18 % MA
Wien: Kant/Varanasi
Drehbuch: Wolfgang Murnberger
Regie: Wolfgang Murnberger
Schauspieler: unter anderem Udo Samel

Die Wiener sind erschüttert: Eine Mordserie, bei der die Leichen fehlen, hält die Stadt in Atem. Ein Profikiller legt nach Erledigung seines Auftrages der Leiche Geld für die Bestattung bei. Diese wird dann von einem Bestattungsunternehmen abgeholt und mit einem anderen Verstorbenen zusammen begraben. Nur durch Zufall kommt die Polizei auf eine wichtige Fährte, und nur durch Tricks kann der Killer gefasst werden.

361/97 – Mordsgeschäfte (SFB)

Sendedatum: 25.05.97
Quote: 7,09 Mio./23% MA
Berlin: Roiter/Zorowski
Drehbuch: Andreas Pflüger
Regie: Jürgen Brauer
Schauspieler: u.a. Leslie Malton, Felix von Manteuffel, Nikolaus Paryla, Hanns Zischler, Heinz-Werner Kraehkamp

Der Bauboom in Berlin zieht dubiose Investoren und Immobilienhaie an. Der Berliner Kaufhausbesitzer Lothar Studick, der mit Millionen sein altes Ostberliner Kaufhaus modernisieren will, wird in seiner Villa ermordet. Er ist das dritte Opfer in einer Mordserie, bei der die Behörde, die für ungeklärte Eigentumsverhältnisse zuständig ist, im Mittelpunkt zu stehen scheint. Roiter gerät selbst in den Kreis der Verdächtigen.

362/97 – Das Totenspiel (HR)

Sendedatum: 01.06.97
Quote: 8,40 Mio./26% MA
Frankfurt: Brinkmann
Drehbuch: Sylvia Hoffman
Regie: Sylvia Hoffman
Schauspieler: unter anderem Dietrich Mattausch, Peter Bongartz, Doris Kunstmann, Monica Bleibtreu

Für das Vorstandsmitglied einer Frankfurter Privatbank hatten die illegalen Transaktionen, die er offenbar tätigte, tödliche Konsequenzen. Nach einem Autounfall findet die Polizei Schussspuren an seiner Leiche. Bald darauf wird ein weiterer Mord an einem Vorstand derselben Bank verübt. Hier lautet das Tatmotiv auf den ersten Blick: Eifersucht. Brinkmann verfolgt eine Spur nach Karlsbad.

363/97 – Mord hinterm Deich (NDR)

Sendedatum: 08. 06. 97
Quote: 8,68 Mio. / 28 % MA
Hamburg: Brockmöller / Stoever
Drehbuch: Raimund Weber; Idee:Theodor J. Reisdorf
Regie: Olaf Kreinsen
Musik: Klaus Doldinger
Schauspieler: unter anderem Vijak Bayani, Gerd Baltus, Heiner Lauterbach, Brigitte Janner

Die junge Tochter eines Obstbauern im Alten Land wird ermordet. Brockmöller und Stoever bringen in Erfahrung, dass es eine Rivalität zwischen der Toten und einer türkischen Mitschülerin gegeben hat, deren Eltern vor Jahren als Lohnarbeiter auf dem Hof ihres Vaters beschäftigt waren. Die Gerichtsmedizin gibt weitere Aufschlüsse über die anscheinend so »brave« Tochter. Eine weitere, stark verweste Leiche wird entdeckt …

364/97 – Tödlicher Galopp (MDR)

Sendedatum: 29. 06. 97
Quote: 5,53 Mio. / 18 % MA
Dresden: Ehrlicher / Kain
Drehbuch: Helmut Richter
Regie: Wolfgang Panzer
Schauspieler: unter anderem Rolf Hoppe, Dietrich Mattausch, Rosemarie Fendel

Ein Geflecht aus Korruption und Spekulation eröffnet sich den Kommissaren, die den Tod einer Reiterin aufklären müssen. Es geht dabei nicht nur um Wettmanipulationen auf der Dresdener Galopprennbahn, sondern um viel mehr. Sie erfahren von einem Millionendeal, der die Galopprennbahn Leipzig betrifft. Auf Ehrlicher wird ein Mordanschlag verübt …

365/97 – Bienzle und der tiefe Sturz (SDR)

Sendedatum: 06.07.97
Stuttgart: Bienzle
Drehbuch: Felix Huby
Regie: Peter F. Bringmann
Schauspieler: unter anderem Bernd Tauber, Ulrike Kriener, Martin Umbach, Klaus Spürkel, Claus Boysen

Der größte Arbeitgeber einer Kleinstadt am Rand der Schwäbischen Alb stürzt vor Bienzles Augen, der gerade eine Wanderung unternimmt, von einer Felswand herab. War es ein Unfall? Recherchen ergeben, dass die Firma in finanziellen Schwierigkeiten steckt und ihre Produktion offenbar ins Ausland verlegen wollte. Der Kreis der Tatverdächtigen ist groß …

366/97 – Der Tod spielt mit (MDR)

Sendedatum: 27.07.97
Quote: 6,64 Mio./22% MA
Dresden: Ehrlicher/Kain
Drehbuch: Christian Limmer
Regie: Peter Vogel
Schauspieler: unter anderem Jenny Gröllmann

Nach einem Überfall auf eine Imbissbude gibt es einen toten Standbesitzer, keine Zeugen und kaum verwertbare Spuren. Handelt es sich um Schutzgelderpressung? Der Bruder des Toten ist nicht kooperativ. Eine Spur führt zu jugendlichen Footballspielern und ihren Cheerleadern. Zwei weitere Mordattentate lassen die Kommissare zweifeln: Hat der Tod des Imbissstandbesitzers mit den beiden anderen Anschlägen etwas zu tun?

367/97 – Schlüssel zum Mord (SFB)

Sendedatum: 10.08.97
Quote: 4,45 Mio./18% MA
Berlin: Roiter/Zorowski
Drehbuch: Leo W. Helm, Rolf Silber,

Regie: Sylvia Hoffman
Schauspieler: unter anderem Michael Greiling, Anke Sevenich, Hanns Zischler

Ein Angestellter einer privaten Wachschutzfirma wird auf einer Berliner Großbaustelle erschossen. Schon bald dringen Gerüchte, dass er in dubiose Geschäfte mit illegalen Arbeitern verstrickt gewesen sei, zur Polizei vor. Drei rumänische Arbeiter verschwanden in der Mordnacht und sind seitdem nicht wieder aufgetaucht. War der Tote ein Erpresser? Die Berliner Kommissare erhalten »Druck von oben«, den Fall möglichst schnell zu klären und die Akten zu schließen.

368/97 – Geld oder Leben (SFB)
Sendedatum: 07. 09. 97
Quote: 7,35 Mio. / 22 % MA
Berlin: Roiter / Zorowski
Drehbuch: Berno Kürten
Regie: Berno Kürten
Schauspieler: unter anderem Gerd Warmeling, Peter Fitz

Bei einem Banküberfall gelingt es dem Kassierer, die Räuber zu täuschen und die gefüllten Geldkoffer gegen leere auszutauschen. Er versteckt die Beute später bei sich zu Hause. Doch bald bekommt er Besuch von einem der Bankräuber, der dann bei einem Handgemenge vom Balkon stürzt. Der Kassierer lässt ihn nachts in der Spree verschwinden. Von der Polizei wird er wenig später als Mitarbeiter der Geldtransportfirma identifiziert. Wer war sein Komplize?

369/97 – Der Teufel (BR)
Sendedatum: 14. 09. 97
Quote: 7,22 Mio. / 21 % MA
München: Batic / Leitmayr
Drehbuch: Alexander Adolph
Regie: Thomas Freundner
Schauspieler: unter anderem Martin Gruber

Ein Polizistenmord setzt Batic und Leitmayr unter Erfolgsdruck. Einem Mordanschlag erliegt der Polizeiobermeister Ertl nur kurze Zeit später. Kurz vorher gelingt es dem Angeschossenen noch, einen befreundeten Kollegen zu bitten, etwas für ihn wegzuwerfen. Dieser erkennt, dass sein Freund in kriminelle Machenschaften verwickelt war, die ihn schließlich sein Leben kosteten.

370/97 – Eiskalt (SFB)

Sendedatum: 28.09.97
Quote: 7,08 Mio./23 % MA
Berlin: Roiter/Zorowski
Drehbuch: Henning Borgelt/Lienhard Wawrzyn
Regie: Kurt Ockermüller
Schauspieler: unter anderem Nadja Uhl, Andreas Schmidt-Schaller

War es Mord aus Eifersucht oder stecken knallharte Geschäftsinteressen der Müllindustrie hinter dem Anschlag, dem ein Religionslehrer zum Opfer fiel? Er wollte mit seiner Geliebten ein paar schöne Stunden verleben. Das Liebespaar hatte sein Zimmer mit dem eines Professors getauscht, der als Fachmann für Müllrecycling ein sensationelles neues Verfahren arabischen Investoren für eine Pilotanlage vorstellen wollte.

371/97 – Willkommen in Köln (WDR)

Sendedatum: 05.10.97
Quote: 9,12 Mio./26 % MA
Köln: Ballauf/Schenk
Drehbuch: Nikolaus Stein von Kamienski
Regie: Kaspar Heidelbach
Schauspieler: unter anderem Peter Bongartz, Thomas Thieme

Max Ballauf, einst Kommissar in Düsseldorf, kehrt auf die freigewordene Stelle eines Hauptkommissars in der Kölner Mordkommission aus Miami an den Rhein zurück. Freddy Schenk ist nicht begeistert über den neuen Kollegen und ermittelt gerade in einem aktuellen Fall: Ein toter Wachmann, ehemals Polizeibeamter, wird aus dem Rhein gefischt. Der Chef des Wachdienstes, ehemaliger Hauptkommissar im Drogenkommissariat, scheint einen Privatkrieg gegen die Drogenmafia zu führen.

372/97 – Bombenstimmung (WDR)

Sendedatum: 12.10.97
Quote: 8,87 Mio./25% MA
Köln: Ballauf/Schenk
Drehbuch: Peter Zingler; Idee: Michael Fengler, Margot Rothkirch
Regie: Kaspar Heidelbach
Schauspieler: unter anderem Nina Petri, Katharina Schüttler

Ein wegen Vergewaltigung und sexueller Nötigung angeklagter Sportlehrer wird freigesprochen. Bei seiner Rückkehr zur Schule explodiert eine Bombe. Dabei kommt er ums Leben. Ballauf und Schenk werden kurze Zeit später noch einmal zur Schule gerufen: Ein Schüler, der in seinem Abschiedsbrief den Bau der Bombe zugibt, hat sich das Leben genommen. Welche Rolle spielt das Mädchen, das den Lehrer angezeigt hatte? …

373/97 – Nahkampf (SWF)

Sendedatum: 19.10.97
Quote: 8,16 Mio./23% MA
Ludwigshafen: Kopper/Odenthal
Drehbuch: Thomas Bohn
Regie: Thomas Bohn
Schauspieler: unter anderem Hans-Günter Martens, Roman Knizka, Fritz Müller-Scherz

Ein junger Leutnant überklettert nachts in Zivil den Kasernenzaun und wird vom wachhabenden Offizier erschossen. Lena Odenthal glaubt nicht an einen Unglücksfall. Tatsächlich entdeckt sie bald eine Spur: Eine verheiratete Frau, die den Toten liebte und einen Ehemann, der seine Untergebenen benutzt …

374/97 – Undercover-Camping (NDR)

Sendedatum: 02.11.97
Quote: 10,67 Mio./29 % MA
Hamburg: Brockmöller/Stoever
Drehbuch: Michael Illner
Regie: Jürgen Bretzinger
Musik: Klaus Doldinger
Schauspieler: unter anderem Theresa Hübchen, Elke Czischek, Peter Striebeck, Hans Teuscher, Horst Frank

Stoever mischt sich getarnt als Barpianist Gründel unter eine kleine Gruppe von Dauercampern, um dort hinter die Tatmotive eines Mordfalles zu kommen. Brockmöller ermittelt offiziell, doch ein weiterer Mord kann nicht verhindert werden. Als schließlich die Fäden erkennbar zusammenlaufen, bietet sich den Ermittlern eine Überraschung.

375/97 – Bluthunde (BR)

Sendedatum: 21.12.97
Quote: 7,27 Mio./19 % MA
München: Batic/Leitmayr
Drehbuch: Norbert Ehry
Regie: Peter Schulze-Rohr
Schauspieler: unter anderem Armin Rohde, Hans Grimmelmann

Eine Florettfechterin verunglückt bei einem Bungeesprung tödlich. Der private Lokalsender Isar-TV zeigt den Todessturz, gefilmt von einem Videoreporter. Die Münchner Kommissare werden auf den Sensationsreporter aufmerksam, der immer gerade dann am Ort ist, wenn sich Unfälle oder andere spektakuläre Vorkommnisse ereignen. Handelt es sich um Extra-Inszenierungen für vermeintliche Exklusiv-Nachrichten?

376/97 – In flagranti (RB)

Sendedatum: 28.12.97
Quote: 7,31 Mio./20 % MA

Bremen: Lürsen
Drehbuch: Sabine Tiesler
Regie: Petra Haffter
Schauspieler: unter anderem Rufus Beck, Hans Kremer, Hansa Czypionka

Herzversagen ist nicht die alleinige Todesursache eines erfolgreichen Geschäftsmannes, der tot in seiner Sauna liegt. Hämatome am Oberkörper des Toten weisen auf Gewalteinwirkung hin. Inga Lürsen versucht in ihrem ersten Fall, hinter die Fassade der Kleinfamilie zu schauen. Der Freund der Ehefrau erscheint verdächtig, doch Ehefrau und Geliebter geben sich gegenseitig ein Alibi. Plötzlich verschwindet der achtjährige Sohn der Familie. War er Zeuge des Verbrechens?

1998

377/98 – Russisches Roulette (SFDRS)
Sendedatum: 18.01.98
Quote: 4,75 Mio./12 % MA
Bern: von Burg
Drehbuch: Pascal Verdosci
Regie: Walter Weber
Schauspieler: unter anderem Charlotte Schwab, Alexandre Medvedev, Peer Jäger

Kommissar von Burg und sein Ermittlungsteam geraten in die Netze der russischen Mafia. Bei einem Überfall auf ein Waffengeschäft gibt es einen Toten. Eine Fährte führt das Team in eine Anwaltskanzlei, die über weitreichende internationale Verbindungen zu verfügen scheint. Von Burg verliebt sich in eine russische Übersetzerin. Welche Rolle spielt sie in diesem Fall?

378/98 – Rosen für Nadja (HR)
Sendedatum: 15.02.98
Quote: 6,81 Mio./18 % MA
Frankfurt: Brinkmann
Drehbuch: Heinz Schirk
Regie: Heinz Schirk
Schauspieler: unter anderem Martin May, Michael Degen, Anke Sevenich, Almut Eggert, Horst-Günter Marx, Ute Christensen

Vater und Tochter, die als Geschäftsführerin das Varieté-Theater ihres Vaters leitet, lieben sich nicht. Eines Abends wird der Vater heimlich Zeuge, wie die Tochter ihren Freund, den Hausarzt, zu einem Mord am Vater anstiften will. Der Vater trifft daraufhin Vorkehrungen, doch wird er eines Tages mit einer Kopfverletzung tot in seiner Villa aufgefunden. Für die Polizei scheint der Fall so weit klar, doch da geschieht eine weitere Tat …

379/98 – In der Falle (BR)
Sendedatum: 01.03.98
Quote: 7,61 Mio./20 % MA
München: Batic/Leitmayr
Drehbuch: Orkun Ertener
Regie: Peter Fratzscher
Schauspieler: unter anderem Cornelia Corba

Eine junge, illegal eingereiste türkische Frau wird Zeugin eines Mordes am Chef einer Baufirma. Leider kann sie ihre Beobachtungen der Polizei nicht mitteilen, um ihren unter Verdacht geratenen Landsmann, einen Angestellten dieses Unternehmens, zu entlasten. Die Ehefrau des Toten, die ein Verhältnis mit dem türkischen Angestellten hatte, scheint nur ihre eigenen Interessen zu verfolgen. Der Verdächtige hatte gehofft, die Nachfolge als Chef antreten zu können.

380/98 – Jagdfieber (SWF)
Sendedatum: 29.03.98
Quote: 9,45 Mio./27 % MA

Ludwigshafen: Kopper / Odentahl
Drehbuch: Fred Breinersdorfer
Regie: Peter Schulze-Rohr
Schauspieler: unter anderem Anke Sevenich, Jörg Schüttauf

Das Eheglück in der schicken Villa wird am Tag einer Geburtstags-Überraschungsparty für den Ehemann beendet, denn er muss seiner Frau Charlotte beichten, im Kofferraum eine Leiche zu haben. Es handelt sich um die Kundin einer Privatbank, deren Betreuer er war. Das Geld, was er in Empfang nehmen sollte, ist allerdings verschwunden. Charlotte steht loyal zu ihrem Mann. Gemeinsam entsorgen sie die Leiche. Doch hat er seiner Frau die Wahrheit erzählt?

381/98 – Blick in den Abgrund (SFB)
Sendedatum: 05. 04. 98
Quote: 7,75 Mio. / 19 % MA
Berlin: Roiter / Zorowski
Drehbuch: Andreas Pflüger
Regie: Jürgen Brauer
Schauspieler: unter anderem Claudia Messner, Hanns Zischler, Karl-Ullrich Meves, Barbara Frey

Ein toter Transvestit im Landwehrkanal macht Höpke, der gerade vorzeitig aus der Haft entlassen wurde, erneut verdächtig. Die gerichtsmedizinische Psychiaterin hilft den Kommissaren bei ihren Ermittlungen. Sie glaubt nicht an die Schuld des Ex-Häftlings. Ihrer Meinung nach läuft ein hochgefährlicher Irrer noch frei herum. Schließlich meldet sich der Täter bei Roiter und liefert ihm weitere Indizien dafür, dass die Ärztin recht hat.

382/98 – Gefährliche Zeugin (HR)
Sendedatum: 13. 04. 98
Quote: 7,12 Mio. / 20 % MA
Frankfurt: Brinkmann
Drehbuch: Klaus Gietinger

Regie: Klaus Gietinger
Schauspieler: unter anderem Michele Oliveri, Siemen Rühaak, Rolf Becker

Ein Geschäftsmann wird auf seiner morgendlichen Joggingrunde durch den Park von einem Profikiller erschossen. Ein junges Mädchen wird zufällig Augenzeugin. Doch gegenüber der Polizei schweigt sie, streitet sogar ab, die Zeugin zu sein, die sie suchen. Das Mädchen, das bei seiner Oma lebt, schwebt in großer Gefahr, denn auch der Killer weiß, dass er bei seiner Tat gesehen wurde.

383/98 – Manila (WDR)
Sendedatum: 19.04.98
Quote: 8,61 Mio./25 % MA
Köln: Ballauf/Schenk
Drehbuch: Nikolaus Stein von Kamienski (Niki Stein)
Regie: Nikolaus Stein von Kamienski
Schauspieler: unter anderem Mathieu Carrière, Jan Hinter

Eher durch einen Zufall stoßen Ballauf und Schenk über March, einem kleinen asiatischen Jungen, auf organisierten Menschenhandel und Kinderprostitution mit Kindern aus Manila. Auch ein Kölner Staatsanwalt scheint sich dieses Ringes zu bedienen. Der Verdacht erhärtet sich, als die Kommissare einen Mann erkennen, der bereits wegen Kinderhandel angeklagt war, doch mangels Beweisen freigesprochen wurde. Ausgerechnet dieser Mann ist plötzlich tot …

384/98 – Brandwunden (RB)
Sendedatum: 26.04.98
Quote: 7,04 Mio./20 % MA
Bremen: Lürsen
Drehbuch: Thommie Bayer
Regie: Detlef Rönfeldt
Schauspieler: unter anderem Rufus Beck, Michael Mendl, Rainer Strecker, Claus Fuchs

Während der türkische Inhaber zweier Lebensmittelläden im Urlaub in der Türkei ist, brennt sein Haus in Bremen ab. Dabei kommen zwei Freunde des Sohnes, die sich im Haus aufgehalten haben, ums Leben. Es war Brandstiftung. War es ein Anschlag von Rechtsradikalen? Der Kreis der Verdächtigen bewegt sich nicht nur in der Neonazi-Szene. Lürsen gerät unter Druck.

385/98 – Am Ende der Welt (SF/DRS)

Sendedatum:	03. 05. 98
Quote:	7,26 Mio. / 21 % MA
Bern:	von Burg
Drehbuch:	Urs Aebersold
Regie:	Helmut Förnbacher
Musik:	Klaus Doldinger
Schauspieler:	unter anderem Charlotte Schwab

Die »Gruppe Leib und Leben« der Berner Stadtpolizei muss den tödlichen Verkehrsunfall des Sohnes eines renommierten Anwalts untersuchen. Der anfänglich wie Routine anmutende Fall wird immer brisanter, nachdem die Ermittler herausgefunden haben, dass der Tote in seiner Freizeit Umweltsündern auf der Spur war. Mit seinen Beobachtungen und Aufzeichnungen hat er auch vor einflussreichen Leuten nicht haltgemacht.

386/98 – Arme Püppi (NDR)

Sendedatum:	10. 05. 98
Quote:	7,09 Mio. / 27 % MA
Hamburg:	Brockmöller / Stoever
Drehbuch:	Thorsten Näter
Regie:	Helmut Förnbacher
Musik:	Klaus Doldinger
Schauspieler:	unter anderem Kurt Hart, Matthias Fuchs, Rolf Becker

Ein Neugeborenes wird nur wenige Tage nach der Geburt aus der Klinik entführt und wenig später in einem Wald tot aufgefunden. Die betroffenen Eltern sind Asylbewerber und nicht das erste Opfer solcher Entführungen. Das Baby hatte einen Herzfehler und ohne medizinische Versorgung keine Überlebenschance. Handelt es sich um organisierten Kinderhandel, um Kindesmissbrauch?

387/98 – Fürstenschüler (MDR)

Sendedatum: 17.05.98
Quote: 7,67 Mio./25% MA
Dresden: Ehrlicher/Kain
Drehbuch: Stefan Kolditz
Regie: Frank Strecker
Schauspieler: unter anderem Anke Sevenich, Alexandra Maria Lara

Das Mädchen, das am Flussufer gefunden wird, ist offensichtlich ertrunken. Doch die Obduktion sagt anderes aus: Das Mädchen, das ein angesehenes Internat besuchte, wurde erschlagen und war schwanger. Die Kommissare müssen unter Schülern und Lehrern nach dem Vater des Kindes fahnden. Der gute Ruf der Schule steht auf dem Spiel.

388/98 – Bildersturm (WDR)

Sendedatum: 21.06.98
Quote: 5,27 Mio./19% MA
Köln: Ballauf/Schenk
Drehbuch: Robert Schwentke/Jan Hinter
Regie: Nikolaus Stein von Kamienski
Schauspieler: unter anderem Traugott Buhre, Hark Bohm, Gisela Uhlen, Gerda Gmelin

Die Schatten der Vergangenheit reichen weit. Zwei alte Männer werden durch einen gezielten Kopfschuss getötet. Neben ihren Leichen liegen verbrannte Geldscheine. Die Leiterin des Kölner Museums, das die umstrittene Fotoausstellung über Verbrechen deutscher Wehrmachtsangehöriger im Zweiten Weltkrieg zeigt, erhält eine Morddrohung. In der Ausstellung finden die Kommissare schließlich auch den Schlüssel zu ihren Mordfällen. Ein Foto zeigt, wie drei deutsche Soldaten belgische Zivilisten erschießen.

389/98 – Schüsse auf der Autobahn (NDR)

Sendedatum: 05. 07. 98
Quote: 9,39 Mio. / 28 % MA
Hamburg: Brockmöller / Stoever
Drehbuch: Raimund Weber, Idee/Vorlage: Peter Zingler
Regie: Hartmut Griesmayr
Musik: Klaus Doldinger
Schauspieler: unter anderem Kurt Hart, Bernd Tauber

Zwei mysteriöse Truckerfahrer-Morde lassen die Kripo lange Zeit im Dunkeln tappen. Die beiden Fahrer waren befreundet. War Eifersucht wegen einer untreuen Ehefrau im Spiel? Als ein weiterer Mord geschieht, glaubt die Polizei an einen psychopathischen Serienkiller. Stoever und Brockmöller ermitteln im direkten Umfeld der Toten weiter. Sie kommen schließlich einem Umweltskandal auf die Spur. Da geschieht noch ein Mord.

390/98 – Ein Hauch von Hollywood (SFB)

Sendedatum: 13. 07. 98
Quote: 1,11 Mio. / 15 % MA
Berlin: Roiter / Zorowski
Drehbuch: Jiri Polak
Regie: Urs Odermatt
Schauspieler: unter anderem Götz Schubert, Martin Wuttke, Michael Gwisdek, Dieter Mann

Der junge Schauspieler Haas kehrt anlässlich der Berliner Filmfestspiele aus Hollywood zurück. Er bekommt Polizeischutz, nachdem er auf einer Pressekonferenz von einem Mann mit einem Messer attackiert wurde. Von seiner Ex-Freundin, die inzwischen in einer neuen Beziehung lebt, erfährt er von der Existenz seiner Tochter. Plötzlich wird Haas entführt. Der Messerattentäter gesteht, den Mann entführt und ermordet zu haben. Die Leiche ist jedoch verschwunden.

391/98 – Tanz auf dem Hochseil (MDR)

Sendedatum: 26.07.98
Quote: 5,45 Mio./20 % MA
Dresden: Ehrlicher/Kain
Drehbuch: Claudia Sontheim
Regie: Peter Vogel
Musik: Klaus Doldinger
Schauspieler: unter anderem Peter Bongartz

Ein Starartist stürzt während einer Vorstellung vom Hochseil und stirbt. War es ein tragischer Unfall oder war es Sabotage? Die Kommissare erhalten einen anonymen Brief, der darauf aufmerksam macht, dass es kein Unfall war. Der Schreiber der Nachricht gibt sich während der polizeilichen Ermittlungen nicht zu erkennen. Die Kommissare rätseln über das mutmaßliches Tatmotiv.

392/98 – Money! Money! (MDR)

Sendedatum: 09.08.98
Quote: 5,96 Mio./24 % MA
Dresden: Ehrlicher/Kain
Drehbuch: Fred Breinersdorfer
Regie: Peter Ristau
Schauspieler: unter anderem Ulrich Noethen, Julia Jäger

»Golden Future« heißt es vielversprechend im Kettenspielclub, dem ein Schneeballsystem zugrunde liegt. Die Staatsanwältin ermittelt wegen Betrug und stört mit ihren Ermittlungen eine Werbeveranstaltung. Wenig später wird die deutsche Geschäftspartnerin tot in ihrer Suite aufgefunden. Kain ist emotional in den Fall involviert. Er war in die Tote verliebt. Der Amerikaner Dorsey ist als Boss des Clubs nicht allein verdächtig. Auch Club-Mitglieder rücken in den Täterkreis.

393/98 – Der zweite Mann (SFB)

Sendedatum: 16.08.98
Quote: 5,78 Mio./22 % MA
Berlin: Roiter/Zorowski

Drehbuch: Christos Yiannopoulos
Regie: Sylvia Hoffman
Schauspieler: unter anderem Rosel Zech, Hanns Zischler

Roiter flirtet heftig mit der Augenzeugin eines bewaffneten Raubüberfalls auf einen Juwelierladen, bei dem der Wachmann erschossen und sie als Geisel genommen wurde. Nach ihrer späteren Aussage stieg unterwegs ein weiterer Täter, den sie später als einen bekannten Hehler identifiziert, in das Fluchtauto, das schließlich mit dem ermordeten Komplizen gefunden wird. Widersprüchliche Aussagen der Zeugin bringen den Kollegen »Zorro« schließlich auf eine nicht ganz abwegige Idee …

394/98 – Bienzle und der Champion (SDR)
Sendedatum: 23.08.98
Stuttgart: Bienzle
Drehbuch: Felix Huby
Regie: Dieter Schlotterbeck
Schauspieler: unter anderem Ben Becker, Claude-Oliver Rudolph, Martin Semmelrogge , Arthur Brauss, Dariusz Michalczewski

Die aussichtsreiche Karriere endete für den Boxer Michalke durch einen schweren Unfall abrupt. Seither trainiert der Erinnerungsgestörte ohne Unterlass, um an seine alte Karriere wieder anzuschließen. Der Mord an einem Kneipier des Boxertreffs lässt Michalke verdächtig erscheinen. Doch für Bienzle ist klar, dass der Boxer es nicht gewesen sein kann. Er stellt eine Verbindung zu einem anderen Mord her. Michalkes Erinnerung kommt nur langsam zurück, er hat etwas gesehen und ist deshalb als Zeuge in Lebensgefahr.

395/98 – Todesbote (HR)
Sendedatum: 30.08.98
Quote: 9,08 Mio./28 % MA
Frankfurt: Brinkmann
Drehbuch: Hans Kelch

Regie: Sylvia Hoffman
Schauspieler: u. a. Dietrich Mattausch, Rosel Zech, Jacques Breuer

Das Geständnis des Mannes, seine Frau zu betrügen, endet für das Ehepaar im Desaster. Die Ehefrau verschwindet mit einem Mann, den sie auf einer Autobahnraststätte kennenlernt. Dieser schlägt ihr einen teuflischen Plan vor. Eine Lösegelderpressung wird fingiert. Bei der Geldübergabe wird der Ehemann getötet. Die Polizei findet die Ehefrau gefesselt und geknebelt in einem Versteck. Der Erpresser beteuert seine Unschuld am Tod des Ehemannes. Ein weiterer Mord geschieht.

396/98 – Voll ins Herz (RB)
Sendedatum: 13. 09. 98
Quote: 7,59 Mio. / 22 % MA
Bremen: Lürsen
Drehbuch: Gabriella Wollenhaupt
Regie: Ulrich Stark
Schauspieler: u. a. Heikko Deutschmann, Walter Kreye, Dieter Landuris, Charlotte Schwab, Oliver Stritzel, Hanns Zischler

Lürsen wird zu einer Leiche im Hafen gerufen. Ein Schuss direkt ins Herz tötete eine junge Frau, Mutter einer kleinen Tochter und Mitarbeiterin einer Telefonsexagentur. Hat das Opfer jemanden erpresst? Spuren führen Lürsen zum Kriminaldirektor, ihrem Vorgesetzten, der offensichtlich zu den Stammkunden der Toten zählte. Ein Polizeireporter wittert die Story seines Lebens.

397/98 – Gefallene Engel (BR)
Sendedatum: 20. 09. 98
Quote: 7,44 Mio. / 22 % MA
München: Batic / Leitmayr
Drehbuch: Peter Probst
Regie: Thomas Freundner
Schauspieler: unter anderem Eva Hassmann, Edgar Selge, Rolf Illig, Arthur Dittelmann, Gerd Lohmeyer

Die erste Leiche liegt in den Abwasserkanälen der Landeshauptstadt. Eine zweite liegt auf einer Mülldeponie. Alles deutet auf einen Serienmord. Ein dritter Mord folgt an einem Journalisten. Offensichtlich hat der Mörder es auf Kunden eines Luxusbordells abgesehen. Alle drei Opfer starben durch eine Kohlenmonoxydvergiftung. Der Täter scheint von religiösen Wahnvorstellungen geleitet zu werden und hat bereits sein nächstes Opfer auserwählt.

398/98 – Streng geheimer Auftrag (WDR)
Sendedatum: 11.10.98
Quote: 7,13 Mio./20% MA
Köln: Ballauf/Schenk
Drehbuch: Markus Fischer
Regie: Markus Fischer
Schauspieler: unter anderem Axel Milberg, Jürgen Schornagel, Ueli Jäggi, Ludwig Boettger, Katja Giammona

Eine Bekannte Ballaufs bittet ihn um Hilfe. Aber als er mit Schenk vor ihrer Wohnungstür steht, öffnet sie nicht. Am nächsten Tag wird ihre Leiche aus dem Rhein gefischt. Sie arbeitete für eine Chemiefirma und wie die Kommissare herausfinden, war sie im Besitz einer Nervengasformel, das in der Firma für arabische Länder produziert wird. Dem BND und dem BKA gefallen die Ermittlungen der Kommissare überhaupt nicht.

399/98 – Engelchen flieg (SWR)
Sendedatum: 01.11.98
Quote: 9,08 Mio./24% MA
Ludwigshafen: Kopper/Odenthal
Drehbuch: Dorothee Schön
Regie: Hartmut Griesmayr
Schauspieler: unter anderem Hans-Günter Martens, Hansa Czypionka, Carol Campbell, Gesine Cukrowski

Der Sturz eines kleinen Kindes aus dem 6. Stock eines Wohnhauses ruft die Kriminalpolizei zu einem Einsatz, der die Kommissare nicht kalt lässt. War es Kindestötung oder ein Unfall? Die Eltern zeigen keinerlei Regungen. Doch bald scheint sich ein Familiendrama mit gegenseitigen Schuldzuweisungen und Vorwürfen abzuzeichnen, auf das die Sensationspresse nur gewartet hat.

400/98 – Schwarzer Advent (BR)
Sendedatum: 08.11.98
Quote: 7,93 Mio./22% MA
München: Batic/Leitmayr
Drehbuch: Christian Limmer
Regie: Jobst Oetzmann
Schauspieler: unter anderem Christian Berkel, Julia Richter, Hans-Michael Rehberg, André Kaminski

Für seine Eltern, die nach Jahren aus Chile zu Besuch kommen wollen, tut der Sohn alles. Er möchte ihnen die intakte Familie, die schon länger keine mehr ist, vorzeigen. Seine Ex-Frau will nicht mitmachen. Er tötet sie im Affekt. Mit seinen beiden Kindern und einer gemieteten Prostituierten beginnt er mit seiner Familien-Inszenierung. Für die Kripo wird schnell klar, dass sich der Vater zu einem Amokschützen entwickeln kann.

401/98 – Berliner Weiße (SFB)
Sendedatum: 22.11.98
Quote: 6,42 Mio./18% MA
Berlin: Roiter/Zorowski
Drehbuch: Paul Kroker/Richard Otto
Regie: Berno Kürten
Schauspieler: unter anderem Simone Thomalla, Rufus Beck, Peter von Strombeck

Roiter und »Zorro« müssen einen klaren Kopf behalten, während sich die Stadt auf den großen Techno-Rausch zur Love-Parade vorbereitet. Der Mord an einem irischen Bauarbeiter scheint im Zusammenhang mit gefährlichen Pillen, die in der Szene aufgetaucht sind, zu stehen. Roiter erkennt in einem Club-Besitzer einen ehemaligen Freund wieder. Dieser will seinen Club noch vor Eröffnung der Parade verkaufen. Hat er was zu verbergen?

402/98 – Allein in der Falle (SR)

Sendedatum: 27.12.98
Saarbrücken: Palu
Drehbuch: Alex Martin / Marion Reichert
Regie: Hans Noever
Schauspieler: unter anderem Arno Jos Graf

Der Filialleiter einer Bank wird bei einem Überfall ermordet. Indizien führen zu einem ehemaligen Fremdenlegionär. Dieser bestreitet die Tat, ein DNA-Test untermauert jedoch den Tatverdacht. Bei Palu regen sich allerdings trotz der enger werdenden Beweiskette immer mehr Zweifel, ob er auch wirklich dem wahren Täter auf den Fersen ist.

1999

403/99 – Habgier (NDR)

Sendedatum: 10.01.99
Quote: 10,07 Mio. / 26 % MA
Hamburg: Brockmöller / Stoever
Drehbuch: Raimund Weber
Regie: Jürgen Bretzinger
Musik: Klaus Doldinger
Schauspieler: unter anderem Ulrike Grote, Jürgen Tonkel, Ulrike Mai, Volker Lechtenbrink

Der Mord an einer Kinderpsychologin führt Brockmöller und Stoever in ein Kinderheim, in dem das Opfer arbeitete. Dort lebt ein scheinbar traumatisierter Junge, dessen Schwester vor kurzem Selbstmord beging. Die junge Tote bringt die Kommissare auf die

Spur eines Politikers, der eine Schlüsselrolle in dem Fall zu spielen scheint. Wusste die Psychologin etwas, was nicht an die Öffentlichkeit dringen darf?

404/99 – Nie wieder Oper (ORF)

Sendedatum: 17.01.99
Quote: 6,12 Mio./17 % MA
Wien: Eisner
Drehbuch: Robert A. Pejo/Peter Conolly-Smith
Regie: Peter Conolly-Smith
Schauspieler: unter anderem Wolfgang Lehner, Georg Diemannsberger

Das neue Ermittlerteam aus Österreich mit Chefinspektor Moritz Eisner an der Spitze hat seinen ersten Fall zu lösen. Es verschlägt Eisner und seine Kollegen an einen nicht alltäglichen Ort: In einem Künstler-Seniorenheim häufen sich die Sterbefälle auf unerklärliche Weise. Der Tod eines berühmten Tenors wirft nicht nur auf den Heimleiter ein dunkles Licht.

405/99 – Der Heckenschütze (HR)

Sendedatum: 07.02.99
Quote: 8,19 Mio./22 % MA
Frankfurt: Brinkmann
Drehbuch: Heinz Schirk
Regie: Heinz Schirk
Schauspieler: unter anderem Martin May, Marek Harloff, Anke Sevenich, Katharina Schubert, Friedrich-Karl Praetorius, Walter Renneisen, Elisabeth Endriss

Die Ermordung von zwei erfolgreichen Unternehmern, die schon Jugendfreunde waren, scheint die Tat eines psychopathischen Serienmörders zu sein. Bei der Trauerfeier wird der Pfarrer, der ebenfalls ein Jugendfreund der beiden war, erschossen. Der Verdächtige kann nach einer Verhaftung wieder entkommen. Offensichtlich plant der Täter noch einen vierten Mord. Das Tatmotiv bleibt jedoch rätselhaft. Ein Wettlauf mit der Zeit beginnt …

406/99 – Restrisiko (WDR)

Sendedatum:	14. 02. 99
Quote:	8,09 Mio. / 22 % MA
Köln:	Ballauf / Schenk
Drehbuch:	Peter Zingler
Regie:	Claus-Michael Rohne
Schauspieler:	unter anderem Marie Lou Sellem, Alexander Radszun, Peter Millowitsch, Siegfried W. Kernen, Lotti Krekel

Schenk und Ballauf wollen Karneval feiern, doch Mörder feiern weder Fasching noch Karneval. Ein Funkenmariechen wird ermordet, und schon bald führt eine Spur die Kölner zu einem Insassen einer psychiatrischen Anstalt. Ist dieser auch der Täter? Das Mordmotiv lautet Eifersucht.

407/99 – Starkbier (BR)

Sendedatum:	07. 03. 99
Quote:	9,57 Mio. / 26 % MA
München:	Batic / Leitmayr
Drehbuch:	Michael Wogh
Regie:	Peter Fratzscher
Schauspieler:	unter anderem August Schmölzer

Traditioneller Starkbieranstich auf dem Nockherberg. Die Politiker müssen sich wie jedes Jahr »derblecken« lassen, d.h. möglichst humorvoll herbe Kritik und beißenden Spott über sich ergehen lassen. Da verunglückt der Werbechef und Teilhaber der veranstaltenden Brauerei mit seinem Auto. Alkohol am Steuer wird vermutet, doch alle, die ihn kannten, wissen, der Werbechef trank nur Wasser während dieser Zeit. Für das Münchner Kommissar-Team bedeutet dies das Ende einer bierseligen vergnüglichen Freizeit.

408/99 – Alp-Traum (ORF)

Sendedatum:	21. 03. 99
Quote:	7,68 Mio. / 21 % MA
Bern:	von Burg

Drehbuch: Marcus P. Nester, Clemens Klopfenstein
Regie: Clemens Klopfenstein
Schauspieler: unter anderem Stefan Kurt

Der Anruf eines Bankers, der sich in seiner Filiale bedroht fühlt, wurde von der Polizei nicht ernst genommen. Stunden später ist er tot. Neben ihm liegt ein Schwerverletzter, der mafiöse Verbindungen zu haben scheint. Im Krankenhaus wird er ermordet. Ein Täter ist weiterhin flüchtig. Die Sekretärin des Bankers und die Ehefrau scheinen eine besondere Rolle in diesem Fall zu spielen. Von Burg verfolgt heimlich ihre Ausflüge. Die Spur führt zu einer Alp im Berner Oberland.

409/99 – Mordfieber (SWR)
Sendedatum: 05.04.99
Quote: 6,92 Mio./19 % MA
Ludwigshafen: Kopper/Odenthal
Drehbuch: Fred Breinersdorfer
Regie: Ulrich Stark
Schauspieler: unter anderem Martin Feifel, Florian Martens, Margarete Salbach, Ulrich Gebauer

Der Tod einer Polizistin gibt der Kripo Rätsel auf. Sie wurde aus dem Hinterhalt erschossen. Es scheint kein Tatmotiv zu geben. Der Polizeipsychologe wird eingeschaltet. Ein verwirrter Mann scheint die Tat begangen zu haben. Alles deutet darauf hin, dass es zu einem weiteren Mordanschlag kommen wird. Der Psychologe scheint mit verdeckten Karten zu spielen, bemerkt Lena Odenthal, die nun ihre eigenen Schlüsse zieht.

410/99 – Der Tod fährt Achterbahn (HR)
Sendedatum: 25.04.99
Quote: 7,26 Mio./21 % MA
Frankfurt: Brinkmann
Drehbuch: Klaus Gietinger
Regie: Klaus Gietinger

Schauspieler: unter anderem Jenny Deimling, Rolf Becker, Reiner Strecker, Heinz W. Kraehkamp, Edda Leesch

Bei der täglichen Testfahrt einer Achterbahn verunglückt ein Mitarbeiter tödlich. Kommissar Brinkmann und seine Kollegen erkennen schnell, dass es sich um einen Sabotageakt handelt. Dass der Fahrgeschäft-Eigentümer zugleich auch erpresst wird, verheimlicht dieser doch vorerst der Polizei. Kommissar Brinkmann veranlasst seine junge Kollegin, undercover auf dem Rummelplatz zu arbeiten. Bald darauf geschieht ein zweiter Mord.

411/99 – Kinder der Gewalt (WDR)
Sendedatum: 02.05.99
Quote: 7,88 Mio./24% MA
Köln: Ballauf/Schenk
Drehbuch: Edgar von Cossart, Ben Verbong
Regie: Ben Verbong
Schauspieler: unter anderem Saskia Vester, Jasmin Schwiers

Sozialer Brennpunkt Schule: Der 12-jährige Sohn einer Bekannten von Ballauf wird tot in der Schultoilette aufgefunden. Am Tag zuvor hatte Ballauf ihn noch zur Polizei gebracht, weil er geschlagen und seiner Schuhe beraubt worden war. Der Junge schwieg, stellte es als Unfall dar. Ballauf lässt sich für verdeckte Ermittlungen als Sportlehrer engagieren. Die Fährte führt zu einer jugendlichen Diebesbande, die Macht und Gewalt über schwächere Mitschüler ausübt.

412/99 – Blinde Kuriere (HR)
Sendedatum: 09.05.99
Quote: 6,03 Mio./21% MA
Frankfurt: Brinkmann
Drehbuch: Sylvia Hoffman
Regie: Sylvia Hoffman
Schauspieler: unter anderem Nina Hoger, Daniela Ziegler, Jaques Breuer, Uwe Steimle, Ilja Richter, Frank Behnke

Eine junge Touristin weiß nicht, was in ihrem Reisegepäck geschmuggelt wurde. Als sie in Frankfurt nach ihrem Florida-Urlaub ankommt, holt sie ein Reisebüro-Mitarbeiter ab, der sie nach Hause bringen will. Doch dazu kommt es nicht. Er wird erschossen. Die junge Frau bleibt ahnungslos, bis ihr Ex-Freund das Rauschgift entdeckt und ein großes Geschäft zu seinen Gunsten wittert. Auch die eigentlichen Adressaten des Rauschgiftes machen sich auf die Suche …

413/99 – Todesangst (MDR)

Sendedatum: 23.05.99
Quote: 4,94 Mio./19 % MA
Dresden: Ehrlicher/Kain
Drehbuch: Peter Probst
Regie: Miko Zeuschner
Schauspieler: unter anderem Katrin Saß, Thomas Rudnick, Horst Günther Marx

Direkt vor den Augen Ehrlichers wird Lina, die Tochter der Freundin seines Sohnes, entführt. Es gibt keine weiteren Zeugen. Ehrlicher gerät selbst in den Kreis der Verdächtigen. Ständig neue Indizien ziehen das Netz um ihn immer enger. Der Vorwurf wegen Kindesmissbrauch wird laut. Für Kain und Ehrlicher ist klar: Hier will sich jemand für etwas rächen. Nur die Vorgesetzten sind immer mehr von der Schuld des Kommissars überzeugt.

414/99 – Traumhaus (NDR)

Sendedatum: 30.05.99
Quote: 9,06 Mio./31 % MA
Hamburg: Brockmöller/Stoever
Drehbuch: Raimund Weber
Regie: Ulrich Stark
Musik: Klaus Doldinger
Schauspieler: unter anderem Ulrich Mühe, Susanne Lothar, Peter Sattmann

Wusste der tote Lokalreporter zu viel? Die Kommissare decken einen veritablen Baubetrug auf. Ein Bürgermeister verfolgt seine eigenen Interessen, darüber hinaus stoßen sie auf einen Bauträger, der den Bürgermeister hinters Licht führte. Ein Pharmavertreter hat sich zur Finanzierung seines Traumhauses auf illegalen Medikamentenhandel eingelassen. Schließlich wird der Bauträger tot aufgefunden. Es scheint sich um die Tat eines Verzweifelten zu handeln.

415/99 – Absolute Diskretion (ORF)

Sendedatum:	27.06.99
Quote:	6,58 Mio./21% MA
Wien:	Eisner
Drehbuch:	Roland Gugganig, Rudolf John
Regie:	Peter Payer
Schauspieler:	unter anderem Friedrich von Thun, Anna Thalbach

Die Ermordung einer renommierten Pharmazeutin, bei der auch Forschungsunterlagen abhandenkamen, führt Eisner in die Welt der Hab- und Prestigegier. Die eigene doppelbödige Sexualmoral macht es einem bekannten Arzt- und Politikerehepaar unmöglich, dem durch Indizien überführten Ehemann der Toten das Alibi zu bestätigen, hatten sie doch gemeinsam eine Swingernacht verbracht. Eisner muss zu außergewöhnlichen Maßnahmen greifen.

416/99 – Licht und Schatten (WDR)

Sendedatum:	04.07.99
Quote:	6,46 Mio./25% MA
Köln:	Ballauf/Schenk
Drehbuch:	Wolfgang Panzer; Idee/Vorlage: Klaus-Peter Wolf
Regie:	Wolfgang Panzer
Schauspieler:	unter anderem Walter Kreye, Christoph Hofrichter

Ein Gynäkologe, schon länger die Zielscheibe fanatischer Abtreibungsgegner, wird ermordet. Ein erster Tatverdacht fällt auf den Verein »Schutz dem Leben«, doch auch im familiären Umfeld des

Toten gibt es Hinweise: Die Ehe des Arztes stand am Ende. Als die Ehefrau in einem Abschiedsbrief ihre Schuld eingesteht und dann einen Selbstmordversuch begeht, merken die Kommissare, dass sie jemanden deckt. Ein Familiendrama offenbart sich. Freddy Schenk ist in dem Fall persönlich sehr betroffen.

417/99 – Dagoberts Enkel (SFB)
Sendedatum: 25.07.99
Quote: 5,19 Mio./20 % MA
Berlin: Hellmann/Ritter
Drehbuch: Horst Freund, Thomas Wittenburg
Regie: Hajo Gies
Schauspieler: unter anderem Thomas Arnold, Dieter Montag, Götz Schubert, Volkmar Kleinert, Steffen Münster

Ein Bombenanschlag in einer Berliner Postelle geht auf das Konto einer Erpressergruppe, die sich nach dem legendären Erpresser »Dagobert« als deren »Enkel« bezeichnen. Sie wollen damit ihrer bestehenden Forderung nach Lösegeld Nachdruck verleihen, denn eine Geldübergabe ging schief. Eher zufällig werden Hellmann und Ritter Zeugen des Bombenanschlags und in die Fahndung nach den Erpressern eingeschaltet. Sie ermitteln schließlich die Täter. Die wirtschaftliche Not einer Berliner Familie ist die Antriebsfeder der Tat, bei der eigentlich niemand sterben sollte.

418/99 – Auf dem Kriegspfad (MDR)
Sendedatum: 01.08.99
Quote: 4,07 Mio./20 % MA
Dresden: Ehrlicher/Kain
Drehbuch: Wolfgang Hesse
Regie: Peter Ristau
Schauspieler: unter anderem Svenja Pages

Für Ehrlicher wird der Fall gefährlich. Er und Kain müssen den Tod eines Wächters des Karl-May-Museums aufklären. Auf den ersten Blick erscheint es wie eine Eifersuchtstat. In einem Streit wird die

Ehefrau des Toten von ihrem Geliebten lebensgefährlich verletzt. Ein weiterer Einbruch in das Museum lässt die Kommissare hellhörig werden. Was ist so Begehrenswertes im Museum versteckt? Kain lüftet das Geheimnis. Da wird Ehrlicher gekidnappt.

419/99 – Bienzle und der Zuckerbäcker (SWR)
Sendedatum: 15.08.99
Stuttgart: Bienzle
Drehbuch: Felix Huby
Regie: Hans-C. Blumenberg
Schauspieler: unter anderem Alexander Radszun, Angelika Bartsch, Traugott Buhre , Lutz Herkenrath, Christoph Hofrichter, Elert Bode

Ein Serienmörder macht Stuttgart unsicher. Drei junge Frauen wurden innerhalb kurzer Zeit ermordet und nach dem Mord missbraucht. Beim vierten Opfer wird der Täter offensichtlich gestört, es überlebt schwer verletzt. Konditormeister Hasselt hält sich, ebenfalls verletzt, neben der Frau auf und behauptet, den Täter in die Flucht geschlagen zu haben. Bienzle verfolgt den nächtlichen Spaziergänger, dabei quert ein junger Rapper seinen Weg. Gächters Freundin, eine Journalistin, die sich sehr für den Fall interessiert, bietet sich an, einen Lockvogel zu spielen.

420/99 – Der Duft des Geldes (NDR)
Sendedatum: 29.08.99
Quote: 8,09 Mio./26 % MA
Hamburg: Brockmöller/Stoever
Drehbuch: Lienhard Wawrzyn
Regie: Helmut Förnbacher
Schauspieler: unter anderem Stefanie Stappenbeck, Konstantin Graudus, Gerda Gmelin

Zum Zeitpunkt der Geburt seines Kindes kommt der Ehemann, ein Blumenhändler, ums Leben. Die Putzfrau findet den Toten eines Morgens im Haus. Hat sie, insbesondere ihr Freund, etwas mit dem

Tod zu tun? Die Ehefrau des Opfers hat einen Geliebten. Wer ist der Vater des Kindes? Der Verstorbene besaß Wertpapiere, allerdings mit geringem Wert. Eine Spur führt zu einem windigen Anlagenverkäufer mit dubiosen Geschäftspraktiken und rauschendem Lebenswandel. Kommissar Zufall hilft, als die Spur zu versanden droht.

421/99 – Strafstoß (SR)

Sendedatum: 05. 09. 99
Quote: 6,62 Mio. / 22 % MA
Saarbrücken: Palu
Drehbuch: Peter Zingler, Erhard Schmied
Regie: Klaus Peter Weber
Schauspieler: unter anderem Peer Augustinski, Tilo Prückner, Ingrid Braun

Während Palu sich mit seiner Freundin eigentlich ein Eishockeyspiel anschauen will, wird er zur Arbeit gerufen: Im Stadion hat sich ein Mord ereignet. Die Sekretärin des Vereins wird erschlagen aufgefunden, alle Indizien weisen auf Raubmord, denn die Tageseinnahmen wurden gestohlen. Schon bald gerät Palu mit seinen Nachforschungen in ein korruptes Beziehungsgeflecht von Sport und Politik …

422/99 – Drei Affen (WDR)

Sendedatum: 26. 09. 99
Quote: 10,37 Mio. / 31 % MA
Köln: Ballauf / Schenk
Drehbuch: Jan Hinter, Robert Schwentke
Regie: Kaspar Heidelbach
Schauspieler: unter anderem Henning Baum, Brigitte Janner, Jan Gregor Kremp, Emel Gültekin, Wilfried Hochholdinger, Günter Lamprecht

Durch die unterlassene Hilfsbereitschaft der Anwohner kommt eine Polizistin in ihrem Wohnviertel auf brutale Art und Weise ums

Leben. Der Lebensgefährte der Toten hat gerade von der Drogenfahndung zur Mordkommission gewechselt und beginnt auf eigene Faust zu ermitteln, doch seine Fährte endet in einer Sackgasse. Der Kollege wird beurlaubt, während das Kölner Duo auf seiner Spurensuche einer jungen Türkin begegnet, die mehr zu wissen scheint.

423/99 – Das Glockenbachgeheimnis (BR)

Sendedatum: 03.10.99
Quote: 7,96 Mio./23% MA
München: Batic/Leitmayr
Drehbuch: Friedrich Ani
Regie: Martin Enlen
Schauspieler: unter anderem Iris Berben, Michael Tregor, Doris Schade

Im Münchner Szeneviertel Glockenbach wird ein reicher männlicher Erbe brutal erschlagen aufgefunden. Die Kommissare erfahren bei ihren Ermittlungen wenig Unterstützung von den verschwiegenen Bewohnern. In einem Café lernen sie die beiden Inhaberinnen kennen, die seit ihrer Kindheit mit Paul Rochus, dem Finder der Leiche, freundschaftlich eng verbunden sind. Nicht nur der Mord klärt sich auf, auch ein Geheimnis aus der Vergangenheit wird gelüftet.

424/99 – Kriegsspuren (SWR)

Sendedatum: 10.10.99
Quote: 7,57 Mio./22% MA
Ludwigshafen: Kopper/Odenthal
Drehbuch: Harald Göckeritz
Regie: Nina Grosse
Schauspieler: unter anderem Dominique Horwitz, Miriam Horwitz, Rudolf Kowalski, Gregor Bloéb

Der Bürgerkrieg in Jugoslawien zeigt Spuren in Ludwigshafen. Die Tochter eines Kriegsberichterstatters wird in der Wohnung des Vaters von einem Eindringling bedroht. Nur kurze Zeit später wird ein Kameramann in der Nähe des Asylbewerberheims, in dem viele

Bewerber aus Ex-Jugoslawien wohnen, ermordet. Die Asylbewerber schweigen gegenüber der Kripo. Die Fährte führt auf die Spur eines Kriegsverbrechers.

425/99 – Die apokalyptischen Reiter (RB)

Sendedatum: 24.10.99
Quote: 7,24 Mio./20% MA
Bremen: Lürsen
Drehbuch: Bernd Schwamm; Idee/Vorlage: Urs Aebersold
Regie: Martin Gies
Schauspieler: unter anderem Dietmar Mues, Ulrike Bliefert, Walter Gontermann, Thomas Koschwitz

Der Täter kündigt seine Morde in einer TV-Gameshow an. Kommissarin Lürsen soll eine besondere Rolle in dem Szenario spielen. Der erste Tote soll verantwortlich für die Pleite eines Stahlwerkes gewesen sein, wobei einige tausend Arbeitsplätze verlorengingen. Das Motiv Rache scheint plausibel. Es gibt weitere Morde, die Rätsel aufgeben und in das ursprünglich vermutete Tatmotiv nicht mehr passen. Schließlich liefert Dürers Holzschnitt »Die apokalyptischen Reiter« den Schlüssel zur Aufklärung …

426/99 – Fluch des Bernsteinzimmers (MDR)

Sendedatum: 31.10.99
Quote: 8,07 Mio./24% MA
Dresden: Ehrlicher/Kain
Drehbuch: Hans-Werner Honert
Regie: Hans-Werner Honert
Musik: Klaus Doldinger
Schauspieler: unter anderem Katja Weitzenböck, Arnd Klawitter

Vor einigen Tagen war Herzog Georg noch bei der Kripo und bat um Personenschutz, weil er einen »Fehdehandschuh« per Post erhalten hatte. Jetzt müssen Kain und Ehrlicher in Adelskreisen ermitteln, denn der Gutsbesitzer und seine Ehefrau sind tot. Einen Tag zuvor hatte der Herzog im Testament seine Tochter Mary zur Alleinerbin gemacht. War es wirklich Selbstmord? Die Kommissare und ein Bekannter der Familie haben Grund zu zweifeln.

427/99 – Bienzle und die blinde Wut (SWR)
Sendedatum: 14.11.99
Stuttgart: Bienzle
Drehbuch: Felix Huby
Regie: Hartmut Griesmayr
Schauspieler: unter anderem Simone Thomalla, Christof Wackernagel, Matthias Ponnier, Bernd Tauber

Bei seinen Mitarbeitern ist der Sägewerksbesitzer wenig beliebt. Seinem Bruder, den er skrupellos um das gemeinsame väterliche Erbe betrogen hat, verweigert er die finanzielle Unterstützung für den Sohn, seinem Neffen. Die Freundin des Unternehmers möchte sich durch eine Heirat finanziell absichern. Dieser verzeiht ihr aber eine Liebesaffäre mit dem attraktiven Neffen nicht. Eines Tages liegt der Unbeliebte tot in seinem Sägewerk. Bienzle, der sich im Dorf inkognito aufhielt, geht nun offiziell auf Spurensuche.

428/99 – Norbert (BR)
Sendedatum: 28.11.99
Quote: 7,29 Mio./20 % MA
München: Batic/Leitmayr
Drehbuch: Harald Göckeritz
Regie: Nikolaus Stein von Kamienski
Schauspieler: unter anderem Jürgen Tarrach, Michael Maertens, Peter Fitz

Eine Profischwimmerin wird nur spärlich bekleidet tot aufgefunden. Ist sie Opfer eines Sexualmordes geworden? Ein höchst verdächtiger, gehemmt wirkender Mann hält sich neben der Toten auf. In einem Verhör gesteht er die Tat, die er zuvor vehement bestritten hatte. Dann geschieht ein weiterer Mord nach gleichem Muster. Der Tatverdächtige kommt wieder frei. Von der Presse behindert, laufen die polizeilichen Ermittlungen weiter.

429/99 – Martinsfeuer (WDR)

Sendedatum: 05.12.99
Quote: 8,24 Mio./23 % MA
Köln: Ballauf/Schenk
Drehbuch: Günter Schütter
Regie: Nikolaus Stein von Kamienski
Schauspieler: unter anderem Katharina Thalbach, Cosma Shiva Hagen, Natalia Wörner

Ein ermordeter kleiner Junge mit einem auf dem Bauch eingeritzten Zeichen wird in einem Bunker entdeckt. Es gibt Indizien für die Kripo, dass der Mörder beim kommenden Martinsumzug sich ein nächstes Opfer holen wird. Die spielenden Kinder scheinen etwas zu wissen, doch sie schweigen. Schenk verhaftet einen Verdächtigen. Für ihn ist damit der Fall abgeschlossen. Doch dann bestätigt sich das Alibi des Verhafteten. Der Martinsumzug ist schon unterwegs; eine fieberhafte Suche beginnt.

430/99 – Tödliches Labyrinth (SFB)

Sendedatum: 12.12.99
Quote: 6,95 Mio./19 % MA
Berlin: Hellmann/Ritter
Drehbuch: Christian Jeltsch, Fedor Mosnak
Regie: Dieter Berner
Schauspieler: unter anderem Nina Franoszek, Shira Fleisher

Ein junger Hacker ist vom Dach eines Hotels gestürzt. Hat da jemand nachgeholfen, oder ist der junge Mann freiwillig aus seinem Leben geschieden? Zuvor hatte er den Zentralrechner der Verkehrsleitzentrale manipuliert und verursachte damit ein Verkehrschaos auf den Straßen Berlins. Ritters und Hellmanns Ermittlungen werden durch eine Kollegin vom BKA begleitet. Für die beiden besteht bald kein Zweifel mehr: Da soll etwas vertuscht werden.

431/99 – Offene Rechnung (SWR)

Sendedatum: 19.12.99
Quote: 6,29 Mio./18% MA
Ludwigshafen: Kopper/Odenthal
Drehbuch: Norbert Ehry
Regie: Conny Walther
Schauspieler: unter anderem Saskia von Sanden

Nach 10-jähriger Haftstrafe wird Häftling Lischka entlassen. Draußen wartet das versteckte Lösegeld aus einer Kindesentführung auf ihn. Odenthal heftet sich an die Fersen des Entlassenen, um die versteckte Beute zu finden. Es dauert nicht lange, da geschieht ein Mord. Die Familienverhältnisse haben sich während Lischkas Abwesenheit verändert und erschweren die Situation. Die Ehefrau hat einen Geliebten. Lischkas Tochter hat sich in das durch die damalige Entführung gehbehinderte Opfer verliebt.

Das vierte Jahrzehnt

Tatort-Folgen 2000–2010 (432–765)

2000

432/00 – Einsatz in Leipzig (MDR)

Sendedatum: 02. 01. 00
Quote: 8,39 Mio. / 23 % MA
Leipzig: Ehrlicher / Kain
Drehbuch: Fred Breinersdorfer
Regie: Thomas Freundner
Schauspieler: unter anderem Jürgen Heinrich, Roman Knizka, Nadeshda Brennicke

Die Geldräuber scheinen immer dieselben zu sein, die in Leipzig regelmäßig Banken ausrauben. Sie konnten bislang nicht gefasst werden. Gibt es einen Maulwurf bei der Polizei? Bei einem Banküberfall wird eine Polizistin erschossen. Die Dresdner Kommissare Ehrlicher und Kain übernehmen den Fall. Ehrlicher lernt eine Augenzeugin des letzten Bankraubes kennen, die auf eine Spur zu einer Villa und einem Paar weist. Dort scheint es ihm nicht mit rechten Dingen zuzugehen.

433/00 – Blaues Blut (NDR)

Sendedatum: 09. 01. 00
Quote: 9,43 Mio. / 25 % MA
Hamburg: Brockmöller / Stoever
Drehbuch: Raimund Weber
Regie: Helmut Förnbacher
Musik: Klaus Doldinger
Schauspieler: unter anderem Inge Meysel, Siemen Rühaak, Ferdinand Dux, Rudolph Moshammer, Kai Maertens, Edda Leesch

Eine TV-Journalistin wird ermordet. Als Stoever und Brockmöller erfahren, dass die Tote schwanger war, nehmen sie das private Umfeld des Opfers besonders genau unter die Lupe. Die verheiratete Frau hatte offensichtlich einen Geliebten in Adelskreisen. Hier war sie nicht besonders willkommen. Ein Titelhändler (Rudolph Moshammer) gibt den Kommissaren, die sich in einem Labyrinth von Intrigen und Eifersucht bewegen, aufschlussreiche Informationen. Ein außergewöhnlicher Fall erfordert außergewöhnliche Maßnahmen, um den Mörder zu fassen.

434/00 – Nach eigenen Gesetzen (HR)

Sendedatum: 16.01.00
Quote: 7,51 Mio./20 % MA
Frankfurt: Brinkmann
Drehbuch: Bodo Kirchhoff
Regie: Josef Rödl
Schauspieler: unter anderem Gudrun Landgrebe, Saskia Vester, Hans-Jörg Assmann

Es bleibt nicht bei einem Mord. Der Täter geht jedes Mal nach gleichem Muster vor. Erst wird das Opfer betäubt, dann werden ihm die Pulsadern aufgeschnitten. Zwei Namen aus dem Terminkalender eines ermordeten Privatdetektivs führen zu einem dubiosen Unternehmer, der mit Waffen handelt, und zu einem Chirurgen der Universitätsklinik. Brinkmanns Ermittlungen werden von einer Hospitantin (Gudrun Landgrebe) begleitet, die als Geisel in eine bedrohliche Situation gerät.

435/00 – Der Millenniumsmörder (ORF)

Sendedatum: 30.01.00
Quote: 7,67 Mio./20 % MA
Wien: Eisner
Drehbuch: Peter Moser
Regie: Thomas Roth
Schauspieler: unter anderem Loretta Pflaum, Michael Schottenberg, Georg Seberg

Das Fahrzeug ist komplett ausgebrannt und mit ihm ist der Fahrer, ein Ladenbesitzer aus dem Rotlichtmilieu, verbrannt. Um das Fahrzeug wurde ein esoterisches Zeichen gemalt. Es tauchen weitere Indizien auf, die Hinweise auf die Tat eines Psychopathen geben. Er beabsichtigt weitere Taten mit dem Symbol zu signieren. Will der »Verrückte« tatsächlich ganz allgemein gegen »das Böse« kämpfen, oder will er damit nur von seinen Motiven und seiner Spur ablenken?

436/00 – Blüten aus Werder (SFB)

Sendedatum: 13.02.00
Quote: 5,90 Mio./16% MA
Berlin: Hellmann/Ritter
Drehbuch: Andreas Pflüger
Regie: Pete Ariel
Schauspieler: unter anderem Hans Peter Korff, Katrin Saß, Oliver Hasenfratz

Hellmann wird Zeuge einer gewalttätigen Attacke von Skins auf ein dunkelhäutiges Mädchen. Ein Mann, der helfend eingreifen wollte, kommt ums Leben. Hellmann wird zusammengeschlagen. Hinter dem Überfall steckt eine massive Drohung. Der Vater des Mädchens, der in leitender Position im Rechenzentrum der Stadtwerke arbeitet, wird erpresst. Er soll die Stromversorgung sabotieren, um Gangstern einen raffinierten Coup zu ermöglichen. Der Druck auf den Vater wird weiter erhöht.

437/00 – Bittere Mandeln (WDR)

Sendedatum: 05.03.00
Quote: 7,88 Mio./22% MA
Köln: Ballauf/Schenk
Drehbuch: Karl-Heinz Käfer
Regie: Kaspar Heidelbach
Schauspieler: unter anderem Ilse Werner

Ein älterer wohlhabender Mann starb durch eine Zyankali-Vergiftung. Er hinterlässt eine Geliebte und eine von ihm getrennt lebende Ehefrau. Es ist nicht eindeutig, ob der kranke Mann sein Leben selbst beendet hat, oder ob es von einer anderen Person beendet wurde. Woher kam das Zyankali? Ein Krankenpfleger gibt zu, die Adresse des sterbewilligen Kranken an einen Unbekannten verkauft zu haben. Schenk hat eine seltsame, nicht ungefährliche Idee. Seine Großmutter soll eine Bestellung aufgeben.

438/00 – Viktualienmarkt (BR)
Sendedatum: 12.03.00
Quote: 9,97 Mio. / 27 % MA
München: Batic / Leitmayr
Drehbuch: Ingmar Gregorzewski
Regie: Berthold Mittermayr
Schauspieler: unter anderem Sissy Höfferer, Carin C. Tietze, Erich Hallhuber, Gerd Fitz, Michael Degen

Der Münchner Viktualienmarkt und die Eigentümerfamilie eines Obst- und Gemüsestandes rücken ins Zentrum polizeilicher Ermittlungen. Bei Bauarbeiten außerhalb Münchens wurde ein menschliches Skelett gefunden. Gerüchte und »Kommissar Zufall« führen Batic, Leitmayr und Menzinger weit zurück in die schattenwerfende Vergangenheit der Händlerfamilie, die auch den Sohn Andi betrifft. Ein tragischer Leichtsinn aus Jugendtagen kommt mit dem ausgegrabenen Skelett ans Tagslicht.

439/00 – Bienzle und der Mann im Dunkeln (SWR)
Sendedatum: 26.03.00
Stuttgart: Bienzle
Drehbuch: Martina Brand, Felix Huby
Regie: Dieter Schlotterbeck
Schauspieler: unter anderem Christian Berkel, Walter Kreye

Die Tochter eines Fabrikanten wird entführt. Dabei hat der Entführer die Schwester der Ehefrau getötet. Der Vater des 16-jährigen Mädchens verschweigt der Polizei, dass der Entführer von seinen illegalen Geschäften weiß und ihn damit erpresst. Er soll erneut

Teile für die Produktion von Waffen in ein Krisengebiet liefern. Doch die Bereitstellung des Materials erfordert Zeit. Der Unternehmer erschwert die Polizeifahndung, seine Tochter bringt er damit in Lebensgefahr.

440/00 – Kalte Herzen (SWR)
Sendedatum: 02.04.00
Quote: 8,37 Mio./24 % MA
Ludwigshafen: Kopper/Odenthal
Drehbuch: Thomas Bohn
Regie: Thomas Bohn
Musik: »Imagination« von Shinequa/Tarsis
Schauspieler: unter anderem Max Tidof, Gila von Weitershausen, Diego Wallraff, Ottfried Fischer, Giulia Siegel

Ein amerikanisches Topmodel wird in Ludwigshafen nach einem Fotoshooting umgebracht. Der Ehemann, ein Hollywood-Star, reist aus den USA an. Der Fotograf ist seit der Tat verschwunden, nach Amerika zurückgereist. Doch vorher hat er in der Pathologie Fotos von der Toten gemacht. Die Kripo erhält Amtshilfe aus den USA. Nachdem der Ehemann und seine Begleitung wieder zurückgereist sind, fliegt Odenthal ihnen in die USA nach. Dort wartet schon das nächste Mordopfer: der Privatsekretär des Ehemannes.

441/00 – Chaos (RB/SF)
Sendedatum: 09.04.00
Quote: 7,24 Mio./21 % MA
Bern: von Burg
Drehbuch: Bettina Wilhelm, Jane Corbett
Regie: Christof Schertenleib
Schauspieler: unter anderem Katja Studt

Nach Meinung des verdächtigen Mathematik-Professors bestimmt nun die Chaostheorie sein Leben: Drei Frauen aus seinem Umfeld wurden ermordet. Eine seiner Studentinnen wurde vergiftet, seine Ehefrau saß makabererweise tot im Geschirrspüler, nach einem

Abendessen mit ihm lag die Sekretärin tot im Fluss. Spät erkennen die Ermittler, dass sie sich mit der Verhaftung des Professors auf falscher Fährte bewegen. Eine weitere Frau gerät in Gefahr.

442/00 – Tödliches Verlangen (MDR)
Sendedatum: 24.04.00
Quote: 6,75 Mio./19% MA
Leipzig: Ehrlicher/Kain
Drehbuch: Fred Breinersdorfer
Regie: Miko Zeuschner
Schauspieler: unter anderem Barbara-Magdalena Ahren, Jenny Deimling

Die Studentin Sabrina, die als Stripperin arbeitete, wird tot aus einem See geborgen. Ehrlicher und Kain verhaften einen Bekannten der Toten, der wegen Betrugs gesucht wird und in dessen Wohnung Sabrina offensichtlich mit einem Kaminbesteck erschlagen wurde. Wenig später kommt der Tatverdächtige auf Kaution – hinterlegt von seiner wohlhabenden Geliebten – wieder frei. Auch die Tochter seiner Freundin scheint in den Verdächtigen verliebt zu sein. Sie kannte die Studentin.

443/00 – Der schwarze Ritter (SWR)
Sendedatum: 21.05.00
Quote: 7,00 Mio./21% MA
Ludwigshafen: Kopper/Odenthal
Drehbuch: Dorothee Schön
Regie: Didi Danquart
Schauspieler: unter anderem Peter Lohmeyer, Eva Mattes

Ein Verbrechen ohne Spuren, so ist Odenthals erster Eindruck am Tatort im »Lunapark«, wo der Star der Ritterspiele tot aufgefunden wird. Die Mitarbeiter und Artisten des Freizeit- und Vergnügungsparks sind nur wenig an der Aufklärung des Mordes interessiert. Kopper lässt sich als Tierpfleger undercover einstellen. Schließlich gelingt es dem Kommissar-Duo, die gutvertuschte Spur zu entdecken.

444/00 – Rattenlinie (NDR)
Sendedatum: 28.05.00
Quote: 9,13 Mio./27% MA
Hamburg: Brockmöller/Stöver
Drehbuch: Raimund Weber
Regie: Helmut Förnbacher
Musik: Klaus Doldinger
Schauspieler: unter anderem Dirk Martens, Rolf Illig, Alexander May, Walter Kreye

Der Mord an einem alten Mann auf einem Autobahnparkplatz führt die Hamburger Kommissare in ein niedersächsisches Kloster. Dort arbeitete das Opfer als Tierpfleger. Wem war der als unbequem geltende Einzelgänger lästig? Der Abt hatte Streit mit ihm über den beabsichtigten Verkauf des Klosterberges. Stoever zieht undercover als »Bruder Paul« ins Kloster. »Brocki« ermittelt offiziell. Sie entdecken neben gefälschten Kunstwerken ein Geheimnis, mit dessen Lüftung die Aufklärung des Falles eine überraschende Wendung nimmt.

445/00 – Von Bullen und Bären (SFB)
Sendedatum: 04.06.00
Quote: 6,81 Mio./23% MA
Berlin: Hellmann/Ritter
Drehbuch: Pim Richter
Regie: Thomas Freundner
Schauspieler: unter anderem Rolf Illig, Laura Tonke, Jürgen Tonkel

Ein Taxifahrer wird ermordet. Es ist kein gewöhnlicher Taxlermord. Der Fahrer sollte wichtige Unterlagen zu einer Firma bringen, die nach Aussagen eines Wirtschaftsjournalisten, eine große Zukunft, vor allem an der Börse, vor sich hat. Bei ihren Ermittlungen stoßen Ritter und Hellmann zunächst auf riskante Spekulationsgeschäfte der Firmenchefin und auf eine Intrige in der Unternehmerfamilie, zu der auch der Börsenjournalist gehört. Die Unterlagen tauchen wieder auf und der ermordete Taxifahrer war mehr als nur ein Bote …

446/00 – Das letzte Rodeo (SFB)
Sendedatum: 09.07.00
Quote: 7,62 Mio./23 % MA
Berlin: Ritter/Hellmann
Drehbuch: Thomas Wittenburg, Horst Freund
Regie: Pete Ariel
Schauspieler: unter anderem Wolfram Teufel, Eleonore Weisgerber

Robin Hood ist scheinbar aus den englischen Wäldern nach Berlin gezogen. Mysteriöse Überfälle nach immer gleichem Muster erregen großes Aufsehen. Die Überfallenen sind in erster Linie Dealer und Zuhälter, sie werden gefesselt und ausgeraubt. Die Polizei wird informiert, das gestohlene Geld für einen wohltätigen Zweck gespendet. Die Täter bezeichnen sich selbst als »die Prügelknaben«.

447/00 – Trittbrettfahrer (WDR)
Sendedatum: 16.07.00
Quote: 6,98 Mio./23 % MA
Köln: Ballauf/Schenk
Drehbuch: Markus Fischer, Idee: Peter Zingler
Regie: Markus Fischer
Schauspieler: unter anderem Christian Tasche

Eine traditionsreiche Brauerei wird erpresst. Der Firmenchef will zahlen, doch der Sohn schaltet die Polizei ein. Zur vereinbarten Geldübergabe wird der Seniorchef verkabelt. Der Junior steckt ihm heimlich eine Waffe zu. Bei der Geldübergabe zieht er die Waffe und wird vom Erpresser erschossen. Nun hat der junge Firmenchef freie Hand. Für die beiden Kommissare ist er durchaus verdächtig, aber auch seine Geliebte hat offenbar Geheimnisse.

448/00 – Passion (ORF)
Sendedatum: 30.07.00
Quote: 6,71 Mio./22 % MA
Wien: Eisner
Drehbuch: Felix Mitterer

Regie: Ilse Hofmann
Schauspieler: unter anderem Dietmar Schönherr, Reinhard Simonischek, Fritz von Friedl, Nina Proll

In einem idyllischen Bergdorf geschah ein Mord. Der Jesus-Laiendarsteller der Passionsspiele, Sohn des Bürgermeisters, wurde ans Kreuz genagelt. Eigentlich will Kommissar Eisner im Ort nur seinen Urlaub machen. Doch nun hilft er seiner Kollegin bei der Aufklärung des Falles. Während der Ermittlungen stoßen die beiden Kommissare auf weitere ungeklärte, rätselhafte Morde. Eisner gerät in eine lebensgefährliche, scheinbar ausweglose Situation.

449/00 – Direkt ins Herz (WDR)

Sendedatum: 06.08.00
Quote: 8,20 Mio. / 27 % MA
Köln: Ballauf / Schenk
Drehbuch: Wolfgang Panzer
Regie: Wolfgang Panzer
Schauspieler: unter anderem Anja Kling, Bernd Tauber, Gerd Lohmeyer, Martin Lüttge

Zwei erfolgreiche Geschäftsmänner werden nacheinander innerhalb kurzer Zeit durch gezielten Herzschuss aus großer Entfernung umgebracht. Schenk erinnert sich an einen abgeschlossenen Fall, bei dem ein Täter mit derartigem Gewehr und Schießfertigkeit verurteilt wurde. Er gehörte zu einer Gang, die einen Geldtransport überfallen hatte, bei dem ein Wachmann getötet wurde. Die damals Verurteilten stritten die Tatbeteiligung vehement ab. Die Beute wurde nie gefunden.

450/00 – Die Möwe (SR)

Sendedatum: 13.08.00
Quote: 4,93 Mio. / 19 % MA
Saarbrücken: Palu
Drehbuch: Erhard Schmied

Regie: Hans Noever
Schauspieler: unter anderem Pierre Besson, Karin Baal, Martin Feifel, Anna Thalbach, Holger Handtke, Tilo Prückner

Der Mord an einem Matrosen führt Palu und seine Kollegen ins Drogenmilieu, zu Dealern und zu Binnenschiffern mit finanziellen Schwierigkeiten. Auf dem Frachter »Möwe«, auf dem der Tote zuletzt angeheuert hatte, werden Spuren von Rauschgift gefunden. Auch der Schiffseigner und sein Sohn geraten unter Verdacht, hatte es doch einen heftigen Streit mit dem Matrosen gegeben.

451/00 – Der Trippler (SFB)
Sendedatum: 20.08.00
Quote: 8,42 Mio./29% MA
Berlin: Hellmann/Ritter
Drehbuch: Danuta Harrich-Zandberg, Norbert Sütsch
Regie: Michael Lähn
Schauspieler: unter anderem Katharina Schüttler, Axel Milberg

Ein kleines Mädchen wird erdrosselt im Keller des Wohnhauses entdeckt. Ein Sexualdelikt liegt nicht vor. Ritters und Hellmanns Suche nach dem Tatmotiv führt zu einem älteren eigensinnigen Herrn, der als Sonderling mit einem merkwürdigen Trippel-Gang von den Nachbarn argwöhnisch betrachtet wird. Aber dieser macht sich nicht nur allein verdächtig. Der Vater des toten Mädchens begibt sich selbst auf Mördersuche.

452/00 – Die kleine Zeugin (SWR)
Sendedatum: 27.08.00
Quote: 8,04 Mio./26% MA
Ludwigshafen: Kopper/Odenthal
Drehbuch: Harald Göckeritz
Regie: Miguel Alexandre
Schauspieler: unter anderem Hans-Günter Martens, Katja Riemann, Oliver Stokowski, Daniel Brühl, Ulrich Pleitgen

In einer Tiefgarage wird das Straßenkind Tanja Zeugin eines Mordes. Das Mädchen verschwindet, bevor die Polizei kommt. Odenthal gelingt es, Tanja zu finden. Sie nimmt die verschwiegene Zeugin bei sich auf und versucht, ihr Vertrauen zu gewinnen. Doch das Mädchen taucht wieder unter. Die Ermittlungen im Tiefgaragenmord führen zu einer dubiosen Immobilienfirma, die Grundstücksgeschäfte betreibt. Odenthal weiß, dass Tanja in Lebensgefahr ist, sie wird bereits auch vom Täter gesucht.

453/00 – Kleine Diebe (BR)

Sendedatum:	03.09.00
Quote:	8,83 Mio./28 % MA
München:	Batic/Leitmayr
Drehbuch:	Harald Göckeritz
Regie:	Vivian Naefe
Schauspieler:	unter anderem Marco-Oliver Bretscher, Caroline Schreiber

Niemand scheint den kleinen Jungen mit dem Punker-Outfit und blond gefärbten Haaren zu vermissen, dessen Leiche auf einer Müllkippe gefunden wird. Batic und Leitmayr stehen vor einem Rätsel. Die Ludwigshafener Kollegin Odenthal besucht in München ein Fußballspiel. Vor dem Stadion kann sie einen Jungen, der sie beklauen will, festhalten. Dieser hat blond gefärbte Haare wie der tote Junge. Damit eröffnet sich für die Münchner Kommissare eine entscheidende Spur. Sie führt zu einer Kinderbande, die auf internationaler Ebene von erwachsenen Drahtziehern angeführt wird.

454/00 – Mord am Fluss (HR)

Sendedatum:	10.09.00
Quote:	8,42 Mio./27 % MA
Frankfurt:	Brinkmann
Drehbuch:	Klaus Gietinger
Regie:	Klaus Gietinger
Schauspieler:	unter anderem Jany Tempel, Cornelia Froboess, Lukas Ammann, Edda Leesch, Christel Niederstenschee

Die Wasserschutzpolizei birgt die Leiche eines jungen Mannes. Bei der Obduktion stellt sich heraus, dass der Tote mit Schwermetallen vergiftet war. Die Mutter des Toten wird bedroht. Spuren führen Brinkmann und seine Kollegen ins Geschäft des illegalen Schrotthandels, zu einem Firmeninhaber, der schon einmal für Schlagzeilen gesorgt hatte. Nachdem auch ein Polizist ermordet wurde, führen die Ermittlungen auch in die bestechlichen Reihen der Polizei. Eine spektakuläre Verfolgungsjagd auf dem Main endet mit einem riesigen Feuerwerk.

455/00 – Mauer des Schweigens (HR)

Sendedatum:	24.09.00
Quote:	6,02 Mio./17 % MA
Frankfurt:	Brinkmann
Drehbuch:	Sylvia Hoffman
Regie:	Sylvia Hoffman
Schauspieler:	unter anderem Günter Waidacher, Marie-Lou Sellem, Helmut Zierl, Ilja Richter, Dieter Kirchlechner, Monica Bleibtreu

Der erschossene Banker lebte von seiner Ehefrau getrennt in einer neuen homosexuellen Partnerschaft mit einem ebenfalls noch verheirateten Familienvater. Brinkmann muss zahlreiche Verdächtige befragen. Eine Spur führt zu dem Ex-Geliebten des Toten, der eine Kneipe besitzt und eine heftige Auseinandersetzung mit ihm hatte. Aber auch die Ehefrau des Toten bewegt sich im Kreis der Verdächtigen. Sie hat einen guten Freund und kein Alibi für die Tatzeit.

456/00 – Der schwarze Skorpion (NDR)

Sendedatum:	15.10.00
Quote:	7,71 Mio./21 % MA
Hamburg:	Brockmöller/Stoever
Drehbuch:	Felix Huby, Matthias Schultheiss
Regie:	Helmut Förnbacher
Musik:	Klaus Doldinger
Schauspieler:	unter anderem Kurt Hart, Andrea Sawatzki, Karl Knaup

Es sieht aus wie ein Arbeitsunfall, doch es stellt sich als Mord heraus. In seinem Forschungslabor kam ein Wissenschaftler, der mit Skorpiongift an einer alles revolutionierenden Rezeptur gegen Hautalterung arbeitete, ums Leben. Er wurde durch ein seltenes Gift, das es nur im Spinnenhaus des Zoos gibt, getötet. Stoever und Brockmöller finden einen Tierpfleger, der sich auch um die Tiere des Professors kümmerte. Seine Forschungen hielt der Tote stets streng unter Verschluss.

457/00 – Einmal täglich (BR)

Sendedatum:	06.10.00
Quote:	10,07 Mio./29 % MA
München:	Batic/Leitmayr
Drehbuch:	Markus Stromiedel
Regie:	Peter Fratzscher
Schauspieler:	unter anderem Dennis Grabosch, Iris Böhm, Karl Moik

Der männliche Star einer Daily Soap »Total das Leben« wird in den Studiokulissen ermordet aufgefunden. Ist der Mörder im Team? Leitmayr und Batic schauen hinter die Kulissen der vom Kommerz bestimmten Film- und Fernsehwelt. Dort begegnen ihnen Intrigen, Lügen, Neid und Ehrgeiz. Der Gerichtsmediziner findet Asphaltpartikel am Toten. Der Fundort kann nicht der Tatort sein. Der Frauenschwarm wurde mit großer Wucht von einem stumpfen Gegenstand erschlagen.

458/00 – Quartett in Leipzig (MDR)

Sendedatum:	26.11.00
Quote:	9,90 Mio./26 % MA
Leipzig/Köln:	Ehrlicher/Kain; Ballauf/Schenk
Drehbuch:	Hans-Werner Honert, Fred Breinersdorfer
Regie:	Kaspar Heidelbach
Schauspieler:	unter anderem Vadim Glowna, Theresa Hübchen, Dirk Martens

Zwei Morde erfordern die Zusammenarbeit der Kölner und der Leipziger Kommissare. In Leipzig wird ein »alter Herr« einer Burschenschaft erschlagen aufgefunden. In Köln wird am Hauptbahnhof die Leiche eines »alten Herrn« der gleichen Burschenschaft im Intercity aus Leipzig entdeckt. Spuren weisen zum Burschenhaus in Leipzig, zum Vorsitzenden der Burschenschaft, einem anerkannten Lungenspezialisten.

459/00 – Bienzle und das Doppelspiel (SWR)
Sendedatum: 10.12.00
Stuttgart: Bienzle
Drehbuch: Felix Huby, Joseph Nelson
Regie: Hartmut Griesmayr
Schauspieler: unter anderem Günther Maria Halmer, Franziska Walser

Der Mord an einer Journalistin, die über einen bekannten Gewerkschafter eine Enthüllungsstory veröffentlichen wollte, kann das Bekanntwerden seiner Bestechlichkeit nicht mehr verhindern. Er verliert seinen Posten mitten in einem Arbeitskampf und steht unter Mordverdacht. Doch gibt der Gewerkschafter seinen Kampf noch nicht verloren. Als die Ehefrau des Verdächtigen vom Verhältnis zur Journalistin erfährt, zieht sie ihr Alibi für ihren Mann zurück.

460/00 – Die Frau im Zug (WDR)
Sendedatum: 17.12.00
Quote: 7,73 Mio./21 % MA
Köln: Ballauf/Schenk
Drehbuch: Martin Gies
Regie: Axel Götz
Schauspieler: unter anderem Paul Faßnacht, Christian Tasche

Schenk hat in Notwehr einen russischen Mafiaboss erschossen. Er soll sich einen Urlaub gönnen. Im Zug wird er von einer gehbehinderten jungen Frau gebeten, beim Halt im nächsten Bahnhof für sie eine Tasche aus dem Schließfach zu holen. Als er mit der Tasche zurückkommt, ist die Frau verschwunden. Schenk wird jedoch von der Drogenfahndung empfangen. Die Geschichte, die er erlebt hat, glaubt ihm niemand. Doch es kommt noch schlimmer: In seiner Wohnung werden Bargeld und Drogen gefunden.

2001

461/01 – Tod vor Scharhörn (NDR)

Sendedatum:	07.01.01
Quote:	9,50 Mio./25 % MA
Hamburg:	Brockmöller/Stoever
Drehbuch:	Raimund Weber
Regie:	Jürgen Bretzinger
Musik:	Klaus Doldinger
Schauspieler:	unter anderem Anne Bennent, Hans Peter Hallwachs, Ulrich Gebauer, Horst Krause, Anna Thalbach

In ihrem letzten Fall ermitteln Stoever und Brockmöller auf der Nordsee. Sie müssen den Mord an einem pensionierten Kollegen aufklären. Die jüngere Ehefrau nimmt die Todesnachricht gefasst auf. Die letzten Fälle des Toten werden überprüft. Der Schwager, technischer Direktor einer Klinik, hätte ein Motiv. Ein dunkelhäutiger Junge hält sich in den Dünen versteckt. Was wollte der Kollege auf der Vogelinsel Scharhörn? Spielte der zur See fahrende Stiefsohn eine Rolle? Einzelne Puzzlesteine setzen sich schließlich zu einem Flüchtlingsdrama zusammen.

462/01 – Nichts mehr im Griff (ORF)

Sendedatum:	28.01.01
Quote:	7,16 Mio./20 % MA
Wien:	Eisner
Drehbuch:	Peter Zingler
Regie:	Walter Bannert
Schauspieler:	unter anderem Katharina Böhm

Während der Ausstellung von Aquarellen des berühmten österreichischen Malers Egon Schiele entwickelt sich ein Skandal. Erbansprüche auf einige Gemälde, Diebstahl sowie ein toter Wachmann erfordern den Einsatz von Chefinspektor Eisner und seinem Team. Sie werden mit Intrigen und Machenschaften aus unrühmlicher Vergangenheit konfrontiert. Drahtzieher im Hintergrund des Geschehens scheinen nervös zu werden.

463/01 – Mördergrube (WDR)

Sendedatum: 25.02.01
Quote: 8,89 Mio./25 % MA
Köln: Ballauf/Schenk
Drehbuch: Robert Schwentke
Regie: Christine Balthasar
Musik: Johannes Kobilke
Schauspieler: unter anderem Christian Tasche, Helga Poche, Oliver Bokelberg

Eine Studentin wird vor der Universität erschossen. Ballauf und Schenk vermuten eine Eifersuchtstat und finden auch Verdächtige: den jähzornigen Ex-Verlobten und einen verheirateten Dozenten, der ein Verhältnis mit der Studentin hatte. Ein Jurastudent taucht mit interessanten Theorien auf, hat aber selbst kein persönliches Tatmotiv. Plötzlich wird Ballaufs Vater mit der gleichen Tatwaffe erschossen. Beide Ermittler sind sich einig, dass dies eine an sie gerichtete Provokation ist.

464/01 – Ein mörderisches Märchen (BR)

Sendedatum: 04.03.01
Quote: 8,18 Mio./22 % MA
München: Batic/Leitmayr
Drehbuch: Daniel Martin Eckhart
Regie: Manuel Siebenmann
Schauspieler: unter anderem Hilmar Thate, Ellen Schwiers

Eine männliche, in einer Holzkiste vergrabene Leiche wird entdeckt. Die Indizien führen zu einem schnell geständigen Schreiner, der bei vielen Kindern in der Nachbarschaft als Märchenerzähler beliebt ist. Dieser redet wirr mit Versatzstücken aus Grimms Märchen. Er gibt der Kripo neue Rätsel auf. Dann wird noch eine männliche Leiche gefunden. Der Verhaftete gesteht, ein kleines vermisstes Mädchen in seiner Gewalt zu haben. Die fieberhafte Suche nach dem Versteck beginnt. Leitmayr und Batic lüften ein weiteres Geheimnis.

465/01 – Trübe Wasser (MDR)

Sendedatum:	11.03.01
Quote:	9,10 Mio./26 % MA
Leipzig:	Ehrlicher/Kain
Drehbuch:	Horst Freund
Regie:	Thomas Freundner
Schauspieler:	unter anderem Götz Schubert, Wanja Mues, Die Prinzen

Ein Mann kehrt nach längerer Abwesenheit in seine Heimatstadt Leipzig zurück. Dort wird er am Ufer der Elster erschlagen. Kain und Ehrlicher stoßen im Bekanntenkreis des Toten auf eine Rudergemeinschaft. Der vierte Mann des einst erfolgreichen Vierers ist seit der Wendezeit verschwunden. Er soll seine schwangere Frau zurückgelassen haben und nach Amerika ausgewandert sein. Bei ihrer Suche nach Beweisen machen die Kommissare am Fluss eine weitere grausige Entdeckung.

466/01 – Berliner Bärchen (SFB)

Sendedatum:	25.03.01
Quote:	7,40 Mio./21 % MA
Berlin:	Ritter/Stark
Drehbuch:	Andreas Pflüger/Pim Richter
Regie:	Detlef Röhnfeldt
Schauspieler:	unter anderem Dana Vavrova, Alexander Radszun

Der erste gemeinsam zu lösende Fall führt Ritter und Stark ins Milieu illegal eingereister und arbeitender Polen, denen in der polnischen Kirchengemeinde Berlins Schutz gewährt wird. Sie müssen einem oder mehreren Tätern auf die Spur kommen, die für den Mord an einem Kunstliebhaber verantwortlich sind. Dabei entdecken sie, wie auf perfide Art und Weise polnische Putzfrauen zu Handwerkszeugen brutaler Gangster gemacht werden.

467/01 – Unschuldig (HR)

Sendedatum: 16. 04. 01
Quote: 6,89 Mio. / 20 % MA
Frankfurt: Brinkmann
Drehbuch: Klaus Gietinger
Regie: Klaus Gietinger
Schauspieler: unter anderem Jany Tempel, Martin May, Gila von Weitershausen, Christel Niederstenschee

Der Fall scheint für Kommissar Brinkmann und seinen Vorgesetzten schnell aufgeklärt. Für den Mord an einem Chefarzt einer Privatklinik kommt nur die Geliebte und Alleinerbin in Frage. Erst als diese vehement und fast verzweifelt ihre Unschuld weiterhin beteuert, kommen Brinkmann Zweifel. Er recherchiert auf eigene Faust und gegen den Willen seines Chefs weiter. Die Ehefrau und ein Anlageberater verhalten sich verdächtig.

468/01 – Der Präsident (SWR)

Sendedatum: 22. 04. 01
Quote: 8,16 Mio. / 23 % MA
Ludwigshafen: Kopper / Odenthal
Drehbuch: Thomas Bohn
Regie: Thomas Bohn
Schauspieler: unter anderem Michael Mendl, Annett Renneberg, Jürgen Schornagel, Gila von Weitershausen

Selbst Odenthal und Kopper sind fassungslos: Ein Familienvater tötete seine drei Kinder, Ehefrau und dann sich selbst. Nach der Pressekonferenz zu der Familientragödie überschlägt sich nachts der Wagen des Polizeipräsidenten an einer Baustelle. Der Präsident ist tot. Der Wagen wurde manipuliert. Viel zu schnell wird nach Lenas Auffassung die Nachfolge im Amt bestimmt. Das BKA reißt die Ermittlungen an sich, doch auch Lena ist sehr an der Aufklärung des Todes ihres Mentors interessiert.

469/01 – Bienzle und der heimliche Zeuge (SWR)

Sendedatum: 06.05.01
Stuttgart: Bienzle
Drehbuch: Felix Huby
Regie: Arend Agthe
Schauspieler: unter anderem Helmut Zierl

Um seinem verschuldeten Vater zu helfen, bedient sich der Sohn Christian an der Chorkasse des Stuttgarter Knabenchors, bei dem er singt. Ihm gelingt es nicht mehr, das Büro mit dem entwendeten Geld ungesehen zu verlassen. Er muss sich verstecken und wird ungewollt Zeuge, wie jemand die Chormanagerin mit einem Brieföffner ersticht. Außer den Schuhen des Mörders kann der Junge allerdings nichts sehen. Als der Vater unter Tatverdacht gerät, muss sich der Sohn jemandem anvertrauen.

470/01 – Gute Freunde (SWR)

Sendedatum: 13.05.01
Quote: 6,19 Mio./23 % MA
Ludwigshafen: Kopper/Odenthal
Drehbuch: Harald Göckeritz
Regie: Martin Gies
Schauspieler: unter anderem Bernadette Heerwagen, Jörg Schüttauf

Schon länger haben sich die Freunde aus den Augen verloren. Während der eine gescheitert ist, wurde der andere ein bekannter TV-Talkmaster. Den noch unaufgeklärten Mord an seinem ehemaligen Freund nimmt der renommierte Fernsehmann nur am Rande wahr. Erst als ein Unbekannter ihn plötzlich zu erpressen versucht, muss er sich zwangsläufig einem schwerwiegenden Geheimnis aus seiner Vergangenheit stellen.

471/01 – Totenmesse (MDR)

Sendedatum:	20.05.01
Quote:	7,43 Mio. / 25 % MA
Leipzig:	Ehrlicher / Kain
Drehbuch:	Pim Richter / Andreas Pflüger
Regie:	Thomas Freundner
Schauspieler:	unter anderem Annekathrin Bürger, Michéle Marian, Hans Peter Hallwachs

Hängen die Morde an zwei Frauen miteinander zusammen? Die Angestellte eines Architekten, die Geld veruntreut haben soll, wurde vom Balkon herabgestürzt. Neben dem Chef der Toten gerät auch ein Auftraggeber, der dem Architekten einen größeren Auftrag vermittelt hat, unter Verdacht. Denn dieser hat eine heimliche Geliebte, die auch ermordet wird. Nur ein alter Freund und Arbeitskollege wusste von der Affäre. Ein Millionenprojekt, verletzte, betrogene und bezahlte Gefühle bringen die Kommissare auf die Fährte.

472/01 – Kindstod (WDR)

Sendedatum:	17.06.01
Quote:	9,21 Mio. / 29 % MA
Leipzig:	Ballauf / Schenk
Drehbuch:	Edgar von Cossart
Regie:	Claudia Garde
Schauspieler:	unter anderem Anna Thalbach, Tina Engel, Joseph Bausch

Ballauf ist wegen einer Blinddarmentzündung Patient im Krankenhaus. Dort sieht er, wie ein kleines Mädchen schwer misshandelt von einem Mann anonym abgegeben wird. Später stellt sich heraus, dass der anonyme Mann der Vater war. Doch der ist plötzlich verschwunden. Die Mutter des Kindes wird als die Freundin eines kürzlich tot aus dem Rhein geborgenen Mannes identifiziert. Die Kommissare fahnden nach der Mutter. Sie finden schließlich eine überforderte und mit ihrem Leben nicht zurechtkommende Frau.

473/01 – Der lange Arm des Zufalls (SFB)

Sendedatum:	08. 07. 01
Quote:	7,68 Mio. / 25 % MA
Berlin :	Ritter / Stark
Drehbuch:	Lienhard Wawrzyn
Regie:	Ralph Bohn
Schauspieler:	unter anderem Claudia Michelsen, Rainer Strecker

Der Überfall auf einen Geldtransport misslingt. Aber ein Wachmann wird erschossen. Der Täter flieht mit einem in der Nähe geparkten Auto. Dabei übersieht er, dass er unfreiwillig eine Geisel mitnimmt: Ein kleines Mädchen sitzt auf dem Rücksitz des Wagens. Stark und Ritter machen bei ihren Recherchen eine Entdeckung. Die in Trennung lebenden Eltern des entführten Kindes sind auf merkwürdige Art und Weise in den Geldraub verwickelt.

474/01 – Fette Krieger (SWR)

Sendedatum:	15. 07. 01
Quote:	5,44 Mio. / 18 % MA
Ludwigshafen:	Odenthal / Kopper
Drehbuch:	Peter Lennartz, Dominik Reding
Regie:	Dominik Reding
Schauspieler:	unter anderem Sandra Borgmann

Odenthal und Kopper werden zu Ermittlungen in der Rap-Szene und des Musikbusiness gerufen. Bei der Vorstellung der neuen CD von »Fette Krieger« verkündete Mitglied »Fett«, dass er aus dem kommerziell erfolgreichen Duo aussteigen wolle, um mit seinem Bruder neu durchzustarten. Kurz danach stürzt er von einem Dach und stirbt an den Folgen der Verletzungen. Eine Kameraaufzeichnung, die Hinweise auf den Täter geben könnte, ist verschwunden.

475/01 – Böses Blut (ORF)

Sendedatum:	22. 07. 01
Quote:	6,03 Mio. / 24 % MA
Wien:	Eisner

Drehbuch: Felix Mitterer
Regie: Peter Sämann
Schauspieler: unter anderem Birgit Minichmayr

In einem kleinen Tiroler Dorf wird die Haushälterin eines Pfarrers erschlagen. Nach dem ersten Eindruck scheint die Tote einen Einbrecher auf frischer Tat überrascht zu haben. War es ein einfacher Raubmord? Es dauert nicht lange, bis Indizien Moritz Eisner, der seiner Kollegin bei der Aufklärung der Tat hilft, auf eine tiefer gehende Spur bringen. Im Rucksack des Pfarrers findet er etwas, was so gar nicht zum Gepäck eines Geistlichen passen will.

476/01 – Tot bist Du (SFB)
Sendetermin: 05.08.01
Quote: 7,31 Mio./24 % MA
Berlin: Ritter/Stark
Drehbuch: Daniela Mohr
Regie: Diethard Küster
Schauspieler: unter anderem Tom Schilling

Beim Gotcha-Spiel, bei dem mit Farbmunition geschossen wird, kommt ein Jugendlicher ums Leben. Ritter und Stark verfolgen eine erste Spur, die ins Leere führt. Ein ehemaliger Lehrer, dem Verbindungen zur rechtsextremen Szene nachgesagt werden, gerät unter Verdacht. Er ist Initiator des Spieles gewesen. Ein zweiter Junge stirbt. Den Kommissaren eröffnet sich eine weitere Spur, die zum Tatmotiv enttäuschter Liebe und Eifersucht führt.

477/01 – Verhängnisvolle Begierde (MDR)
Sendedatum: 26.08.01
Quote: 6,89 Mio./26 % MA
Leipzig: Ehrlicher/Kain
Drehbuch: Pim Richter
Regie: Michael Lähn
Schauspieler: unter anderem Eleonore Weisgerber, Eva Habermann, Michael Lesch, Tina Ruland

Eine Großfamilie lebt unter einem Dach. Vater, Sohn und Schwiegertochter betreiben gemeinsam ein Baugeschäft, das vom Vater geleitet wird. Bei einem Mordanschlag kommt die Schwiegertochter ums Leben, der Schwiegervater überlebt verletzt. Warum waren die beiden gemeinsam an diesem Ort? Der Sohn hegt einen schweren Verdacht, der sich bewahrheitet. Er konfrontiert damit seinen Vater. Ein Streit zwischen den beiden lässt einen tiefen Konflikt deutlich werden. Kommt der Täter aus der Familie?

478/01 – Du hast keine Chance (SR)

Sendedatum:	02.09.01
Quote:	6,49 Mio./20% MA
Saarbrücken:	Palu
Drehbuch:	Felix Huby
Regie:	Hartmut Griesmayr
Schauspieler:	unter anderem Katharina Schüttler und Dietz-Werner Steck (Kommissar Bienzle) als Gast

Ein kleiner Gast, ein 10-jähriger Junge, ist zu Besuch bei Palu. Eines Tages wird er in den aktuellen Fall des Kommissars hineingezogen. Er wird von einer Frau entführt, die ihren unter Mordverdacht stehenden Freund aus der Haft freipressen will. Während die Beziehung Palus zu seiner Freundin äußerst angespannt ist, beginnt die fieberhafte Suche nach dem Jungen. Palu muss den Mörder finden, um das Kind zu retten.

479/01 – Bienzle und der Todesschrei (SWR)

Sendedatum:	09.09.01
Stuttgart:	Bienzle
Drehbuch:	Hartmut Griesmayr
Regie:	Hartmut Griesmayr
Schauspieler:	unter anderem Sophie von Kessel

Bienzle und Gächter haben es mit einem brutalen Mord zu tun. Sie entdecken einen 19-jährigen Schüler, der an die Bahngleise gekettet von einem Zug überrollt wurde. Auf der Suche nach dem Täter zeichnet sich das Bild der komplexen Persönlichkeit eines Jugendlichen, der eine Affäre mit seiner Lehrerin hatte und Initiator einer Hacker-Gruppe war, die überaus erfolgreich eine Bank abgezockt hat.

480/01 – Havarie (HR)

Sendedatum:	16. 09. 01
Quote:	6,52 Mio. / 20 % MA
Frankfurt:	Brinkmann
Drehbuch:	Sylvia Hoffman
Regie:	Sylvia Hoffman
Schauspieler:	unter anderem Hans Peter Hallwachs, Daniela Ziegler, Manfred Zapatka, Alexander Radzun

Ein Frankfurter Geschäftsmann, der Hilfsgüter in die Dritte Welt exportiert, begeht gemeinsam mit einer französischen Reederei Versicherungsbetrug. Ein alter Freund aus Frankreich meldet sich nach über 20 Jahren wieder. Die Freundschaft der beiden ist vorüber, nicht die Liebe zur Ehefrau des Frankfurter Freundes, die psychisch zerstört in ihrer Villa lebt. Der Frankfurter Geschäftsmann wird mit seinem Golfschläger erschlagen, sein Geschäftsführer stürzt zu Tode. Brinkmanns letzter Fall führt nach Marseille, dort trifft er eine folgenschwere Entscheidung.

481/01 – Zielscheibe (SR)

Sendedatum:	14. 10. 01
Quote:	6,20 Mio. / 18 % MA
Saarbrücken:	Palu
Drehbuch:	Peter Zingler
Regie:	Robert Sigl
Schauspieler:	unter anderem Tayfun Bademsoy, Thomas Koschwitz

Eine bekannte Fernsehmoderatorin wird in ihrem Haus erschossen. Dank ihres medial sehr wirksamen Aufrufes in ihrer Fernsehsendung »Zielscheibe« wurde ein vom Internationalen Gerichtshof in Den Haag wegen Völkermord gesuchter Serbe verhaftet, der kurze

Zeit später wieder fliehen konnte. Eine alle Quoten brechende Medienhetzjagd beginnt, von der Palu unbeirrt seine Spurensuche aufnimmt. Er verhindert Lynchjustiz und überführt den richtigen Täter.

482/01 – Kalte Wut (RB)

Sendedatum:	21.10.01
Quote:	8,18 Mio./23 % MA
Bremen:	Lürsen/von Sachsen
Drehbuch:	Thorsten Näter
Regie:	Thorsten Näter
Schauspieler:	unter anderem Heinrich Schmieder, Uwe Kockisch

Das Freizeitheim für Jugendliche in einem Bremer Stadtteil soll auf Initiative einer Bürgerwehr geschlossen werden. Ein Kampf eskaliert, an dessen Ende viele sehr betroffen sind: Bei einem dramatischen Autounfall kommen drei Jugendliche ums Leben, ein vierter überlebt. Der Unfallverursacher wird nicht ermittelt. Nur durch Zufall werden Lürsen und ihr Kollege von Sachsen auf diesen Unfall aufmerksam. Sie werden misstrauisch und stellen fest, dass etwas vertuscht wurde.

483/01 – Exil (NDR)

Sendedatum:	28.10.01
Quote:	9,24 Mio./26 % MA
Hamburg:	Casstorff/Holicek
Drehbuch:	Felix Huby, Chris Brohm
Regie:	Thomas Bohn
Schauspieler:	unter anderem Fjodor Olev, Nina Petri

Casstorffs erster Fall. Der ehemalige Chefingenieur einer Hamburger Reederei wird erstochen aus der Elbe gezogen. Er sollte eine Aussage beim Seeamt machen. Während einer Schiffsfahrt von Afrika nach Hamburg kamen drei blinde Passagiere durch einen tragischen Unfall ums Leben. Als Casstorff in Erfahrung bringt, dass es sich um politische Flüchtlinge handelt, glaubt er nicht mehr an einen Unfall. Es geschieht ein weiterer Mord.

484/01 – Im freien Fall (BR)

Sendedatum: 04.11.01
Quote: 7,77 Mio. / 22 % MA
München: Batic / Leitmayr
Drehbuch: Alexander Adolph
Regie: Jobst Oetzmann
Schauspieler: unter anderem Nikolaus Paryla, Andreas Hoppe

Selbstmord schließt Kommissar Batic aus. Wer hat den Kunstexperten, der vor einem Wohnhaus tot auf dem Pflaster liegt, aus großer Höhe hinuntergestürzt? Leitmayr lernt bei der Tatortbesichtigung eine Malerin kennen und verliebt sich in sie. Das Interesse am aktuellen Fall ist verschwunden, bis er ein Telefonat seiner Freundin belauscht. Die Frau kannte den Toten. Leitmayr weiht den Kollegen Batic in seinen Verdacht ein.

485/01 – Eine unscheinbare Frau (RB)

Sendetermin: 11.11.01
Quote: 7,03 Mio. / 20 % MA
Bremen: Lürsen / Stedefreund
Drehbuch: Jochen Greve
Regie: Martin Gies
Schauspieler: unter anderem Camilla Renschke, Hubert Mulzer, Henry Hübchen

Eine Frau, bekannt als immer hilfsbereit und freundlich die Anweisungen ihrer Vorgesetzten zu empfangen und scheinbar ohne Belastungsgrenzen, befreit sich eines Tages aus ihren Fesseln. Sie erschießt in Notwehr einen Mann. Danach beschließt sie, sich an ihrem langjährigen Liebhaber, der sie verlassen hat, zu rächen. Sie entführt ihn. Nur langsam nähert sich Lürsen der sonst so unauffälligen Frau.

486/01 – Hasard (NDR)

Sendedatum: 18.11.01
Quote: 8,50 Mio. / 24 % MA
Hamburg: Casstorff / Holicek

Drehbuch: Thomas Bohn
Regie: Thomas Bohn
Schauspieler: unter anderem Fjodor Olev, Nina Petri, Annette Uhlen

Kinder entdecken eine an einen Baumstamm gefesselte Leiche. Es handelt sich um einen Unternehmer. Casstorff und sein Team folgen vielen unterschiedlichen Ermittlungsansätzen im privaten und im geschäftlichen Umfeld. Ein verdächtiger Taxifahrer nimmt sich das Leben. Er hatte vom Toten falsche Börsentipps bekommen und war dadurch wirtschaftlich ruiniert. Das BKA entzieht Casstorff den Fall. Der ermittelt jedoch weiter und kommt bald auf eine entscheidende Spur, die in die Reihen der Polizei führt.

487/01 – Bestien (WDR)

Sendedatum: 25.11.01
Quote: 9,33 Mio./26 % MA
Köln: Ballauf/Schenk
Drehbuch: Norbert Ehry
Regie: Kaspar Heidelbach
Schauspieler: u. a. Armin Rohde, Jasmin Schwiers, Hannes Hellmann

Auf dem Nachhauseweg von der Disco wird ein junges Mädchen brutal vergewaltigt und ermordet. Das Verbrechen weist ein bekanntes Muster eines Wiederholungstäters auf. Der Vater, ein Altrocker, geht mit Freunden auf Spurensuche nach dem Mörder seiner Tochter. Ballauf und Schenk finden den Gesuchten schließlich tot auf. Sie müssen sich fragen, ob er Opfer von Lynchjustiz geworden ist.

488/01 – Gewaltfieber (SWR)

Sendedatum: 02.12.01
Quote: 8,64 Mio./25 % MA
Ludwigshafen: Kopper/Odenthal
Drehbuch: Fred Breinersdorfer
Regie: Martin Eigler
Schauspieler: unter anderem Matthias Schweighöfer, Annalena Schmidt, Corinna Harfouch

Der Anblick drei toter Lehrer und eines Schülers im Lehrerzimmer eines Gymnasiums erschüttert die Kripo. Nach dem ersten Anschein handelt es sich um einen Amoklauf des toten Schülers. Er war der Liebling des Direktors, der seinem eigenen Sohn oft als Vorbild dienen musste. Odenthal und Kopper ermitteln im problembeladenen Umfeld von Schule und gewaltbereiten Schülercliquen. Bald ist klar: Der vermeintliche Amokschütze wurde ermordet.

489/01 – Und dahinter liegt New York (BR)
Sendedatum: 23.12.01
Quote: 7,14 Mio. / 21 % MA
München: Batic / Leitmayr
Drehbuch: Friedrich Ani
Regie: Friedemann Fromm
Schauspieler: unter anderem Barbara Rudnik, Thomas Anzenhofer

Der Traum von Amerika steht synonym für ein besseres Leben. Die Kommissare ermitteln in einem sozial bedrückenden Milieu eines Münchner Stadtteils, das auch zur Weihnachtszeit nicht leuchtet. Ein erschossener Polizist und Familienvater hatte einen Nebenjob bei einer Wachfirma, aber auch ein Verhältnis mit der Ehefrau seines besten Freundes. Nur den Kindern der betroffenen Familien gelingt es zeitweise, am gemeinsamen Traum vom Auswandern festzuhalten.

2002

490/02 – Schrott und Totschlag (SWR)
Sendedatum: 06.01.02
Quote: 9,58 Mio. / 26 % MA
Ludwigshafen: Kopper / Odenthal
Drehbuch: Dorothee Schön
Regie: Jürgen Bretzinger
Schauspieler: unter anderem Nina Hoger, Monika Baumgartner

Der Tod eines Sinti-Mädchens und eines weiteren Opfers bringt die Ludwigshafener Kripo auf die Spur eines durchaus beliebten, aber pädophilen Schwimmtrainers. Dieser lebt in einer neuen Beziehung mit einer alleinerziehenden Mutter und ihrer kleinen Tochter, deren freundschaftliche Zuneigung er auch gewinnt. Als die Mutter auf einer Fortbildung für einige Tage nicht zu Hause ist, sucht er sich ein »Ersatzobjekt« auf der Straße, um sich nicht an der kleinen Tochter zu vergreifen.

491/02 – Todesfahrt (MDR)

Sendedatum: 20.01.2002
Quote: 7,13 Mio./19 % MA
Leipzig: Ehrlicher/Kain
Drehbuch: Christian Limmer
Regie: Udo Witte
Schauspieler: unter anderem Claudine Wilde, Julius Jellinek, Naomi Krauss, Cosma Shiva Hagen

Die Obduktion eines toten Radrennfahrers weist Medikamentenmissbrauch nach. Das Auto der Mannschaftsärztin, die am nächsten Tag tödlich verunglückt, wurde manipuliert. Die Kommissare stoßen auf eine weitere Tätigkeit der Ärztin, die sie für einen Pharmakonzern übernommen hatte. Noch in der Testphase befindliche Medikamente wurden an »freiwilligen« Versuchspersonen getestet.

492/02 – Wolf im Schafspelz (BR)

Sendedatum: 24.02.02
Quote: 8,66 Mio./24 % MA
München: Batic/Leitmayr
Drehbuch: Stefanie Kremser
Regie: Filippos Tsitos
Schauspieler: unter anderem Franz Xaver Kroetz, Hendrik Duryn, Ünal Gümüs, Bernd Dechamps

Auf einem heruntergewirtschafteten Bauernhof nördlich von München suchen Türken für ihr alljährliches Opferfest Schafe aus. Der

Schäfer verdächtigt sie des illegalen Schächtens. Davon will jedoch der eigenbrötlerische Hofbesitzer nichts wissen. Am nächsten Tag wird der Schäfer erstochen aufgefunden. Batic, Leitmayr und Menzinger führt dieser Mord in eine für sie vollkommen fremde Welt. Sie stoßen auf eine Wand des Schweigens. Eine Spur führt zum Sohn des störrischen Bauern und einem jungen Türken, der mit dem Schäfer vor kurzem in Streit geraten war.

493/02 – Schützlinge (WDR)

Sendedatum: 03.03.02
Quote: 8,20 Mio./23% MA
Köln: Ballauf/Schenk
Drehbuch: Sönke Lars Neuwöhner, Sven Poser
Regie: Martin Eigler
Schauspieler: unter anderem Naomi Krauss, Andreas Unruh

Ein gehörloser Jugendlicher wird bei einem Einbruch in eine Lagerhalle, in der eine Leiche gefunden wird, als Einziger geschnappt und ins Präsidium gebracht. Beim Anblick der Handschellen gerät der unter Mordverdacht stehende Junge in Panik und stürzt sich aus dem Fenster in den Tod. Schenk quält sich mit Selbstvorwürfen. Ein weiterer Toter führt die Kommissare zu einem Ort, an dem sich Gehörlose regelmäßig treffen.

494/02 – Bienzle und der Tag der Rache (SWR)

Sendedatum: 10.03.02
Stuttgart: Bienzle
Drehbuch: Felix Huby
Regie: Konrad Sabrautzky
Schauspieler: unter anderem Jennifer Nitsch, Dirk Martens, Thomas Balou Martin, Heidy Forster, Walter Schultheiß

Ein Familiendrama ereignet sich in Bienzles neuer Wohngegend. Im Hof liegt eine männliche Leiche. Die Recherchen bringen die kriminelle Vergangenheit des Toten und seines Bruders ans Licht. Beide waren leidenschaftliche Motorrad-Rennsportler. Die Ehefrau hatte einen heftigen Streit mit ihrem Ehemann. Der Bruder ist gerade nach einer mehrjährigen Haftstrafe aus dem Gefängnis entlassen worden. Er war wegen einer Brandstiftung, die die größten Konkurrenten ausschalten sollte, verurteilt worden.

495/02 – Zahltag (SFB)
Sendedatum: 24.03.02
Quote: 8,57 Mio./24% MA
Berlin: Ritter/Stark
Drehbuch: Pim Richter
Regie: Peter F. Bringmann
Schauspieler: unter anderem Jürgen Tarrach, Ulrike Krumbiegel, Sophie Bäumer

»Outsourcing« beziehungsweise »Ich AG« heißt die neue Arbeitsform für den ehemals angestellten Elektriker eines Kaufhauses, der nun als Selbständiger weiterhin für seinen alten Arbeitgeber tätig sein soll. Dafür muss er sich hoch verschulden. Doch dann wird auch sein neuer Arbeitsvertrag nicht verlängert. Am Tag des Jubiläumsverkaufes wird ein Überfall auf das Kaufhaus verübt. Es gibt Indizien, die den Elektriker schnell in den Kreis der Verdächtigen ziehen. Die Spirale krimineller Machenschaften dreht sich weiter.

496/02 – Lastrumer Mischung (NDR)
Sendedatum: 07.04.02
Quote: 10,20 Mio./29% MA
Hannover: Lindholm
Drehbuch: Volkmar Nebe, Frank Hemjeoltmanns
Regie: Thomas Jauch
Schauspieler: unter anderem Nina Hoger, Minh-Khai Phan-Thi

Ein Bauer wird ausgerechnet mit seinen Lieblingskeksen vergiftet. Er hinterlässt eine philippinische Witwe, die schon einmal mit einem Bauern verheiratet war. Die Kekse stammen vom Bäcker im Ort. Ist sie eine Erbschleicherin? Hatte noch jemand im Dorf ein geschäftliches Interesse am Tod des Bauern? Gibt es Tatmotive wie Eifersucht oder enttäuschte Liebe? Lindholm trifft auf eine Mauer des Schweigens, nur die Postbotin scheint ein kommunikativer Mensch zu sein.

497/02 – Tödliche Tagung (ORF)

Sendedatum: 14.04.02
Quote: 8,31 Mio./23% MA
Wien: Eisner
Drehbuch: Lukas Alexander
Regie: Robert Adrian
Schauspieler: unter anderem August Schmölzer, Gundula Rapsch

Während eines Ärztekongresses kommt eine Wissenschaftlerin vordergründig durch einen natürlichen Tod ums Leben. Eisners Ermittlungen laufen verdeckt, da die Indizien für einen Mord noch fehlen. Bei seinen Recherchen stößt er auf zwei konkurrierende Forschungsinstitute, die an der bahnbrechenden Entwicklung eines Medikaments arbeiten. Wer bekommt den Zuschlag der Pharmaindustrie für einen millionenschweren Auftrag? Womit wollte die Tote an die Öffentlichkeit gehen?

498/02 – Oskar (HR)

Sendedatum: 21.04.02
Quote: 8,42 Mio./24% MA
Frankfurt: Dellwo/Sänger
Drehbuch: Nikolaus Stein von Kamienski
Regie: Nikolaus Stein von Kamienski
Schauspieler: unter anderem Peter Lerchbaumer, Iris Böhm, Thomas B. Martin

An einem Altpapiercontainer weht ein Luftballon in Form eines Herzens. Der Müllmann bindet das Herz los, der Container wird geleert. Später findet man ein totes Baby auf einem Förderband der Müllsortieranlage. Es wird der erste gemeinsame Fall von Fritz Dellwo und seiner neuen Kollegin Charlotte Sänger, die mit der Fahndung nach der Mutter beginnen, die sich wohl in einer sehr verzweifelten Situation befand.

499/02 – Schlaraffenland (SWR)

Sendedatum: 28.04.02
Quote: 9,26 Mio./27% MA
Konstanz: Blum
Drehbuch: Stefan Dähnert
Regie: Nina Grosse
Schauspieler: unter anderem Ercan Özcelik, Michael Gwisdek, Martin Feifel

Klara Blums erster Fall nimmt für sie eine dramatische Wende. Sie wird zur Leiche eines Jungen gerufen. Ihr Mann, der Kripochef, mit dem sie gemeinsam auf einem Sommerfest war, begleitet sie zum Tatort. Einem festgenommenen Verdächtigen gelingt die Flucht. Eine ausgelöste Großfahndung nach dem Entflohenen verursacht weitere Komplikationen. Als Kriminaldirektor Blum nochmals zum Tatort zurückkehren will, wird er erschossen.

500/02 – Endspiel (RB)

Sendedatum: 20.05.02
Quote: 5,63 Mio./18% MA
Bremen: Lürsen/Stedefreund
Drehbuch: Britta Stöckle
Regie: Ciro Cappellari
Schauspieler: unter anderem Hubert Mulzer, Thierry von Werveke, Christoph Krix, Ina Holst

Der ermordete Trainer des aufstiegsorientierten Amateurligavereins FC Bremen hatte nicht viel Freunde. Die Not und Schwächen der meist ausländischen Spieler rücksichtslos ausnutzend, schien er seine Schützlinge auf eine unmenschliche Art zu motivieren. Das Ehepaar, Vereinspräsident und Vereinsmanagerin, hat sein Vermögen in den Verein investiert, um den Aufstieg in die Profiliga zu schaffen. Weitere am Rande des Legalen arbeitende Sportfunktionäre geraten in den Kreis der Verdächtigen von Lürsen und Stedefreund.

501/02 – Der Passagier (NDR)

Sendedatum:	02.06.02
Quote:	7,41 Mio. / 26 % MA
Hamburg:	Casstorff / Holicek
Drehbuch:	Thomas Bohn
Regie:	Thomas Bohn
Schauspieler:	unter anderem Ingrid von Bothmer, Jürgen Schornagel, Nina Petri, Burkhard Driest, Fjodor Olev

Ausgerechnet der Flieger, der Casstorffs Sohn in die Ferien bringen soll, wird von drei Männern gekapert und noch am Boden festgehalten. Schnell wird klar, dass es sich um Gangsterbrüder und nicht um Terroristen handelt, die Lösegeld fordern und zugleich ihren Vater (Burkhard Driest) freipressen wollen. Sie drohen mit der Sprengung des Flugzeuges, wenn ihre Forderungen nicht erfüllt werden. Sohn Daniel steht über SMS mit seinem Vater in geheimer Verbindung und kann Informationen über die Situation an Board liefern.

502/02 – Schlaf, Kindlein, schlaf (WDR)

Sendedatum:	16.06.02
Quote:	8,00 Mio. / 28 % MA
Köln:	Ballauf / Schenk
Drehbuch:	Jan Hinter, Stefan Cantz
Regie:	Peter Fratzscher
Schauspieler:	unter anderem Catherine Flemming, Udo Samel, Ronni Janot, Joe Bausch, Hugo Egon Balder

Ein Aupair-Mädchen wurde offenbar Opfer eines Ritualmords. Eine Journalistin soll über die Polizeiarbeit berichten. Sie begleitet Ballauf und Schenk bei ihrer Fahndung und kann einen wichtigen Hinweis auf einen vor kurzem aus der Haft entlassenen, als geheilt geltenden Sexualtäter geben. Dann stellt sich heraus, dass sie selber ein Opfer des Entlassenen war und die Kommissare benutzt hat, um sich endlich rächen zu können. Sind die Kölner Kommissare überhaupt auf der richtigen Fährte?

503/02 – Heiße Grüße aus Prag (MDR)
Sendedatum: 07. 07. 02
Quote: 6,37 Mio. / 22 % MA
Leipzig: Ehrlicher / Kain
Drehbuch: Horst Freund
Regie: Andreas Hoge
Schauspieler: unter anderem Rainer Sellien, Alexander Radszun

Dem Deal, den der Juniorchef eines namhaften Musikhauses mit einem cleveren Geschäftsmann vorhatte, stellt sich der Senior entgegen. Kurze Zeit später ist der Sohn tot. Das Geschäft – die Kombination asiatischer Billigware mit einem für Qualität stehenden Traditionsnamen – ist geplatzt. Der nun mit leeren Händen dastehende Kaufmann versucht, es noch mit gefälschten Unterschriften zu retten. Ein langjähriger Mitarbeiter des Musikhauses scheint jetzt bequem die Geschäftsnachfolge im Musikhaus antreten zu können.

504/02 – Elvis lebt (ORF)
Sendedatum: 11. 07. 02
Wien: Eisner
Drehbuch: Felix Mitterer
Regie: Peter Sämann
Schauspieler: unter anderem Sofie Rois, Alois Frank

Die Zeiten, in denen Förster Wilderer einfach erschießen durften, sind schon lange vorbei. Der Mord an einem Wilderer, der als Notwehr dargestellt wird, muss von Moritz Eisner untersucht werden. Der Bürgermeister und ein Jagdaufseher sind involviert. Im Dorf scheint die Stimmung zu eskalieren, eine gewalttätige Auseinandersetzung droht. Der Wiener Sonderermittler schleust sich als Jagdgast getarnt bei den Jägern ein.

505/02 – Bienzle und der süße Tod (SWR)
Sendedatum: 14. 07. 02
Stuttgart: Bienzle

Drehbuch: Felix Huby, Zoro Solomun
Regie: Arend Agthe
Schauspieler: unter anderem Bettina Kupfer, Walter Renneisen

Ein kleiner Junge stirbt an vergifteten Pralinen. Für Bienzle und Gächter kommt eine ganze Reihe von Tatverdächtigen in Frage. Der Vater des Jungen arbeitet in einer Süßwarenfabrik. Möglicherweise ist das Kind Opfer einer Firmenerpressung. Die familiären Verhältnisse sind desolat. Die Mutter sitzt unheilbar krank im Rollstuhl, der Vater hat offensichtlich eine Geliebte. War der Junge Ziel der Vergiftung, oder handelt es sich um einen verhängnisvollen Irrtum?

506/02 – Schatten (RB)
Sendedatum: 28.07.02
Quote: 5,39 Mio./23% MA
Hamburg: Lürsen/Stedefreund
Drehbuch: Thorsten Näter
Regie: Thorsten Näter
Schauspieler: unter anderem Dieter Pfaff, Dominique Horwitz, Peter Sattmann, Burghart Klaußner, Paul Faßnacht, Karl Kranzkowski, Thomas Roth, Matthias Koeberlin und als Gast: Roger Moore

In einem toten Journalisten erkennt Inga Lürsen einen alten Bekannten wieder. Ein gesuchter Terrorist, den sie offensichtlich auch kennt, wird verhaftet. Der eifrige Staatsanwalt will Lürsen Verbindung zur Terroristen-Szene nachweisen. Trotz Suspendierung ermittelt Lürsen im Schatten ihrer Vergangenheit. Sie gehörte zu einer politischen Aktivistengruppe in den siebziger Jahren, deren ehemalige Mitglieder heute in arrivierten gesellschaftlichen Positionen sind.

507/02 – Flashback (SWR)
Sendedatum: 11.08.02
Quote: 8,08 Mio./26% MA
Ludwigshafen: Kopper/Odenthal

Drehbuch: Martin Pristl, Johannes W. Betz
Regie: Matthias Glasner
Schauspieler: unter anderem Justus von Dohnányi, Jürgen Vogel, Ulrich Gebauer, Rüdiger Vogler

Aus dem geplanten Urlaub Lena Odenthals wird nichts. Sie wird Zeugin eines Banküberfalls, bei dem sie lebensgefährlich verletzt wird. Einer der Täter entkommt, ein anderer wird erschossen. Die fieberhafte Suche nach dem Täter beginnt. Odenthal erwacht aus ihrem Koma, beginnt allmählich sich mit Koppers Hilfe an den Fall zu erinnern. Erinnerungsfetzen und Gedankensplitter eröffnen eine Spur. Kaum aus Krankenhaus und Reha heraus, wird schon wieder auf Odenthal geschossen. Niemand will das glauben …

508/02 – Filmriss (SFB)
Sendedatum: 18.08.02
Quote: 6,94 Mio./25 % MA
Berlin: Ritter/Stark
Drehbuch: Horst Freund
Regie: Ralph Bohn
Schauspieler: unter anderem Ulrich Tukur, Naomi Krauss

Nach einem One-Night-Stand gerät Ritter selbst unter Verdacht. In einer nicht identifizierten Leiche, zu der er und Stark gerufen werden, erkennt er die Gefährtin seiner letzten Nacht. Ritter macht seinem Kollegen das Leben schwer. Die Freundschaft der beiden Berliner Kommissare gerät während der Ermittlungen auf den Prüfstand. Außerdem bekommen sie einen gefährlichen Gegner.

509/02 – Verrat (WDR)
Sendedatum: 01.09.02
Quote: 8,71 Mio./27 % MA
Köln: Ballauf/Schenk
Drehbuch: Horst Vocks
Regie: Hans Noever
Schauspieler: unter anderem Bibiana Beglau, Thomas Thieme

Ein Diplomat wird erschossen. Alle Indizien deuten nach Meinung Schenks darauf hin, dass da ein Profikiller unterwegs war. Bei den Recherchen stoßen die Ermittler auf eine alte Geiselnahme in Kolumbien, die damals nicht unblutig beendet wurde. Eine Totgeglaubte taucht wieder auf. Motive wie Verrat, Erpressung und Betrug zeigen auf einen möglichen Täterkreis der damals an der Geiselnahme Beteiligten. Auch vor dem Auswärtigen Amt machen die Kölner nicht halt.

510/02 – Totentanz (BR)
Sendedatum: 13.10.02
Quote: 7,23 Mio. / 20 % MA
München: Batic / Leitmayr
Drehbuch: Klaus Bädekerl
Regie: Thomas Freundner
Schauspieler: unter anderem Wanja Mues, Daniela Ziegler, Wolfgang Fiereck, Hubert Mulzer

Der Tod eines Mädchens, das auf der Tanzfläche einer Disco zusammengebrochen war, erweist sich als Vergiftung mit Zyankali. Batic und Leitmayr suchen den Schuldigen in der Münchner Kneipen- und Disco-Szene. Waren Rivalitäten mit knallharten Wirtschaftsinteressen und Konkurrenzen im Spiel? War es die Tat eines Irren, oder geht es um private Motive? Sie lernen die Mitbewohnerin der Toten und einen Freund aus Jugendtagen kennen.

511/02 – Der dunkle Fleck (WDR)
Sendedatum: 20.10.02
Quote: 8,82 Mio. / 25 % MA
Münster: Boerne / Thiel
Drehbuch: Stefan Cantz / Jan Hinter
Regie: Peter F. Bringmann
Schauspieler: unter anderem Dieter Kirchlechner

Zeit zum Einleben hat der Kommissar aus Hamburg, der sich nach Münster versetzen ließ, nicht. Eine Studentin sucht ihre Mutter und glaubt, dass sie Opfer eines Verbrechens geworden sein könnte. Dazu kommt ein unglaublicher Leichenfund im Moor: Dort wird eine weibliche Leiche eines Mädchens gefunden, die 20 Jahre lang im Moor konserviert wurde. Rechtsmediziner Prof. Boerne begleitet Thiel bei seinen Recherchen. Beide Fälle stehen miteinander in Verbindung und lüften alte Geheimnisse.

512/02 – Undercover (NDR)

Sendedatum: 27.10.02
Quote: 9,62 Mio./27% MA
Hamburg: Casstorff/Holicek
Drehbuch: Thomas Bohn
Regie: Thomas Bohn
Schauspieler: unter anderem Jürgen Schornagel, Nina Petri

Casstorff und Holicek haben es mit einem schwierigen Fall im Drogenmilieu zu tun. Ein Kollege der Drogenfahndung bricht auf dem Flur eines Krankenhauses tot zusammen. Die Obduktion ergibt, dass er mit einer Überdosis Schlafmittel umgebracht wurde. Ein Kollege des Toten scheint seine eigenen Interessen in dem Fall zu verfolgen. Als er Casstorff einen Verdächtigen präsentiert, entpuppt sich dieser als Undercover-Ermittler.

513/02 – 1000 Tode (SWR)

Sendedatum: 03.11.02
Quote: 6,00 Mio./18% MA
Konstanz: Blum
Drehbuch: Dorothee Schön
Regie: Jobst Oetzmann
Schauspieler: unter anderem Ercan Özcelik, Justine Hauer, Lilia Lehner, Alexandra Schalaudek, André Hennicke

Der mysteriöse Abschiedsbrief einer 17-Jährigen deutet auf Selbstmord hin. Im Laufe ihrer Ermittlungen stößt Klara Blum auf digitale Spuren eines Mannes, der Mädchen auf dubiose Art an sich bindet und versteckt, um sie dann vor laufender Web-Kamera zum

Selbstmord zu bewegen. Die Freundin der Verschwundenen scheint demselben Sog zu erliegen. In allerletzter Minute kann Blum sie aber zur Mithilfe überreden, um das Verschwinden ihrer Freundin aufzuklären.

514/02 – Rückspiel (WDR)

Sendedatum: 10.11.02
Quote: 8,38 Mio./23% MA
Köln: Ballauf/Schenk (mit Ehrlicher/Kain)
Drehbuch: Wolfgang Panzer
Regie: Kaspar Heidelbach
Schauspieler: unter anderem Katrin Saß

Die Beschattung eines tatverdächtigen Liebhabers der ermordeten Mitarbeiterin des Leipziger Kunstmuseums bringt Kain nach Köln. Dort trifft er auf seine Kollegen Ballauf und Schenk, die zu einer Schießerei auf einer Autobahn-Raststätte gerufen werden. Aus einem Transporter, dessen Fahrer erschossen wurde, wurden auch zwei wertvolle Kunstwerke gestohlen. Das Kommissar-Quartett vermutet, dass der Fall aus Leipzig mit dem in Köln im Zusammenhang steht, doch wo liegt die Verbindung?

515/02 – Der Fremdwohner (BR)

Sendedatum: 17.11.02
Quote: 8,44 Mio./24% MA
München: Batic/Leitmayr
Drehbuch: Markus Fenner
Regie: Peter Fratzscher
Schauspieler: unter anderem August Zirner, Claudia Lössl, Barbara Philipp

Der Mord an einer Sekretärin und Sporttaucherin im Münchner Stadtteil Au lässt Batic und Leitmayr einem merkwürdigen Phantom auf die Spur kommen. Im Umfeld des Opfers suchen die Kommissare nach möglichen Tatmotiven. Der Freund benimmt sich merkwürdig. Und dann sieht der Tot an dem Arbeitgeber des Opfers, ein Notar, auf den ersten Blick wie ein Selbstmord aus. Das Phantom nimmt menschliche Gestalt an.

516/02 – Alibi für Amelie (SR)

Sendedatum: 24.11.02
Quote: 8,32 Mio./23% MA
Saarbrücken: Palu
Drehbuch: Felix Huby
Regie: Hans-Christoph Blumenberg
Schauspieler: unter anderem Ulrike Kriener, Rufus Beck, Udo Schenk, Hannes Hellmann

Die Aufklärung eines Falles wird diesmal selbst für Palu höchstgefährlich. Der Leiter eines Hightech-Forschungsinstitutes steht bei einer spektakulären Erfindung kurz vor dem Durchbruch. Da wird er ermordet. Zur gleichen Zeit kommt der Mann eines befreundeten Ehepaares durch einen Unfall ums Leben. Das Tatmotiv vermutet Palu erst im Privaten, doch dann entdeckt er im Forschungsbetrieb Intrigen und Verwicklungen um Macht und Geld.

517/02 – Fakten, Fakten ... (WDR)

Sendedatum: 01.12.02
Quote: 9,45 Mio./27% MA
Münster: Boerne/Thiel
Drehbuch: Wolfgang Panzer
Regie: Susanne Zanke
Schauspieler: unter anderem Oliver Stritzel

Prof. Boerne glaubt den Unschuldsbeteuerungen seines Freundes, einem Professor für Friedensforschung, mit dem Mord direkt vor seiner Haustür nichts zu tun zu haben. Der Tote ist nämlich der Lebensgefährte der ehemaligen Geliebten des Verdächtigen. Der Befund der Rechtsmedizin gibt Boerne recht. Die Freundin des Toten verschwindet plötzlich. Indizien deuteten auf eine weitere Gewalttat, doch wo ist die Leiche?

518/02 – Zartbitterschokolade (SFB)

Sendedatum:	15.12.02
Quote:	7,98 Mio. / 22 % MA
Berlin:	Ritter / Stark
Drehbuch:	Gerhard Rekel
Regie:	Erhard Riedelsperger
Schauspieler:	unter anderem Marvie Hörbiger, Rolf Becker

Ein bekannter Psychologe und Gerichtsgutachter fällt von einem Aussichtsturm. Ritter und Stark rätseln: War es Selbstmord? Die Spur eines davonfahrenden Autos führt zu einer Schokoladenfabrikanten-Familie. Zwei Töchter hatten ihren Stiefvater wegen Missbrauchs angeklagt, ihre Anschuldigungen aber wieder zurückgenommen. Ein Gutachten des zu Tode gestürzten Psychologen über den Stiefvater, der alles leugnet, sollte die Behauptungen der Töchter untermauern.

519/02 – Time-out (SF/DRS)

Sendedatum:	22.12.02
Quote:	5,41 Mio. / 15 % MA
Bern:	von Burg
Drehbuch:	Peter Purtschert, Stefan Witschi
Regie:	Bernhard Giger
Schauspieler:	unter anderem Sabina Schneebeli, Stefan Gubser

Der Eishockeyspieler war nach dem Ende seiner sportlichen Karriere den Drogen verfallen. Er hatte seine Auszeit beendet und sich in der Sportwelt als erfolgreicher Trainer zurückgemeldet, als er eines Tages erschlagen aufgefunden wird. Kommissar von Burg ermittelt unter konkurrierenden Sportfunktionären und Spielerkollegen, aber auch im Drogenmilieu bei Junkies und Gelegenheitsdealern.

520/02 – Reise ins Nichts (SR)

Sendedatum:	29.12.02
Quote:	6,52 Mio. / 19 % MA
Saarbrücken:	Palu

Drehbuch: Peter Zingler, Hartmut Griesmayr, Ute Geber
Regie: Hartmut Griesmayr
Schauspieler: unter anderem Dietrich Mattausch, Alice Hoffmann

Eine Gruppe von Flüchtlingen, die eigentlich nach England gebracht werden sollte, wird im Saarland ausgesetzt. Ein Flüchtlingsmädchen wird Zeugin zweier Morde an illegal eingewanderten Afghanen. Die Spur führt Palu auf die dunkle Spur einer Speditionsfirma und einer Schlepperbande. Der Fahrer des Transportunternehmens ist verschwunden. Die kleine Zeugin lebt in großer Gefahr.

2003

521/03 – Romeo & Julia (SWR)
Sendedatum: 05.01.03
Quote: 6,64 Mio. / 18 % MA
Ludwigshafen: Kopper / Odenthal
Drehbuch: Harald Göckeritz
Regie: Nicole Weegmann
Schauspieler: unter anderem Jasmin Schwiers, Annette Uhlen

Marcello und Julia dürfen nicht zusammen sein. Der Bruder des Mädchens gehört zu einer Clique von Neonazis. Er unterdrückt Mutter und Schwester gewaltsam. Bei einer Attacke gegen den italienischen Freund der Schwester wird der Angreifer tödlich verletzt. Der verletzte Freund und seine Freundin fliehen. Sie schwören sich, für immer zusammenzubleiben. Kopper und Odenthal ahnen nicht, dass sie den Tatverdächtigen unter ganz anderen Bedingungen erst vor kurzem kennengelernt haben.

522/03 – Rotkäppchen (MDR)
Sendedatum: 12.01.03
Quote: 8,79 Mio. / 24 % MA

Leipzig: Ehrlicher / Kain
Drehbuch: Fred Breinersdorfer
Regie: Hajo Gies
Schauspieler: unter anderem Simone von Zglinicki, Rudolf Kowalski

Zweifel begleiten Kain auf seiner Suche nach einem Tatverdächtigen, der mangels Beweisen wieder auf freiem Fuß ist. Er steht im Verdacht, seine Freundin erschlagen und die Treppe hinuntergestürzt zu haben. An einem vereinbarten Treffpunkt zwischen Kain und dem vermeintlichen Täter landet der Gesuchte – von einer Brücke heruntergestürzt – tot vor den Füßen des Kommissars. Ehrlicher muss Kain helfen, um seinen Kollegen vom Mordverdacht zu entlasten.

523/03 – Stiller Tod (SWR)
Sendedatum: 26. 01. 03
Quote: 7,55 Mio. / 20 % MA
Konstanz: Blum
Drehbuch: Martina Brand, Dorothee Schön
Regie: Richard Huber
Schauspieler: unter anderem Sylvester Groth, Julia Jäger, Caroline Schreiber

Der Fall scheint für die Kripo wie für den Staatsanwalt klar zu sein. Doch der Verdächtige streitet die Tat, einen Industriellen auf seinem Boot ermordet zu haben, ab. Er glaubt, betäubt worden zu sein. Ein kleiner Hinweis weckt jedoch Zweifel bei Blum. Bei einem Lokaltermin gelingt es dem Verhafteten zu fliehen – er ist angeblich der geheime Geliebte der Ehefrau des Staatsanwalts …

524/03 – Die Liebe und ihr Preis (SFB)
Sendedatum: 09. 02. 03
Quote: 8,10 Mio. / 21 % MA
Berlin: Ritter / Stark
Drehbuch: Andreas Pflüger
Regie: Erhard Riedlsperger
Schauspieler: u. a. Gudrun Landgrebe, Carol Campbell, Jürgen Fliege

Der Ehemann einer bekannten Schauspielerin Ariane Claasen wird in seiner Villa erschossen. Sie gerät in Verdacht, ihren Mann aus Eifersucht getötet zu haben, denn dieser hatte sie mit einer jüngeren Konkurrentin betrogen. Ohne ihre Schwester Franziska würde der Star diese ganze Belastung nicht überstehen. Aber auch ein geheimnisvoller, penetranter Stalker macht ihr das Leben schwer.

525/03 – Bienzle und der Tod im Teig (SWR)

Sendedatum: 02.03.03
Stuttgart: Bienzle
Drehbuch: Felix Huby
Regie: Hartmut Griesmayr
Schauspieler: unter anderem Pamela Knaack, Christof Arnold, Franz Viehmann

Bienzle war bei einer Tagung auf der Schwäbischen Alb. Auf dem Weg zurück nach Stuttgart holt er sich frische Brezeln. Schon wieder unterwegs, bemerkt er, dass er seine Geldbörse im Laden vergessen hat. Er kehrt um. Dort angekommen, muss er feststellen, dass er wohl diesmal länger bleiben muss. Der Bäckermeister liegt mit dem Gesicht nach vorne gebeugt in einem Bottich – in seinem eigenen Teig erstickt.

526/03 – Frauenmorde (HR)

Sendedatum: 09.03.03
Quote: 7,39 Mio./20% MA
Frankfurt: Dellwo/Sänger
Drehbuch: Niki Stein
Regie: Niki Stein
Schauspieler: unter anderem Peter Lerchbaumer, Christiane Schulz, Edda Leesch, Oliver Bootz

Ein Mann meldet seine Frau als vermisst. Die Polizei findet eine kopflose Leiche, die als die Vermisste identifiziert wird. Die Kommissare wollen die letzten Lebensstunden der Frau rekonstruieren.

Der Ehemann ist dabei behilflich, doch er verstrickt sich in Widersprüche, die nicht zum polizeilichen Erkenntnisstand passen. Das BKA schaltet sich ein, doch Sänger und Dellwo gehen ihren Hinweisen unbeirrt weiter nach.

527/03 – Mutterliebe (WDR)
Sendedatum: 23. 03. 03
Quote: 8,97 Mio. / 25 % MA
Köln: Ballauf / Schenk
Drehbuch: Züli Aladag
Regie: Feo Aladag
Schauspieler: unter anderem Manfred Zapatka, Claudia Michelsen, Tonio Arango, Erdal Yildiz

Eine verzweifelte Mutter gibt nach der heimlichen Geburt ihr Kind an einer Babyklappe ab. Kurz darauf wird eine dort arbeitende Krankenschwester ermordet, das Neugeborene entführt. Die Mutter wird mit Nachblutungen ins Krankenhaus eingeliefert und als Mutter des Findelkindes identifiziert. Sie ist die Schwiegertochter eines wohlhabenden Unternehmers. Schenk und Ballauf haben kurze Zeit später in dieser Familie einen weiteren Mord aufzuklären.

528/03 – Schöner sterben (SWR)
Sendedatum: 30. 03. 03
Quote: 8,63 Mio./ 25 % MA
Ludwigshafen: Kopper / Odenthal
Drehbuch: Daniel Martin Eckhart
Regie: Didi Danquart
Schauspieler: unter anderem Rudolf Wessely, Bruno Cathomas, Ingrid van Bergen

In einem Seniorenstift endet ein absichtlich herbeigeführter Treppensturz für eine alte Dame tödlich. Lena Odenthal trifft dort ihre alte Tante, zu der sie nach einem Streit über viele Jahre keinen Kontakt mehr hatte und die heute im Rollstuhl sitzt. Ihre Ermittlungen beginnen unter den schwierigen Umständen einer gekränkten alten

Dame, die eine Freundin der Toten war. Es stellt sich heraus, dass die Verstorbene ein bewegtes Liebesleben hatte, und dass sie mit einem Verehrer verabredet war.

529/03 – Hexentanz (NDR)
Sendedatum: 13.04.03
Quote: 9,14 Mio./27% MA
Hannover: Lindholm
Drehbuch: Markus Stromiedel
Regie: René Heisig
Schauspieler: unter anderem Lisa Maria Potthoff, Karl Kranzkowski, Swetlana Schönfeld, Thomas Schmieder

Nach Ablauf seiner Haftstrafe kehrt der nach Zeugenaussagen am Tod seiner Frau schuldige Ehemann in sein Heimatdorf zurück. Dort wird er, der seine Unschuld immer beteuert hatte, in seinem Haus erschlagen. Die Tochter verweigerte seit dem Tod ihrer Mutter den Kontakt zum Vater. Charlotte Lindholm beginnt im Dorf zu ermitteln: Die Dorfbewohner wissen mehr, als sie zugeben wollen. Bei der Beerdigung kündigt die Tochter an, den Mörder ihrer Eltern finden zu wollen.

530/03 – Der Prügelknabe (BR)
Sendedatum: 21.04.03
Quote: 6,64 Mio./21% MA
München: Batic/Leitmayr
Drehbuch: Christian Limmer
Regie: Thomas Jauch
Schauspieler: unter anderem Thomas Schmauser, Peter Davor, Christian A. Koch

Batic bekommt von seiner Familie aus Ex-Jugoslawien Besuch. Während er sich Urlaub für die Familie genommen hat, wird die Leiche eines Kosovo-Albaners, der offensichtlich auch gefoltert wurde, im Gebüsch an der Isar gefunden. Während für Batic eine Urlaubsvertretung eingesprungen ist, fühlt sich dieser in seiner

Freizeit ebenso veranlasst, auf Spurensuche nach dem Täter zu gehen, nicht gerade zur Freude seines Kollegen Leitmayrs.

531/03 – Schattenlos (WDR)
Sendedatum: 27.04.03
Quote: 9,35 Mio./27 % MA
Köln: Ballauf/Schenk
Drehbuch: Thomas Stiller
Regie: Thomas Stiller
Schauspieler: unter anderem Michael Mendl, Sabine Vitua, Joe Bausch

Während Freddy Schenk seine Geldgeschäfte in einer Bank erledigen will, wird diese von einem guten Kunden der Filiale überfallen. Der Bankräuber trägt einen Sprengstoffgürtel und ist über Funk mit jemandem verbunden, der ihm Instruktionen erteilt. Schenk gelingt es, seinen Kollegen Ballauf zu informieren, der Verstärkung anfordern kann. Die Bankräuber zeigen, wie ernst sie es meinen. Ein Kiosk vor der Bank explodiert, der Filialleiter wird erschossen. Die Täter können mit der Beute entkommen. Ballauf und Schenk nehmen die Verfolgung auf, die mit einer Überraschung endet.

532/03 – Außer Kontrolle (MDR)
Sendedatum: 11.05.03
Quote: 7,94 Mio./26 % MA
Leipzig: Ehrlicher/Kain
Drehbuch: Stefan Kolditz
Regie: Olaf Kreinsen
Schauspieler: unter anderem Oliver Stritzel, Dieter Landuris

Der Leichenfund bestürzt Kain. Es ist ein ehemaliger Schulfreund, der getrennt von seiner Familie als Stadtstreicher lebte. War es Selbstmord? Die Ehefrau lebt in einer neuen Beziehung. Sie hat die Scheidung von ihrem scheinbar lebensuntüchtigen Mann beantragt, der am Nachmittag noch seiner kleinen Tochter zum Geburtstag gratuliert hat. Der neue Lebenspartner, ein Polizist, der in dem Wohnviertel recht eigenmächtig für Ordnung sorgt, fand den Toten am Kanalufer.

533/03 – Der schwarze Troll (RB)
Sendedatum: 25.05.03
Bremen: Lürsen/Stedefreund
Drehbuch: Thea Dorn
Regie: Vanessa Jopp
Schauspieler: unter anderem Rolf Hoppe, Marek Harloff

Ein Restaurantbesitzer, Vater von zwei Kindern, wird abends in seinem Restaurant erschlagen. Die verträumte, hilflos und zart wirkende, den männlichen Beschützerinstinkt wachrufende Ehefrau des Opfers ist unverdächtig, als Lürsen und Stedefreund zum Tatort gerufen werden. Während der Suche nach Tatmotiv und Täter finden die Kommissare subtile Indizien, die auf ein gefährliches Krankheitsbild der Mutter hinweisen.

534/03 – Harte Hunde (NDR)
Sendedatum: 01.06.03
Quote: 6,29 Mio./24% MA
Hamburg: Casstorff/Holicek
Drehbuch: Thomas Bohn
Regie: Thomas Bohn
Schauspieler: unter anderem Jürgen Schornagel, Nina Petri

Ein inhaftierter Serienmörder gilt als therapiert und erhält Freigang in Begleitung seines Therapeuten. Bei einem seiner Ausflüge verschwindet der Häftling plötzlich spurlos. Es geschehen zwei Morde an Prostituierten. Das Tatmuster wird dem Entflohenen zugeschrieben. Der Fall scheint gelöst, als die Hamburger Kripo den Gesuchten erhängt auffindet. Weitere Indizien weisen jedoch auf einen anderen Tathintergrund hin.

535/03 – Das Phantom (WDR)
Sendedatum: 09.06.03
Quote: 7,10 Mio./26% MA
Köln: Ballauf/Schenk
Drehbuch: Norbert Ehry

Regie: Kaspar Heidelbach
Schauspieler: unter anderem Roman Knizka, Katharina Müller-Elmau

Die Ähnlichkeit ist frappierend. Ein aktueller bewaffneter Raubüberfall lässt bei Schenk die Vermutung aufkommen, in der Vergangenheit einen falschen Bankräuber verhaftet zu haben. Dieser bestritt damals die Tat vehement. Ein Justizirrtum? Ein nicht bewilligter Freigang des Häftlings, der mittlerweile die Tat zugegeben hat, lässt den Verurteilten gewaltsam aus dem Gefängnis ausbrechen. Ein Beamter wird erschossen. Schenk gerät selbst in Gefahr.

536/03 – Tödliche Souvenirs (ORF)
Sendedatum: 22.06.03
Quote: 6,53 Mio./23 % MA
Wien: Eisner
Drehbuch: Felix Mitterer
Regie: Peter Sämann
Schauspieler: unter anderem Alexander Strobele, Martin Walch

Eile ist für Eisner und seine Kollegin geboten, den Mord in einem Hotel eines beliebten Touristenortes aufzuklären, denn viele Gäste sind verängstigt und wollen abreisen. Und es bleibt nicht bei einem Toten. Bei jeder Leiche liegt ein Souvenir. Alle Ermordeten waren Gäste desselben Hotels. Die Hoteliersfamilie scheint sich in Gegenwart wie ferner Vergangenheit einige Feinde gemacht zu haben.

537/03 – Rosenholz (SFB)
Sendedatum: 06.07.03
Quote: 7,56 Mio./25 % MA
Berlin: Ritter/Stark
Drehbuch: Pim Richter
Regie: Peter Ristau
Musik: Rosenholz
Schauspieler: unter anderem Aglaia Szyszkowitz, Felix von Manteuffel

Mit dem Mord an dem Verwalter einer Wohnungsgesellschaft taucht ein Stück deutsch-deutsche Vergangenheit im Zentrum der Ermittlungen auf. Der Tote war hoher Spionageoffizier in der ehemaligen DDR. In die Aufklärung der Vergangenheit des Toten ist auch eine TV-Moderatorin involviert, die nicht nur ein journalistisches, sondern auch ein privates Interesse hat. Sie ist auf der Suche nach Stasi-Spitzeln. Betroffene versuchen, die Enttarnung zu verhindern.

538/03 – Bienzle und der Taximord (SWR)

Sendedatum: 03.08.03
Stuttgart: Bienzle
Drehbuch: Felix Huby
Regie: Hans-C. Blumenberg
Schauspieler: unter anderem Klaus Spürkel, Dirk Salomon, Katrin Saß, Markus Kirschbaum

Der Mord an einem Taxifahrer zerstört die private wie wirtschaftliche Zukunft einer Taxi-Unternehmerin. Ein Jahr zuvor hatte sie bereits ihren Ehemann auch auf die gleiche Art verloren. Nach einem Trauerjahr wollte sie wieder heiraten. Bienzle öffnet die Akten des alten Falles, denn er vermutet einen Serientäter. Er kann einen dritten Mord an einem weiteren Taxifahrer nicht verhindern.

539/03 – Leyla (SWR)

Sendedatum: 31.08.03
Quote: 6,87 Mio./21 % MA
Ludwigshafen: Kopper/Odenthal
Drehbuch: Harald Göckeritz
Regie: Martin Weinhart
Schauspieler: unter anderem Maral Schäfer, Jürgen Tarrach, Annalena Schmidt

Ein Toter in einer Kiesgrube, dessen Identität nicht feststellbar ist, führten Kopper und Odenthal in ein Ludwigshafener Wohnviertel, in dem viele Immigranten leben. Über den Kontakt zu dem

12-jährigen kurdischen Mädchen Leyla, die mit ihrem großen Bruder offensichtlich illegal nach Deutschland eingereist ist, kommen sie einer Organhandelsmafia auf die Spur, die gewissenlos die Not der illegal Eingereisten ausnutzt.

540/03 – Bermuda (WDR)

Sendedatum: 14. 09. 03
Quote: 8,18 Mio. / 25 % MA
Köln: Ballauf / Schenk
Drehbuch: Scarlett Kleint, Roswitha Seidel
Regie: Manfred Stelzer
Schauspieler: unter anderem Ulrich Gebauer, Paula Kalenberg

Die Besitzerin eines Autohauses wird erstochen. War es ihr Angestellter und Geliebter, der in Autoschiebereien verwickelt ist und am Abend zuvor mit ihr einen Streit hatte? Schenk kennt den Mann und glaubt nicht, dass er der Mörder ist. Eine Spur führt in das alternative Jugendheim »Bermuda«. Eine Mitbewohnerin ist die labile Tochter des Mordopfers. Sie ist bereits Halbwaise, nun Millionenerbin und stark auf ihre selbstbewusste Freundin fixiert. Es wird deutlich, dass der Täter aus dem »Bermuda«-Umfeld kommen muss, wo ein Junge ständig mit Messern hantiert …

541/03 – Mietsache (NDR)

Sendedatum: 05. 10. 03
Quote: 7,09 Mio. / 21 % MA
Hamburg: Casstorff / Holicek
Drehbuch: Brigitte Drodtloff, Thomas Bohn
Regie: Daniel Helfer
Schauspieler: unter anderem Bibiana Beglau, Michael Hanemann, Katja Weitzenböck, Jürgen Schornagel, Nina Petri, Antje Hagen

Ein toter Mann wird aus der Elbe gefischt. Er starb durch einen Stromschlag in der Badewanne. Nachforschungen ergeben ein facettenreiches, wenig sympathisches Bild eines Unternehmers, der sich mit verschiedenen Geschäften, vom Pornoproduzenten bis zum Immobilienspekulanten, aber auch bis zum Pleitier, viele Feinde gemacht hatte. Von den Bewohnern seines Mietshauses wird er als Frauenheld und Tyrann bezeichnet.

542/03 – Wenn Frauen Austern essen (BR)
Sendedatum: 12.10.03
Quote: 6,98 Mio. / 26 % MA
München: Batic / Leitmayr
Drehbuch: Peter Probst
Regie: Klaus Emmerich
Schauspieler: unter anderem Doris Schade, Sandra Borgmann, Elisabeth Rath

Starautorinnen werden von ihrer Literaturagentin zu einem fulminanten Abendessen mit Austern eingeladen. Ein Gerücht kursiert, dass ein lukrativer Auftrag vergeben werden soll. Die Eingeladenen belauern sich untereinander mit Argusaugen, während der Tischkonversation fallen giftige Bemerkungen. Einer Autorin wird übel, wenig später ist sie tot. Die drei Münchner Kommissare ermitteln auf dem glänzenden literarischen Parkett unter ehrgeizigen Autorinnen. Sie fragen sich, ob sie den Stoff für einen neuen Roman bieten sollen.

543/03 – Dreimal schwarzer Kater (WDR)
Sendedatum: 19.10.03
Quote: 8,38 Mio. / 24 % MA
Münster: Boerne / Thiel
Drehbuch: Jan Hinter, Stephan Cantz
Regie: Buddy Giovinazzo
Schauspieler: unter anderem Oliver Bokern, Claus D. Clausnitzer, Caroline Peters, Bernd Grawert, Max v. Pufendorf

In seinem brennenden Haus kommt ein bekannter Anwalt ums Leben. Offensichtlich handelte es sich um einen Brandanschlag. Der Anwalt stand in Beziehung zu einer jungen, durch einen Verkehrsunfall querschnittgelähmten Frau. Er hatte den Unfall verursacht. Die Frau wurde durch einen Medikamentencocktail vergiftet. Jemand leistete nach Auffassung von Boerne Sterbehilfe. Für den Brandanschlag wird der Vater des toten Mädchens verantwortlich gemacht. Thiel zweifelt, Boerne macht eine Entdeckung.

544/03 – Dschungelbrüder (SFB)

Sendedatum:	26.10.03
Quote:	6,51 Mio. / 18 % MA
Berlin:	Ritter / Stark
Drehbuch:	Lars Becker
Regie:	Lars Becker
Schauspieler:	unter anderem Armin Rohde, Annabelle Mandeng

Der Mitarbeiter einer Putzkolonne, ein illegal in Deutschland lebender Afrikaner, wird umgebracht. Die verschlossene Hand umklammert die Mitgliedsnadel eines Golfclubs, die für den Chef der Putzkolonne genügend Hinweise bietet. Er lässt den Toten verschwinden und erpresst den Täter. Die Kommissare versuchen in der afrikanischen Gemeinde Berlins etwas über die Herkunft des Toten in Erfahrung zu bringen. Ihnen offenbart sich am Ende eine tragische Familienbeziehung.

545/03 – Sonne und Sturm (NDR)

Sendedatum:	02.11.03
Quote:	8,68 Mio. / 24 % MA
Hannover:	Lindholm
Drehbuch:	Fred Breinersdorfer
Regie:	Thomas Jauch
Schauspieler:	unter anderem Jochen Nickel, Eva Kryll, Bernadette Heerwagen, Harald Schrott, Steffen Groth

Charlotte Lindholm findet in ihrem Briefkasten einen Müsli-Riegel und den anonymen Hinweis: »Kommen Sie schnell – sonst Mord«. Analysen des Labors ergeben, dass die Lage ernst ist. Der Riegel ist vergiftet. Charlotte reist in ein kleines Dorf an der Nordsee, in dem die Karte aufgegeben wurde. Bei ihrer Ankunft gibt es bereits ein Vergiftungsopfer: Der Kapitän eines Ausflugsdampfers schwebt in Lebensgefahr. War er mit dem Anschlag gemeint?

546/03 – Atlantis (MDR)

Sendedatum:	09.11.03
Quote:	6,77 Mio. / 19 % MA
Leipzig:	Ehrlicher / Kain
Drehbuch:	Pim Richter, Daniela Mohr
Regie:	Hajo Gies
Schauspieler:	unter anderem Simone von Zglinicki, Martin Lindow, Dieter Montag, Juliane Gibbins, Andreas Schmidt-Schaller

Der Geschäftsführer eines Freizeitparks wird auf dem Gelände erschlagen. Offensichtlich wurde der Park erpresst. Unerklärbare Grabungen in der Nähe einer Achterbahn und Drohbriefe belegen die Vermutung. Als die Kommissare den vorbestraften mutmaßlichen Erpresser verhaften wollen, liegt dieser tot auf einem Parkplatz. In seinem Wohnwagen wird eine selbstangefertigte Karte mit markierten Orten gefunden.

547/03 – Die Liebe der Schlachter (RB)

Sendedatum:	16.11.03
Quote:	7,80 Mio. / 21 % MA
Bremen:	Lürsen / Stedefreund
Drehbuch:	Jochen Greve
Regie:	Thomas Jauch
Schauspieler:	unter anderem Winfried Hammelmann, Maja Maranow, Hannes Jaenicke, Angelika Thomas

Inga Lürsen hilft beim Umzug ihrer Tochter. Die Leiche einer jungen Nachbarin wird gefunden. War es ein Selbstmord? Im gleichen Haus wohnt ein Schlachter-Ehepaar, für die die Tote wie eine Tochter war. Auch bei anderen Hausbewohnern war sie nicht unbeliebt. Der Hausmeister konnte allerdings bei ihr nicht landen. Lürsen, obwohl außer Dienst, »schnüffelt« ein wenig in Helens neuer Umgebung.

548/03 – Im Visier (BR)

Sendedatum: 23. 11. 03
Quote: 9,39 Mio. / 26 % MA
München: Batic / Leitmayr
Drehbuch: Peter Fratzscher, Sabine Bühring
Regie: Peter Fratzscher
Schauspieler: unter anderem Carin C. Tietze, Jessica Richter

Ein Bauunternehmer wird nachts auf dem Heimweg vor seiner Villa erschossen. Die Münchner Kommissare müssen im Umfeld von geprellten Anlegern ermitteln. Ein Landwirt verlor seinen Hof durch die Firma, deren Vorstandsvorsitzender der Tote war. Die Schwester und der Assistent des Ermordeten planen neue Geschäfte, die die Firma sanieren sollen. Ein Banküberfall mit Geiselnahme erschwert die Arbeit von Batic und Leitmayr.

549/03 – Väter

Sendedatum: 30. 11. 03
Quote: 7,87 Mio. / 22 % MA
Kiel: Borowski / Jung
Drehbuch: Orkun Ertener
Regie: Thomas Freundner
Schauspieler: unter anderem Mehdi Moinzadeh, Götz Schubert

Der neue Kommissar in Kiel kettet einen Zeugen kurzerhand nackt auf einem Bordelldach an. Diese unkonventionelle Methode der Zeugenbefragung bringt ihm fast eine Suspendierung ein; in jedem Fall aber einige Sitzungen bei der Psychologin Frieda Jung. Ein neuer Fall lässt ihm aber keine Zeit dafür. Ein stark unter Erfolgsdruck stehender Berufsfahrer wird geblitzt. Er flieht. Bei der Verfolgung verunglückt ein Polizist tödlich. Nun wird der Flüchtige als »Polizistenmörder« gesucht.

550/03 – Der Schächter (SWR)

Sendedatum: 07. 12. 03
Quote: 7,12 Mio. / 20 % MA
Konstanz: Blum

Drehbuch: Fred Breinersdorfer
Regie: Jobst Oetzmann
Schauspieler: unter anderem Nikolaus Paryla, Ulrich Bähnk, Felix von Manteuffel, Hannes Hellmann, Dirk Mühlbach, Michael Hanemann

Das Gerücht über einen toten Jungen bewahrheitet sich und trübt die Sommeridylle in Konstanz. Ein Freund Blums, der in der jüdischen Gemeinde Straßburgs als Schächter tätig ist, gerät aufgrund wiedererwachender, antisemitischer Vorurteile einiger Konstanzer Bürger in Verdacht. Blum, von der Unschuld ihres Freundes überzeugt, verfolgt unbeirrt von den herrschenden Klischees andere Indizien.

551/03 – Sag nichts (WDR)
Sendedatum: 14.12.03
Quote: 7,98 Mio./22 % MA
Münster: Boerne/Thiel
Drehbuch: Hans Christian Laaber
Regie: Lars Kraume
Musik: Jan Josef Liefers
Schauspieler: unter anderem Jenny Schilly, Otto Mellies, Julika Jenkins, Harald Schrott, Tina Engel

Reifenspuren helfen Kommissar Thiel, die Identität eines Toten zu ermitteln. Es handelt sich um einen zu Depressionen neigenden erfolgreichen Geschäftsmann, der mit seinem langjährigen Freund ein Unternehmen führte. Während ihrer Spurensuche nach dem Mörder und einem möglichen Tatmotiv treffen Boerne und Thiel auf ein traumatisches Erlebnis des Toten und seiner in der Psychiatrie lebenden Schwester, das viele Jahre zurückliegt.

552/03 – Das Böse (HR)
Sendedatum: 21.12.03
Quote: 7,17 Mio./20 % MA
Frankfurt: Dellwo/Sänger
Drehbuch: Nikolaus Stein von Kamienski (Niki Stein)

Regie: Nikolaus Stein von Kamienski
Schauspieler: unter anderem Peter Lerchbaumer, Ulrich Tukur, Michaela Rosen, Oliver Bootz

Tatort Frankfurter U-Bahnhof-Station: Ein Mann fällt auf die Gleise und wird überfahren. Er ist tot. Eine Zeugin hat den Vorfall beobachtet. Sehr schnell steht fest, dass der Mann absichtlich gestoßen wurde. Ein weiterer Zeuge meldet sich. Er zieht durch sein merkwürdiges Verhalten die besondere Aufmerksamkeit der Polizei auf sich. Der Fall nimmt für Kommissarin Sänger eine überraschende Wendung.

553/03 – Veras Waffen (SR)
Sendedatum: 28.12.03
Quote: 5,82 Mio./17 % MA
Saarbrücken: Palu
Drehbuch: Hans-Christoph Blumenberg
Regie: Hans-Christoph Blumenberg
Schauspieler: u. a. Nicole Heesters, Rosel Zech, Stefan Kurt, Robert Glatzeder, Ellen Schwiers, Alice Hoffmann, Julian Manuel

Eine renommierte Demoskopin und Institutsleiterin wird in Saarbrücken mit einem schwarzen Fleck ihres früheren Lebens konfrontiert. Als Studentin hatte sie in einem Bordell gejobbt. Aus dieser Zeit tauchen Unterlagen auf. Ein Mord geschieht, jemand erpresst die Wissenschaftlerin. Palu ermittelt und entdeckt einen unaufgeklärten Mord in der Vergangenheit. In der Gegenwart scheint jemand schon an den Strippen der Nachfolge für die Institutsleitung zu ziehen.

2004

554/04 – Eine ehrliche Haut (SFB)
Sendedatum: 04.01.04
Quote: 7,27 Mio./20 % MA

Berlin: Ritter / Stark
Drehbuch: Ralph Bohn
Regie: Ralph Bohn
Schauspieler: unter anderem Heikko Deutschmann, Stefanie Stappenbeck, Dietrich Mattausch

Die vielversprechende Karriere eines jungen Politikers droht abrupt zu enden, als er mit seinem Wagen einen Mann überfährt. Es stellt sich heraus, dass der junge Mann schon vor dem Unfall tot war. Medienhetze und randalierende Freunde des Toten machen dem Politiker das Leben schwer, während er darüber hinaus in einem Netz von Intrigen gefangen ist.

555/04 – Bitteres Brot (SWR)
Sendedatum: 18. 01. 04
Quote: 8,42 Mio. / 23 % MA
Konstanz: Blum / Perlmann
Drehbuch: Dorothee Schön
Regie: Jürgen Bretzinger
Schauspieler: unter anderem Ulrich Gebauer, Julia Jentsch, Lena Stolze

»Vorsätzlicher Mord« lautet die Hypothese von Klara Blum gegenüber ihrem neuen Kollegen Perlmann, nachdem die Tochter eines Bäckers tot im Backofen aufgefunden wurde. Alle Spuren führen zum Vater des Mädchens, der erst kürzlich aus dem Gefängnis entlassen wurde. Bei ihm wird ein Rachemotiv vermutet, weil seine beiden Töchter ihn vor sechs Jahren wegen sexuellen Missbrauchs angezeigt hatten. Sind diese Spuren inszeniert?

556/04 – Todesbande (NDR)
Sendedatum: 25. 01. 04
Quote: 6,98 Mio. / 19 % MA
Hamburg: Casstorff / Holicek
Drehbuch: Thomas Bohn
Regie: Thomas Bohn

Schauspieler: unter anderem Julia Schmidt, Franziska Petri, Gerd Baltus, Hans-Jochen Wagner, Fjodor Olev

Ein junger Polizist, der während einer Demonstration eine Apotheke bewacht, wird krankenhausreif geschlagen und erliegt später seinen Verletzungen. Casstorffs Sohn Daniel nahm an der Demo teil. Die Spur führt zu einem radikalen Demonstranten aus der autonomen Szene, das BKA übernimmt. Casstorff und seine Kollegen ermitteln im näheren Umfeld des Toten weiter. Bald erscheint der Fall in einem neuen Licht.

557/04 – Waidmanns Heil (MDR)
Sendedatum: 01.02.04
Quote: 7,61 Mio./21% MA
Leipzig: Ehrlicher/Kain
Drehbuch: Andreas Pflüger
Regie: Peter F. Bringmann
Schauspieler: unter anderem Christian Redl, Thomas Sarbacher

Wer auf eine Jagd geht, lebt gefährlich. Ein Jäger, ein wohlhabender Immobilienbesitzer, wird bei einer Treibjagd mit einer Ladung Schrot getötet. Unfall oder geplanter Mord? Die Leipziger Kommissare finden eine größere Anzahl von möglichen Verdächtigen im geschäftlichen aber auch im privaten Umfeld. Hier gibt es einige offene Rechnungen, ein explosives Gemisch aus Eifersucht, Neid und Hass. Da geschieht ein weiterer Mord.

558/04 – Große Liebe (SWR)
Sendedatum: 22.02.04
Quote: 8,09 Mio./22% MA
Ludwigshafen: Kopper/Odenthal
Drehbuch: Daniel Martin Eckhardt
Regie: Manuel Siebenmann
Schauspieler: unter anderem Uwe Bohm, Juliane Köhler, Klaus Manchen, Wolfgang Häntsch

Der Fahrer eines Geldtransportes kann bei einem Überfall fliehen und die Täter abhängen. Sein Mitfahrer wird erschossen. Ein Teil der Beute verschwindet mit den Räubern, ein anderer Teil kann vom Fahrer gerettet werden. Die Ludwigshafener Kommissare haben den Fahrer in Verdacht, mit den Tätern ein abgekartetes Spiel zu treiben. Lena Odenthal kennt den Fahrer aus ihrer Jugend und möchte diesen Verdacht gar nicht haben …

559/04 – Heimspiel (NDR)

Sendedatum: 29.02.04
Quote: 8,74 Mio./23 % MA
Hannover: Lindholm
Drehbuch: Orkun Ertener
Regie: Thomas Jauch
Schauspieler: unter anderem Ingo Naujoks, Catrin Striebeck, Heikko Deutschmann, Max von Pufendorf

Ein Attentat auf den Senior-Firmenchef eines Pharmaunternehmens, das sich mit Genforschung beschäftigt, ruft Lindholm auf den Plan. Der Sohn kümmert sich um Personenschutz für seinen Vater. Die Firma wird weiter bedroht: Zwei Millionen Euro Schutzgeld sollen gezahlt werden. Der Staatsschutz schaltet sich ein. Welche Gründe gibt es für die Bedrohung in der Forschungsabteilung der Firma? Oder handelt es sich um einen privaten Rachefeldzug?

560/04 – Tod unter der Orgel (ORF)

Sendedatum: 14.03.04
Quote: 7,04 Mio./19 % MA
Wien: Eisner
Drehbuch: Alrun Fichtenbauer
Regie: Walter Bannert
Schauspieler: unter anderem August Schmölzer, Helmut Berger, Michou Friesz

Bei der Eröffnungsfeier eines internationalen Orgelwettbewerbs in einem Kärntner Kloster wird ein junger Organist von einer

Orgelpfeife, die sich aus ihrer Verankerung löst, erschlagen. Ein bekannter, politisch engagierter Bischof sollte die Feier eröffnen. War es Sabotage, ein verfehltes Attentat oder ein Unfall? Ein zweiter Musikstudent stirbt: Er hatte sich an der Kakaodose des Bischofs bedient.

561/04 – Schichtwechsel (NDR)

Sendedatum:	28.03.04
Quote:	6,82 Mio./19 % MA
Kiel:	Borowski/Jung
Drehbuch:	Jan von der Bank
Regie:	Christine Hartmann
Schauspieler:	unter anderem Mehdi Moinzadeh, Stefanie Stappenbeck, Felix Eitner, Joram Voelklein, Arndt Schwering-Sohnrey

Drohende Entlassungen in einer Kieler Werft setzen ein Personalroulette in Gang. Wer von den Mitarbeitern wird gehen müssen? Die Antwort wird wohl der Betriebsratsvorsitzende als einer der Ersten kennen. Dieser scheint mehr seine eigenen Interessen als die der betroffenen Kollegen zu verfolgen. Eines Morgens wird er erschlagen in der Werft aufgefunden.

562/04 – Abschaum (RB)

Sendedatum:	04.04.04
Quote:	7,96 Mio./23 % MA
Bremen:	Lürsen/Stedefreund
Drehbuch:	Thorsten Näter
Regie:	Thorsten Näter
Schauspieler:	unter anderem Monica Bleibtreu, Christoph Bantzer, Peter Rühring, Antje Westermann

Eine 12-Jährige wird tot aufgefunden. Zunächst deutet alles auf einen Selbstmord hin. Doch dann gibt es Anzeichen, dass das Mädchen misshandelt worden ist. In Verdacht gerät ein Bewohner eines Behindertenheimes. Bald weisen unglaubliche Spuren zu einer satanischen Sekte, die Kinder angehöriger Familien für ihre Rituale rücksichtslos einsetzen.

563/04 – Hundeleben (WDR)

Sendedatum: 12.04.04
Quote: 7,83 Mio./22% MA
Köln: Ballauf/Schenk
Drehbuch: Nina Hoger, Hardy Sturm
Regie: Manfred Stelzer
Schauspieler: unter anderem Otto Mellies, Rudolf Wessely, Pola Kinski

In einem Seniorenstift, in dem auch Schenks Großmutter lebt, wird eine Ärztin ermordet. Der Pflegenotstand, der den Heimbewohnern nur Schmalspurpflege zukommen lässt, sorgt für innerbetriebliche Spannungen. Darüber hinaus erhebt ein Heimbewohner den Vorwurf, dass seine Ehefrau hätte gerettet werden können, wenn Hilfsmaßnahmen rechtzeitig erfolgt wären. Kurze Zeit später stirbt noch ein weiterer Heimbewohner …

564/04 – Janus (HR)

Sendedatum: 18.04.04
Quote: 8,28 Mio./24% MA
Frankfurt: Dellwo/Sänger
Drehbuch: Klaus-Peter Wolf
Regie: Klaus Gietinger
Schauspieler: unter anderem Roman Knizka, Jürgen Tarrach, Nadja Bobyleva, Heinz-Werner Kraehkamp, Rolf Becker

Um den Mord an der Schulpsychologin einer Gesamtschule aufzuklären, schlüpft Charlotte Sänger in die Rolle einer Psychologin. Erst kurze Zeit vorher hatte sich dort ein Schüler das Leben genommen. Während Charlotte verdeckt ihre Beobachtungen im Schulmilieu macht, forscht Dellwo im Umfeld der Toten und stößt auf einen verdächtigen Klienten.

565/04 – Mörderspiele (WDR)

Sendedatum:	25.04.04
Quote:	8,34 Mio./24% MA
Münster:	Boerne/Thiel
Drehbuch:	Stephan Meyer
Regie:	Stephan Meyer
Schauspieler:	unter anderem Karl Kranzkowski, Marina Weis-Burgaslieva

Eine weibliche Leiche ohne Kopf wird ans Seeufer gespült. Die Analyse ihres Mageninhaltes weist auf eine üppige letzte Mahlzeit mit Trüffeln und Rotwein hin. Prof. Boerne erinnert sich an einen ähnlichen spektakulären Mordfall vor 50 Jahren. Diente dieser als Vorlage für ein neues Verbrechen? Thiel beginnt zu ermitteln, da geschieht ein zweiter Mord.

566/04 – Sechs zum Essen (BR)

Sendedatum:	02.05.04
Quote:	7,34 Mio./22% MA
München:	Batic/Leitmayr
Drehbuch:	Stefanie Kremser
Regie:	Fillipos Tsitos
Schauspieler:	unter anderem Ulrike Krumbiegel, Merab Ninidze

Kommissar Menzinger sucht privates Glück auf einer Veranstaltung für Singles. Doch leider wird seine Auserwählte noch von einem anderen umworben. Da wird sein Konkurrent offensichtlich absichtlich von einem Auto überfahren. Batic und Leitmayr recherchieren in der Szene der Großstadtsingles und stellen fest, dass der Tote ein Frauenheld war und in einer festen Beziehung lebte.

567/04 – Der vierte Mann (RBB)

Sendedatum:	09.05.04
Quote:	7,54 Mio./22% MA
Hamburg:	Ritter/Stark
Drehbuch:	Hartmann Schmige

Regie: Hannu Salonen
Schauspieler: unter anderem Jürgen Vogel, Antje Westermann, Klaus Manchen, Ulrich Gebauer, Gerhard Naujoks

Der Tod eines Restaurators erscheint auf den ersten Blick wie ein Raubmord, den ein Zollbeamter zufällig entdeckt. Dahinter verbirgt sich ein raffiniert organisierter, illegaler Kunsthandel. Gibt es neben drei auffälligen Personen, die im Kreis der Verdächtigen stehen, noch einen vierten Mann? Ein junger Maler und Kleinkrimineller ist einer der Hauptverdächtigen.

568/04 – Abgezockt (SWR)
Sendedatum: 16.05.04
Quote: 8,19 Mio./26 % MA
Ludwigshafen: Kopper/Odenthal
Drehbuch: Klaus-Peter Wolf
Regie: Christoph Stark
Schauspieler: unter anderem Sebastian Blomberg, Anna Schudt, Annalena Schmidt

Ein tödlicher Autounfall oder Mord? Die Frage wird schnell geklärt. Der Tote war ein Verkäufer im Schneeballsystem für Energy-Drinks. Ein Verkaufssystem, bei dem eigentlich nur die Geschäftsleitung wohlhabend wird, während die anderen mit dem Glauben an schnelles und leicht verdientes Geld abgezockt werden und dabei nicht selten in die Pleite rauschen. Kopper lässt sich von der Abzocker-Firma anwerben …

569/04 – Odins Rache (WDR)
Sendedatum: 11.07.04
Quote: 8,88 Mio./27 % MA
Köln: Ballauf/Schenk
Drehbuch: Hannes Stöhr
Regie: Hannes Stöhr
Schauspieler: unter anderem Barbara Rudnik, Sandra Borgmann, Dirk Borchardt, Peter Rühring, Nuray Sahin

Die Jagd von einem Unbekannten auf Skinheads sorgt für Schlagzeilen. Ballauf und Schenk hören sich bei Hinterbliebenen um, auch beim Verfassungsschutz. Eine Verbindung unter den Opfern wird deutlich: Alle waren vor Jahren an einem Anschlag auf ein türkisches Lokal beteiligt. Handelt es sich um einen Racheakt der damals Betroffenen, oder legt jemand bewusst eine falsche Spur?

570/04 – Gefährliches Schweigen (SWR)

Sendedatum: 18.07.04
Quote: 8,16 Mio./27% MA
Ludwigshafen: Kopper/Odenthal
Drehbuch: Martin Eigler, Annette Bassfeld-Scheper
Regie: Martin Eigler
Schauspieler: u. a. Bibiana Beglau, Christoph Bach, Karin Baal

Ein Mord führt Odenthal und Kopper in eine betreute Wohngemeinschaft. Die Mitbewohner, vier junge Mädchen, sind offenbar mit Gewalt eingeschüchtert worden. Ein Kleinkrimineller scheint sich dort zu Hause zu fühlen. Odenthal unterstützt die Bemühungen der Betreuerin, den unerwünschten Gast mit Hilfe der Behörden aus der WG zu entfernen. Doch dies scheint mit den Interessen des Drogendezernates zu kollidieren.

571/04 – Bienzle und der steinerne Gast (SWR)

Sendedatum: 25.07.04
Stuttgart: Bienzle
Drehbuch: Felix Huby
Regie: Hartmut Griesmayr
Schauspieler: unter anderem Jürgen Tarrach, Max Gertsch, Maria Hartmann, Maren Kroymann

Mord hinter und auf der Opernbühne. Zuerst wird der Theaterarzt des Stuttgarter Opernhauses während der Premierenfeier von Mozarts Don Giovanni niedergestochen. Bienzle schaut hinter die schillernden Kulissen der Theaterwelt und stößt dabei auf eine Familientragödie. Dann geschieht ein zweiter Mord auf der Bühne.

572/04 – Der Wächter der Quelle (ORF)

Sendedatum: 08.08.04
Quote: 5,61 Mio. / 23 % MA
Wien: Eisner
Drehbuch: Felix Mitterer, Holger Barthel
Regie: Holger Barthel
Schauspieler: unter anderem Birgit Doll, Johannes Krisch

In einem Tiroler Dorf herrscht ein heftiger Streit zwischen Investoren, die eine Heilquelle industriell nutzen wollen, und Umweltschützern. Ein Umweltaktivist wird tot an der Quelle aufgefunden und erfordert den Einsatz des Sonderermittlers Eisner und seiner Kollegin. Die Indizien weisen augenscheinlich auf Selbstmord, doch es gibt auch mögliche Täter unter Dorfbewohnern und rücksichtslosen Geschäftemachern.

573/04 – Verraten und verkauft (WDR)

Sendedatum: 19.09.04
Quote: 8,03 Mio. / 24 % MA
Köln: Ballauf / Schenk
Drehbuch: Peter Goslicki
Regie: Mario Giordano
Schauspieler: unter anderem Joos Siedhoff, Ulrike Kriener, Petra Kleinert, Anna Maria Mühe, Thomas Arnold

Ein vorgetäuschter Verkehrsunfall sollte die Spuren des Mordes an einem Monteur vertuschen. Das eindeutige Resultat der Obduktion lautet: erst erschlagen, dann überfahren. Indizien führen zu einer angesehenen Privatschule, in die sich Schenk als Hausmeister getarnt einschleust. Mit ihren Recherchen müssen die Kommissare weit bis in die dunkle Vergangenheit des Dritten Reiches zurückgehen.

574/04 – Stirb und werde (NDR)

Sendedatum: 10.10.04
Quote: 8,85 Mio. / 25 % MA
Kiel: Borowski / Jung

Drehbuch: Orkun Ertener
Regie: Claudia Garde
Schauspieler: unter anderem Matthias Brandt, Mehdi Moinzadeh, Anna Thalbach, Barbara Stoll

Serienmorde halten Kiel in Atem. Nachdem eine 16-jährige Schülerin und begabte Pianistin sterben musste, starb ein talentierter Schachspieler. Nach einem weiteren Opfer verschwindet ein 7-jähriger hochbegabter Junge. Die Zusammenhänge scheinen klar zu sein. Die Kripobeamten müssen mit Hilfe der Polizeipsychologin Jung das Muster der Taten entschlüsseln.

575/04 – Herzversagen (HR)
Sendedatum: 17.10.04
Quote: 9,43 Mio./27 % MA
Frankfurt: Dellwo/Sänger
Drehbuch: Stephan Falk, Thomas Freundner
Regie: Thomas Freundner
Schauspieler: unter anderem Peter Lerchbaumer, Elisabeth Wiedemann, Friedrich Schoenfelder, Iris Böhm

Die Kommissare Dellwo und Sänger stoßen bei ihren Ermittlungen zum Tod einer alten Frau auf eine Reihe rätselhafter, offiziell an Herzversagen Verstorbener im Frankfurter Bahnhofsviertel. Alle hatten kurz vor ihrem Tod die Ersparnisse von ihren Bankkonten abgehoben. Weiterhin besaßen alle Opfer Kleidungsstücke desselben Pelzhändlers. Wer nutzte die Einsamkeit dieser Opfer aus und profitierte davon?

576/04 – Märchenwald (NDR)
Sendedatum: 24.10.04
Quote: 9,32 Mio./21 % MA
Hannover: Lindholm
Drehbuch: Martina Mouchot, Orkun Ertener
Regie: Christiane Balthasar
Schauspieler: unter anderem Hannes Jaenicke, Ingo Naujoks, Charly Hübner, Michael Wittenborn

Der erschossene Mann im niedersächsischen Wald führt Charlotte Lindholm nach anfänglichem Rätseln in eine beziehungsreiche Tragödie im nahe gelegenen Ort mit klassischen Erklärungsmustern wie Liebe, Schuld und Rache. Im Wald wird erneut geschossen. Ein kleines Mädchen, das sich in einer Phantasiewelt eingesponnen hat, erweckt Charlottes besonderes Interesse. Die Ermittlungen im Märchenwald bringen ihr eine private Wendung.

577/04 – Teufelskreis (MDR)

Sendedatum:	31.10.04
Quote:	6,98 Mio./21% MA
Leipzig:	Ehrlicher/Kain
Drehbuch:	Fred Breinersdorfer, Hans-Werner Honert
Regie:	Hans-Werner Honert
Schauspieler:	unter anderem Marie Lou Sellem, Thomas Schmauser, Lisa Martinek, Simone von Zglinicki

Am Leipziger Völkerschlachtdenkmal stürzt ein Rädelsführer der Neonazis zu Tode. Die Kommissare stellen Mord fest. Ehrlicher und Kain müssen in ihrem 35. Fall im braunen Sumpf der Gegenwart ermitteln. Auch der Staatsschutz ist involviert und bedient sich unkonventioneller Methoden. In welcher Verbindung stand ein verletzter Politaktivist mit dem Toten?

578/04 – Nicht jugendfrei (BR)

Sendedatum:	07.11.04
Quote:	7,87 Mio./22% MA
München:	Batic/Leitmayr
Drehbuch:	Gerlinde Wolf
Regie:	Thomas Jauch
Schauspieler:	unter anderem Horst Sachtleben, Dietmar Schönherr, Eva Pflug, Christiane Hammacher, Max von Pufendorf, Bernd Dechamps

Der Nachmittagskuchen sorgt bei dem alten Freundestrio (Eva Pflug, Dietmar Schönherr, Horst Sachtleben) regelmäßig für bessere Stimmung. Er lässt sie ihre Altersbeschwerden vergessen. Doch eines Tages wird der Apotheker und Ehemann der zum Trio gehörenden alten Dame in seiner Apotheke erstochen aufgefunden. Ein fliehender Drogensüchtiger gerät zunächst unter Tatverdacht. Das Trio sucht einen neuen Weg.

579/04 – Teufel im Leib (SR)

Sendedatum: 14. 11. 04
Quote: 7,81 Mio. / 21 % MA
Saarbrücken: Palu
Drehbuch: Jochen Senf, Hans-Christoph Blumenberg
Regie: Hans-Christoph Blumenberg
Schauspieler: unter anderem Leslie Malton, Sky du Mont, Jessica Schwarz, Christian Berkel, Sascha Ley

Die Fassade der vielversprechenden plastischen Chirurgie beginnt zu bröckeln, als die Saarbrücker Kommissare Max Palu und Stefan Deininger gleich zwei Morde an Medizinern aufzuklären haben. Im Mittelpunkt steht eine unter starken Schmerzen leidende junge Patientin mit psychischen Problemen, der mit einer Schmerz- und einer Psychotherapie geholfen werden soll.

580/04 – Verlorene Töchter (NDR)

Sendedatum: 21. 11. 04
Quote: 9,08 Mio. / 25 % MA
Hamburg: Casstorff / Holicek
Drehbuch: Elke Schuch, Marc Blöbaum
Regie: Daniel Helfer
Schauspieler: unter anderem Saskia Fischer, Inga Busch

Eine 14-jährige Tote und eine ebenso junge tatverdächtige, gewaltbereite Mädchenclique führen die Hamburger Kommissare nicht nur in soziale Randgebiete der Stadt. Casstorff und Holicek sind während der Lösung dieses Falles besonders auf ihre Kollegin Jenny (Julia Schmidt) angewiesen, die mit Empathie auf die Verdächtigen Jugendlichen zugeht.

581/04 – Abseits (MDR)

Sendedatum: 28.11.04
Quote: 8,49 Mio./23% MA
Leipzig: Ehrlicher/Kain
Drehbuch: Horst Freund
Regie: Hajo Gies
Schauspieler: unter anderem Fritz Wepper, Charlotte Schwab

Der geplante Urlaub von Kommissar Ehrlicher platzt, denn die junge Leiterin der Personalabteilung des neuen noch nicht eröffneten Leipziger Stadions wurde erschlagen. Recherchen unter den Angestellten zeichnen ein skrupelloses und hässliches Bild der Getöteten, die mit großer Rücksichtslosigkeit ihre eigenen Ziele verfolgte. Die Vermutung, dass es sich bei der Tötung um einen Racheakt handelt, liegt nah. Die Zahl der möglichen Täter ist groß …

582/04 – Eine Leiche zu viel (WDR)

Sendedatum: 05.12.04
Quote: 8,89 Mio./25% MA
Münster: Boerne/Thiel
Drehbuch: Dorothee Schön, Georg Schott
Regie: Kaspar Heidelbach
Schauspieler: unter anderem Jürgen Hentsch, Stefan Gebelhoff, Carola Regnier, Ute Willing

Es war Mord. Studenten entdecken während ihres Unterrichts im Seziersaal der Anatomie die konservierte Leiche einer französischen Chemikerin, die sich als Gastdozentin in Münster aufhielt. Thiel und Boerne suchen den Täter im Umfeld der Universität unter anerkannten Wissenschaftlern. Auch der Ehemann, der aus dem Ausland anreist, macht sich durch ein auffälliges Verhalten verdächtig.

583/04 – Vorstadtballade (BR)

Sendedatum: 12.12.04
Quote: 7,52 Mio./21% MA
München: Batic/Leitmayr

Drehbuch: Robert Hültner
Regie: Martin Enlen
Schauspieler: unter anderem Anna Brüggemann, Michael Tregor

Ein junges Pärchen aus der Provinz sucht nach einem Operettenabend in der Großstadt in einer Münchner Vorstadtkneipe Schutz vor einem Gewitter. Die Stammtischmitglieder kommen mit dem fremden, schüchtern wirkenden Pärchen ins Gespräch. Ein paar Monate später muss die Münchner Kripo einen erhängten Stammtischbruder im Keller der Gaststätte abschneiden.

2005

584/05 – Bienzle und der Feuerteufel (SWR)
Sendedatum: 02.01.05
Stuttgart: Bienzle
Drehbuch: Felix Huby, Dieter de Lazzer
Regie: Arend Agthe
Schauspieler: unter anderem Bernd Gnann, Harald Koch, Jürgen Haug, Katarina Medvedeva

Brandstiftung nach immer gleichem Muster ist die Ursache mehrerer Brände. Für Bienzle wird es heiß, denn beim dritten Brand gibt es einen Toten, der als Rumäne und ehemaliger Securitate-Mitarbeiter identifiziert wird. Er arbeitete zuletzt als Geldeintreiber. Handelt es sich um einen Trittbrettfahrer? Sollte ein Mord vertuscht werden? Bienzle ermittelt auch in den Reihen der Feuerwehr.

585/05 – Die Spieler (SWR)
Sendedatum: 09.01.05
Quote: 7,33 Mio./19 % MA
Konstanz: Blum/Perlmann
Drehbuch: Fred Breinersdorfer

Palu (Jochen Senf)

Pfeiffer (Bruno Dallansky)

Vorn: Otto Brandenburg (Horst Bollmann)

Michael Fichtl
(Michael Janisch)

Lena Odenthal (Ulrike Folkerts)

Batic / Leitmayr (Miroslav Nemec / Udo Wachtveitl)

Franz Markowitz (Günter Lamprecht)

Kain / Ehrlicher (Bernd Michael Lade / Peter Sodann)

Rechts: Bernd Flemming (Martin Lüttge)

Ernst Bienzle (Dietz Werner Steck)

Philipp von Burg
(László Imre Kish)

Leo Felber
(Heinz Schubert)

Roiter / Zorowski (Winfried Glatzeder / Robinson Reichel)

Max Becker (Klaus Wildbolz)

Lea Sommer (Hannelore Elsner)

Mario Kopper (Andreas Hoppe)

Varansi / Kant (Johannes Nikolussi / Wolfgang Hübsch)

Alfred Schenk / Max Ballauf (Dietmar Bär / Klaus J. Behrendt)

Stedefreund / Lürsen (Oliver Mommsen / Sabine Postel)

Moritz Eisner (Harald Krassnitzer)

Ritter / Hellmann
(Dominic Raacke, Stefan Jürgens)

Ritter / Stark (Boris Aljinovic, Dominic Raacke)

Casstorff / Holicek (Robert Atzorn / Tilo Prückner)

Charlotte Lindholm (Maria Furtwängler)

Dellwo / Sänger (Jörg Schüttauf / Andrea Sawatzki)

Blum / Perlmann (Eva Mattes / Sebastian Bezzel)

Boerne / Thiel (Jan Josef Liefers / Axel Prahl)

Jung / Borowski (Maren Eggert / Axel Milberg)

Vorn: Kappl (Maximilian Brückner);
rechts: Deininger (Gregor Weber)

Saalfeld/ Keppler (Simone Thomalla / Martin Wuttke)

Lannert / Bootz
(Richy Müller, Felix Klare)

Murot (Ulrich Tukur)

Regie:	Michael Verhoeven
Schauspieler:	unter anderem Jan Niklas, Ingeborg Westphal, Otto Sander, Andreas Seyferth, Wolfgang Häntsch

Eine Frau und zwei Männer. Die Geliebte eines Fabrikanten und Ehefrau eines Anwalts verschwindet eines Tages. Der Anwalt beschuldigt den befreundeten Fabrikanten, seine Frau ermordet zu haben. Eine weibliche Leiche, wie sich herausstellt, durch die Schiffsschraube des Fabrikanten-Bootes verstümmelt, wird ans Ufer getrieben. Während Spuren auf die Vermisste hinweisen, identifiziert der Anwalt die Tote nicht als seine Ehefrau. Die Konstanzer Kommissare rätseln …

586/05 – Dunkle Wege (NDR)

Sendedatum:	16.01.05
Quote:	8,24 Mio./21% MA
Hannover:	Lindholm
Drehbuch:	Thorsten Näter, Susanne Schneider
Regie:	Christiane Balthasar
Schauspieler:	unter anderem Hannes Jaenicke, Arnd Klawitter, Katharina Schüttler

Charlotte Lindholm reist nach Hannoversch-Münden. In der dortigen Polizeischule kam ein Schüler bei einer Übung ums Leben. Spektakulär ist Charlottes Einsatz auf einem Flussdampfer. Undercover versucht sie, hinter die Machenschaften des illegalen Glücksspiels auf dem Schiff zu kommen. Dabei muss sie unfreiwillig ein Bad in der Weser nehmen.

587/05 – Ein Glücksgefühl(NDR)

Sendedatum:	30.01.05
Quote:	8,98 Mio./23% MA
Hamburg:	Casstorff/Holicek
Drehbuch:	Markus Busch
Regie:	Fillipos Tsitos
Schauspieler:	unter anderem Tim Seyfi, Julie Charon Engelbrecht, Matthias Matschke

Ein französisches Au-pair-Mädchen hängt mit 8.000 Euro »Taschengeld« tot an einer U-Bahnbrücke. Die Hamburger Gastfamilie kann keine Hinweise geben. Eine Sackgasse. Eine neue Spur bringt der Abschiedsbrief eines Selbstmörders. Holicek und Casstorff lernen im Glücksspielmilieu ein »Würfelzimmer« der anderen Art kennen, einem ständig wechselnden Ort, wo über das Schicksal der Teilnehmer am Glücksspiel in unmenschlicher Manier entschieden wird.

588/05 – Feuertaufe (MDR)

Sendedatum: 06.02.05
Quote: 7,92 Mio. / 21 % MA
Leipzig: Ehrlicher / Kain
Drehbuch: Andreas Pflüger
Regie: Hannu Salonen
Schauspieler: unter anderem Michael Mendl, Katrin Saß

Die Leiche einer jungen Frau auf einem alten Industriegelände führt Kain und Ehrlicher zu einer Leipziger Immobilienfirma. Dort schien sie auf einer vielversprechenden Karriereleiter nach oben gewesen zu sein. Der Firmenchef steigert die Leistungen seiner ausschließlich weiblichen Mitarbeiterinnen mit suggestiven Motivationskursen. Die Kommissare geraten in ein Geflecht von Lügen und Ausbeutung, Erpressung und Betrug.

589/05 – Schürfwunden (WDR)

Sendedatum: 13.02.05
Quote: 9,43 Mio. / 24 % MA
Köln: Ballauf / Schenk
Drehbuch: Nikolaus Stein von Kamienski, Frank Posiadly
Regie: Nikolaus Stein von Kamienski
Schauspieler: unter anderem Wanja Mues, Anna Schudt, Ana Lais

Ein abgeschnittener Finger eines mutmaßlichen Täters, der an einem Überfall auf einen Geldtransporter beteiligt war, wird den Kölner Kommissaren per Post zugeschickt. Der Poststempel stammt aus einem kleinen trostlosen Dorf, das wegen Braunkohleförderung samt seinen lebenden und toten Bürgern umgesiedelt werden soll. In dem fast schon verwaisten Dorf treffen sich die Dorfbewohner noch regelmäßig zum Bier bei den Wirtinnen im »Goldenen Pflug«.

590/05 – Der Name der Orchidee (SWR)

Sendedatum:	06.03.05
Quote:	8,58 Mio./23 % MA
Konstanz:	Blum/Perlmann
Drehbuch:	Dorothee Schön
Regie:	Jürgen Bretzinger
Schauspieler:	unter anderem Tanja Seibt, Sky Dumont, Samuel Finzi, Yvonne Catterfeld

Tatort Palmenhaus. In eine exotische Welt von Pflanzenliebhabern und -züchtern werden die Kommissare auf der Insel Mainau am Tag der Eröffnung einer großen Orchideenausstellung geführt, nachdem ein Gärtner ermordet wurde. Ein roter Frauenschuh, eine legendäre Orchideenart, spielt eine wichtige Rolle, um dem Tatmotiv auf die Spur zu kommen.

591/05 – Todesbrücke (RBB)

Sendedatum:	13.03.05
Quote:	10,42 Mio./28 % MA
Berlin:	Ritter/Stark
Drehbuch:	Frauke Hunfeld
Regie:	Christine Hartmann
Schauspieler:	unter anderem Veit Stübner, Florian Martens, Christine Reinhart, Götz Schubert

Ein großer Pflasterstein wird von einer Brücke hinunter auf die Autobahn geworfen, trifft einen Wagen und der Fahrer verunglückt tödlich. Ritter und Stark glauben zunächst an das leichtsinnige Spiel von Kindern und ein zufälliges Opfer. Doch dem ersten Opfer, einem Insolvenzverwalter, folgt schon bald seine Kollegin. Sie arbeiteten gemeinsam an der Versteigerung eines insolventen Unternehmens.

592/05 – Schattenhochzeit (NDR)

Sendedatum: 20.03.05
Quote: 8,52 Mio./23% MA
Kiel: Borowski/Jung
Drehbuch: Karl-Heinz Käfer
Regie: Kaspar Heidelbach
Schauspieler: unter anderem Vadim Glowna, Corinna Kirchhoff

Der Bauunternehmer und Liebhaber einer jungen Kubanerin muss seiner Freundin beim Entsorgen einer Leiche aus dem gemeinsamen Liebesnest behilflich sein. Die Spur einer anderen Leiche führt Borowski zu dem Bauunternehmer, auf dessen Baustelle ein toter Wachmann gefunden wird. Dieser wurde mit dem Auto des Ehemanns seiner heimlichen Geliebten überfahren. Der Bauunternehmer wird erpresst, der Ehemann seiner Geliebten erstochen …

593/05 – Letzte Zweifel (SWR)

Sendedatum: 28.03.05
Quote: 8,02 Mio./23% MA
Ludwigshafen: Kopper/Odenthal
Drehbuch: Jochen Bitzer
Regie: Christoph Stark
Schauspieler: unter anderem Peter Davor, Oliver Stokowski, Harald Schrott, Johanna Gastorf

Am Ufer des Rheins wurde eine junge Frau erschlagen. Sie weist keine Merkmale sexuellen Missbrauchs auf. Indizien für einen Raubmord fehlen. Der Ehemann der Toten ist tief betroffen, als er die Todesnachricht erhält. Für Odenthal und Kopper erschließt sich bald ein Tatmotiv: Wusste der Witwer tatsächlich nichts vom Liebhaber und der Schwangerschaft seiner Frau?

594/05 – Der Frauenflüsterer (WDR)

Sendedatum: 03.04.05
Quote: 8,46 Mio./24% MA
Münster: Boerne/Thiel

Drehbuch: Stefan Cantz, Jan Hinter
Regie: Kaspar Heidelbach
Schauspieler: unter anderem Mechthild Großmann, Kai Wiesinger, Anna Loos, Jana Thies

Thiel und Boerne ermitteln auf einem westfälischen Gestüt. Der Reitlehrer, Frauenschwarm und Eigentümer der Pferdezucht gerät im Laufe der Untersuchungen in Verdacht, am Tod eines Restaurantbesitzers, mit dem er um Geld gestritten hat, beteiligt gewesen zu sein. Plötzlich explodiert der Wagen des Reitlehrers, mit dem seine Ehefrau wegfahren will.

595/05 – Wo ist Max Gravert? (HR)
Sendedatum: 17.04.05
Quote: 8,62 Mio./24% MA
Frankfurt: Dellwo/Sänger
Drehbuch: Lars Kraume
Regie: Lars Kraume
Schauspieler: u. a. Oliver Bootz, Tom Schilling, Justus von Dohnànyi, Matthias Matschke, Karl Kranzkowski, Tina Engel

Ein toter Versicherungsvertreter betrieb ein schmutziges Geschäft mit dem Kauf der Lebensversicherungen von Krebskranken. Die Kommissare kommen einem Versicherungsbetrug im großen Stil auf die Spur. Dellwo empfindet viel Sympathie für eine betroffene Kranke. Einer aus der Gruppe der Betrogenen, die niemals ihr Geld bekommen haben, versucht auf eigene Faust, sich an den Hintermännern des Betruges zu rächen.

596/05 – Am Abgrund (SWR)
Sendedatum: 24.04.05
Quote: 9,03 Mio./25% MA
Ludwigshafen: Kopper/Odenthal
Drehbuch: Richard Reitinger
Regie: René Heisig
Schauspieler: unter anderem Barnaby Metschurat, Charlotte Schwab

Eine scheinbar leichte Arbeit: Der junge Liebhaber vermögender reifer Damen überredet diese zu vielversprechenden Aktiengeschäften. Doch dann verschwindet der Galan mit dem anvertrauten Geld. Seine Freundin verhilft ihm nichtsahnend immer wieder zu neuen Opfern, bis eine frischverliebte Dame plötzlich misstrauisch wird und Nachforschungen anstellt, die sie mit dem Leben bezahlen muss.

597/05 – Minenspiel (WDR)
Sendedatum: 08.05.05
Quote: 8,77 Mio./25% MA
Köln: Ballauf/Schenk
Drehbuch: Karl-Heinz Käfer
Regie: Thorsten C. Fischer
Schauspieler: unter anderem Edda Leesch, Sheri Hagen, Maria Simon, Jürgen Tarrach, Johann von Bülow, Rudolf Kowalski

Im Kölner Stadtwald tritt ein Jogger und Unternehmer auf eine Mine. Er verblutet. Der Staatsschutz schaltet sich ein und fordert die Mithilfe des LKA. Der Getötete gehörte zum Vorstand der Stiftung »Land statt Minen«. Zugleich pflegte seine Maschinenbaufirma Geschäftsbeziehungen nach Afrika. Eine Freundin der angolanischen Witwe ist Krankenschwester, die lange in Angola gearbeitet hat. Die Kommissare kommen schließlich auf eine heiße Spur.

598/05 – Nur ein Spiel (BR)
Sendedatum: 22.05.05
Quote: 7,72 Mio./23% MA
München: Batic/Leitmayr
Drehbuch: Peter Zingler, Ulli Stephan
Regie: Manuel Siebenmann
Schauspieler: unter anderem Wolfgang Hinze, Sibylle Canonica, Martin Feifel, Philipp Moog

Schon länger benötigt ein erfolgreicher Werbefachmann die kreative Unterstützung eines Unbekannten, der ihn mit exzeptionellen

Texten und Ideen beliefert. Doch eines Tages ist der Agenturchef tot. Batic, Leitmayr und Menzinger stoßen bei ihrer Suche nach dem Mörder auf nur wenig trauernde Angehörige und Mitarbeiter. Eine Ausnahme bildet die Assistentin des Toten.

599/05 – Die schlafende Schöne (ORF)

Sendedatum:	29. 05. 05
Quote:	6,33 Mio. / 21 % MA
Wien:	Eisner
Drehbuch:	Dieter Berner
Regie:	Dieter Berner
Schauspieler:	unter anderem Suzanne von Borsody, Fritz Karl, Maresa Hörbiger, Hubsi Kramar

Der Bruder eines Geigenspielers wird in der Wohnung einer Musikprofessorin nach einem One-Night-Stand ermordet. Eine 300 Jahre alte Stradivari, »Die schlafende Schöne«, ist verschwunden. War es Raubmord? Der Ehe der Professorin mit einem international bekannten Geigenvirtuosen scheint schon länger Risse zu haben.

600/05 – Scheherazade (RB)

Sendedatum:	05. 06. 05
Quote:	7,27 Mio. / 21 % MA
Bremen:	Lürsen / Stedefreund
Drehbuch:	Christian Jeltsch
Regie:	Peter Henning, Claudia Prietzel
Schauspieler:	unter anderem Wolfgang Kraßnitzer, Ill-Young Kim, Bernd Tauber

Eine alte Bekannte aus dem Drogenmilieu, als wenig wahrheitsverbundene Geschichtenerzählerin bekannt, taucht im Kommissariat auf und berichtet vom Mord an ihrem Freund, der in den Terroranschlag vom 11. September verwickelt gewesen sein soll. Die Leiche liege in ihrer Wohnung. Doch als die Kommissare die Wohnung anschauen, findet sich weder eine Leiche noch ein Indiz für eine Straftat.

601/05 – Tiefer Fall (MDR)
Sendedatum: 12.06.05
Quote: 7,80 Mio./23 % MA
Leipzig: Ehrlicher/Kain
Drehbuch: Pim Richter
Regie: Thomas Freundner
Schauspieler: unter anderem Rüdiger Joswig, Janina Hartwig, Martin Feifel, Deborah Kaufmann, Henning Peke

Der achtjährige Sohn des Sprengmeisters liegt tot im Steinbruch. Fundort und Tatort sind jedoch nicht identisch. Ein Steinbruchbesitzer braucht dringend Geld für eine Investition, um sich für einen neuen Auftrag bewerben zu können. Sprengmeister und Kollegen nehmen zur Rettung ihrer Arbeitsplätze Hypotheken für ihre Häuser auf. Ein heftiger Streit endet für den Sprengmeister tödlich.

602/05 – Todesengel (RB)
Sendedatum: 10.07.05
Quote: 7,25 Mio./24 % MA
Bremen: Lürsen/Stedefreund
Drehbuch: Thorsten Näter
Regie: Thorsten Näter
Schauspieler: unter anderem Annette Strelow, Achim Hasse

Das Bremer Team muss einen Heckenschützen zur Strecke bringen. Er schießt aus dem Hinterhalt nicht nur auf Passanten, sondern auch auf Autofahrer. Mit Hilfe der Medien gelingt es Lürsen, den Schützen zu provozieren und in die Enge zu treiben. Dabei gerät sie immer näher in seine Schusslinie. Eine gewagte Aktion soll ihn überführen.

603/05 – Bienzle und der Sizilianer (SWR)
Sendedatum: 24.07.05
Stuttgart: Bienzle
Drehbuch: Felix Huby, Zoram Solomun

Regie: Hartmut Griesmayr
Schauspieler: unter anderem Marcus Michalski

Ein junger Sizilianer wird am Flughafen Stuttgart ermordet, nachdem er sich längere Zeit bei seinem Bruder im Allgäu, der dort eine Pizzeria besitzt, aufgehalten hat. Indizien ergeben, dass der Tote in Beziehungen mit der Mafia verstrickt war. Aber auch die Freundin des Toten und deren Ex-Freund geraten ins Visier von Bienzles Ermittlungen.

604/05 – Der Teufel vom Berg (ORF)
Sendedatum: 07.08.05
Quote: 7,71 Mio./23% MA
Wien: Eisner
Drehbuch: Felix Mitterer, Thomas Roth
Regie: Thomas Roth
Schauspieler: unter anderem Ulrich Tukur, Susanne Lothar

Moritz Eisner muss wieder in ein Tiroler Bergdorf reisen, um den Mord an der Ehefrau eines Industriellen zu klären. Dieser hat eine Kopfprämie zur Erfassung des Täters ausgesetzt. Ein Mann und Dauergast des Dorfes behauptete mehrfach, der Mörder der Ehefrau zu sein. Doch für Eisner ist es kein leichter Fall. Je mehr er ermittelt, desto mehr Ungereimtheiten entfernen ihn vom scheinbar eindeutigen Fall.

605/05 – Erfroren (WDR)
Sendedatum: 21.08.05
Quote: 8,25 Mio./25% MA
Köln: Ballauf/Schenk
Drehbuch: Stephan Brüggenthies, Patrick Gurris
Regie: Züli Aladag
Schauspieler: unter anderem Karoline Schuch, Eva Kryll, Peter Davor

Der Trainer und Preisrichter von jungen Eislauf-Nachwuchstalenten wird erfroren im Eislaufstadion aufgefunden. Bei den Ermittlungen finden Ballauf und Schenk heraus, dass der Tote keine weiße Weste trug. Er war in eine Dopingaffäre verwickelt und soll auch sehr parteiisch gewertet haben. Auch werden Vorwürfe des sexuellen Missbrauchs an Minderjährigen laut. Liegt das Tatmotiv für den Mord hinter diesen Anschuldigungen?

606/05 – Ohne Beweise (SWR)
Sendedatum: 28.08.05
Quote: 8,49 Mio./27% MA
Ludwigshafen: Kopper/Odenthal
Drehbuch: Martin Pristl
Regie: Jürgen Bretzinger
Schauspieler: unter anderem Axel Pape, Dirk Mühlbach, Stefan Reck

Ein ehemaliger LKA-Beamter, der als privater Ermittler arbeitet und zu Gewalttätigkeiten neigt, wird bei einer Schießerei verhaftet. Es gelingt ihm aber zu fliehen, und Lena Odenthal nimmt er als Geisel mit. Eine dramatische Fahrt durch Ludwigshafen beginnt, während Kopper und das LKA die Verfolgung aufnehmen. Eine Falle soll den Geiselnehmer stoppen.

607/05 – Requiem (RB)
Sendedatum: 25.09.05
Quote: 8,34 Mio./24% MA
Bremen: Lürsen/Stedefreund
Drehbuch: Thorsten Näter
Regie: Thorsten Näter
Schauspieler: unter anderem Thomas Limpinsel, Oona Devi Liebich

Kommissarin Lürsen und ihre Tochter geraten in die Fänge eines Durchgeknallten, der sie im stillgelegten Bremer Freizeitpark »Space Center« gefangen hält. Während ihre Kollegen draußen glauben, dass Inga bei einem Bombenattentat ums Leben gekommen ist, versuchen die beiden Gefangenen ihren »Wärter«, der sie videoüberwacht, zu überlisten und zu entkommen. Stedefreund kommt dem Kidnapper in allerletzter Minute auf die Spur.

608/05 – Borowski in der Unterwelt (NDR)

Sendedatum:	02.10.05
Quote:	5,40 Mio./16% MA
Kiel:	Borowski
Drehbuch:	Sascha Arango
Regie:	Claudia Garde
Schauspieler:	unter anderem Samuel Finzi, Uwe Bohm

Borowski muss in die Kieler Kanalisation hinunter, um einen grausamen Fund von Überresten menschlicher Körper zu enträtseln. Die Ermittlungen beginnen mit nie aufgeklärten, Jahre zurückliegenden Fällen. Eine 19-jährige Schülerin wird seit wenigen Tagen vermisst. Priester will der Täter sein. Borowski glaubt ihm nicht, doch welches Motiv hat er für seine Lüge?

609/05 – Leerstand (HR)

Sendedatum:	09.10.05
Quote:	7,20 Mio./20% MA
Frankfurt:	Dellwo/Sänger
Drehbuch:	Nikolaus Stein von Kamienski (Niki Stein)
Regie:	Nikolaus Stein von Kamienski
Schauspieler:	unter anderem Christian Berkel, Nina Petri

Ein mysteriöser Einsatz führt Dellwo und Sänger sonntags in das leerstehende alte Polizeipräsidium. Dort werden sie von Junkies überwältigt. Sänger wird aufgefordert, einen wegen Verfahrensfehler freigesprochenen Entführer eines Mädchens aus der Wohnung der Rechtsanwältin zu holen und ins Präsidium zu bringen. Als Drahtzieher der Aktion entpuppt sich der Vater des Opfers. In einem neuen, inszenierten Verhör, das wieder Dellwo führen soll, will er das Versteck seiner vermutlich toten Tochter erfahren. Der Fall nimmt eine überraschende Wendung.

610/05 – Leiden wie ein Tier (RBB)

Sendedatum:	16.10.05
Quote:	7,91 Mio./22% MA

Berlin: Ritter / Stark
Drehbuch: Ilse Biberti, Scarlett Kleint
Regie: Uwe Janson
Schauspieler: unter anderem Milan Peschel, Jenny Gröllmann, Walter Kreye

Der Leichnam des Leiters der Tierpathologie wird genauso drapiert wie seine toten Versuchstiere. Er liegt auf seinem Seziertisch: Zahlreiche Kanülen, Sonden, Schläuche und Elektroden zieren den Körper. Der Mörder wird in Kreisen radikaler Tierschützer gesucht. Die verflossenen Liebschaften des Professors bieten Eifersucht als weiteres Tatmotiv. Auch die Stieftochter des Opfers zählt zu den militanten Gegnern von Tierversuchen.

611/05 – Atemnot (NDR)
Sendedatum: 23.10.05
Quote: 9,26 Mio. / 25 % MA
Hannover: Lindholm
Drehbuch: Thorsten Näter, Verena Mahlow
Regie: Thomas Jauch
Schauspieler: unter anderem Hannes Jaenicke, Kathrin Ackermann, Catrin Striebeck, Michael König

Bei dem Unfalltod des Geschäftsführers einer Lebensmittelfirma geht das LKA von einem Anschlag aus. Der Tote war zuvor in einen Lebensmittelskandal verwickelt, der eine größere Zahl schwergeschädigter Opfer hinterließ. Der Fall entwickelt sich für Charlotte Lindholm mit folgenreichen Konsequenzen. Sie findet heraus, dass ihr Freund in der Anwaltskanzlei gearbeitet hat, der damals die Interessen des angeklagten Unternehmens vertrat.

612/05 – Freischwimmer (MDR)
Sendedatum: 30.10.05
Quote: 8,19 Mio. / 23 % MA
Leipzig: Ehrlicher / Kain
Drehbuch: Mario Giordano, Andreas Schlüter

Regie: Helmut Metzger
Schauspieler: unter anderem August Zirner

Ein am Down-Syndrom leidender Junge kommt in einem Freibad zu Tode. Er wurde ertränkt. Ehrlicher und Kain erfahren, dass der Junge gegen einen 17-Jährigen in einem Prozess aussagen sollte. Die Schwester des Toten hat eine Beziehung mit einem Freund des Beklagten. Sie war abgelenkt und hat nicht auf ihren Bruder aufgepasst, während der Mord geschah.

613/05 – Tod auf der Walz (BR)
Sendedatum: 06.11.05
Quote: 8,92 Mio./24% MA
München: Batic/Leitmayr
Drehbuch: Markus Fenner
Regie: Martin Enlen
Schauspieler: unter anderem Elmar Wepper, Maximilian Brückner, Michael Tregor, Erich Hallhuber

Die Münchner Kommissare Batic, Leitmayr und Menzinger müssen im traditionsreichen Umfeld der Handwerksgesellen, die auf der Walz sind, nach einem Mörder suchen. Im Mittelpunkt stehen zwei Burschen, die sich gemeinsam aufgemacht hatten und von denen der jüngere getötet wurde. Eine wandernde Handwerksgesellin hatte sich ihnen zwischenzeitlich angeschlossen. War der Mord ein Eifersuchtsdrama? Welche Rolle spielte der letzte Streit mit einem Arbeitgeber?

614/05 – Rache-Engel (SR)
Sendedatum: 13.11.05
Quote: 7,59 Mio./20% MA
Saarbrücken: Palu
Drehbuch: Jochen Senf, Andreas Föhr, Thomas Letocha
Regie: Robert Sigl
Schauspieler: unter anderem Annette Kreft, Nikolai Kinski, Annett Renneberg, Renée Soutendijk, Sylvester Groth

Die Stiftungsvorsitzende, kurz zuvor für ihren großen Einsatz zur Resozialisierung junger Straftäter geehrt, stürzt nachts vom Balkon. Die Kripo tippt auf Raubmord, nachdem sie die Spuren gesichert hat. Oder sind diese nur vorgetäuscht? Die Ehe war am Ende, die Familie zerfallen. Im Kreis der Verdächtigen stehen die Kinder der Toten, eine Assistentin der Stiftung sowie ein resozialisierter Ganove und Schützling der Toten, der zugleich ein alter Freund des Sohnes ist. Für Kommissar Max Palu erscheint die zerrüttete Ehe wie ein Spiegel seines eigenen Privatlebens.

615/05 – Der doppelte Lott (WDR)

Sendedatum:	20.11.05
Quote:	9,38 Mio. / 25 % MA
Münster:	Boerne / Thiel
Drehbuch:	Stefan Cantz, Jan Hinter
Regie:	Manfred Stelzer
Schauspieler:	unter anderem Mechthild Großmann, Claud D. Clausnitzer, Alexander Held, Chulpan Khamatova, Joe Bausch

Ein Mord sorgt für Schlagzeilen während des Wahlkampfes in Münster. Ein Kabarettist, der sich als rechter Bürgermeister-Kandidat verkleidet hatte, wird erschossen. Wer sollte erschossen werden? War es eine Verwechslung? War es eine politisch motivierte Tat? Thiel sieht sich vielen Fragen gegenüber. Boerne wird in einen Autounfall verwickelt …

616/05 – Im Alleingang (NDR)

Sendedatum:	27.11.05
Quote:	7,89 Mio. / 25 % MA
Hamburg:	Casstorff / Holicek
Drehbuch:	Rainer Butt
Regie:	Richard Huber
Schauspieler:	u. a. Devid Striesow, Anke Sevenich, Ursula Karven

Der Personalchef einer renommierten Sicherheitsfirma wird erschossen. Ein vor kurzem fristlos entlassener Personenschützer wird verdächtigt, sein Alibi schließt ihn aber aus dem Kreis der Verdächtigen aus. Kurze Zeit später wird ein Psychologe nach dem gleichen Muster und mit gleicher Tatwaffe erschossen. Die Verbindung zwischen beiden Toten liegt in einer gemeinsamen militärischen Vergangenheit, einem Auslandseinsatz im Kosovo.

617/05 – Schneetreiben (BR)

Sendedatum: 18.12.05
Quote: 9,07 Mio./24% MA
München: Batic/Leitmayr
Drehbuch: Claus Cornelius Fischer
Regie: Tobias Ineichen
Schauspieler: unter anderem Wanja Mues, Aloisius Landgraf, Klaus Haderer, Martin Falk, Günther Koch, Bernd Dechamps, Henry van Lyck

Eine nackte Leiche eines jungen Mädchens wird – erfroren im Schnee – in einem der Großstadt nahe gelegenen Forst entdeckt. Hauptverdächtig sind zwei junge Münchner »Schnösel«, die durch Insidergeschäfte reich, aber inzwischen auch wieder arm geworden sind und trotzdem auf großem Fuß leben. Sie begegnen Batic und Leitmayr mit Arroganz, Überheblichkeit und Kälte, der Tatverdacht erhärtet sich immer mehr.

618/05 – Das Lächeln der Madonna (SWR)

Sendedatum: 25.12.05
Quote: 4,89 Mio./16% MA
Konstanz: Blum/Perlmann
Drehbuch: Kai-Uwe Hasenheit
Regie: Christoph Stark
Schauspieler: unter anderem Harald Schrott, Brigitte Hobmeier

Ein Raub und ein Mord führen Blum und Perlmann ins Konstanzer Kunstmuseum. Dort wurde ein Cranach-Bild entwendet und der Restaurator mit einem Skalpell erstochen. Ins Visier der Ermittlungen gerät der neue Assistent der Museumsleiterin. Dieser beteuert, dass er den Restaurator nicht getötet habe. Blum entdeckt, dass die Museumsdirektorin dem Restaurator offenbar ein Schweigegeld gezahlt hat. Die Zahl der in Frage kommenden Täter steigt.

2006

619/06 – Sonnenfinsternis (MDR)

Sendedatum:	01. 01. 06
Quote:	7,72 Mio. / 20 % MA
Leipzig:	Ehrlicher / Kain
Drehbuch:	Andreas Pflüger
Regie:	Dieter Berner
Schauspieler:	unter anderem Catherine Flemming, Uwe Bohm, Hanna Petkoff, Klaus Manchen

Der Fahrer einer Leipziger Käserei wird tot in der Desinfektionskammer aufgefunden. An der Leiche finden die Kriminaltechniker keinerlei Spuren. Als Tatverdächtiger kommt ein vorzeitig aus der Haft Entlassener in Frage, der für den Mord an der Tochter des Familienbetriebes vor Jahren verurteilt wurde. Dieser hatte dem Opfer, der ihn damals beim Prozess schwer belastete, Rache geschworen. Auch die Freundin des entlassenen Häftlings pflegt Beziehungen zur Käserei-Familie. Plötzlich wird der Sohn der Familie entführt …

620/06 – Blutdiamanten (WDR)

Sendedatum:	15. 01. 06
Quote:	8,34 Mio. / 22 % MA
Köln:	Ballauf / Schenk
Drehbuch:	Sönke Lars Neuwöhner, Sven Poser
Regie:	Martin Eigler
Schauspieler:	unter anderem Charly Hübner, Andrea Croonenberghs, Andreas Windhuis, Florian Panzner, Isabella Parkinson, Vic de Wachter , Sonja Baum

Eine Aktivistengruppe von Globalisierungsgegnern stört das Fest zum Firmenjubiläum eines Juweliers, der beschuldigt wird, seine Diamanten aus Bürgerkriegsgebieten zu beziehen. Bei der Aktion fällt ein Schuss, mit dem ein Aktivist getötet wird. Die Kommissare vermuten einen Zusammenhang zwischen den »Blutdiamanten« und dem Mord. Ihre Ermittlungen führen auch nach Antwerpen, wo sie in Lebensgefahr geraten …

621/06 – Schwarzes Herz (NDR)

Sendedatum: 22.01.06
Quote: 9,55 Mio./25% MA
Hannover: Lindholm
Drehbuch: Fabian Thaesler
Regie: Thomas Jauch
Schauspieler: unter anderem Kathrin Ackermann, Dieter Okras

Zwei ermordete Frauen, drei tatverdächtige Männer. Das sind die Fakten. Die durch den Tod ihres Freundes angeschlagene und mit Tabletten vollgepumpte Charlotte Lindholm gerät in Schwierigkeiten mit ihren Vorgesetzten. Ihr wird die Leitung der Ermittlungen entzogen. Als einer der Tatverdächtigen Selbstmord begeht, scheint für alle der Fall klar zu sein. Nur dank Charlottes Beharrlichkeit wird ein beinahe perfektes Verbrechen noch aufgeklärt.

622/06 – Das ewig Böse (WDR)

Sendedatum: 05.02.06
Quote: 9,18 Mio./23% MA
Münster: Boerne/Thiel
Drehbuch: Rainer Matsutani
Regie: Rainer Matsutani
Schauspieler: unter anderem Karoline Eichhorn, Jürg Löw, Aleksandar Jovanovic

Eine folgenschwere Behauptung der Enkelin, dass ihr Großvater, Oberhaupt einer Keksdynastie, vergiftet worden sei, lässt Kommissar Thiel den Fall wieder aufrollen. Der Leichnam wird nochmals untersucht. Fast zur gleichen Zeit stürzt ein junger Mann zu Tode. Es stellt sich heraus, dass er mit dem gleichen Gift wie der Großvater ermordet wurde. Boerne und Thiel suchen nach Zusammenhängen.

623/06 – Unter Kontrolle (SWR)

Sendedatum: 05. 03. 06
Quote: 6,23 Mio. / 16 % MA
Ludwigshafen: Kopper / Odenthal
Drehbuch: Stefan Rogall
Regie: René Heisig
Schauspieler: unter anderem Annett Renneberg, Iris Böhm, Karl Kranzkowski, Peter Espeloer, Annalena Schmidt, Achim Buch

Der Inhaber einer Event-Agentur wird nach Verlassen des Betriebsfestes seiner Firma ermordet. Odenthal und Kopper tappen im Dunkeln. Hatten die Mitinhaber der Firma ein Motiv, oder handelt es sich um ein Eifersuchtsdrama? Eine Versicherungsangestellte verließ fast zeitgleich mit dem Opfer das Fest. Sie wirkt auf Odenthal und Kopper sehr nervös und scheint außerdem etwas verbergen zu wollen …

624/06 – Feuerkämpfer (NDR)

Sendedatum: 12. 03. 06
Quote: 8,54 Mio. / 22 % MA
Hamburg: Casstorff / Holicek
Drehbuch: Thomas Bohn
Regie: Thomas Bohn
Schauspieler: unter anderem Ursula Karven, Annett Renneberg, Diego Wallraff, Nadeshda Brennicke

Im Rahmen einer Serie von Brandstiftungen ist die auf Familienrecht spezialisierte Rechtsanwältin das erste Todesopfer. Handelt es sich um einen Trittbrettfahrer, der die Kommissare in eine falsche Richtung führen will? Die Anwältin hat sich in ihrem Berufsumfeld doch einige Feinde gemacht. Aber auch im privaten Umfeld hat die Tochter der Toten ein plausibles Tatmotiv.

625/06 – Pechmarie (WDR)

Sendedatum: 19.03.06
Quote: 9,32 Mio./25% MA
Köln: Ballauf/Schenk
Drehbuch: Stefan Cantz, Jan Hinter
Regie: Hendrik Handloegten
Schauspieler: Peter Kern, Nicolette Krebitz

Der Rechtsmediziner Roth wird beim Verlassen eines Tatortes in seinem Auto entführt. Auf dem Parkplatz eines Hotels wurde ein Juwelenhändler ausgeraubt und erschossen. Schenk und Ballauf wissen vorerst nichts von der Entführung ihres Kollegen. Ihre Ermittlungen führen zur jungen Rezeptionistin des Hotels und deren Freunden. Die Schwester einer Freundin, die in Amerika als Berufsmusikerin unterwegs war, kommt zurück. Eine weibliche Leiche wird aus dem Rhein gefischt.

626/06 – Der schwedische Freund (SWR)

Sendedatum: 26.03.06
Quote: 8,19 Mio./22% MA
Konstanz: Blum/Perlmann
Drehbuch: W. Anders
Regie: Uli Möller
Schauspieler: unter anderem Peter Simonischek, Bettina Hauenschild

Ein erschossener Schwede liegt im Park von Konstanz. Klara Blum bittet um Amtshilfe aus Schweden. Der Tote wird als ein bekannter Industrieller identifiziert. Ein aus Stockholm angereister Ermittler scheint den Ermordeten zu kennen. Ein weiterer Zufall lässt Blum stutzig werden. Die Tochter des Gastkommissars wohnt in Konstanz und wurde zur Tatzeit im Park gesehen.

627/06 – Sternenkinder (NDR)

Sendedatum: 02.04.06
Quote: 6,93 Mio./19% MA
Kiel: Borowski/Jung

Drehbuch: Orkun Ertener
Regie: Hannu Salonen
Schauspieler: unter anderem Hans-Jochen Wagner, Oliver Stritzel

Borowski und Frieda Jung fahnden nach einem Neugeborenen, das der Mutter wenige Tage vor der Geburt förmlich aus dem Bauch herausgeschnitten wurde und nun verschwunden ist. Die Öffentlichkeit wird informiert. Ein Wettlauf mit der Zeit beginnt, denn das Baby hat ohne medizinische Versorgung keine Überlebenschance. Ein renommierter Gynäkologe ist in den Fall involviert. Dieser liegt plötzlich tot in seiner Klinik. War er ein »Gott in Weiß«?

628/06 – Kunstfehler
Sendedatum: 17. 04. 06
Quote: 7,70 Mio. / 22 % MA
Berlin: Ritter / Stark
Drehbuch: Pim Richter
Regie: Hartmut Griesmayr
Schauspieler: unter anderem Helmut Zierl, Katja Flint

Arztfrauen leben gefährlich. Eine alte Freundin von Kommissar Ritter steht im Visier tätlicher Drohungen. Nachdem ihr Hund vergiftet wurde und ein Sprengstoffattentat fehlschlägt, wird sie durch einen gezielten Kopfschuss getötet. War sie das direkte Ziel eines Rachefeldzuges, oder ist der Ehemann, ein Arzt, die Zielscheibe der Rache?

629/06 – Revanche (SWR)
Sendedatum: 23. 04. 06
Quote: 7,63 Mio. / 22 % MA
Ludwigshafen: Kopper / Odenthal
Drehbuch: Stefan Rogall, Idee: Klaus-Peter Wolf
Regie: Johannes Grieser
Schauspieler: unter anderem Tim Wilde, Marie-Lou Sellem, Alexander Held, Peter Espeloer

Der Mord an einem pensionierten Bankangestellten wirft Fragen zu einem Banküberfall in der Vergangenheit auf, bei dem zwei Räuber gefasst und verurteilt wurden, die Beute aber spurlos verschwand. Der Raub hatte in der ehemaligen Bank des Pensionierten, dem aber nichts nachgewiesen wurde, stattgefunden. Einer der beiden Straftäter wird genau an dem Mordtag des Rentners aus der Haft entlassen. Zufall? Auch der Sohn gerät ins Blickfeld der Ermittler.

630/06 – Außer Gefecht (BR)

Sendedatum: 07.05.06
Quote: 6,30 Mio./20% MA
München: Batic/Leitmayr
Drehbuch: Christian Jeltsch
Regie: Friedemann Fromm
Schauspieler: unter anderem Jörg Schüttauf, Ulrike Krumbiegel, Horst Sachtleben, Regine Lutz, Michael Grimm

Brisantes Thema: »Sterbehilfe«. Die Münchner Kommissare jagen einen Todesengel. Bereits zwölfmal hat er zugeschlagen. Der öffentliche Druck ist groß. Der Gesuchte versteckt sich jedoch nicht, sondern will sich mit Leitmayr treffen. Im steckengebliebenen Fahrstuhl des Olympiaturm-Restaurants findet genau in der Zeit zwischen 20.15 und 21.45 Uhr eine folgenreiche Auseinandersetzung zwischen Täter und Kommissar statt, während Batic und Carlo draußen fieberhafte Rettungsmaßnahmen für ihren schwer angeschlagenen Kollegen starten.

631/06 – Tödliches Vertrauen (ORF)

Sendedatum: 14.05.06
Quote: 6,60 Mio./20% MA
Wien: Eisner
Drehbuch: Thomas Baum
Regie: Holger Barthel
Schauspieler: unter anderem Patricia Hirschbichler, Julia Stemberger, Jan-Gregor Kremp, Petra Morzé

Moritz Eisner muss in einem Fall von Wirtschaftsspionage ermitteln. Ein Physiker wird am helllichten Tag beim Rudern auf der Donau erschossen. Er stand kurz davor, seine neue Erfindung zu präsentieren: Einen superleichten Werkstoff für die Autoindustrie … Das Privatleben des Opfers wird allerdings auch unter die Lupe genommen.

632/06 – Stille Tage (RB)

Sendedatum: 21.05.06
Quote: 7,35 Mio. / 21 % MA
Bremen: Lürsen / Stedefreund
Drehbuch: Jochen Greve
Regie: Thomas Jauch
Schauspieler: unter anderem Joachim Król, Christiane Ostermayer, Karoline Eichhorn

Die Bremer Kommissare werden auf ihrer Suche nach Beweisen für den Mord an einer als vermisst gemeldeten Frau in ein Geflecht von Wahrheit, Lügen, echten und falschen Spuren verstrickt. Neben einem geständigen Täter, gegen den allerdings keine Beweise erbracht werden können, wird auch die Nachbarin der Toten verdächtigt. Sie ist in den Ehemann verliebt.

633/06 – Bienzle und der Tod in der Markthalle (SWR)

Sendedatum: 28.05.06
Stuttgart: Bienzle
Drehbuch: Felix Huby
Regie: Arend Agthe
Schauspieler: unter anderem Bettina Kupfer, Arved Birnbaum

Ein Händler, der seinen Stand in der Stuttgarter Markthalle hat, wird eines Morgens erstochen aufgefunden. Der 19-jährige, behinderte Sohn kniet mit der Tatwaffe in der Hand vor dem Vater. Bienzles Nachforschungen ergeben, dass der Obst- und Gemüsestand eine ideale Fassade für den Handel mit gestohlenen Juwelen war. Bienzle kümmert sich um den Jungen, was zu heimischen Konflikten führt.

634/06 – Blutschrift (MDR)

Sendedatum: 05.06.06
Quote: 7,73 Mio./24 % MA
Leipzig: Ehrlicher/Kain
Drehbuch: Holger Jancke
Regie: Hajo Gies
Schauspieler: unter anderem Gert Baltus, Bernadette Heerwagen, Hans-Werner Meyer, Karin Gregorek, Doris Kunstmann, Julian Weigend

Der Stich eines Dolches tötete nur scheinbar die leidenschaftliche Büchersammlerin in ihrer Villa. Aber in Wirklichkeit waren es harte Schläge auf den Kopf. Alle Indizien deuten auf Raubmord, doch merkwürdigerweise verschwand nach den Aussagen der Cousine und Assistentin nichts. Ein etwa tausend Jahre altes Manuskript, dem ein böser Fluch anhaften soll, wird unter der Leiche gefunden.

635/06 – Tod aus Afrika (ORF)

Sendedatum: 02.07.06
Quote: 5,12 Mio./18 % MA
Wien: Eisner
Drehbuch: Felix Mitterer
Regie: Andreas Prochaska
Schauspieler: unter anderem Ruth Drexel, Alexander Mitterer, Sheri Hagen

Moritz Eisner muss nach Tirol, um in einer wahrscheinlich politisch motivierten Tat zu ermitteln. Ein afrikanischer Asylbewerber wurde ermordet. Ein ehemaliger Gasthof dient inzwischen als Asylantenwohnheim. Doch die Bewohner aus aller Welt scheinen große Angst zu haben und sind trotz Dolmetscher wenig mitteilsam. Die alte Wirtin (Ruth Drexel), ihre Tochter und der Schwiegersohn geben sich ahnungslos. Ein weiterer Mord passiert …

636/06 – Gebrochene Herzen (SWR)

Sendedatum: 23.07.06
Quote: 5,90 Mio./23% MA
Konstanz: Blum/Perlmann
Drehbuch: Dorothee Schön
Regie: Jürgen Bretzinger
Schauspieler: unter anderem Sandra Borgmann, Annette Uhlen, Alice Dwyer

Ein inhaftierter Sexualstraftäter hat die Erlaubnis, an der Beerdigung seines Vaters teilzunehmen. Bei der Bestattung wird auf den Häftling und den begleitenden Vollzugsbeamten geschossen. Der Beamte wird getötet, der Häftling schwer verletzt. Blum und Perlmann werden mit einer alten Tragödie konfrontiert, deren Mitglieder jetzt dem Vorwurf der Selbstjustiz ausgesetzt sind und unter Mordverdacht stehen.

637/06 – Schattenspiele (NDR)

Sendedatum: 20.08.06
Quote: 6,70 Mio./21% MA
Hamburg: Casstorff/Holicek
Drehbuch: Christoph Silber, Thorsten Wettcke
Regie: Claudia Garde
Schauspieler: unter anderem Ursula Karven, Thomas Sarbacher, Jens-Peter Brose

Vor den Augen der Polizei stirbt ein angolanischer Abschiebehäftling nach der Flucht aus dem Gefängnis. Die Gerichtsmedizin weist eine Vergiftung nach. Kollege Holicek erkennt in dem Toten einen kenianischen Austauschstudenten wieder. Dieser hatte sich vor 20 Jahren wegen Fahrerflucht mit Todesfolge mit der Dienstwaffe von Holicek erschossen, der nun den Fall besonders hartnäckig verfolgt.

638/06 – Der Lippenstiftmörder (SWR)

Sendedatum: 27.08.06
Quote: 7,61 Mio./22% MA

Ludwigshafen: Kopper / Odenthal
Drehbuch: Christoph Darnstädt
Regie: Andreas Senn
Schauspieler: unter anderem Dirk Borchardt, Ole Puppe, Peter Espeloer, Achim Buch

Die Leiche eines 16-jährigen Mädchens wird auf einem Kleinstadtbahnhof entdeckt. Vorurteile in der Bevölkerung führen Odenthal und Kopper zu einem Insassen in der nahe gelegenen Psychiatrie. Doch auch das direkte Umfeld des Mädchens wirft Fragen auf. Spielt der umschwärmte Volleyball-Trainer eine Rolle? Ein Ex-Freund der Toten glaubt, dass sich seine Freundin in einen anderen verliebt hatte.

639/06 – Mann über Bord (NDR)
Sendedatum: 10.09.06
Quote: 7,32 Mio. / 22 % MA
Kiel: Borowski / Jung
Drehbuch: Dorothee Schön
Regie: Lars Becker
Schauspieler: unter anderem Peter Haber, Catrin Striebeck, Thomas Kügel

Der Kapitän einer großen Passagierfähre, die zwischen Kiel und Göteburg verkehrt, wird eines Morgens vermisst. Ist er freiwillig oder unfreiwillig von Bord gegangen? Kommissar Borowski und Frau Dr. Jung stellen schon bald fest, dass Kapitän Venske ein Doppelleben geführt hat.

640/06 – Pauline (NDR)
Sendedatum: 24.09.06
Quote: 9,32 Mio. / 27 % MA
Hannover: Lindholm
Drehbuch: Martina Mouchot
Regie: Niki Stein (Nikolaus Stein von Kamienski)
Schauspieler: unter anderem Corinna Harfouch, Martin Wuttke, Wotan Wilke Möhring, Thomas Arnold

Ein ausgelassener Feuerwehrball in einem niedersächsischen Dorf endet für ein 12-jähriges Mädchen tödlich: Es scheint ertrunken zu sein. Die Untersuchungen des LKA stellen schon bald den Tod durch äußere Gewalteinwirkung fest. Charlotte Lindholms Ermittlungen führen auf den Hof der verarmten Bauernfamilie, den die Mutter des Opfers schon vor Jahren verlassen hat, und zu den wenig kooperativen Mitbewohnern des Dorfes.

641/06 – Bienzle und der Tod im Weinberg (SWR)
Sendedatum: 01.10.06
Stuttgart: Bienzle
Drehbuch: Felix Huby, Dieter de Lazzer
Regie: Jochen Nitsch
Schauspieler: unter anderem Walter Schultheiß, Christof Arnold, Korinna Beilharz

Der Sohn einer Weinbauern-Familie kommt bei der Totenfeier seiner vor kurzem verstorbenen Mutter durch einen ungeklärten Sturz ums Leben. Der Bruder des Toten hatte den Familienbetrieb übernommen, während das Opfer Unternehmer in der Hightech-Industrie geworden war. Seine unnachgiebigen Geschäftsmethoden haben ihm dort allerdings eine Menge Feinde eingebracht. Die Ehefrau des mutmaßlich Verunglückten ist sehr neugierig auf das Testament der toten Mutter.

642/06 – Nachtwanderer (SWR)
Sendedatum: 08.10.06
Quote: 6,95 Mio./20 % MA
Ludwigshafen: Kopper/Odenthal
Drehbuch: Isolde Sammer
Regie: Johannes Grieser
Schauspieler: unter anderem Karl Kranzkowski, Ulrike Groe, Anke Sevenich

Der Rektor eines Gymnasiums wird während einer Nachtwanderung per SMS zu einem neuen Sendemasten für Mobilfunk bestellt.

Am Ort angekommen wird er Opfer eines Sprengstoffanschlages. War es ein dummer Schülerstreich oder steckt der Vorsitzende einer Bürgerinitiative dahinter? Die Ludwigshafener Kommissare ermitteln auch im privaten Umfeld des Opfers.

643/06 – Aus der Traum (SR)

Sendedatum:	15.10.06
Quote:	6,76 Mio./18% MA
Saarbrücken:	Deininger/Kappl
Drehbuch:	Leonie und Fred Breinersdorfer
Regie:	Rolf Schübel
Schauspieler:	unter anderem Hartmut Volle, Burghart Klaußner, Lena Stolze, Andreas Schmidt

Keine Zeit für den neuen Saarbrücker Kommissar Kappl aus Bayern, den Kollegen Deininger in Ruhe kennenzulernen. Der brutale Mord an einer jungen Kollegin führt die beiden Kommissare in das Doppelleben der Polizistin. Offenbar hatte das Opfer einen ganz anderen Lebenstraum, für dessen Verwirklichung viele Mittel recht waren. Ihr Freund, ein verkrachter Musiker, macht sich verdächtig.

644/06 – Das letzte Rennen (HR)

Sendedatum:	29.10.06
Quote:	7,30 Mio./20% MA
Frankfurt:	Dellwo/Sänger
Drehbuch:	Judith Angerbauer, Lars Kraume
Regie:	Edward Berger
Schauspieler:	unter anderem Karl Kranzkowski, Fritz Roth, Matthias Brandt, Laura Tonke

Beim Frankfurt-Marathon, an dem auch Dellwo teilnimmt, beginnt der Wettlauf mit der Zeit auch für die Kripo. Ein Schwerverbrecher, den Dellwo einst überführt hat, ist aus dem Gefängnis ausgebrochen. Die Morddrohung ignoriert er, einem gezielten Anschlag entkommt er. Ein anderer Läufer muss dafür sterben.

645/06 – Liebe am Nachmittag (WDR)

Sendedatum: 05.11.06
Quote: 8,56 Mio./22% MA
Köln: Ballauf/Schenk
Drehbuch: Norbert Ehry
Regie: Manuel Flurin Hendry
Schauspieler: unter anderem Angela Roy, Jeanette Hain, Bernhard Schütz, Erhan Emre, Ronald Zehrfeld

Der Tod eines Versicherungskaufmannes scheint die Folge ehelicher Streitigkeiten gewesen zu sein. Die Ehefrau des Opfers verstrickt sich in Widersprüche und offensichtlich hat sie auch eine außereheliche Beziehung zu einem Automechaniker, der in der Oldtimer-Werkstatt ihrer Freundin arbeitet und nicht nur die Beziehung zur Witwe pflegt. Die Freundin scheint mehr zu wissen.

646/06 – Das zweite Gesicht (WDR)

Sendedatum: 12.11.06
Quote: 7,84 Mio./21% MA
Münster: Boerne/Thiel
Drehbuch: Matthias Seelig, Claudia Falk
Regie: Tim Trageser
Schauspieler: unter anderem Lavinia Wilson, Hans-Jochen Wagner, Alexander Hörbe, Paul Faßnacht, Markus John

Der als Unfall vorgetäuschte Mord an einer bekannten Hellseherin führt Thiel und Boerne in eine Münsteraner Villa, in der vor Jahren eine Familie getötet wurde. Nur die Tochter überlebte die Tat. Der Fall wurde nie aufgeklärt, die Leichen nicht gefunden. Kurz vor ihrem Tod hatte die Hellseherin versucht, Thiel zu erreichen.

647/06 – Liebe macht blind (RBB)

Sendedatum: 19.11.06
Quote: 8,66 Mio./23% MA
Berlin: Ritter/Stark
Drehbuch: Stefan Rogall

Regie: Peter Fratscher
Schauspieler: unter anderem Aglaia Szyszkowitz, Ernst-Georg Schwill, Veit Stübner, Franziska Schlattner, Ivana Kansy

Mit seiner Show für einsame Herzen führt ein Radiomoderator Singles durchs nächtliche Berlin. Ein erfolgreicher Anwalt wird ermordet. Die Recherchen führen Stark und Ritter zu Speed-Dating-Veranstaltungen. Sie lernen das bewegte Liebesleben des Toten kennen, aus dem sich eine Anzahl von Tatmotiven herleitet. Auch eine attraktive Anwaltskollegin hatte ein Verhältnis mit ihm.

648/06 – Das verlorene Kind (BR)
Sendedatum: 26.11.06
Quote: 7,04 Mio./19% MA
München: Batic/Leitmayr
Drehbuch: Jobst Christian Oetzmann, Magnus Vattrodt
Regie: Jobst Christian Oetzmann
Schauspieler: unter anderem Lena Stolze, Max Herbrechter, Sophie von Kessel, Ralph Misske

Eine grausame Entdeckung machen die Kommissare in der Etagenwohnung eines 67-jährigen Mordopfers. Über dreißig Jahre lang wurde der behinderte Sohn des Toten gefangen gehalten. Nach dem Gutachten einer Ärztin wäre der Sohn zu dieser Tat fähig. War es die aufgestaute Wut des Sohnes, die sich nach vielen Jahren entladen hat? Leitmayr stellt fest: Die Beziehung zwischen Vater und Sohn war keineswegs hasserfüllt.

649/06 – Der Tag des Jägers (HR)
Sendedatum: 03.12.06
Quote: 6,50 Mio./18% MA
Frankfurt: Dellwo/Sänger
Drehbuch: Nikolaus Stein von Kamienski
Regie: Nikolaus Stein von Kamienski
Schauspieler: unter anderem Anica Dobra, Stephan Kampwirth, Marie-Lou Sellem, Oliver Stritzel, Thierry van Werveke

Mit einem Laubbläser am frühen Morgen im Hinterhof beginnt ein folgenreicher Tag. Der Hausmeister wird erschossen. Ein von seiner Familie verlassener Anwohner und Verdächtiger nimmt seinen Nachbarn als Geisel und flieht. Dellwo und Sänger müssen alles tun, um eine weitere Eskalation zu verhindern, während eine Großfahndung läuft.

650/06 – Schlaflos in Weimar (MDR)

Sendedatum:	17.12.06
Quote:	7,52 Mio. / 21 % MA
Leipzig:	Ehrlicher / Kain
Drehbuch:	Andreas Pflüger
Regie:	Uwe Janson
Schauspieler:	unter anderem Oona Devi Liebich, Christoph Waltz, Hansa Czypionka, Christian Grashof

Ein Häftling flieht sechs Monate vor seiner Haftentlassung während eines therapeutischen Freiganges in Leipzig. Einer der Vollzugsbeamten wird ermordet, der Geflohene gerät in Verdacht. In Weimar geschieht ein weiterer Mord, die Mutter der Ex-Freundin des Flüchtlings wird umgebracht. Für Kain und Ehrlicher stehen beide Morde in Zusammenhang. Doch ist der Verdächtige der Täter? Und welche Rolle spielt Professor Henze?

2007

651/07 – Die Blume des Bösen (WDR)

Sendedatum:	01.01.07
Quote:	7,22 Mio / 19 % MA
Köln:	Ballauf / Schenk
Drehbuch:	Thomas Stiller
Regie:	Thomas Stiller
Schauspieler:	unter anderem Nadeshda Brennicke, Jürgen Schornagel

Während Max Ballauf für einige Tage die Tochter seiner Cousine beaufsichtigt, beginnt der offensichtliche Rachefeldzug eines Unbekannten gegen ihn. Eine Frau eines bereits lange zurückliegenden One Night Stands wird ermordet. Die Kommissare tappen im Dunkeln und rollen alte Fälle auf, während die Schikane gegen Ballauf weitergeht. Den Höhepunkt bildet die Entführung seines »Pflegekindes auf Zeit« ...

652/07 – Bienzle und die große Liebe (SWR)

Sendedatum:	07.01.07
Quote:	7,59 Mio/ 20 % MA
Stuttgart:	Bienzle
Drehbuch:	Felix Huby, Birgit Maiwald
Regie:	Hartmut Griesmayr
Schauspieler:	unter anderem Mišel Matičević, Katja Studt, Philip Moog, Jan Messutat, Klaus Spürkel, Walter Schultheiß, Peter Voß

Auf der Messe-Großbaustelle werden Baumaschinen gestohlen. Ein Kranführer wird erschossen aufgefunden. Die Tatwaffe gehört einem Mitarbeiter der Sicherheitsfirma. Nur seine Frau, die eine Wäscherei hat, glaubt an seine Unschuld. Als Bienzle meint, den Mörder zu kennen, flüchtet dieser in die Wäscherei, um Hinweise auf seine Tat zu vernichten. Bienzles Lebensgefährtin Hannelore wird zufällig dort Zeugin der Entlarvung des Täters und von ihm als Geisel genommen. Er hat nichts mehr zu verlieren und scheint zu allem entschlossen.

653/07 – Schwelbrand (RB)

Sendedatum:	21.01.07
Quote:	7,43 Mio/19 % MA
Bremen:	Lürsen/Stedefreund
Drehbuch:	Thorsten Näter
Regie:	Thorsten Näter
Schauspieler:	unter anderem Jeanette Biedermann, Thomas Sarbacher

Eine bekannte Rocksängerin (Jeanette Biedermann) kommt zu einem Auftritt im Konzert »Rock gegen rechts« nach Bremen. Vorher wird jedoch die Assistentin des Stars umgebracht. War es eine Verwechslung? Das bevorstehende Konzert darf nicht gefährdet werden. Während der Ermittlungen stellt sich heraus, dass die Sängerin vor ihrer Karriere Kontakte zur Neonazi-Szene hatte.

654/07 – Roter Tod (SWR)

Sendedatum: 28.01.07
Quote: 9,11 Mio./24% MA
Ludwigshafen: Kopper/Odenthal
Drehbuch: Horst Freund
Regie: Christoph Stark
Schauspieler: unter anderem Josef Heynert, Markus Hering, Peter Espeloer, Annalena Schmidt, Achim Buch

Eine Klinikärztin liegt mit aufgeschnittenen Pulsadern in der Badewanne. Untersuchungen ergeben, dass die Tote sich die Schnitte nicht selbst zugefügt haben kann. Ein ehemaliger Boxer hat sich in der Klinik bei einer Operation mit HIV infiziert. Er gibt der toten Ärztin die Schuld. Odenthal verletzt sich bei einer Verfolgung am infizierten Boxer und wird in Todesangst versetzt.

655/07 – Das Ende des Schweigens (NDR)

Sendedatum: 11.02.07
Quote: 7,70 Mio./21% MA
Kiel: Borowski/Jung
Drehbuch: Jörg von Schlebrügge
Regie: Buddy Giovinazzo
Schauspieler: unter anderem Thomas Heinze, Susanne Lothar, Anna Brüggemann, Thomas Kügel

Auf der Ostsee treibt ein unbesetztes Segelboot. Zurückgelassene Kleidungsstücke und eine Handtasche deuten auf den Selbstmord einer Frau. Doch Borowski stößt bei seiner Untersuchung auf Indizien, die einen Selbstmord ausschließen. Die Schwester der Toten verhält sich auffällig. Der Freund des Opfers lebt mit der Identität eines Toten. Was hat er zu verbergen?

656/07 – Der Tote vom Straßenrand (SR)

Sendedatum:	18. 02. 07
Quote:	7,21 Mio. / 20 % MA
Saarbrücken:	Deininger / Kappl
Drehbuch:	Fred und Leonie Breinersdorfer
Regie:	Rolf Schübel
Schauspieler:	unter anderem Fabian Winiger, Wanja Mues, Andrea Wolf

Der Berufsverkehr in Saarbrücken gerät durch den Tod eines Autofahrers, der später als ein hochdotierter und spielsüchtiger Mathematiker identifiziert wird, ins Stocken. Die Pathologin diagnostiziert Mord. Offenbar wurde das Auto des Opfers geschickt manipuliert, so dass der Fahrer an einer Kohlenmonoxid-Vergiftung starb.

657/07 – Bienzle und sein schwerster Fall (SWR)

Sendedatum:	25. 02. 07
Stuttgart:	Bienzle
Drehbuch:	Felix Huby
Regie:	Hartmut Griesmayr
Schauspieler:	unter anderem Bernd Tauber, Lisa Maria Potthoff, Klaus Spürkel, Walter Schultheiß

Alles scheint bei dem Mord an einem 11-jährigen Mädchen auf die Wiederholungstat eines jungen Mannes zu deuten, der in einem nicht aufgeklärten Mordfall ein Jahr zuvor schon einmal verdächtigt worden war. Während einige Kollegen auf eine schnelle Verhaftung des erneut in Verdacht Geratenen drängen, geht Bienzle anderen Spuren nach. Da verschwindet erneut ein Mädchen …

658/07 – Liebeshunger (NDR)

Sendedatum:	11. 03. 07
Quote:	7,04 Mio. / 19 % MA

Hamburg: Casstorff / Holicek
Drehbuch: Rafael Solá Ferrer
Regie: Thomas Bohn
Schauspieler: unter anderem Stefan Hunstein, Nils Düwell

Eine Frau mittleren Alters wird ermordet. Sie hat offensichtlich als Prostituierte ihr Geld verdient. Das Viertel, in dem ihre Arbeitswohnung liegt, hat allerdings nichts mit dem Rotlichtmilieu zu tun: Es ist eine ganz normale Wohngegend, in der Holicek die Ermittlungen aufnimmt, während Casstorff, der das Opfer flüchtig kannte, bei der Überbringung der Todesnachricht auf eine schicksalsgebeutelte Familie trifft, die durch den »Hausfrauensex« der Mutter ernährt wurde.

659/07 – Ruhe sanft (WDR)
Sendedatum: 18.03.07
Quote: 8,42 Mio. / 23 % MA
Münster: Boerne / Thiel
Drehbuch: Stefan Cantz, Jan Hinter
Regie: Manfred Stelzer
Schauspieler: unter anderem Alice Dwyer, Hansa Czypionka

Die Tatwaffe für den Mord an einem Bestatter ist ein Kerzenleuchter. Die Spuren am Tatort weisen auf eine heftige Auseinandersetzung. Der jüngere Bruder des Toten, der auch in dem Unternehmen arbeitet, gerät in Verdacht. Weitere Ermittlungen führen Thiel und Boerne zu der Tochter eines Arztes, die zur Grufti-Szene gehört.

660/07 – Dornröschens Rache (RBB)
Sendedatum: 25.03.07
Quote: 7,58 Mio. / 21 % MA
Berlin: Ritter / Stark
Drehbuch: Frauke Hunfeld
Regie: Christine Hartmann
Schauspieler: unter anderem Anna Thalbach, Steffen Münster, Günter Schubert

Der Tot ihres Vaters bringt die Tochter in das Dorf ihrer Kindheit in der brandenburgischen Provinz zurück, in dem die Familie lebte – bis dort vor 20 Jahren ein nie aufgeklärter Mord an der Mutter geschah. Steht die Ermordung der Eltern im Zusammenhang? Die im Ort nicht besonders herzlich empfangene Tochter ist für die Kommissare beim Entwirren des dörflichen Beziehungsgeflechts keine große Hilfe.

661/07 – Die Anwältin (MDR)
Sendedatum: 01. 04. 07
Quote: 7,96 Mio./22 % MA
Leipzig: Ehrlicher/Kain
Drehbuch: Raimund Weber, Fred Breinersdorfer
Regie: Dieter Berner
Schauspieler: unter anderem Johann von Bülow, Udo Schenk, Thomas Lawinky

Die Anklage eines Leipziger Bauunternehmers, der sich vor Gericht wegen Finanzbetrugs verantworten muss, endet unverständlicherweise mit einem Freispruch. Am nächsten Tag liegt dieser erschossen und wertvoller Kunstgegenstände beraubt in seiner Villa. Der arbeitslose Ehemann der Putzfrau gerät unter Verdacht. Auch der Geschäftsführer eines insolventen Subunternehmens hat ein Motiv. Einige Millionen Euro sind vom Geschäftskonto des Toten verschwunden. Schließlich führen Raub und Mord auf getrennte Spuren.

662/07 – Engel der Nacht (SWR)
Sendedatum: 09. 04. 07
Quote: 6,02 Mio./17 % MA
Konstanz: Blum/Perlmann
Drehbuch: Susanne Schneider
Regie: Thomas Jahn
Schauspieler: unter anderem Matthias Kniesbeck, Reinhard Heidig

Klara Blum gerät selbst in Gefahr. Die Untersuchung des Mordes an einem Besitzer einer Tierhandlung führt die Konstanzer Kommissare in die Geschäftswelt des illegalen Tierhandels und der Erpressung. Aber auch in der Familie scheint es beziehungsreiche Tatmotive zu geben. Ein kleiner Schlafwandler, der Sohn des Ladenbesitzers und vermutlicher Zeuge des Mordes, gerät auch in Gefahr.

663/07 – Das namenlose Mädchen (NDR)

Sendedatum: 15.04.07
Quote: 7,02 Mio./21% MA
Hannover: Lindholm
Drehbuch: Khyana el Bitar, Matthias Keilich
Regie: Michael Gutmann
Schauspieler: unter anderem Ulrike Krumbiegel, Martin Brambach, Martin Feifel, Henriette Heinze, Catrin Striebeck, Bjarne Mädel

Ein rätselhafter Fall führt Charlotte Lindholm nach Osnabrück. In einer Firma liegt die Leiche eines jungen Mädchens versteckt in einem Güterwaggon. Die Identität der Toten ist schwer herauszufinden. Schließlich weist eine Spur Lindholm zu der Familie, in der die Tote als Babysitterin arbeitete. Die Familie betrauert den Unfalltod ihres vierjährigen an ADHS erkrankten Sohnes und ist nur schwer ansprechbar.

664/07 – Der Finger (BR)

Sendedatum: 29.04.07
Quote: 6,43 Mio./20% MA
München: Batic/Leitmayr
Drehbuch: Carolin Otto
Regie: Peter Fratzscher
Schauspieler: unter anderem Helmut Berger, Philipp Moog, Ulrich Gebauer, Ulrike Arnold, Christoph Krix, Peter Fratzscher

Der Besitzer eines Münchner Gourmet-Restaurants erfährt während einer Feier von einem vielbeachteten und mit ihm befreundeten Restaurantkritiker, dass sein Restaurant nicht mehr in der Liste der zehn besten empfehlenswerten Feinschmeckerlokale geführt werde. Es kommt zum Streit; der Kritiker verschwindet spurlos. Ein abgeschnittener Finger taucht auf. Hobbykoch Batic schleust sich für verdeckte Ermittlungen als Aushilfe in die Restaurantküche ein.

665/07 – Die dunkle Seite (SWR)
Sendedatum: 06.05.07
Quote: 6,93 Mio./21% MA
Ludwigshafen: Kopper/Odenthal
Drehbuch: Jürgen Starbatty, Xaõ Seffcheque
Regie: Thomas Freundner
Schauspieler: unter anderem Wotan Wilke Möhring, Lisa Kreuzer, Peter Espeloer

Tatmotiv Geldnot? Ein Lkw wird unterwegs überfallen und verschwindet samt seiner wertvollen Ladung. Der Fahrer, der für einen krankgemeldeten Kollegen eingesprungen ist, kommt ums Leben. Der Chef der Spedition wird schwer verletzt. Odenthal und Kopper vermuten einen Drahtzieher dieser Tat in der Spedition. Ein weiterer Mord wirft neue Fragen auf.

666/07 – Familiensache (ORF)
Sendedatum: 20.05.07
Wien: Eisner
Drehbuch: Thomas Roth
Regie: Thomas Roth
Schauspieler: unter anderem Heribert Sasse, Erni Mangold

Was wie ein Doppelselbstmord aussieht, ist nur auf den ersten Blick ein klarer Fall. Verdächtige Spuren am Tatort, wo offenbar ein Mann erst seine Frau und dann sich selbst erschossen hat, lassen Moritz Eisner stutzen: Ein Dritter muss in der Wohnung gewesen sein. Seine Nachforschungen liefern ihm Zusammenhänge mit Kindesentführung und Erpressung. Ein weiterer Mord geschieht …

667/07 – Racheengel (MDR)

Sendedatum: 28. 05. 07
Quote: 6,22 Mio. / 18 % MA
Leipzig: Ehrlicher / Kain
Drehbuch: Mario Giordano, Andreas Schlüter
Regie: Hannu Salonen
Schauspieler: unter anderem Annika Blendl, Johannes Brandrup, Anke Sevenich, Tina Engel

Ehrlicher und Kain müssen zur Leipziger Buchmesse. Eine Literaturagentin ist in einem Stundenhotel ermordet worden. Sie war offenbar auch eine Bestseller-Autorin und veröffentlichte unter Pseudonym. Ein Polizist, der die Nacht mit ihr verbrachte, gerät unter Verdacht. Eine Kollegin des Verdächtigen will auf eigene Faust die Identität der Bestseller-Autorin, die offenbar niemandem bekannt ist, für eine Pressekonferenz annehmen, um den Mörder zu locken. Dann taucht die echte Erfolgsautorin auf …

668/07 – Investigativ (NDR)

Sendedatum: 10. 06. 07
Hamburg: Casstorff / Holicek
Drehbuch: Christoph Silber, Thorsten Wettcke
Regie: Claudia Garde
Schauspieler: unter anderem Anna Schudt, Bernd Stegemann, Peter Benedict, Thomas Rudnick, Thorsten Saß

Der Mord an einem Enthüllungsjournalisten führt zu einer der Polizei durchaus bekannten Hamburger Familie, die in der ersten Generation durch illegale Geschäfte auf dem Kiez wohlhabend wurde. Nie war dem Familienclan etwas nachzuweisen. Jetzt gibt es ein Foto: Es zeigt den Journalisten einen Tag vor seinem Tod mit dem Sohn der Familie, der als stadtbekannter Investor auch gemeinnützige Projekte unterstützt. Gibt es Verbindungen zwischen ihm und der Politik?

669/07 – Tödliche Habgier (ORF)
Sendedatum: 24.06.07
Wien: Eisner
Drehbuch: Felix Mitterer, Wolfgang Murnberger
Regie: Wolfgang Murnberger
Schauspieler: unter anderem Alexander Mitterer, Branko Samarovski

Eine Leiche, Opfer eines Gewaltverbrechens, wird nach vielen Jahren vom Grund des Achensees in Tirol geborgen. Moritz Eisner muss aus Wien anreisen. Die Recherchen ergeben, dass der Tote ein kurz vor der Wende aus der DDR geflohener und als vermisst gemeldeter Wissenschaftler war, der sich am Achensee niederlassen wollte. Einige Leute im Ort, die wohl finanzielle Vorteile durch den Fremden hatten, werden unruhig. Da wird eine weitere Leiche aus dem See gefischt …

670/07 – Sterben für die Erben (SWR)
Sendedatum: 01.07.07
Ludwigshafen: Kopper/Odenthal
Drehbuch: Dorothee Schön
Regie: Lars Montag
Schauspieler: unter anderem Maximilian Mauff, Traugott Buhre, Josef Ostendorf, Achim Buch

Der Seniorchef eines Hotels stürzt nachts über ein Treppengeländer zu Tode. Die Liebe unter den Kindern des toten alten Herrn reicht nicht weit. Ein gewaltiger Erbstreit bricht unter den drei Geschwistern aus. Während Kopper zeitweise in der Hotelküche undercover die Angestellten ausfragt, muss sich Lena Odenthal durch die familiären Streitigkeiten und Intrigen kämpfen.

671/07 – Strahlende Zukunft (RB)
Sendedatum: 26.08.07
Bremen: Lürsen/Stedefreund
Drehbuch: Christian Jeltsch
Regie: Mark Schlichter

Schauspieler: unter anderem Ulrich Noethen, Peter Davor, Ann-Kathrin Kramer, Alexander Radszun, Peter Benedict

Eine ehemalige Insassin der Psychiatrie tötet einen Richter und sich selbst. Sie hatte behauptet, ihr verstorbenes Kind sei durch Strahlung von Mobilfunkmasten an Leukämie erkrankt. Daraufhin hatte man ihr den Stempel einer psychisch Kranken verpasst. Ein Netz aus Intrigen und Halbwahrheiten erschweren Lürsens und Stedefreunds Nachforschungen. Die Mobilfunkfirma zahlte (Schweige?)-Geld an den Ehemann. Und ein Staatsanwalt lügt …

672/07 – Blutsbande (SWR)

Sendedatum: 09.09.07
Quote: 7,74 Mio./23 % MA
Konstanz : Blum/Perlmann
Drehbuch: Susanne Schneider
Regie: Jürgen Bretzinger
Schauspieler: unter anderem Janina Stopper, Max Gertsch

In einem Wald wird ein totes junges Mädchen gefunden. Die Cousine und Freundin der Toten ist eine sehr verschlossene, auffällige Zeugin. Ein Bekannter der Familie, bei der das Opfer zeitweise als Babysitter arbeitete, verschwindet kurze Zeit später auf mysteriöse Weise. Blum und Perlmann ermitteln im engen Familienkreis. Sie stoßen schon bald auf verabscheuungswürdige Taten.

673/07 – Macht der Angst (NDR)

Sendedatum: 16.09.07
Quote: 8,21 Mio./25 % MA
Kiel: Borowski/Jung
Drehbuch: Joachim Scherf; Idee: Thomas Kirchner
Regie: Florian Baxmeyer
Schauspieler: u. a. Thomas Kügel, Michael Gwisdek, Mareike Carrière

Auf einer Brücke mitten in Kiel wird ein Familienvater auf dem Weg zur Arbeit von einem Scharfschützen erschossen. Offensichtlich ist der Getötete ein zufälliges Opfer. Borowski, die Zeugin des Attentats und auch Frieda Jung werden bedroht. Parallel läuft der Mordprozess eines Kindermörders, der von Borowski überführt wurde. Die einst so hieb- und stichfeste Anklage kippt im Verlauf der Verhandlungen zugunsten des Angeklagten.

674/07 – A gmahde Wiesn (BR)

Sendedatum: 23.09.07
Quote: 6,61 Mio / 20 % MA
München: Batic / Leitmayr
Drehbuch: Friedrich Ani
Regie: Martin Enlen
Schauspieler: unter anderem Monika Baumgartner, Franziska Schlattner, Michael Tregor

Kurz vor Beginn des Münchner Oktoberfestes stellt der gewaltsame Tod des einflussreichen Stadtrats, der von seiner Haushälterin im eigenen Gartenteich gefunden wird, eine Herausforderung für Batic und Leitmayr dar. Denn die Liste der Tatverdächtigen wird lang, war das Opfer doch bei Frauen sehr beliebt und wirkte bei der Vergabe der begehrten Schaustellerlizenzen für einen Standplatz auf dem größten Volksfest der Welt entscheidend mit.

675/07 – Nachtgeflüster (WDR)

Sendedatum: 07.10.07
Quote: 7,69 Mio. / 22 % MA
Köln: Ballauf / Schenk
Drehbuch: Stefan Cantz, Jan Hinter
Regie: Torsten C. Fischer
Schauspieler: unter anderem Tessa Mittelstaedt, Anna Loos, Claudia Michelsen

In einer bekannten Nighttalk-Radiosendung meldet sich ein anonymer Anrufer, der mitteilt, der Mörder eines Polizisten zu sein. Und er kündigt einen weiteren Mord an. Ballauf und Schenk beschäftigen sich vorerst mit den Lebensumständen des Toten, der unter

Alkoholproblemen, Geldsorgen und gescheiterten Beziehungen litt. Im Radiosender wird ein Beweis abgeliefert: der Schlüssel zu einem Schließfach, in dem die Tatwaffe liegt.

676/07 – Unter uns (HR)
Sendedatum: 14.10.07
Quote: 7,63 Mio./22% MA
Frankfurt: Dellwo/Sänger
Drehbuch: Katrin Bühlig
Regie: Margarethe von Trotta
Schauspieler: u. a. Sascha Göpel, Iris Böhm, Franziska Walser, Lena Stolze, Ulrike Krumbiegel, Stefan Jürgens, Therese Affolter

Ein Arbeitsloser läuft Amok. Seine Frau will sich von ihm scheiden lassen, im Jobcenter ist nach langem Warten wieder kein Arbeitsangebot für ihn. Er gerät in Streit mit der Vermittlerin, nimmt sie als Geisel und verschwindet mit ihr. Dabei wird ein zu Hilfe eilender Kollege angeschossen. Niemand hilft ihm, er verblutet. Während der Ermittlungen lernt Charlotte Sänger das neu in ihre Nachbarschaft gezogene, achtjährige Mädchen Ronja kennen, die unglaubliche Dinge beobachtet hat …

677/07 – Der Traum von der Au (BR)
Sendedatum: 21.10.07
Quote: 7,75 Mio./21% MA
München: Batic/Leitmayr
Drehbuch: Peter Probst
Regie: Tim Trageser
Schauspieler: unter anderem Fritz Karl, Alexander Held, Volker »Zack« Michalowski, Young-Shin Kim, Jan Messutat

In München wird die Leiche eines ehemaligen Hausmeisters gefunden. Die Frau und der Sohn des Toten sind verschwunden. Die Metzgereiverkäuferin im Parterre weiß gut Bescheid über die Bewohner. Batic und Leitmayr ermitteln in alle Richtungen, die Carlo Menzinger diesmal nicht besonders engagiert begleitet.

678/07 – Satisfaktion (WDR)

Sendedatum: 28.10.07
Quote: 8,10 Mio./22 % MA
Münster: Boerne/Thiel
Drehbuch: Johannes W. Betz
Regie: Manuel Flurin Hendry
Schauspieler: unter anderem Michael Degen, Godehard Giese, Victoria Mayer, Thomas Clemens, Aljoscha Stadelmann, Tatja Seibt

Im Wald bei Münster wird ein männliches Skelett gefunden. Nach der Identifizierung muss Boerne in seine vergangene »schnittige« Zeit alter Seilschaften eintauchen: seiner aktiven Mitgliedschaft in einer schlagenden Studentenverbindung. Kommissar Thiel stößt bei seiner Spurensuche auf wenig Sympathie. Er findet seine Vorurteile gegenüber solcher Vereinigungen bestätigt.

679/07 – Die Falle (MDR)

Sendedatum: 11.11.07
Quote: 7,95 Mio./21 % MA
Leipzig: Ehrlicher/Kain
Drehbuch: Hans-Werner Honert
Regie: Hajo Gies
Schauspieler: unter anderem Hanns-Jörn Weber, Lutz Teschner, Martin Brambach, Thomas Rühmann, Alexander Hörbe, Thomas Rudnick

In einer Neubausiedlung Leipzigs liegt eine tote Frau in ihrem Haus. Die Einrichtung ist verwüstet. Bei der Inspizierung der Wohnung wird ein Zimmer entdeckt, in dem die Tote offensichtlich zahlende Liebhaber empfing. Der Freund der Toten, der die Kommissare von einem Selbstmord überzeugen will, gerät unter Verdacht. Der Generalbauunternehmer der meisten Häuser dieser neuen Wohnsiedlung wird ebenfalls ermordet. Die Freundin von Kommissar Kain wohnt hier. Sie kannte die Tote. In ihrem letzten Fall gerät Kain in einen Loyalitätskonflikt mit Kommissar Ehrlicher.

680/07 – Bevor es dunkel wird (HR)

Sendedatum: 25.11.07
Quote: 7,99 Mio./21% MA
Frankfurt: Dellwo/Sänger
Drehbuch: Henriette Piper
Regie: Martin Enlen
Schauspieler: unter anderem Chrissy Schulz, Sascha Göpel, Fritz Karl

Eine ehrenamtlich bei der Mittagstafel arbeitende, alleinerziehende Mutter und Hartz-IV-Bezieherin wird vergiftet. Die Kommissare Sänger und Dellwo befürchten einen Anschlag auf die soziale Einrichtung für Bedürftige und starten eine Rückholaktion der ausgegebenen Lebensmittel. Die Ergebnisse der Gerichtsmedizin bezeugen doch ein ganz gezieltes Attentat auf die Frau. Spuren führen zu Mitarbeitern der Mittagstafel.

681/07 – Spätschicht (WDR)

Sendedatum: 02.12.07
Quote: 8,11 Mio./22% MA
Köln: Ballauf/Schenk
Drehbuch: Thorsten Näter
Regie: Thorsten Näter
Schauspieler: unter anderem Karoline Schuch, Michael Lott

In einem Bordell wird ein Freund und Kollege von Max Ballauf mit gezielten Schüssen getötet. Die Interne Ermittlung wird eingeschaltet, da der Ermordete offensichtlich in dunkle Geschäfte verwickelt war. Schenk und Ballauf werden vom Fall abgezogen und mit einem neuen betraut. Doch Ballauf ermittelt auf eigene Faust weiter. Das Kommissarteam gerät schon bald in die gefährlichen Fallstricke eines Korruptionsskandals.

682/07 – Schleichendes Gift (RBB)

Sendedatum: 09.12.07
Quote: 7,51 Mio./21% MA
Berlin: Ritter/Stark

Drehbuch:	Thomas Kirchner
Regie:	Uwe Janson
Schauspieler:	unter anderem Veit Stübner, Anja Kling, Edda Leesch, Tina Engel, Jürgen Tarrach

Ein Fahrradkurier wird lebensgefährlich in einen Unfall verwickelt. Ein hoher Regierungsbeamter des Gesundheitsministeriums wird unter Vortäuschung eines Selbstmordes vergiftet. Die karrierebewusste Referentin des Toten kann den Kommissaren nicht weiterhelfen. Ritters und Starks Recherchen führen weiter zu einem Journalisten, der seit längerer Zeit mit den politischen Sümpfen der Korruption befasst ist. Dort erfahren sie von Kontakten des Toten, die zu Lobbyisten der Pharmaindustrie führen.

683/07 – Kleine Herzen (BR)

Sendedatum:	16.12.07
Quote:	7,65 Mio./21% MA
München:	Batic/Leitmayr
Drehbuch:	Stefanie Kremser
Regie:	Filippos Tsitos
Schauspieler:	unter anderem Janina Stopper, Max Mauff, Michael A. Grimm, Eisi Gulp, Jan Messutat, Gerd Lohmeyer, Django Asül

Eine Kindmutter, 18-jährig mit vierjährigem Sohn, lebt mit ihrem aufgeweckten Kind allein. Außer der älteren Schwester des Kindvaters, der aber mehr mit sich selbst beschäftigt ist, kümmert sich niemand um die beiden. Nach einem Streit zwischen Schwägerin und Mutter ist die Schwägerin tot. Batic und Leitmayr suchen im Umfeld der überforderten Mutter nach der Wahrheit.

684/07 – Wem Ehre gebührt (NDR)

Sendedatum:	23.12.07
Quote:	6,59 Mio./19% MA
Hannover:	Lindholm
Drehbuch:	Angelina Maccarone

Regie: Angelina Maccarone
Schauspieler: unter anderem Mehmet Kurtulus, Tobias Schenke

Es scheint sich um den Suizid einer jungen Deutschtürkin zu handeln, als Charlotte Lindholm den Tatort inspiziert. Doch die Schwester der Toten behauptet, dass ihre Schwester ermordet wurde, und sie selbst habe Angst, das gleiche Schicksal zu erleiden, wenn herauskomme, das sie schwanger sei. Den Namen des Vaters ihres Kindes verrät sie nicht. Handelt es sich um einen Ehrenmord, oder gibt es andere Mordmotive?

685/07 – Fettkiller (SWR)

Sendedatum: 30.12.07
Quote: 7,01 Mio. / 20 % MA
Ludwigshafen: Kopper / Odenthal
Drehbuch: Mario Giordano, Andreas Schlüter
Regie: Ute Wieland
Schauspieler: unter anderem Rufus Beck, Peter Espeloer

Der Tod eines Journalisten wird als Verkehrsunfall getarnt. Tatsächlich wurde er jedoch vergiftet. Er war einem »Fettkiller«, dem neuen Medikament zur Gewichtsreduktion, auf der Spur. Die Verantwortlichen in der Pharma-Firma sind von ihrem neuen Medikament überzeugt. Die Ex-Freundin des Journalisten, die eine Karriere als Model anstrebt, weist jedoch ein merkwürdiges Essverhalten und starke Stimmungsschwankungen auf. Sie hat an einer Testreihe für den Fettkiller teilgenommen.

2008

686/08 – Der Kormorankrieg (SWR)

Sendedatum: 06.01.08
Quote: 7,46 Mio. / 20 % MA

Konstanz: Blum / Perlmann
Drehbuch: Matthias Dinter, Xao Seffcheque
Regie: Jürgen Bretzinger
Schauspieler: unter anderem Stephan Schad, Bernd Tauber

Die gegensätzlichen Interessen von Bodenseefischern und Umweltschützern führen zu einem heftigen Konflikt. Der frischgebackene Umweltreferent eines neuen Landtagsabgeordneten wird tot aus dem Bodensee gefischt. Die Konstanzer Kommissare Klara Blum und Kai Perlmann stoßen bei ihren Ermittlungen auf Beweise illegaler Aktivitäten, die das Opfer zuvor bei den Fischern recherchiert hat.

687/08 – Verdammt (WDR)
Sendedatum: 27.01.08
Quote: 7,33 Mio. / 20 % MA
Köln: Ballauf / Schenk
Drehbuch: Jürgen Werner
Regie: Maris Pfeiffer
Schauspieler: unter anderem Karoline Schuch, Thomas Arnold, Oliver Nägele

Ein pädophiler Kindermörder wird nach zwölf Jahren vorzeitig aus der Haft entlassen. Er gilt als therapiert. Doch nach wenigen Stunden Freiheit wird er ermordet aufgefunden. Die Kommissare Ballauf und Schenk haben es mit einer großen Zahl von Tatverdächtigen zu tun. Neben der vom Vater des toten Sohnes gegründeten Bürgerinitiative »Child Protection« gehört auch die Familie des Mörders dazu.

688/08 – Borowski und das Mädchen im Moor (NDR)
Sendedatum: 17.02.08
Quote: 7,38 Mio. / 20 % MA
Kiel: Borowski / Jung
Drehbuch: Sascha Arango
Regie: Claudia Garde
Schauspieler: unter anderem Thomas Kügel, Andreas Schmidt

Die 17-jährige Tochter eines Fabrikanten verschwindet aus einem noblen Mädcheninternat. Borowski wird mit der Suche beauftragt. Es stellt sich heraus, dass die keineswegs Beliebte nicht nur ihre Mitschülerinnen beklaute, sondern auch ein Warenhaus, in dem der Vater einer Mitschülerin Kaufhausdetektiv ist. Bei einem ihrer Diebesstreifzüge durchs Kaufhaus wird sie erwischt. Ihr provokantes freches Verhalten lässt den Kaufhausdetektiv, der unter dem Druck seiner Geldsorgen leidet, durchdrehen. Eine Unglücksspirale dreht sich.

689/08 – Und Tschüss (NDR)

Sendedatum: 24. 02. 08
Quote: 7,01 Mio. / 19 % MA
Hamburg: Casstorff / Holicek
Drehbuch: Thomas Bohn
Regie: Thomas Bohn
Schauspieler: unter anderem Frank Röth, Harald Weiler, Sophie Bäumer

Bei dem Versuch, einen Unternehmer zu entführen, wird dieser getötet. Ein junges Mädchen, das aber schweigt, war Zeugin der Tat. Die Ermittlungen führen Casstorff in die Geschäftswelt des Elektroschrotts, das heißt, wie ausrangierte Elektrogeräte illegal in Entwicklungsländer versendet werden und wie deutsche Firmen daran mitverdienen. Außerdem wird die Staatsanwältin und Freundin Casstorffs entführt.

690/08 – Hart an der Grenze (SWR)

Sendedatum: 09. 03. 08
Quote: 7,90 Mio. / 22 % MA
Stuttgart: Bootz / Lannert
Drehbuch: Holger Karsten Schmidt
Regie: Elmar Fischer
Schauspieler: unter anderem Brigitte Dithard, Manfred Hattendorf

Im Neckar treibt die Leiche eines kleinen Mädchens. Niemand scheint dieses Kind zu vermissen. Erst ein öffentlicher Aufruf bringt die Adoptiveltern des Mädchens zur Polizei. Sie können nicht verheimlichen, dass es sich um eine illegale Adoption handelte: Die Eltern sind über vierzig. Lannert und Bootz müssen zu außergewöhnlichen Maßnahmen greifen, um die Menschenhändler zu enttarnen.

691/08 – Tod einer Heuschrecke (RBB)

Sendedatum: 16. 03. 08
Quote: 6,55 Mio. / 18 % MA
Berlin: Ritter / Stark
Drehbuch: Hartmann Schmige
Regie: Ralph Bohn
Schauspieler: unter anderem Veit Stübner, Katrin Saß

Wenige Tage vor dem internationalen Wirtschaftsgipfel in Berlin müssen Stark und Ritter den Tod eines amerikanischen Hedge-Fonds-Managers, der die Übernahme einer erfolgreichen Firma abwickeln sollte, aufklären. Der Tote verkehrte in einem Berliner Szeneclub der High Society und internationalen Wirtschaftsgrößen. Die Facetten der Tatmotive sind vielfältig.

692/08 – Seenot (SWR)

Sendedatum: 24. 03. 08
Konstanz: Blum / Perlmann
Drehbuch: Dorothee Schön
Regie: René Heisig
Schauspieler: unter anderem Stefan Gubser, Hinnerk Schönemann

Eine herrenlose Yacht und das Verschwinden eines Schweizer Werftbesitzers bringen Klara Blum mit dem Chef der Thurgauer Seepolizei Reto Flückiger zusammen. Der Vermisste soll Drogen im großen Stil über den Bodensee geschmuggelt haben. Jetzt hat er sich ins Ausland abgesetzt, vermutet ein emsiger Schweizer Polizist. Da wird die Leiche des Werftbesitzers aus dem See geborgen …

693/08 – Erntedank e.V. (NDR)

Sendedatum: 30.03.08
Quote: 9,07 Mio. / 26 % MA
Hannover: Lindholm
Drehbuch: Angelina Maccarone, Idee: Maria Furtwängler
Regie: Angelina Maccarone
Schauspieler: unter anderem Torsten Michaelis, Maren Kroymann, Peter Knaack

Charlotte Lindholm ist mehrwöchiger Gast in einer Schrebergartenkolonie. Doch bald erwacht schon ihr kriminalistischer Instinkt; undercover macht sie diverse Beobachtungen. Einem auf natürliche Weise Verstorbenen folgt der mysteriöse Tod einer Schrebergartenbewohnerin, der Lindholm offiziell ermitteln lässt. Dabei stößt sie auf ein viele Jahre zurückliegendes, vertuschtes Verbrechen.

694/08 – Schatten der Angst (SWR)

Sendedatum: 06.04.08
Quote: 7,55 Mio. / 21 % MA
Ludwigshafen: Kopper / Odenthal
Drehbuch: Annette Bassfeld-Schepers, Martin Eigler
Regie: Martin Eigler
Schauspieler: unter anderem Peter Espeloer, Wolfgang Hepp

Ein türkischer Restaurantbesitzer wird mit seinem eigenen Fahrzeug überfahren. Lena Odenthal und Mario Kopper bekommen für ihre Ermittlungen Unterstützung vom LKA, denn dieser Mord ist nur einer von einer ganzen Serie unter türkischen Geschäftsleuten. Das Ludwigshafener Team sucht auch im engen Familienkreis des Opfers nach Tatmotiven und wird fündig.

695/08 – Müll (WDR)

Sendedatum: 20.04.08
Quote: 8,56 Mio. / 25 % MA
Köln: Ballauf / Schenk
Drehbuch: Achim Scholz

Regie: Kaspar Heidelbach
Schauspieler: unter anderem Caroline Schreiber, Hildegard Krekel, Wotan Wilke Möhring

Max Ballauf und Freddy Schenk müssen den Mord an einer Frau aufklären, die als verstümmelte und nach einem Brand nicht mehr identifizierbare Leiche auf einer Müllkippe gefunden wird. Die Spurensuche führt zu den Machenschaften der Müllmafia. Die Sekretärin eines Recycling-Unternehmens, die ihnen Auskünfte geben soll, ist spurlos verschwunden.

696/08 – Der oide Depp (BR)
Sendedatum: 27.04.08
München: Batic/Leitmayr
Drehbuch: Alexander Adolph
Regie: Michael Gutmann
Schauspieler: unter anderem Fred Stillkrauth, Jörg Hube, Dieter Kirchlechner, Gerd Fitz

… der wirklich keiner ist. Neue Untersuchungsmethoden veranlassen die Münchner Kripo, einen alten Fall aus dem Rotlichtmilieu der 60er Jahre wieder neu aufzurollen. Der Mord an zwei Prostituierten konnte damals nicht aufgeklärt werden. Ein alter Kommissar soll Batic und Leitmayr bei den Ermittlungen behilflich sein, doch scheint er sie nur zu stören. Der damals Verdächtige, ein inzwischen millionenschwerer Nachtklubbesitzer, ist aus Amerika nach München zurückgekehrt.

697/08 – Exitus (ORF)
Sendedatum: 04.05.08
Quote: 7,15 Mio./22% MA
Wien: Eisner
Drehbuch: Thomas Roth
Regie: Thomas Roth
Schauspieler: unter anderem Sunnyi Melles, Heribert Sasse, Dietrich Hollinderbäumer, Peter Lerchbaumer

Ein Verkehrsunfall fordert das Leben der Fahrer. Doch weiterhin finden sich drei Personen im Unfallwagen, die offensichtlich schon vor dem Unfall tot waren. Inspektor Moritz Eisner muss im Bereich der Medizin und der Forschung ermitteln. Der österreichische Kriminalist stößt dabei auf viele Fragen der Ethik und Pietät.

698/08 – Der frühe Abschied (HR)
Sendedatum: 12.05.08
Quote: 6,11 Mio./22 % MA
Frankfurt: Dellwo/Sänger
Drehbuch: Judith Angerbauer
Regie: Lars Kraume
Schauspieler: unter anderem Lisa Hagmeister, Sascha Göpel, Götz Schubert, Tom Schilling, Julia Jäger

Kindsmord oder Kindstod? Diese Fragen stellen sich Dellwo und Sänger, die zu einem drei Monate alten toten Zwilling gerufen werden, alarmiert vom Vater. Sie erfahren, dass es nicht das erste tote Kind in dieser Familie ist. Die verschlossene Mutter scheint verstört und überfordert zu sein. Wenn es Mord war, kommt ein(e) Täter(in) außerhalb der Familie in Betracht?

699/08 – Krumme Hunde (WDR)
Sendedatum: 18.05.08
Quote: 7,85 Mio./23 % MA
Münster: Boerne/Thiel
Drehbuch: Stefan Cantz, Jan Hinter
Regie: Manfred Stelzer
Schauspieler: unter anderem Nadeshda Brennicke, Traugott Buhre

Ein Privatdetektiv wird tot auf einer Baustelle gefunden. Kommissar Thiel entdeckt Fotos, die ihn zu einer Unternehmerfamilie führen. Hier scheinen Eheprobleme hinter der glatten Fassade zu lodern. Aber auch die Firma scheint in wirtschaftlichen Schwierigkeiten zu stecken. Boerne stutzt: Der Tote sah ihm verdammt ähnlich, Boerne verfolgt eine eigene Spur.

700/08 – Todesstrafe (MDR)
Sendedatum: 25.05.08
Quote: 8,48 Mio./27% MA
Hannover: Keppler/Saalfeld
Drehbuch: Mario Giordano, Andreas Schlüter
Regie: Patrick Winczewski
Schauspieler: unter anderem Julia Richter, Roman Knižka, Nadja Engel, Gitta Schweighöfer, Swetlana Schönfeld

Der nach Selbstjustiz klingende Titel wird der erste gemeinsame Fall von Hauptkommissar Keppler und seiner Ex-Ehefrau Eva Saalfeld. Der Betreiber eines Veranstaltungszentrums ist erstochen worden. Wohin führt die Spur? War der Tote ein Kinderschänder? Die Ex-Ehefrau hatte ihm vorgeworfen, die gemeinsame Tochter missbraucht zu haben. Bei Jugendlichen hingegen war der Tote beliebt. Die beiden Kommissare müssen während ihrer Ermittlungen gegen landläufige Stammtischparolen ankämpfen.

701/08 – Ausweglos (MDR)
Sendedatum: 06.07.08
Leipzig: Keppler/Saalfeld
Drehbuch: Andreas Pflüger
Regie: Hajo Gies
Schauspieler: unter anderem Oliver Stokowski

Eine junge Frau wurde brutal erschlagen. Die Tätersuche konfrontiert die Kommissare Saalfeld und Keppler in das komplizierte Beziehungsgeflecht der Toten. Bei der Obduktion stellt sich außerdem heraus, dass die Tote vor kurzem ein Kind entbunden hat, von dem aber jede Spur fehlt. Eine großräumige Fahndung nach dem Neugeborenen beginnt. Eine zweite Frau wird ermordet …

702/08 – In eigener Sache (SWR)
Sendedatum: 17.08.08
Stuttgart: Bootz/Lannert
Drehbuch: Holger Karsten Schmidt

Regie:	Elmar Fischer
Schauspieler:	unter anderem Caroline Vera, Miranda Leonhardt, Jürgen Hartmann, Maja Schöne

Viel Blut fließt bei einem Einsatz, zu dem Lannert und Bootz gerufen werden. Ein Beamter der Drogenfahndung und zwei mutmaßliche Drogendealer sterben. Ein verdeckt arbeitender Ermittler des LKA erleidet lebensgefährliche Verletzungen. Sind die Stuttgarter Drogenfahnder an krummen Geschäften beteiligt? Diese Vermutung spaltet das Ermittlerduo, die zugleich auch zwischen die Fronten der am Einsatz beteiligten Behörden geraten.

703/08 – Blinder Glaube (RBB)

Sendedatum:	31.08.08
Berlin:	Ritter / Stark
Drehbuch:	Andreas Pflüger
Regie:	Jürgen Bretzinger
Musik:	Curt Cress
Schauspieler:	unter anderem Justus von Dohnányi, Jörg Gudzuhn, Gesine Cukrowski, Veit Stübner, Dietrich Mattausch, Franziska Troegner

Der Tod einer Augenärztin einer großen Berliner Klinik stellt Ritter und Stark vor ein Rätsel. Handelt es sich um ein Eifersuchtsdrama verbotener Liebe, oder findet sich der Ansatz zur Lösung in den nahezu undurchschaubaren Verflechtungen zwischen Forschung, Wissenschaft und den Profitinteressen der Wirtschaft? Nicht immer geht alles mit legalen Mitteln zu, wenn es sich um Konkurrenten und die revolutionäre Erfindung eines Netzhaut-Chips handelt.

704/08 – Das schwarze Grab (SR)

Sendedatum:	14.09.08
Saarbrücken:	Deininger / Kappl
Drehbuch:	Thomas Kirchner, Idee: Martin Conrath
Regie:	Gregor Schnitzler
Schauspieler:	unter anderem Hartmut Volle, Bruno F. Apitz

Das Tatwerkzeug, mit dem eine junge Bergmannsfrau umgebracht wird, gehört ohne Zweifel zum bergmännischen Werkzeug. Das Saarbrücker Team Franz Kappl und Stefan Deininger muss im konfliktreichen, vom Strukturwandel betroffenen Bergbaumilieu ermitteln. Bei einem Festakt unter Tage, dem Kappl beiwohnt, verschüttet eine Explosion alle Zu- und Ausgänge. Kappl ist mittendrin.

705/08 – Liebeswirren (BR)

Sendedatum: 28.09.08
Quote: 7,12 Mio. / 21 % MA
München: Batic / Leitmayr
Drehbuch: Christian Limmer
Regie: Tobias Ineichen
Schauspieler: unter anderem Christoph Waltz, Anne Diemer, Jan Messutat

Als die Leiche eines bekannten Fotografen mit durchschnittenem Hals auf einer Baustelle gefunden wird, müssen Batic und Leitmayr in der Homosexuellen-Szene Münchens auf Spurensuche gehen, um den Mord aufzuklären. Sie machen dabei Bekanntschaft mit dem enttäuschten Ex-Geliebten des Fotografen, und sie treffen auch auf einen Familienvater mit homosexueller Neigung, dessen Familie auseinanderzubrechen droht.

706/08 – Der glückliche Tod (SWR)

Sendedatum: 05.10.08
Quote: 6,90 Mio. / 20 % MA
Ludwigshafen: Kopper / Odenthal
Drehbuch: André Georgi
Regie: Aelrun Goette
Schauspieler: unter anderem Susanne Lothar, Frank Giering, Rebecca Lina, Nikolaus Paryla

Die Leiche einer jungen Frau wird am Rheinufer gefunden. Es handelt sich um die Mitarbeiterin eines Sterbehilfevereins. Nachforschungen führen Lena Odenthal und Mario Kopper zu einem kleinen, an Mukoviszidose erkrankten Mädchen und einer verzweifelten Mutter, zu dem Vater eines 17-jährigen Mädchens, die sich für den Freitod entschied und zu einem Verkäufer illegaler Sterbehilfemedikamente.

707/08 – Borowski und die einsamen Herzen (NDR)
Sendedatum: 12.10.08
Quote: 6,87 Mio./19 % MA
Kiel: Borowski/Jung
Drehbuch: Thomas Schwank
Regie: Lars Jessen
Schauspieler: unter anderem Gabriela Maria Schmeide, Astrid Meyerfeldt

Innerhalb kürzester Zeit werden zwei Männer nach dem gleichen Muster ermordet. Bei den Ermittlungen stellt sich heraus, dass beide Männer über Kontaktanzeigen auf Partnerinnensuche waren. Auf Frieda Jungs Empfehlung muss sich Borowski nun auch auf Partnersuche begeben, um auf die Spur des Täters oder der Täterin zu gelangen.

708/08 – Brandmal (WDR)
Sendedatum: 19.10.08
Quote: 7,89 Mio./23 % MA
Köln: Ballauf/Schenk
Drehbuch: Karl-Heinz Käfer
Regie: Maris Pfeiffer
Schauspieler: unter anderem Bernd Michael Lade, Muriel Wimmer

Beim Brand in einem Mietshaus des Kölner Stadtteils Kalk stirbt eine Frau infolge einer Rauchvergiftung. Der Verdacht der Brandstiftung fällt bald auf die Bewohner eines Flüchtlingsheimes. Unter Gruppen der Sinti und Roma, der Flüchtlinge aus dem ehemaligen Jugoslawien, und Einheimischen kommt es immer wieder zu Auseinandersetzungen. Bekannte Vorurteile werden für Schuldzuweisungen eingesetzt, doch der Kreis der Verdächtigen setzt sich weitaus differenzierter zusammen.

709/08 – Auf der Sonnenseite (NDR)
Sendedatum: 26.10.08
Quote: 7,07 Mio./20 % MA
Hamburg: Batu
Drehbuch: Thorsten Wettcke, Christoph Silber
Regie: Richard Huber
Schauspieler: unter anderem Peter Jordan, Aykut Kayacik, Alice Dwyer, Fritz Roth

Verdeckt zu ermitteln, das ist die Aufgabe von Cenk Batu, dem neuen Hamburger Kommissar. Während er im Umfeld des scheinbar seriösen Geschäftsmannes Petermann undercover agiert, erhält er einen weiteren Auftrag. Über den Neffen soll er das Vertrauen eines Clan-Chefs gewinnen, hinter dessen offizieller Fassade des Restaurantbesitzers und Gemüsegroßhändlers sich ganz andere Dinge abspielen. Auch kommt der dubiose Geschäftsmann Petermann wieder ins Spiel.

710/08 – Wolfsstunde (WDR)
Sendedatum: 09.11.08
Quote: 10,14 Mio./28 % MA
Münster: Boerne/Thiel
Drehbuch: Kilian Riedhof, Marc Blöbaum
Regie: Kilian Riedhof
Schauspieler: unter anderem Thomas Dannemann, Katharina Lorenz, Arnd Klawitter

Eine Jurastudentin wird Opfer eines Sexualmordes. Es stellt sich sowohl für die Öffentlichkeit als auch für Thiel und Prof. Boerne die Frage, ob es sich hier um die weitere Tat eines Serienmörders handelt. Die Indizien sprechen vorerst noch nicht dafür. Der Ex-Freund des Opfers gerät ins Visier der Ermittler. Doch es mehren sich auch die Parallelen zu anderen Fällen.

711/08 – Salzleiche (NDR)
Sendedatum: 16.11.08
Quote: 9,29 Mio. / 26 % MA
Hannover: Lindholm
Drehbuch: Johannes W. Betz, Max Eipp
Regie: Christiane Balthasar
Schauspieler: unter anderem Torsten Michaelis, Catrin Striebeck, Matthias Bundschuh, Dagmar Leesch, Rainer Sellien, Eva Weissenborn

Charlotte Lindholm wird mit der Aufklärung eines Mordes ins Wendland nach Gorleben verschlagen, wo die Leiche eines Wachtmeisters im Bergwerk für atomare Zwischen- und Endlagerung entdeckt wurde. Der Leiter der Betreibergesellschaft wird außerdem erpresst. Schon bald bemerkt sie, dass sie und ihre Ermittlungen genau beobachtet und verfolgt werden. Eine heiße Spur führt sie nach Barcelona.

712/08 – Häschen in der Grube (BR)
Sendedatum: 23.11.08
Quote: 8,87 Mio. / 24 % MA
München: Batic / Leitmayr
Drehbuch: Ingeborg Bellmann
Regie: Dagmar Knöpfel
Schauspieler: unter anderem Hans-Michael Rehberg, Hanns Zischler, Joachim Król, Johann von Bülow, Sigi Zimmerschied, Benedikt Hösl

Der Vater einer Mittelstandsfamilie mit wirtschaftlichen Schwierigkeiten wird am Isarufer ermordet. Er hinterlässt eine Ehefrau mit zwei Kindern und einem Leukämie-kranken Pflegekind, das in einer Spezialklinik behandelt wird. Das Münchner Kommissar-Team sucht nach Tatmotiven. Nachdem das familiäre und berufliche Umfeld keine Hinweise auf einen möglichen Täter bringt, führt eine Spur schließlich zur Klinik, deren Leiter ein sehr zweifelhaftes Experiment durchführt.

713/08 – Unbestechlich (MDR)

Sendedatum: 07.12.08
Quote: 7,78 Mio./22 % MA
Leipzig: Keppler/Saalfeld
Drehbuch: Andreas Pflüger
Regie: Nils Willbrandt
Schauspieler: unter anderem Maxim Mehmet, André Röhner, Petra Zieser, Harald Schrott, Jule Ronstedt

Der Mord an einer jungen drogenabhängigen Kellnerin führt die Kommissare Keppler und Saalfeld zu einem befreundeten Kollegen, dessen Tochter von zu Hause weggelaufen ist. Auch der Freund und Kollege wird ermordet. Die Tochter des Toten taucht jedoch wieder auf. Schließlich führt die Spur weiter ins Drogendezernat.

714/08 – Waffenschwestern (HR)

Sendedatum: 14.12.08
Quote: 6,49 Mio./18 % MA
Frankfurt: Sänger
Drehbuch: Michael Proehl, Idee: Anja Mathey
Regie: Florian Schwarz
Schauspieler: unter anderem Sascha Göpel, Uwe Bohm, Johann von Bülow, Antje Westermann, Fritz Roth

Kommissarin Sänger wird Zeugin eines Amoklaufes. Sie schafft es nicht, zum Schutz einer Geisel von der Schusswaffe Gebrauch zu machen. Ein Kollege eilt ihr zu Hilfe. Frau Sänger wird beurlaubt, ermittelt aber auf eigene Faust weiter. Dabei gerät sie in einen waffenfanatischen Kreis von Frauen, die historische Duelle mit echten Waffen nachahmen.

715/08 – Granit (ORF)

Sendedatum: 21.12.08
Quote: 6,21 Mio./17 % MA
Wien: Eisner
Drehbuch: Felix Mitterer

Regie: Fabian Eder
Schauspieler: unter anderem Alexander Mitterer, Muriel Baumeister, Carl Achleitner, Maria Hofstätter

Zwei Brüder streiten sich um das Erbe eines Hofes. Ein TV-Team will darüber berichten, als der Mord an einem Steinbruchbesitzer Chefinspektor Moritz Eisner auf den Plan ruft. Eisner und seine TV-Kollegin tauchen in dunkle Familienereignisse ein, deren Aufdeckung nicht ungefährlich ist. Rätselhafte Spuren im Schnee führen Eisner schließlich auf eine heiße Spur.

716/08 – Der tote Chinese (HR)
Sendedatum: 28.12.08
Quote: 6,62 Mio./19 % MA
Hamburg: Dellwo/Sänger
Drehbuch: David Keller, Hendrik Handloegten
Regie: Hendrik Handloegten
Schauspieler: unter anderem Chrissy Schulz, Iris Böhm, Matthias Brandt, Andreas Schmidt, Thorsten Merten, Fritz Roth

Die Leiche eines toten Chinesen in einem Hotel in der Nähe des Frankfurter Flughafens führt Dellwo und Sänger, die Schwierigkeiten haben, die Identität des Toten festzustellen, schließlich auf Spuren von Menschenhandel. An einem nicht bekannten Ort in Frankfurt soll ein Container mit chinesischen Flüchtlingen stehen. Ein Wettlauf mit der Zeit um Leben oder Tod der Eingesperrten beginnt.

2009

717/09 – Baum der Erlösung (ORF)
Sendedatum: 04.01.09
Quote: 8,10 Mio./22 % MA

Wien:	Eisner
Drehbuch:	Felix Mitterer
Regie:	Harald Sicheritz
Schauspieler:	unter anderem Alexander Mitterer, Hubsi Kramar, Tim Seyfi, Christoph von Friedl, Bettina Redlich, Tayfun Bademsoy

Im Tiroler Telfs wird zum wiederholten Male eine türkische weibliche Leiche an einem Baum erhängt gefunden. Doch diesmal ist es kein Suizid wie bei den vorausgegangenen Opfern, die mit ihrem Freitod einer Zwangsheirat entgehen wollten. Der Tiroler Freund der Toten wird ebenfalls ermordet. Chefinspektor Moritz Eisner reist nach Telfs. Dort stößt er auf abgrundtiefen Hass, der sich in kulturellen Unterschieden begründet.

718/09 – Schwarzer Peter (MDR)

Sendedatum:	18. 01. 09
Quote:	8,70 Mio. / 24 % MA
Leipzig:	Keppler / Saalfeld
Drehbuch:	Kathrin Bühlig
Regie:	Christine Hartmann
Schauspieler:	unter anderem Maxim Mehmet, André Röhner, Suzanne von Borsody, Sandra Borgmann, Pierre Besson, Thomas Huber

Ein erfolgreicher Leipziger Unternehmer schwimmt tot in der Weißen Elster. Ein ehemaliger, gekündigter Mitarbeiter mit Alkoholproblemen gerät schnell unter Verdacht. Die Spurensuche von Eva Saalfeld und Andreas Keppler ergibt, dass der Unternehmer keineswegs ein angenehmer Mensch war, der sich mit seinem patriarchalischen und herrschsüchtigen Verhalten eine Menge Feinde gemacht hat.

719/09 – Rabenherz (WDR)

Sendedatum:	25. 01. 09
Quote:	8,62 Mio. / 23 % MA
Köln:	Ballauf / Schenk

Drehbuch: Markus Busch
Regie: Thorsten C. Fischer
Schauspieler: unter anderem Anna Maria Mühe, Petra Keinert, Justus Carriére

Ein Tatmotiv ist auf den ersten Blick nicht erkennbar, als der Oberarzt einer Geburtsstation einer Kölner Klinik vergiftet wird. Während Schenk sich als Pfleger in die Station einschleust, ermittelt Ballauf offiziell. Recherchen ergeben, dass es auf der Geburtsstation in letzter Zeit zu vermehrten Todesfällen gekommen war. Steht der Tod des beliebten Mediziners damit im Zusammenhang, der mit Betäubungsmitteln aus der Krankenhaus-Apotheke getötet wurde?

720/09 – Kassensturz (SWR)
Sendedatum: 01.02.09
Quote: 8,78 Mio./24% MA
Ludwigshafen: Kopper/Odenthal
Drehbuch: Stephan Falk
Regie: Lars Montag
Schauspieler: unter anderem Brigitte Zeh, Stefanie Stappenbeck, Andreas Windhuis, Oliver Nägele

Auf einer Mülldeponie wird der tote Gebietsleiter einer Discounter-Kette entdeckt. Während ihrer Suche nach dem Täter erhalten Odenthal und Kopper Einblicke in die gnadenlosen Bedingungen und schikanösen Verhältnisse der modernen Arbeitswelt. Bei den Angestellten kommen eine ganze Reihe von Mordmotiven in Betracht.

721/09 – Familienaufstellung (RB)
Sendedatum: 08.02.09
Quote: 8,45 Mio./23% MA
Bremen: Lürsen/Stedefreund
Drehbuch: Thea Dorn, Seyran Ates
Regie: Mark Schlichter
Schauspieler: unter anderem Roman Knižka, Hussi Kutlucan, Erol Sander, Jennifer Ulrich

Der vermeintliche Selbstmord der älteren Tochter einer wohlhabenden Emigrantenfamilie lässt den Hochzeitstermin der jüngsten Tochter nicht platzen. Die Obduktion der Leiche bringt andere Resultate. Kommissarin Lürsen und Stedefreund gehen verschiedenen Spuren nach. War es Mord aus Eifersucht oder etwa ein Ehrenmord? Die älteste Tochter wollte sich von ihrem Mann trennen. Eine Freundin hegte für das Opfer mehr als freundschaftliche Gefühle, die jedoch nicht erwidert wurden.

722/09 – Neuland (HR)
Sendedatum: 15.02.09
Quote: 8,45 Mio./23% MA
Frankfurt: Dellwo
Drehbuch: Bernd Lange
Regie: Manuel Flurin Hendry
Schauspieler: unter anderem Nina Kunzendorf, Martin Feifel, Hans Uwe Bauer, Devid Striesow, Matthias Habich, Andreas Windhuis

Bauland und Bauernland, nur drei Buchstaben trennen die Aussicht auf Gewinn oder Verlust. Kommissar Dellwo ermittelt diesmal ohne seine Kollegin Sänger. Er besucht sein Patenkind auf dem Land. Dort wird ein Auto gefunden, doch der Fahrer, ein Immobilienmakler, ist verschwunden. Dellwo stößt bei seinen Ermittlungen auf wenig Sympathie und muss allerhand Schläge einstecken.

723/09 – Herz aus Eis (SWR)
Sendedatum: 22.02.09
Quote: 7,93 Mio./22% MA
Konstanz: Blum/Perlmann
Drehbuch: Dorothee Schön
Regie: Ed Herzog
Schauspieler: unter anderem Benjamin Morik, Thomas Meinhardt

Ein eiskalter Mord, getarnt wie ein Selbstmord, ruft Klara Blum und Kai Perlmann in ein Internat am Bodensee. Im Schwimmbad des sogenannten Eliteinternats liegt der Sohn eines Bankers, der sich aus Liebeskummer das Leben genommen zu haben scheint. Die Mitschüler sind wenig mitteilsam, doch Perlmann macht einen Fund. Ein abgerissener Wäscheknopf eines Bettbezuges im Filtersystem des Schwimmbades belegt, dass das Opfer wie eine Katze im Sack ertränkt wurde.

724/09 – Tödliche Tarnung (SWR)
Sendedatum: 01. 03. 09
Quote: 7,88 Mio. / 21 % MA
Stuttgart: Bootz / Lannert
Drehbuch: Holger Karsten Schmidt
Regie: Rainer Matsutani
Schauspieler: unter anderem Carolina Vera, Jakob Höhne, Noémi Matsutani

Ein toter Zöllner in der Nähe des Stuttgarter Flughafens bringt die Stuttgarter Kommissare auf eine Spur, die Lannert bereits als verdeckter Ermittler in Hamburg verfolgt hat und die zu einem dubiosen Geschäftsmann führt. Wird es Lannert diesmal gelingen, den Mann aus der Unterwelt zu überführen, der außerdem am Tod seiner Familie mitschuldig ist?

725/09 – Mauerblümchen (MDR)
Sendedatum: 08. 03. 09
Quote: 8,12 Mio. / 22 % MA
Leipzig: Keppler / Saalfeld
Drehbuch: Simone Schneider
Regie: Johannes Fabrick
Schauspieler: unter anderem Peter Atanassow, Sophie von Kessel, Helmut Zierl

Ein Leipziger Behördenleiter wird in seinen eigenen vier Wänden ermordet. Angeblich schlief die Ehefrau während des Verbrechens nebenan, ohne etwas gehört zu haben. Unter Verdacht gerät ein Bauunternehmer, über dessen Bau ein Baustopp verhängt worden war, und mit dem sich das Opfer am Abend zuvor getroffen hatte. Die Hauptkommissare Saalfeld und Keppler entdecken am Tatort jedoch die blutigen Spuren einer verschwundenen Frau. Ist sie die Mörderin?

726/09 – Das Gespenst (NDR)

Sendedatum:	15.03.09
Quote:	8,79 Mio./24% MA
Hannover:	Lindholm
Drehbuch:	Stefan Dähnert
Regie:	Dror Zahavi
Schauspieler:	unter anderem David Rott, Karoline Eichhorn, Pierre Besson, Hansa Czypionka, Holger Handtke, Stephan Benson, Sheri Hagen

Während alle Überwachungskameras auf dem Flughafen Hannover ausgefallen sind, geschieht der Mord an einem Polizisten. Charlotte Lindholm bekommt schon bald Gewissenskonflikte, denn die Tatverdächtige ist eine alte Jugendfreundin, die auch im Blickfeld des niedersächsischen Verfassungsschutzes steht, der den Fall übernimmt. Lindholm kann es nicht lassen, weiter zu ermitteln und gewinnt Einblick in die geheime Akte ihrer Freundin.

727/09 – Höllenfahrt (WDR)

Sendedatum:	22.03.09
Quote:	8,92 Mio./24% MA
Münster:	Boerne/Thiel
Drehbuch:	Matthias Seelig, Claudia Falk
Regie:	Tim Trageser
Schauspieler:	unter anderem Nina Kunzendorf, Michael Abendroth, Paul Faßnacht, Friederike Kempter

Prof. Boerne nimmt an einem Golfturnier teil. Das Freizeitvergnügen vermischt sich sehr schnell mit seinem Beruf, als ein einflussreicher Münsteraner Bankier tot aufgefunden wird. Der Bankier soll in Geldwäschegeschäfte und Steuerhinterziehung verstrickt gewesen sein. Thiel und Boerne verfolgen eine auffällige Frau, die das Golfhotel überstürzt verlässt, durchs ganze Münsterland. Es bleibt nicht bei dem einen Mord.

728/09 – Gesang der toten Dinge (BR)

Sendedatum: 29.03.09
Quote: 7,15 Mio./20 % MA
München: Batic/Leitmayr
Drehbuch: Markus Fenner
Regie: Thomas Roth
Schauspieler: unter anderem Irm Hermann, Therese Affolter, Bernd Stegemann, Harald Dietl

Franz Leitmayr und Ivo Batic geraten in Bereiche der Esoterik, des Rationalen und Irrationalen, als in dem Münchner Nobelviertel Nymphenburg eine bekannte TV-Astrologin tot aufgefunden wird. War es Mord oder Selbstmord? Der Gerichtsmediziner stellt nach dem ersten Augenschein eine überraschende Diagnose. Alles scheint weiterhin rätselhaft, doch bald gibt es auch Indizien für Mord …

729/09 – Häuserkampf (NDR)

Sendedatum: 13.04.09
Quote: 5,86 Mio./18 % MA
Hamburg: Batu
Drehbuch: Johannes W. Betz, Peter Braun
Regie: Florian Baxmeyer
Schauspieler: unter anderem Peter Jordan, Patrycia Ziolkowska, Thomas Lawinky, Philipp Baltus

Der verdeckt agierende Batu wird in eine SEK-Einheit eingeschleust, um einen Maulwurf zu enttarnen. Er gewinnt das Vertrauen eines Kollegen, mit dem er eine Geiselnahme, die sich später als Finte herausstellt, beenden soll. Der Geiselnehmer nimmt sich das Leben, zuvor hat er jedoch die Frau und Tochter von Batus Kollegen an eine Zeitbombe gefesselt und versteckt. Ein Wettlauf gegen die Zeit beginnt …

730/09 – Oben und unten (RBB)

Sendedatum: 19.04.09
Quote: 7,79 Mio./23 % MA
Hamburg: Ritter/Stark
Drehbuch: Natja Brunckhorst
Regie: Nils Willbrandt
Musik: Stefan Will, Peter Fox
Schauspieler: unter anderem Bruno F. Apitz, Muriel Baumeister , Hansjürgen Hürrig, Maja Schöne, Marlon Kittel, Anke Sevenich, Harald Schrott

Ein bekannter Bauunternehmer, der schon einmal wegen einer spektakulären Pleite seines Unternehmens für Schlagzeilen gesorgt hatte, sitzt tot in der U-Bahn. Die Ermittlungen des Duos Stark und Ritter führen ins unterirdische Labyrinth der U-Bahn-Schächte Berlins, wo sich auch ein Schattenleben – nicht nur von Jugendlichen – abspielt.

731/09 – Bittere Trauben (SR)

Sendedatum: 26.04.09
Quote: 7,40 Mio./23 % MA
Saarbrücken: Deininger/Kappl
Drehbuch: Andreas Pflüger
Regie: Hannu Salonen
Schauspieler: unter anderem Alice Hoffmann, Hartmut Volle, Lale Yavas, Konstantin Wecker, Lisa Maria Potthoff, Thomas Sarbacher, Fritz Roth

In Saarbrücken wird ein staatlicher Weinkontrolleur ermordet, der manchem Winzer das Leben und die Arbeit erschwert hatte. Für Kappl und Deininger steht schon bald fest, dass der Täter aus dem Umfeld der Weinbauern kommen muss. Wollte jemand seine Weinpanscherei vertuschen, oder ist das Motiv nicht doch vielleicht woanders zu suchen?

732/09 – Borowski und die heile Welt (NDR)

Sendedatum: 03.05.09
Kiel: Borowski/Jung

Drehbuch: Elke Schuch, Marc Blöbaum
Regie: Florian Froschmayer
Schauspieler: unter anderem Thomas Kügel, Jan Peter Heyne, Samuel Finzi, Katharina Wackernagel, Lale Kann

Ein achtjähriges Mädchen wird von der besorgten Mutter als vermisst gemeldet. Am folgenden Morgen wird die Tochter tot aufgefunden. Der Pathologe weist auf ältere Hämatome am Körper des kleinen Mädchens hin, die mit dem Tod nicht im Zusammenhang stehen. Borowski und Jung schauen sich das soziale Umfeld des toten Kindes an. In der Familie schwelen vielschichtige Konflikte.

733/09 – Tödlicher Einsatz (SWR)
Sendedatum: 10.05.09
Ludwigshafen: Kopper / Odenthal
Drehbuch: Kai-Uwe Hasenheit
Regie: Bodo Fürneisen
Schauspieler: unter anderem Achim Buch, Heikko Deutschmann, Rudolf Kowalski

Bei einem SEK-Einsatz wird ein Beamter erschossen. Die Ludwigshafener Kommissare müssen den Fall untersuchen und stoßen schon bald auf eine scheinbar starre Mauer des Schweigens. Der Einsatzleiter stellt sich schützend vor »seine Jungens«. Odenthal und Kopper werden misstrauisch: Was soll hier vertuscht werden?

734/09 – Schiffe versenken (RB)
Sendedatum: 24.05.09
Bremen: Lürsen / Stedefreund
Drehbuch: Wilfried Huismann, Philip La Zebnik
Regie: Florian Baxmeyer
Schauspieler: unter anderem Michael Gwisdek, Hans-Peter Halwachs, Arnd Klawitter

Die Leiche des zweiten Offiziers eines Bremer Containerschiffes wird an der norwegischen Küste entdeckt. Während Stedefreund an

Land und bei der Reederei ermittelt, begibt sich Inga Lürsen an Bord des Schiffes. Allein unter Männern hat die »Kommissarin auf hoher See« ihren Zuständigkeitsbereich verlassen: Kapitän und Mannschaft nutzen ihre machtlose Position aus, und Lürsen gerät in Bedrängnis.

735/09 – Kinderwunsch (ORF)

Sendedatum:	01.06.09
Wien:	Eisner
Drehbuch:	Thomas Baum, Walter Bannert
Regie:	Walter Bannert
Schauspieler:	unter anderem Fanny Stavjanik, Michael Menzel, Dorka Gryllus

Der Tod einer Journalistin, die aus der Donau geborgen wird, und ein weiterer Mord führen den österreichischen Kommissar Eisner in das Umfeld der gewinnträchtigen Geschäfte, die mit künstlicher Befruchtung und Leihmüttern gemacht werden, um den Kinderwunsch oft schon verzweifelter Paare zu erfüllen. Der Kreis der Profiteure und der Verdächtigen ist groß.

736/09 – Im Sog des Bösen (SWR)

Sendedatum:	07.06.09
Konstanz:	Blum / Perlmann
Drehbuch:	Susanne Schneider
Regie:	Didi Danquart
Schauspieler:	unter anderem Thomas Meinhardt, Hanno Koffler

Perlmann gerät ins Visier polizeilicher Ermittlungen. Eine tote Studentin wird in einem Müllcontainer entdeckt. Nachdem sich herausstellt, dass Perlmann der Letzte war, mit dem die Tote Kontakt hatte, wird es eng für ihn. Perlmann verstrickt sich immer weiter in Widersprüchen und Halbwahrheiten. Klara Blum gerät zwar in einen Gewissenskonflikt, ermittelt aber unbeirrt und hartnäckig in alle Richtungen weiter.

737/09 – Tote Männer (RB)
Sendedatum: 14.06.09
Bremen: Lürsen/Stedefreund
Drehbuch: Jochen Greve
Regie: Thomas Jauch
Schauspieler: u. a. Felix Eitner, Fritzi Haberlandt, Nadja Zwanziger

Ein Stricher wird tot aus der Weser gefischt. Die Spuren- und Motivsuche führen Lürsen und Stedefreund zu einem jungen Ehepaar, das sich auf die baldige Geburt des ersten Kindes freut. Das kleine Familienglück wirkt angestrengt, und die Aufenthaltsorte des Ehemanns stimmen auffallend mit denen des Mordopfers kurz vor seinem Tod überein. Dieser Fall scheint in Verbindung mit einem ähnlichen Mord in Lübeck zu stehen.

738/09 – Das Mädchen Galina (SWR)
Sendedatum: 21.06.09
Stuttgart: Bootz/Lannert
Drehbuch: Stephan Brüggenthies
Regie: Thomas Freundner
Schauspieler: unter anderem Carolina Vera, Fjodor Olev, Maja Schöne, Jakob Höhne

Der Notruf einer jungen Frau geht bei der Polizei ein. Als Lannert und Bootz das Apartment erreichen, ist die junge Frau tot. Während die beiden in einen Schusswechsel geraten, verschwindet die Leiche. Die Tote wird als Callgirl identifiziert, deren Kundenkartei interessante Namen enthält. Darunter taucht unter anderem auch der Name eines bekannten Politikers auf.

739/09 – Mit ruhiger Hand (WDR)
Sendedatum: 23.08.09
Köln: Ballauf/Schenk
Drehbuch: Jürgen Werner
Regie: Maris Pfeiffer
Schauspieler: unter anderem Roeland Wiesnekker, Fabian Hinrichs

Das Kölner Team ermittelt bei den »Göttern in Weiß«. Die Ehefrau eines erfolgreichen Herzchirurgen kommt bei einem Einbruch in ihr Haus ums Leben, während der Chefarzt überlebt. Eine glanzvolle Fassade wird Stück für Stück eingerissen, dahinter erscheinen Alkohol-, familiäre und berufliche Probleme.

740/09 – Architektur eines Todes (HR)

Sendedatum:	06.09.09
Hamburg:	Dellwo / Sänger
Drehbuch:	Judith Angerbauer
Regie:	Titus Selge
Schauspieler:	unter anderem Nina Petri, Stephan Bissmeier, Bastian Trost, Catrin Striebeck, Maria Happel

Die Mitarbeiterin einer Frankfurter Stararchitektin wird vermisst. Dellwo und Sänger ermitteln in der Karrierewelt, der Egozentrik, der mangelnden Aufmerksamkeit im menschlichen Miteinander, am weiblichen Stammtisch global agierender Geschäftsfrauen, die sich hin und wieder einen Lover mieten und in einer Familie, in der sich der Vater aufopfernd um seine Kinder kümmert, für die die Karrierefrau keine Zeit mehr findet. Die Mitarbeiterin wird tot aufgefunden, die Chefin ist verzweifelt.

741/09 – Borowski und die Sterne (NDR)

Sendedatum:	20.09.09
Kiel:	Borowski / Jung
Drehbuch:	Angelina Maccarone
Regie:	Angelina Maccarone
Schauspieler:	unter anderem Jan Peter Heyne, Hugo Egon Balder, Helen Schneider, Matthias Bundschuh

Tatort: Hotel. Die Ex-Geliebte eines alternden Rockstars stürzt vom Dach. Was auf den ersten Blick wie ein Suizid aussieht, ist keiner gewesen. Borowski und Jung rollen die alten »Beziehungskisten« aus den wilden 70er Jahren wieder auf, die nicht ohne Folgen waren. Die Rezeptionistin des Hotels ist die Tochter der Toten.

742/09 – Plattgemacht (WDR)

Sendedatum: 04.10.09
Köln: Ballauf/Schenk
Drehbuch: Stefan Cantz, Jan Hinter
Regie: Buddy Giovinazzo
Schauspieler: unter anderem Frank Voss, Catherine Flemming, Florian Bartholomäi, Christa Rockstroh, Musikgruppe »Höhner«

Welche Verbindungen gibt es zwischen der Welt der Schönen und Reichen und der Welt der Obdachlosen, für die ein stadtbekannter Schönheitschirurg einmal im Jahr seine Spendierhosen anzieht und die Ausgegrenzten mit einem Festmahl im großen Stil medienwirksam verköstigt. Ein junger Obdachloser wird dabei vergiftet. Die Kölner Kommissare müssen in zwei Welten ermitteln, die kontrastreicher nicht sein können. Da geschieht noch ein weiterer Mord.

743/09 – Vermisst (SWR)

Sendedatum: 11.10.09
Ludwigshafen: Kopper/Odenthal
Drehbuch: Christoph Darnstädt
Regie: Andreas Senn
Schauspieler: unter anderem Hans-Jörg Assmann, Corinna Harfouch, Peter Rühring, Thomas Sarbacher

Eine seit vielen Jahren als vermisst geltende Frau will zu einem lange zurückliegenden, längst aufgeklärten Mordfall eine Aussage machen. Doch als Lena Odenthal zum vereinbarten Treffpunkt kommt, ist die Zeugin tot. Odenthal und Kopper rollen den alten Fall wieder auf und geraten ins Labyrinth menschlicher Beziehungen und Verwicklungen.

744/09 – Um jeden Preis (BR)

Sendedatum: 18.10.09
München: Batic/Leitmayr
Drehbuch: Christian Jeltsch
Regie: Peter Fratzscher

Schauspieler: unter anderem Christian Springer, Thomas Sarbacher, Fred Stillkrauth, Bettina Redlich, Hannes Hellmann, Alexander Duda, Christian Springer

Der Tod eines bekannten Journalisten, der wie ein Selbstmord aussieht, und dessen Akte »laut Befehl von oben« sehr schnell geschlossen werden soll, führt Batic und Leitmayr ins Gewerkschaftsmilieu. Dort geraten sie in Auseinandersetzungen und gewerkschaftliche Generationskonflikte. Sie erleben die harten Methoden, mit der ein Gewerkschaftsführer gemacht wird. Ein knallhartes Geschäft, das das Prinzip der solidarischen Arbeiterbewegung konterkariert.

745/09 – Tempelräuber (WDR)
Sendedatum: 25.10.09
Münster: Boerne / Thiel
Drehbuch: Magnus Vattrodt
Regie: Matthias Tiefenbacher
Schauspieler: unter anderem Ulrich Noethen, Johanna Gastdorf

Im strengkatholischen Münster wird ein Priester überfahren und tödlich verletzt. Professor Boerne wird als Zeuge des Unfalls selbst verletzt. Schnell steht fest, dass es sich um einen gezielten Mordanschlag handelte. Doch wo ist der Mörder zu suchen, im beruflichen Umfeld des Toten, der Leiter des Priesterseminars war, oder eher im Privaten? Thiel, unterstützt vom gehandicapten Boerne, muss vielen Spuren nachgehen.

746/09 – Schweinegeld (RBB)
Sendedatum: 01.11.09
Berlin: Ritter / Stark
Drehbuch: Christoph Silber, Thorsten Wettcke
Regie: Bodo Fürneisen
Schauspieler: unter anderem Alexandra Finder, Maren Kroymann, Johanna Gastdorf, Ole Puppe

Ein Berliner Fleischfabrikant wird von seiner Geliebten als vermisst gemeldet. Niemanden im näheren Umfeld des Verschwundenen, der schließlich tot im Kühlhaus seines Betriebes liegt, scheint dies besonders zu berühren. Die Kommissare Ritter und Stark geraten auf der Suche nach dem Mörder in den tiefen Sumpf von Gammelfleisch und Subventionsbetrug.

747/09 – ... es wird Trauer sein und Schmerz (NDR)

Sendedatum: 15.11.09
Hannover: Lindholm
Drehbuch: Astrid Paprotta
Regie: Friedemann Fromm
Schauspieler: unter anderem Anne Ratte-Polle, Jörg Hartmann, Patrick von Blume

Charlotte Lindholm wird nach Braunschweig gerufen, um dort die örtliche Polizei bei der Aufklärung einer Mordserie zu unterstützen. Außer kleinen schriftlichen Botschaften, die der Täter hinterlässt, und die Morde somit in Zusammenhang bringt, ist kein Muster bei den Tathergängen festzustellen. Erst ein Zufall stellt die Verbindung zwischen den Opfern her und legt auch das Tatmotiv offen.

748/09 – Falsches Leben (MDR)

Sendedatum: 06.12.09
Hamburg: Keppler/Saalfeld
Drehbuch: Andreas Pflüger
Regie: Hajo Gies
Schauspieler: unter anderem Maxim Mehmet, Kai Schumann, Thekla Carola Wied

In Leipzig wird nach einem Brand in einem Jugendzentrum eine männliche Leiche gefunden. Das Jugendzentrum befand sich auf einem Grundstück, dessen Eigentümer hoch verschuldet sind. Handelt es sich um eine in Auftrag gegebene Brandstiftung, um das Grundstück endlich gewinnbringend verkaufen zu können? Die

Hauptkommissare Eva Saalfeld und Andreas Keppler stoßen bei ihren Ermittlungen noch auf weitere unbeglichene Rechnungen aus der Vergangenheit.

749/09 – Wir sind die Guten (BR)

Sendedatum: 13.12.09
München: Batic / Leitmayr
Drehbuch: Jobst Christian Oetzmann, Magnus Vattrodt
Regie: Jobst Christian Oetzmann
Schauspieler: unter anderem Michael Mendl, Nikolaus Paryla, Peter Rappenglück

Hauptkommissar Ivo Batic verliert bei einem schweren Verkehrsunfall, bei dem eine Kollegin aus dem Rauschgiftdezernat ums Leben kommt, sein Gedächtnis. Er erkennt nicht einmal mehr seinen Kollegen Franz Leitmayr wieder. Auf der Suche nach seiner verlorenen Identität und dem Versuch, die Geschehnisse vor dem Unfall zu rekonstruieren, stoßen beide auf kriminelle Machenschaften in den eigenen Reihen der Polizei.

750/09 – Altlasten (SWR)

Sendedatum: 27.12.09
Hamburg: Bootz / Lannert
Drehbuch: Katrin Bühlig
Regie: Eoin Moore
Schauspieler: unter anderem Maja Schöne, Birthe Wolter, Andreas Schmidt, Christof Wackernagel, Jakob Höhne

Auf den ersten Blick scheint es der natürliche Tod eines Achtzigjährigen zu sein. Doch eine weitere Untersuchung des Toten bringt ein anderes Resultat. Der alte Herr wurde mit Medikamenten vergiftet. Die Kommissare Bootz und Lannert beginnen im direkten Umfeld in der Familie zu ermitteln. Dabei treten auch die vielschichtigen Interessenskonflikte zwischen den Generationen ins Blickfeld.

2010

751/10 – Weil sie böse sind (HR)

Sendedatum: 03.01.10
Frankfurt: Dellwo / Sänger
Drehbuch: Michael Proehl; Idee: Matthias Tuchmann, Florian Schwarz
Regie: Florian Schwarz
Schauspieler: unter anderem Milan Peschel, Matthias Schweighöfer, Markus Boysen, Adele Neuhauser, Peter Davor, Sandra Borgmann

Der alleinerziehende Vater eines autistischen Sohnes ist in finanziellen Schwierigkeiten. In seiner Not sucht er eine alte einflussreiche Familie auf und versucht zu belegen, dass seinen Vorfahren im Mittelalter zugunsten der heute wohlhabenden Familie ein Unrecht widerfahren sei. Als er jedoch nur Hohn, Spott und Demütigung erfährt, erschlägt er das Familienoberhaupt. Während Dellwo und Sänger im Dunkeln tappen, macht sich der Sohn des Mordopfers zum Verbündeten des Täters. Eine Gewaltspirale wird in Gang gesetzt.

752/10 – Klassentreffen (WDR)

Sendedatum: 10.01.10
Köln: Ballauf / Schenk
Drehbuch: Jürgen Werner
Regie: Kaspar Heidelbach
Schauspieler: unter anderem Angelika Bartsch, Karoline Eichhorn, Jasmin Schwiers, Holger Kunkel, Oliver Stritzel, Catrin Striebeck

Ballauf fährt zum Klassentreffen nach Essen. In der Nacht wird sein ehemaliger Mitschüler und Ehemann seiner alten Schülerliebe, der Geschäftsführer der »Ruhr 2010«-Stiftung, ermordet. Als Tatmotiv kommt zuerst die Eifersucht Ballaufs in Betracht. Doch bei den weiteren Ermittlungen entpuppt sich zugleich auch ein Bauskandal, der mit einem ermordeten Bauunternehmer in Köln in Zusammenhang steht.

753/10 – Der Polizistinnenmörder (SWR/SF)

Sendedatum:	17.01.10
Konstanz:	Blum / Perlmann
Drehbuch:	Leo P. Ard
Regie:	Florian Froschmayer
Schauspieler:	unter anderem Stefan Gubser, Benjamin Morik, Michael Brandner, Alissa Jung, Sebastian Arenas Schmid

Bei der Observation eines Waffenhändlers gerät einiges außer Kontrolle. Eine junge Polizistin wird erschossen, während der Verdächtige in die Schweiz flüchten kann. Blum und Perlmann benötigen Amtshilfe von Reto Flückiger aus der Schweiz. Eine grenzüberschreitende Jagd beginnt. Die Verfolgten wissen über die geplanten Maßnahmen der Konstanzer Kommissare und der Schweizer Kollegen Bescheid. Sitzt ein Maulwurf in einer Amtsstube?

754/10 – Hilflos (SR)

Sendedatum:	24.01.10
Saarbrücken:	Deininger / Kappl
Drehbuch:	Stefan Schaller, Sabine Radebold
Regie:	Hannu Salonen
Schauspieler:	unter anderem Alice Hoffmann. Hartmut Volle, Lale Yavas, Sergej Moya, Florian Bartholomäi

Ein 16-Jähriger wird tot auf einem Parkdeck gefunden. Die Spuren führen in seine Schulklasse. Mobbing und Wohlstandsverwahrlosung verwischen die Grenzen zwischen Opfer und Täter. Die Kommissare Deininger und Kappl wechseln geschickt in ihren Verhörmethoden die Rolle des guten und des bösen Polizisten.

755/10 – Vergessene Erinnerung (NDR)

Sendedatum:	31.01.10
Hannover:	Lindholm

Drehbuch: Dirk Salomon, Thomas Wesskamp
Regie: Christiane Balthasar
Schauspieler: unter anderem Max Hopp, Thomas Thieme, Margarita Broich, Ulrich Hoppe

Charlotte Lindholm hat auf einer Landstraße einen Unfall. Sie verliert vorübergehend die Erinnerung über das Unfallgeschehen. Die Bewohner des anliegenden Dorfes verhalten sich merkwürdig. Charlotte befördert Ereignisse aus der Vergangenheit zutage. Gleichzeitig entdeckt sie illegalen Öko-Anbau und verbotene Geschäfte. Im Zuge der Ermittlungen werden sie und ihr Sohn bedroht.

756/10 – Königskinder (RB)
Sendedatum: 07.02.10
Bremen: Lürsen / Stedefreund
Drehbuch: Thorsten Näter
Regie: Thorsten Näter
Schauspieler: unter anderem Oliver Stokowski, Dirk Borchard, Bibiana Beglau, Peter Kremer

Stedefreund kehrt in seine Vergangenheit zurück. In Bremerhaven wurde seine ehemalige Freundin ermordet. Der Bruder der Ermordeten, der bei der »Sitte« arbeitet, beginnt auf eigene Faust zu ermitteln und kreuzt dabei immer wieder die Ermittlungen der Mordkommission. Vordergründig scheinen Einbrecher für den Mord verantwortlich zu sein, doch Inga Lürsen schaut tiefer …

757/10 – Tod auf dem Rhein (SWR)
Sendedatum: 28.02.10
Quote: 8,3 Mio.
Ludwigshafen: Kopper / Odenthal
Drehbuch: Horst Freund
Regie: Patrick Winczewski
Schauspieler: unter anderem Bruno F. Apitz, Enno Hesse, Susann Uplegger, Andreas Patton, Karin Giegerich, Brigitte Zeh, Heinrich Giskes

Lena Odenthal joggt ausgiebig, während auf dem Rhein ein Ingenieur ums Leben kommt. Im Hintergrund steht der tragische Unglücksfall bei einem Autorennen vor einem Jahr, der die Familienangehörigen einer Werft, die zugleich auch enge Verbindungen zum Motorsport haben, ins Unglück gestürzt hat. Gier und Eifersucht bestimmen die Handlungen der Verdächtigen.

758/10 – Absturz (MDR)

Sendedatum: 14.03.10
Leipzig: Keppler/Saalfed
Drehbuch: André Georgi
Regie: Thorsten C. Fischer
Schauspieler: u. a. Jan Hendrik Stahlberg, Judith Engel, Anett Heilfort, Klaus Manchen, Axel Wandtke, Bruno F. Apitz

Hauptkommissarin Saalfeld wird Zeugin bei einem Unglücksfall auf einer Flugschau. Eine Maschine rast in die Zuschauermenge. Der Freund ihres Neffen wird getötet: War es ein Unfall oder Sabotage? Der Vater des toten Jungen sucht, am Rande der Legalität, verzweifelt den wahren Schuldigen. Der Pilot Thomas Arendt fühlt sich unschuldig, in Verdacht geraten auch der Chefmechaniker und der Veranstalter der Flugschau. Dieser wird kurze Zeit später tot aufgefunden. War es Rache oder gibt es noch andere Motive?

759/10 – Kaltes Herz (WDR)

Sendedatum: 21.03.10
Köln: Ballauf/Schenk
Drehbuch: Peter Dommaschk, Ralf Leuther
Regie: Thomas Jauch
Schauspieler: unter anderem Miriam Horwitz, Christian Blümel, Charly Hübner, Falk Rockstroh, Dagmar Leesch, Thomas Lawinky

Ein Mitarbeiter des Jugendamtes wird in einer verwahrlosten Wohnung erschlagen aufgefunden. Ein vierjähriges Mädchen, das ins

Heim gebracht werden sollte, ist verschwunden. War es die Verzweiflungstat der Mutter, die erst nach einer durchzechten Nacht nach Hause kam? Oder ist der von ihr getrennt lebende Vater der Täter? Er hatte das Mädchen schon einmal entführt. Die Ermittlungen führen ins Jugendamt und zu einer Pflegefamilie, in der auffällig viele Kinder betreut werden.

760/10 – Vergissmeinnicht (NDR)
Sendedatum: 28.03.10
Hamburg: Batu
Drehbuch: Christoph Darnstädt
Regie: Richard Huber
Schauspieler: unter anderem Désirée Nosbusch, Luise Helm, Patrick von Blume, Marie-Lou Sellem

Cenk Batu wurde in die Entwicklungsabteilung des Flugzeugbauers Apads eingeschleust. Er soll herausfinden, wer dort Baupläne verrät. Einige der Mitarbeiter kommen für den Verrat in Frage, und offenbar haben auch ausländische Geheimdienste Interesse an den Plänen. Der Abteilungschef will sich mit Batu außerhalb der Firma treffen. Doch zu dem Treffen kommt es nicht mehr: Der Chef wird an einem Schiffsanleger tot aufgefunden. Batu begegnet einer geheimnisvollen jungen Frau, die sich als die uneheliche Tochter des Toten ausgibt, und beginnt ein Verhältnis mit ihr.

761/10 – Tango für Borowski (NDR)
Sendedatum: 04.04.10
Kiel: Borowski / Jung
Drehbuch: Clemens Murath
Regie: Hannu Salonen
Schauspieler: unter anderem Janne Hyytiäinen, Antti Reini

Borowski ermittelt diesmal nicht in Kiel, sondern in Finnland. Er soll dort einen Ex-Junkie befragen, der sich zu Resozialisierungsmaßnahmen in einem Camp aufhielt, aber inzwischen wegen Mord und Vergewaltigung in finnischer U-Haft sitzt. Er bestreitet die Tat, kann bei der Überführung nach Helsinki fliehen und will den wahren Täter überführen. Gemeinsam mit seinem finnischen Kollegen Mikko untersucht Borowski den Fall erneut. Sie stoßen auf Widersprüche bei den bisherigen Zeugenaussagen und machen eine grausige Entdeckung.

762/10 – Blutgeld (SWR)

Sendedatum: 25.04.10
Stuttgart: Bootz / Lannert
Drehbuch: Martin Eigler
Regie: Martin Eigler
Schauspieler: unter anderem Carolina Vera, Miranda Leonhardt, Jürgen Hartmann, Maja Schöne, Marc Simon, Stephan Kampwirth, Cornelia König, Lisa Martinek

Die Frau und die Tochter des Bankangestellten Marc Simon werden erschossen aufgefunden. Er ist dringend der Tat verdächtig. Lannert und Bootz enttarnen sein Doppelleben: Simon hatte noch eine zweite Familie und hohe Schulden. Verdächtig macht sich auch ein Freund Simons, der von seinen Finanzgeschäften weiß: Er hat Schwarzgeld der Mafia veruntreut. Als ein Auftragskiller auch noch seinen Sohn Florian entführt, geht Simon ein hohes Risiko ein und bedroht die Familie eines der Mafiosi.

763/10 – Der Fluch der Mumie

Sendedatum: 16.05.10
Münster: Boerne / Thiel
Drehbuch: Stefan Cantz, Jan Hinter
Regie: Kaspar Heidelbach
Schauspieler: unter anderem Tobias Schenke, Marijam Agischewa, Justus von Dohnányi

Thiels Vater entdeckt bei Aufräumarbeiten in einer alten Villa eines verstorbenen Archäologen eine Mumie. Der neue Leiter des Archäologischen Instituts hält sie für echt, sie sei Jahrtausende alt. Boerne interessiert sich mehr für die Todesursache und bezweifelt, dass die Mumie echt ist; denn sie weist eine Schussverletzung auf. Thiel muss hingegen den Tod eines Vollzugsbeamten aufklären, der Häftlinge stets schickanierte. Ein gerade aus der Haft entlassener Insasse, der bei Boerne im Institut aushilft, gerät unter Verdacht. Zwei verschiedene Fälle? Oder hängen beide doch zusammen?

764/10 – Hitchcock und Frau Wernicke

Sendedatum:	24.05.10
Berlin:	Ritter / Stark
Drehbuch:	Klaus Krämer
Regie:	Klaus Krämer
Schauspieler:	unter anderem Barbara Morawiecz, Lotte Ohm, Hans-Jochen Wagner, Ella Leiser

Frau Wernicke beobachtet von ihrer Wohnung aus einen mutmaßlichen Mord im Hinterhaus: Ein Mann soll seine Ehefrau vergiftet haben. Sie informiert die Kripo, doch die Kommissare finden keine Leiche und glauben, dass die alte Dame Realität und Phantasie vermischt, denn im Fernsehen lief einen Tag zuvor Hitchcocks Krimiklassiker von 1954, »Fenster zum Hof«, mit James Stewart. Der beschuldigte Ehemann gibt an, dass seine Ehefrau verreist sei und stattet Frau Wernicke einen Besuch ab. Am Tag darauf ist die alte Dame verschwunden.

765/10 – Schlafende Hunde (RB)

Sendedatum:	30.05.10
Bremen:	Lürsen / Stedefreund
Drehbuch:	Wilfried Huismann, Dagmar Gabler
Regie:	Florian Baxmeyer
Schauspieler:	unter anderem Jürgen Prochnow, Laura Tonke, Heinz Werner Kraehkamp, Matthias Brenner, Kai Ivo Baulitz, Elisabeth Schwarz, Julika Jenkins

Bei der Toten sind keine Anzeichen eines Gewaltverbrechens zu erkennen. Der aus der gutgesicherten Wohnung entlaufene Hund des

Opfers weist auf Spuren, die zu alten Stasi-Seilschaften und illegalem Waffenhandel führen. Die Todesursache wird schließlich als Mord durch ein seltenes Gift enttarnt. Was hatte die ehemalige Friedensaktivistin Inga Lürsen mit der Stasi zu tun? – Das fragt sich nicht nur Kollege Stedefreund.

Teil 2:

Die Tatort-Kommissare

Die Ermittler im Überblick von A bis Z

Ermittler	Schauspieler	Ort	Sender	Fälle	Zeitraum
Ballauf, Max	Behrendt, Klaus J.	Köln	WDR	46	seit 1997
Batic, Ivo	Nemec, Miroslav	München	BR	54	seit 1991
Batu, Cenk	Kurtulus, Mehmet	Hamburg	NDR	3	seit 2008
Beck	Häckermann, Hans	Lübeck	NDR	1	1981
Becker, Max	Wildbolz, Klaus	Wien	ORF	1	1996
Behnke, Matthias	Korff, Hans Peter	Berlin	SFB	2	1978–1979
Bergmann	Treuke, Heinz	Frankfurt	HR	1	1978
Bergmann	Moik, Lutz	Frankfurt	HR	2	1981–1983?
Bienzle, Ernst	Steck, Dietz Werner	Stuttgart	SWR	25	1992–2007
Blum, Klara	Mattes, Eva	Konstanz	SWR	17	seit 2002
Böck, Walter	Häckermann, Hans	Bremen	RB	1	1973
Boerne, Karl-Friedrich	Liefers, Jan Josef	Münster	WDR	17	seit 2002
Bootz, Sebastian	Klare, Felix	Stuttgart	SWR	6	seit 2008
Borowski, Klaus	Milberg, Axel	Kiel	NDR	14	seit 2003
Brammer, Heinz	Hinz, Knut	Hanno-ver	NDR	4	1971–1977
Branden-burg, Otto	Bollmann, Horst	München	BR	2	1988–1989
Brinkmann, Edgar	Hassel, Karl-Heinz von	Frankfurt	HR	29	1985–2001

Ermittler	Schauspieler	Ort	Sender	Fälle	Zeitraum
Brockmöller, Peter	Brauer, Charles	Hamburg	NDR	39	1986–2001
Buchmüller, Marianne	Heesters, Nicole	Mainz	SWF	3	1978–1980
Bülow, Hans Georg	Drache, Heinz	Berlin	SFB	6	1985–1989
Burg, Philipp von	Kish, László Imre	Bern	SF/DRS	9	1993–2002
Carlucci, Reto	Zogg, Andrea	Bern	SF/DRS	2	1991–1992
Casstorff, Jan	Atzorn, Robert	Hamburg	NDR	15	2001–2008
Deininger, Stefan	Weber, Gregor	Saar-brücken	SR	5	seit 2006
Delius	Bollmann, Horst	Hamburg	NDR	3	1979–1985
Dellwo, Fritz	Schüttauf, Jörg	Frankfurt	HR	17	2002–2010
Dietze, Reinhold	Löwitsch, Klaus	Frankfurt	HR	1	1985
Ehrlicher, Bruno	Sodann, Peter	Leipzig/ Dresden	MDR	45	1992–2007
Eisner, Moritz	Krassnitzer, Harald	Wien	ORF	21	seit 1999
Enders, Paul	Hube, Jörg	Essen	WDR	1	1980
Felber, Leo*	Schubert, Heinz	Frankfurt	HR	1	1995
Fichtl, Michael	Janisch, Michael	Wien	ORF	8	1989–1996
Finke	Schwarzkopf, Klaus	Kiel	NDR	7	1971–1978
Flemming, Bernd	Lüttge, Martin	Düssel-dorf	WDR	15	1992–1998
Gerber, Franz	Schimmel-pfennig, Heinz	Baden-Baden	SWF	5	1973–1977

Ermittler	Schauspieler	Ort	Sender	Fälle	Zeitraum
Gertsch, Markus	Sigrist, E. C.	Bern	SF/DRS	9	1993–2002
Greve, Horst	Schumann, Erik	nordd. Kleinstadt	NDR	1	1981
Haferkamp, Heinz	Felmy, Hansjörg	Essen	WDR	20	1974–1980
Hellmann, Robert	Jürgens, Stefan	Berlin	SFB	6	1999–2000
Hirth, Kurt	Jaggberg, Kurt	Wien	ORF	3	1984–1986
Holicek, Eduard	Prückner, Tilo	Hamburg	NDR	15	2001–2008
Howald, Walter	Gnädinger, Mathias	Bern	SF/DRS	1	1990
Jung, Frieda	Eggert, Maren	Kiel	NDR	14	2003–2010
Kain	Lade, Bernd Michael	Leipzig / Dresden	MDR	43	1992–2007
Kant, Paul	Hübsch, Wolfgang	Wien	ORF	2	1997
Kappl, Franz	Brückner, Maximilian	Saarbrücken	SR	5	seit 2006
Kasulke, Erwin	Esser, Paul	Berlin	SFB	2	1971–1972
Keppler, Andreas	Wuttke, Martin	Leipzig	MDR	7	seit 2008
Konrad	Höhne, Klaus	Frankfurt	HR	8	1971–1979
Kopper, Mario	Hoppe, Andreas	Ludwigshafen	SWR	40	seit 1996
Kressin	Rupp, Sieghardt	Köln	WDR	7	1971–1973
Kreutzer, Willy	Semmelrogge, Willy	Essen	WDR	1	1974–1980
Lannert, Thorsten	Müller, Richy	Stuttgart	SWR	6	seit 2008
Leitmayr, Franz	Wachtveitl, Udo	München	BR	54	seit 1991

Ermittler	Schauspieler	Ort	Sender	Fälle	Zeitraum
Lenz, Ludwig	Fischer, Helmut	München	BR	7	1981–1987
Liersdahl	Eppler, Dieter	Saarbrücken	SR	2	1970–1973
Lindholm, Charlotte	Furtwängler, Maria	Hannover	NDR	16	seit 2002
Lürsen, Inga	Postel, Sabine	Bremen	RB	22	seit 1997
Lutz, Eugen	Schumacher, Werner	Stuttgart	SDR	16	1971–1986
Marek, Viktor	Eckhardt, Fritz	Wien	ORF	14	1971–1987
Markowitz, Franz	Lamprecht, Günter	Berlin	SFB	8	1991–1995
Murot, Felix	Tukur, Ulrich	Wiesbaden	HR	1	seit 2010
Nagel	Krebs, Diether	Braunschweig	NDR	1	1979
Odenthal, Lena	Folkerts, Ulrike	Ludwigshafen	SWR	49	seit 1989
Palu, Max	Senf, Jochen	Saarbrücken	SR	18	1988–2005
Passini, Herbert	Waltz, Christoph	Wien	ORF	1	1987
Perlmann, Kai	Bezzel, Sebastian	Konstanz	SWR	13	seit 2004
Pfeiffer	Dallansky, Bruno	Wien	ORF	6	1986–1988
Pflüger, Horst	Jacobi, Ernst	Baden-Baden	SWF	1	1972
Piper, Jochen	Seebacher, Bernd	Bremen	NDR	2	1980–1982
Riedmüller, Sigi	Halmer, Günther-Maria	München	BR	1	1986
Ritter, Till	Raacke, Dominic	Berlin	RBB	28	seit 1999

Ermittler	Schauspieler	Ort	Sender	Fälle	Zeitraum
Roiter, Ernst	Glatzeder, Winfried	Berlin	SFB	12	1996–1998
Rolfs, Werner	Löwitsch, Klaus	Frankfurt	HR	1	1982
Ronke	Bock, Ulrich von	Stade	NDR	1	1983
Rullmann	Bussinger, Hans-Werner	Heppen-heim	HR	1	1984
Saalfeld, Eva	Thomalla, Simone	Leipzig	MDR	7	seit 2008
Sander	Kraeft, Volkert	Frankfurt	HR	1	1980
Sänger, Charlotte	Sawatzki, Andrea	Frankfurt	HR	17	2002–2010
Schäfer-mann, Horst	Heidmann, Manfred	Saar-brücken	SR	4	1977–1984
Schenk, Alfred (Freddy)	Bär, Dietmar	Köln	WDR	46	seit 1997
Scherrer, Karl	Brenner, Hans	München	BR	1	1987
Schimanski, Horst	George, Götz	Duisburg	WDR	29	1981–1991
Schmidt, Martin	Hirthe, Martin	Berlin	SFB	3	1975–1977
Schnoor, Nikolaus	Dallmeier, Uwe	Bremer-haven	NDR	1	1982
Schreitle, Georg Thomas	Neutze, Horst Michael	Stuttgart	SDR	3	1987–1988
Sommer, Lea	Elsner, Hanne-lore	Hamburg	NDR	2	1997
Stark, Felix	Aljinovic, Bo-ris	Berlin	RBB	22	seit 2001
Stede-freund, Nils	Mommsen, Oliver	Bremen	RB	17	seit 2001

Ermittler	Schauspieler	Ort	Sender	Fälle	Zeitraum
Stoever, Paul	Krug, Manfred	Hamburg	NDR	41	1984–2001
Thanner, Christian	Feik, Eberhard	Duisburg	WDR	29	1981–1991
Thiel, Frank	Prahl, Axel	Münster	WDR	17	seit 2002
Trimmel, Paul	Richter, Walter	Hamburg	NDR	11	1970–1981
Veigl, Melchior	Bayrhammer, Gustl	München	BR	15	1972–1981
Walther, Friedrich	Brandt, Volker	Berlin	SFB	6	1981–1985
Wiegand, Hanne	Anselm, Karin	Baden-Baden	SWF	8	1981–1988
Zorowski, Michael	Reichel, Robison	Berlin	SFB	12	1996–1998

Die Ermittler, ihre Teams und ständigen Begleiter

Ballauf / Schenk – Köln (WDR) – seit 1997
Max Ballauf: **Klaus J. Behrendt** (*1960, Hamm)
Freddy (Alfred) Schenk: **Dietmar Bär** (*1961, Dortmund)
Häufig dabei: Assistentin Franziska Lüttgenjohann (Tessa Mittelstädt), Assistentin Lissy Pütz, bis 2000 (Anna Loos), Gerichtsmediziner Dr. Joseph Roth (Joe Bausch), Staatsanwalt von Prinz (Christian Tasche)

Batic / Leitmayr – München (BR) – seit 1991
Ivo Batic: Miroslav Nemec (*26. Juni 1954, Zagreb)
Franz Leitmayr: **Udo Wachtveitl** (*1958, München)
Häufig dabei: Kollege Carlo Menzinger, bis 2007 (Michael Fitz)

Batu, Cenk – Hamburg (NDR) – seit 2008
Mehmet Kurtulus (*1972, Usak)
Häufig dabei: der Vorgesetzte Uwe Kohnau (Peter Jordan)

Beck – Lübeck (NDR) – ermittelte nur einmal 1981
Hans Häckermann (*1930, Pirna; †1995, Ritzerau) ist einer von zwei Schauspielern der Tatort-Reihe, die gleich zwei Kommissare verkörpern durfte, doch jeweils nur einmal, s. a. Böck

Becker, Max – Wien (ORF) – nur einmal 1996
Klaus Wildbolz (*1937, Wien)
nur einmal 1996 in »Mein ist die Rache«

Behnke, Matthias – Berlin (SFB) – nur zweimal 1978/79
Hans Peter Korff (*1942)
Team-Mitglied: Hassert

Bergmann – Frankfurt (HR) – ermittelte nur dreimal 1978, 1981 bis 1983
Der Kriminalhauptkommissar ohne Vornamen und der von zwei Schauspielern verkörpert wurde: Heinz Treuke (*1926, Dresden) spielte ihn nur einmal, Lutz Moik (*1930, Berlin – 2002 ebd.) zweimal. – Bergmann zur Seite steht Robert Wegner.

Bienzle, Ernst – Stuttgart (SWR) – von 1992 bis 2007
Dietz Werner Steck (*1936, Waiblingen)
Häufig dabei: Assistent Günter Gächter (Rüdiger Wandel), Assistent Schober (Dirk Salomon), Pathologe Daniel Vogt (Jürgen Hartmann), Lebensgefährtin Hannelore Schmiedinger (Rita Russek), Wohnungsvermieter Rominger (Walter Schultheiß, bis 2007)

Blum / Perlmann – Konstanz (SWR) – seit 2002
Klara Blum: Eva Mattes (*1954, Tegernsee)
Kai Perlmann: Sebastian Bezzel (*1971, Garmisch-Partenkirchen)
Häufig dabei: Assistentin Annika Beck »Beckchen« (Justine Hauer), Pathologe Dr. Wehmut (Benjamin Morik)

Böck; Walter – Bremen (RB) – nur einmal 1973
Hans Häckermann ist einer von zwei Schauspielern der Tatort-Reihe, die gleich zwei Kommissare verkörpern durften, doch jeweils nur einmal, s. a. Beck

Boerne / Thiel – Münster (WDR) – seit 2002
Karl-Friedrich Boerne (Gerichtsmediziner): **Jan Josef Liefers** (*1964, Dresden)
Frank Thiel (Kommissar): **Axel Prahl** (*1960, Eutin)
Häufig dabei: Assistentin Nadeshda Krusenstern (Friederike Kempter), Mitarbeiterin Silke Haller, »Alberich« (Christine Urspruch), Staatsanwältin Wilhelmine Klemm (Mechthild Großmann), Vater Herbert Thiel (Claus D. Clausnitzer)

Bootz / Lannert – Stuttgart (SWR) – seit 2008
Sebastian Bootz: **Felix Klare** (*1978, Heidelberg)

Thorsten Lannert: **Richy Müller** (*1955, Mannheim)
Häufig dabei: Staatsanwältin Emilia Álvarez (Carolina Vera), Kriminaltechnikerin Nika Banovic (Miranda Leonhardt), Gerichtsmediziner Dr. Daniel Vogt (Jürgen Hartmann)

Borowski / Jung – Kiel (NDR) – seit 2003
Klaus Borowski: **Axel Milberg** (*1956, Kiel)
Frieda Jung, Kriminalpsychologin, (bis 2010): **Maren Eggert** (*1974, Hamburg)
Häufig dabei: Kriminalrat Roland Schladitz (Thomas Kügel)

Brammer, Heinz – Hannover (NDR) – von 1974 bis 1977
Knut Hinz (*1941, Berlin)

Brandenburg, Otto – München (BR) – nur zweimal 1988/89
Horst Bollmann (*1925, Dessau) ist einer von zwei Schauspielern der Tatort-Reihe, die gleich zwei Kommissare verkörpern durften, doch jeweils nur einmal, s. a. Delius

Brinkmann, Edgar – Frankfurt (HR) – von 1985 bis 2001
Karl-Heinz von Hassel (*1939, Hamburg)
Häufig dabei: Assistent Robert Wegener (unter anderem Günter Waidacher, Martin May)

Brockmöller / Stoever – Hamburg (NDR) – von 1986 bis 2001
Peter Brockmöller: **Charles Brauer** (*1935, Berlin)
Paul Stoever, seit 1984: **Manfred Krug** (*1937, Duisburg)
Häufig dabei: Assistent Oswald Meier, »Meier Zwo« (Lutz Reichert), Assistent Stefan Struve (Kurt Hart)

Buchmüller, Marianne – Mainz (SWF) – von 1978 bis 1980
Nicole Heesters (*1937, Potsdam)

Bülow, Hans Georg – Berlin (SFB) – von 1985 bis 1989
Heinz Drache (*1923, Essen, †2002, Berlin)
Häufig dabei: Assistenten Sonja Bach (Almut Eggert), Matthias

Leuschner (Jürgen Kluckert), Öllerink (Maximilian Wigger), Kriminaloberrat Stegmüller (Horst Schön)

Burg / Gertsch – Bern (SF/DRS) – von 1993 bis 2002
Burg, Philipp von: **Lászlo Imre Kish** (*1957, Basel)
Gertsch, Markus: **E. C. Sigrist**
Häufig dabei: Kommissarin Eva Schwab (Sabina Schneebeli), Kommissarin Sabine Schlack (Charlotte Schwab)

Carlucci, Reto – Bern (SF/ DRS) – 1991/92
Andrea Zogg (*1957, Graubünden)
Mit dabei: Markus Gertsch (Ernst C. Sigrist)

Casstorff / Holicek – Hamburg (NDR) – von 2001 bis 2008
Jan Casstorff: **Robert Atzorn** (*1945, Bad Polzin, Pommern)
Eduard Holicek: **Tilo Prückner** (*1940, Augsburg)
Jenny Graf (Assistentin) – **Julia Schmidt** (*1973, Düsseldorf)
Häufig dabei: Sohn Daniel Casstorff: (Fjodor Olev), Mutter von Daniel (Judith Vorbeck), Staatsanwältin Wanda Wilhelmi (Ursula Karven)

Deininger / Kappl – Saarbrücken (SWR) – seit 2006
Stefan Deininger: **Gregor Weber** (*1968, Saarbrücken)
Franz Kappl: **Maximilian Brückner** (*1979, München)
Team-Mitglieder: Mitarbeiter Horst Jordan (Hartmut Volle), Pathologin Dr. Rhea Singh (Lale Yavas), Sekretärin Gerda Braun (Alice Hoffmann)

Delius – Hamburg (NDR) – von 1979 bis 1985
Horst Bollmann s. Brandenburg, Otto

Dellwo / Sänger – Frankfurt (HR) – von 2002 bis 2010
Friedrich (Fritz) Dellwo: **Jörg Schüttauf** (*1961, Karl-Marx-Stadt heute: Chemnitz)
Charlotte Sänger: **Andrea Sawatzki** (*1963, Kochel am See)
Häufig dabei: Vorgesetzer Rudi Fromm (Peter Lerchbaumer), Staatsanwalt Dr. Scheer (Thomas Balou Martin), Gerichtsmedizinerin (Iris Böhm)

Dietze, Reinhold – Frankfurt (HR) – 1985
Klaus Löwitsch (*1936, Berlin; † 2002, München)
Team-Mitglieder: Michael Lück

Ehrlicher/Kain – Dresden (MDR) – (von 1992 bis 1999), Leipzig (von 2000 bis 2007),
Bruno Ehrlicher: **Peter Sodann** (*1936, Meißen)
Kain: **Bernd Michael Lade** (*1964, Berlin)
Immer dabei: Kriminaltechniker Walter (Walter Nickel), Freundin Frederike (Annekathrin Bürger), bis 1996: Ehefrau Lore Ehrlicher (Monika Peitsch)

Eisner – Wien (ORF) – seit 1999
Moritz Eisner: **Harald Krassnitzer** (*1960, Salzburg)
Öfter dabei: Suza Binder (Loretta Pflaum), Norbert Dobos (Alois Frank), Gerichtsmedizinerin Dr. Renata Lang (Gundula Rapsch), Inspektor Franz Pfurtscheller (Alexander Mitterer), Tochter Claudia Eisner (Sarah Tkotsch)

Enders, Paul – Essen (WDR) – nur einmal 1980
Jörg Hube (*1943, Neuruppin; † 2009, München)
Team-Mitglieder: Willy Kreutzer (Willy Semmelrogge)

Felber, Leo – Frankfurt (HR) – nur einmal 1995
Heinz Schubert (*1925, Berlin; † 1999, Hamburg)

Fichtl – Wien (ORF) – von 1989 bis 1996
Fichtl, Michael: **Michael Janisch** (*1927,Wien; † 2004, ebenda)
Öfter dabei: Hofrat Dr. Putner (Gerhard Dorfer), Inspektor Hollocher (Michael Bukowsky), Inspektorin Susi Kern (Sylvia Haider), Inspektorin Winter (Dorothea Barton)

Finke – Kiel (NDR) – von 1971 bis 1978
Finke: **Klaus Schwarzkopf** (*1922, Neuruppin; † 1991, Bochum)
Team-Mitglieder: Asstistent Jessner (Wolf Roth), Assistent Franke (unter anderem Hans-Peter Korff, Gerhard Dressel)

Flemming – Düsseldorf (WDR) – von 1992 bis 1997
Bernd Flemming: **Martin Lüttge** (*1943, Hamburg)
Team-Mitglieder: Miriam Koch (Roswitha Schreiner), Max Ballauf (Klaus J. Behrendt)

Gerber, Franz – Baden-Baden (SWF) – von 1973 bis 1977
Heinz Schimmelpfennig (*1919, Berlin)
Team-Mitglieder: Kriminalmeister Ihle (Peter Bongartz), Kriminalmeister Metzmeier (Johann Adam Oest)

Greve, Horst – norddeutsche Kleinstadt (NDR) – nur einmal 1981
Erik Schumann (*1925, Grechwitz; † 2007, München)

Haferkamp – Essen (WDR) – von 1974 bis 1980
Heinz Haferkamp: **Hansjörg Felmy** (*1931, Berlin; † 2007, Eching)
Team-Mitglieder: Kollege Willy Kreutzer (**Willy Semmelrogge** (*1923, Berlin; † 1984, West-Berlin)), Vorgesetzter Scheffner (Bernd Schäfer), Assistent Kaslik (Ulrich von Dobschütz), Ex-Ehefrau Ingrid Haferkamp (Karin Eickelbaum)

Hellmann / Ritter – Berlin (SFB) – von 1999 bis 2000
Robert Hellmann: **Stefan Jürgens** (*1963, Unna)
Till Ritter: **Dominic Raacke** (*1958, Hanau)
Immer dabei: Kollege Lutz Weber (Ernst-Georg Schwill)

Hirt, Kurt – Wien (ORF) – von 1984 bis 1986
Kurt Jaggberg (eigentlich Kurt Jagersberger; *1922, Wiener Neustadt; † 1999, Wien)
Team-Mitglieder: Hofrat Putner (Gerhard Dorfer) , Inspektor Fichtl (Michael Janisch), Inspektor Schultz (Heinz Zuber), Inspektor Hollocher (Michael Bukowsky)

Howald, Walter – Bern (SF/DRS) – nur ein Fall 1990
Mathias Gnädinger (*1941, Ramsen)
Team-Mitglieder: Reto Carlucci (s. dort)

Kant / Varanasi / – Wien (ORF) – 1997
siehe Varanasi

Kasulke, Erwin – Berlin (SFB) – von 1971 bis 1972
Paul Esser (*1913, Kapellen; † 1988, Teneriffa)
Team-Mitglieder: Assistent Roland

Keppler / Saalfeld – Leipzig (MDR) – seit 2008
Andreas Keppler: **Martin Wuttke** (*1962, Gelsenkirchen)
Eva Saalfeld: **Simone Thomalla** (*1965, Leipzig)
Team-Mitglieder: Kriminaltechniker Menzel (Maxim Mehmet), Rechtsmediziner Dr. Reichau (Kai Schumann)

Konrad – Frankfurt (HR) – von 1971 bis 1979
Klaus Höhne (*1927, Hamburg; † 2006, Murnau)
Team-Mitglieder: unter anderem Robert (Horst Reichel, Manfred Seipold), Klipp (Herbert Bötticher)

Kressin – Köln (WDR) – von 1971 bis 1973
Sieghardt Rupp (*1931, Bregenz)
Öfter dabei: Zollrat Lensch (Hermann Lenschau)

Lenz, Ludwig – München (BR) – von 1981 bis 1987
Helmut Fischer (*1926, München; † 1997, Riedering)
Im Team dabei: Josef Brettschneider (Willy Harlander) – auch Assistent bei Kommissar Veigl; Assistent Anton Faltermayer (Henner Quest), Kriminalrat Schubert (Rolf Castell)

Liersdahl – Saarbrücken (SR) – von 1970 bis 1973
Heinz Dieter Eppler (*1927, Stuttgart; † 2008 ebenda)

Lindholm,Charlotte – Hannover (NDR) – seit 2002
Maria Furtwängler (*1966, München)
Haufig dabei: Mutter Annemarie Lindholm (Kathrin Ackermann), Mitbewohner Martin Felser (Ingo Naujoks), Liebhaber Tobias Endres (Hannes Jaenicke), Kollegin Belinda Utzmann (Catrin Striebeck)

Lürsen / Stedefreund – Bremen (RB) – seit 1997
Inga Lürsen: **Sabine Postel** (*1954, Neustadt am Rübenberge)
Nils Stedefreund, ab Folge 485/01: **Oliver Mommsen** (*1969, Düsseldorf)
Wechselnde Assistenten: Folge 376/97, 384/98 Stefan Stoll (Rufus Beck); Folge 396/98 Henning Kraus (Heikko Deutschmann); Folge 425/99, 482/01 Tobias von Sachsen (Heinrich Schmieder)
Häufig dabei: Tochter Helen Reinders (Camilla Renschke), Assistent Karlsen (Winnfried Hammelmann)

Lutz – Stuttgart (SDR) – von 1971 bis 1986
Eugen Lutz: **Werner Schumacher** (*1921, Berlin; †2004, Bremen)
Team-Mitglieder: Assistent Wagner/Glöckle (Frank Strecker), Brauchle (Max Strecker)

Marek – Wien (ORF), von 1971 bis 1987
Viktor Marek: **Fritz Eckhardt** (*1907,Linz; †1995, Klosterneuburg) – bereits von 1963 bis 1970 in einer eigenständigen ORF-Serie.
Team-Mitglieder: Inspektor Wirz (Kurt Jaggberg), Inspektor Berntner (Albert Rolant), Susi Wodak (Lieselotte Plauensteiner)

Markowitz, Franz – Berlin (SFB) von 1991 bis 1995
Günter Hans Lamprecht (*1930, Berlin)
Team-Mitglied: Alfred Pohl

Nagel – Braunschweig (NDR) – nur einmal 1979
Diether Krebs (*1947 in Essen; † 2000, Hamburg)
Team-Mitglied: Kriminalobermeister Henkel

Odenthal / Kopper – Ludwigshafen (SWR) – seit 1989
Lena Odenthal: Ulrike Folkerts (*1961, Kassel)
Mario Kopper, seit 1996: Andreas Hoppe (*1960, Berlin)
Häufig dabei: Kriminalrat Friedrichs (Hans Günter Martens), Kriminaltechniker Becker (Peter Espeloer), Sekretärin Keller (Annalena Schmidt), Direktor Wolf (Wolfgang Hepp), Assistent Seidel (Michael Schreiner)

Palu, Max – Saarbrücken (SR) – von 1988 bis 2005
Jochen Senf (*1942, Frankfurt/Main)
Häufig dabei: Klaus Schröder (Arno Jos Graf), Sekretärin Braun (Alice Hoffmann)
Assistent seit 2001: Stephan Deininger (Gregor Weber) – ab 2006 Kollege von Franz Kappl; Freundin Margit (Tatjana Clasing)

Pfeiffer – Wien (ORF) – von 1987 bis 1988
Bruno Dallansky (*1928,Wien; † 2008 ebenda)
Team-Mitglieder: Michael Fichtl (Michael Janisch), Hollocher (Michael Bukowsky), Hofrat Putner (Gerhard Dorfer), Dorothea (Dorothea Parton)

Pflüger, Horst – Baden-Baden (SWF) – nur einmal 1972
Ernst Jacobi (*1933, Berlin)
Team-Mitglied: Assistent Wingart

Piper, Jochen – NDR – Bremen, ermittelte in zwei Fällen: »Streifschuss« (115/80) und »Kindergeld« (140/82)

Riedmüller, Sigi – München (BR) – nur einmal 1986
Günther Maria Halmer (*1943, Rosenheim)
Team-Mitglieder: Wislitschek (Gustl Weishappel), Augenthaler (Michael Lerchenberg), Kriminalrat Schubert (Rolf Castell)

Ritter / Stark – Berlin (RBB) – seit 2001
Till Ritter: **Dominic Raacke** (*1958, Hanau)
Felix Stark: **Boris Aljinovic** (*1967, Berlin)
Immer dabei: Kollege Lutz Weber (Ernst-Georg Schwill)

Roiter / Zorowski – Berlin (SFB) – von 1996 bis 1998
Ernst Roiter: **Winfried Glatzeder** (*1945, Sopot, Polen)
Michael Zorowski »Zorro«: **Robinson Reichel** (*1966, München)
Häufig dabei: Kriminalrat Huber (Hanns Zischler)

Rolfs, Werner – Frankfurt (HR) – 1982
s. a. Dietze, Reinhold

Ronke – Stadt (NDR) – nur einmal 1983
Ulrich von Bock (*1939, Oppeln)
Team-Mitglied: Assistent Wieler

Rullmann – Heppenheim (HR) – nur einmal 1984
Hans-Werner Bussinger (*1941, Frankfurt/M. † 2009, Berlin)

Sander – Frankfurt (HR) – nur einmal 1980
Volkert Kraeft (*1941, Timmendorfer Strand)

Schäfermann, Horst – Saarbrücken (SR) – von 1977 bis 1984
Manfred Heidmann (*1923 Lübeck)

Scherrer, Karl – München (BR) – nur einmal 1987
Hans Brenner (*1938, Innsbruck; † 1998, München)
Team-Mitglieder: Wislitschek (Gustl Weishappel), Augenthaler (Michael Lerchenberg), Kriminalrat Schubert (Rolf Castell)

Schimanski / Thanner – Duisburg (WDR) – von 1981 bis 1991
Horst Schimanski: **Götz George** (*1938, Berlin)
Christian Thanner: **Eberhard Feik** (*1943, Chemnitz; † 1994, Oberried)
Team-Mitglieder: Kollege »Hänschen« (Chiem van Houweninge), Kriminalrat Karl Königsberg (Ulrich Matschoss)

Schmidt, Martin – Berlin (SFB) – von 1975 bis 1977
Martin Hirthe (*1921, Berlin; † 1981 ebenda)

Schnoor – Bremerhaven (NDR) – nur einmal 1982
Uwe Dallmeier (*1924, Dithmarschen; † 1985, Westerland)

Schreitle, Georg Thomas – Stuttgart (SDR) von 1987 bis 1988
Horst Michael Neutze (*1923, Hannover; † 2006, Hamburg)

Sommer, Lea – Hamburg (NDR) – nur zweimal 1997
Hannelore Elsner (*1942, Burghausen)

Trimmel – Hamburg (NDR) – von 1970 bis 1982
Paul Trimmel: **Walter Richter** (*1905, Berlin; † 1985, Wien)
Der erste Tatort-Kommissar
Öfter dabei: Petersen (Ulrich von Bock), Höffgen (Edgar Hoppe), Laumen (Joachim Richert)

Varanasi / Kant – Wien (ORF) – 1997, zwei Fälle: (358/97), (360/97)
Jakob Varanasi: **Johannes Nikolussi**
Paul Kant: **Wolfgang Hübsch** (*1939, Steyr)
Dabei: Chefinspektor Fichtl (Michael Janisch), Inspektorin Maier (Elisabeth Lanz)

Veigl – München (BR) – von 1972 bis 1981
Melchior Veigl: **Gustl Bayrhammer** (*1922, München; † 1993, Krailling)
Team-Mitglieder: Ludwig Lenz (Helmut Fischer), Josef Brettschneider (Willy Harlander)

Walther – Berlin (SFB) – von 1981 bis 1985
Friedrich Walther: **Volker Brandt** (*1935, Leipzig)
Dabei: Mitarbeiter Hassert (Ulrich Faulhaber)

Wiegand – Baden-Baden (SWF) – von 1981 bis 1988
Hanne Wiegand: **Karin Anselm** (*1940, Hamburg)
Team-Mitglieder: unter anderem Assistent Leverkühn (Michael Lesch)

Die Tatort-Kommissare und ihre Folgen

Kommissare	Folgen
Ballauf, Max	371/97, 372/97, 383/98, 388/98, 398/98, 406/99, 411/99, 416/99, 422/99, 429/99, 437/00, 447/00, 449/00, 458/00, 460/00, 463/01, 472/01, 487/01, 493/02, 502/02, 509/02, 514/02, 527/03, 531/03, 535/03, 540/03, 563/04, 569/04, 573/04, 589/05, 597/05, 605/05, 620/06, 625/06, 645/06, 651/07, 675/07, 681/07, 687/08, 695/08, 708/08, 719/09, 739/09, 742/09, 752/10, 759/10
Batic, Ivo	238/91, 240/91, 251/91, 262/92, 278/93, 279/93, 284/93, 293/94, 300/94, 307/95, 321/95, 322/95, 337/96, 341/96, 348/96, 356/97, 369/97, 375/97, 379/98, 397/98, 400/98, 407/99, 423/99, 428/99, 438/00, 453/00, 457/00, 464/01, 484/01, 489/01, 492/02, 510/02, 515/02, 530/03, 542/03, 548/03, 566/04, 578/04, 583/04, 598/05, 613/05, 617/05, 630/06, 648/06, 664/07, 674/07, 677/07, 683/07, 696/08, 705/08, 712/08, 728/09, 744/09, 749/09
Batu, Cenk	709/08, 729/09, 760/10
Beck	128/81
Becker, Max	338/96
Behnke, Matthias	93/78, 104/79
Bergmann 1	85/78
Bergmann 2	121/81, 147/83
Bienzle, Ernst (Ärnschd)	266/92, 273/93, 286/94, 309/95, 315/95, 342/96, 365/97, 394/98, 419/99, 427/99, 439/00, 459/00, 469/01, 479/01, 494/02, 505/02, 525/03, 538/03, 571/04, 584/05, 603/05, 633/06, 641/06, 652/07, 657/07
Blum, Klara	499/02, 513/02, 523/03, 550/03, 555/04, 585/05, 590/05, 618/05, 626/06, 636/06, 662/07, 672/07, 686/08, 692/08, 723/09, 736/09, 753/10
Böck, Walter	26/73

Kommissare	Folgen
Boerne, Karl-Friedrich	511/02, 517/02, 543/03, 551/03, 565/04, 582/04, 594/05, 615/05, 622/06, 646/06, 659/07, 678/07, 699/08, 710/08, 727/09, 745/09, 763/10
Bootz, Sebastian	690/08, 702/08, 724/09, 738/09, 750/09, 762/10
Borowski, Klaus	549/03, 561/04, 574/04, 592/05, 608/05, 627/06, 639/06, 655/07, 673/07, 688/08, 707/08, 732/09, 741/09, 761/10
Brammer, Heinz	45/74, 53/75, 65/76, 81/77
Brandenburg, Otto	213/88, 218/89
Brinkmann, Edgar	173/85, 187/86, 191/87, 204/88, 215/89, 228/90, 241/91, 255/92, 270/93, 289/94, 306/95, 314/95, 325/96, 336/96, 351/97, 353/97, 362/97, 378/98, 382/98, 395/98, 405/99, 410/99, 412/99, 434/00, 454/00, 455/00, 467/01, 480/01
Brockmöller, Peter	179/86, 185/86, 192/87, 198/87, 207/88, 208/88, 216/89, 220/89, 227/90, 233/90, 239/91, 246/91, 256/92, 257/92, 260/92, 268/93, 280/93, 288/94, 292/94, 301/95, 310/95, 318/95, 328/96, 331/96, 334/96, 345/96, 352/97, 363/97, 374/97, 386/98, 389/98, 403/99, 414/99, 420/99, 433/00, 444/00, 456/00, 461/01
Buchmüller, Marianne	84/78, 103/79, 109/80
Bülow, Hans Georg	174/85, 177/86, 183/86, 202/88, 219/89, 221/89
Burg, Philipp von	276/93, 297/94, 311/95, 332/96, 377/98, 385/98, 408/99, 441/00, 519/02
Carlucci, Reto	242/91, 264/92
Casstorff, Jan	483/01, 486/01, 501/02, 512/02, 534/03, 541/03, 556/04, 580/04, 587/05, 616/05, 624/06, 637/06, 658/07, 668/07, 689/08
Deininger, Stefan	643/06, 656/07, 704/08, 731/09, 754/10

Kommissare	Folgen
Delius	101/79, 152/83, 175/85
Dellwo, Friedrich (Fritz)	498/02, 526/03, 552/03, 564/04, 575/04, 595/05, 609/05, 644/06, 649/06, 676/07, 680/07, 698/08, 716/08, 722/09, 740/09, 751/10
Dietze, Reinhold	166/85
Ehrlicher, Bruno	253/92, 259/92, 271/93, 283/93, 291/94, 294/94, 302/95, 312/95, 319/95, 327/96, 329/96, 349/96, 357/97, 364/97, 366/97, 387/98, 391/98, 392/98, 413/99, 418/99, 426/99, 432/00, 442/00, 458/00, 465/01, 471/01, 477/01, 491/02, 503/02, 514/02, 522/03, 532/03, 546/03, 557/04, 577/04, 581/04, 588/05, 601/05, 612/05, 619/06, 634/06, 650/06, 661/07, 667/07, 679/07
Eisner, Moritz	404/99, 415/99, 435/00, 448/00, 462/01, 475/01, 497/02, 504/02, 536/03, 560/04, 572/04, 599/05, 604/05, 631/06, 635/06, 666/07, 669/07, 697/08, 715/08, 717/09, 735/09
Enders, Paul	111/80
Felber, Leo*	303/95
Fichtl, Michael	223/89, 236/90, 247/91, 261/92, 281/93, 298/94, 317/95, 333/96
Finke	8/71, 19/72, 29/73, 36/74, 58/75, 73/77, 90/78
Flemming, Bernd	258/92, 263/92, 265/92, 274/93, 277/93, 285/93, 290/94, 295/94, 308/95, 313/95, 316/95, 323/96, 324/96, 330/96, 354/97
Gerber, Franz	27/73, 38/74, 49/75, 60/76, 74/77
Gertsch, Markus	276/93, 297/94, 311/95, 332/96, 377/98, 385/98, 408/99, 441/00, 519/02
Greve, Horst	125/81
Haferkamp, Heinz	39/74, 41/74, 46/74, 50/75, 52/75, 56/75, 61/76, 64/76, 68/76, 75/77, 78/77, 82/77, 87/78, 89/78, 91/78, 95/79, 100/79, 106/79, 113/80, 118/80
Hellmann, Robert	417/99, 430/99, 436/00, 445/00, 446/00, 451/00

Kommissare	Folgen
Hirth, Kurt	163/84, 172/85, 186/86
Holicek, Eduard	483/01, 486/01, 501/02, 512/02, 534/03, 541/03, 556/04, 580/04, 587/05, 616/05, 624/06, 637/06, 658/07, 668/07, 689/08
Howald, Walter	229/90
Jung, Frieda	549/03, 561/04, 574/04, 592/05, 608/05, 627/06, 639/06, 655/07, 673/07, 688/08, 707/08, 732/09, 741/09, 761/10
Kain	253/92, 259/92, 271/93, 283/93, 291/94, 294/94, 302/95, 312/95, 319/95, 327/96, 329/96, 349/96, 357/97, 364/97, 366/97, 387/98, 391/98, 392/98, 413/99, 418/99, 426/99, 432/00, 442/00, 458/00, 465/01, 471/01, 477/01, 491/02, 503/02, 514/02, 522/03, 532/03, 546/03, 557/04, 577/04, 581/04, 588/05, 601/05, 612/05, 619/06, 634/06, 650/06, 661/07, 667/07, 679/07
Kant, Paul	358/97, 360/97
Kappl, Franz	643/06, 656/07, 704/08, 731/09, 754/10
Kasulke, Erwin	13/71, 22/72
Keppler, Andreas	700/08, 701/08, 713/08, 718/09, 725/09, 748/09, 758/10
Konrad	6/71, 16/72, 24/72, 37/74, 47/75, 62/76, 72/77, 96/79
Kopper, Mario	343/96, 350/97, 373/97, 380/98, 399/98, 409/99, 424/99, 431/99, 440/00, 443/00, 452/00, 468/01, 470/01, 474/01, 488/01, 490/02, 507/02, 521/03, 528/03, 539/03, 558/04, 568/04, 570/04, 593/05, 596/05, 606/05, 623/06, 629/06, 638/06, 642/06, 654/07, 665/07, 670/07, 685/07, 694/08, 706/08, 720/09, 733/09, 743/09, 757/10
Kressin	3/71, 5/71, 7/71, 18/72, 20/72, 25/73, 31/73
Kreutzer, Willy	39/74, 41/74, 46/74, 50/75, 52/75, 56/75, 61/76, 64/76, 68/76, 75/77, 78/77, 82/77, 87/78, 89/78, 91/78, 95/79, 100/79, 106/79, 111/80, 113/80, 118/80, 119/80
Lannert, Thorsten	690/08, 702/08, 724/09, 738/09, 750/09, 762/10

Kommissare	Folgen
Leitmayr, Franz	238/91, 240/91, 251/91, 262/92, 278/93, 279/93, 284/93, 293/94, 300/94, 307/95, 321/95, 322/95, 337/96, 341/96, 348/96, 356/97, 369/97, 375/97, 379/98, 397/98, 400/98, 407/99, 423/99, 428/99, 438/00, 453/00, 457/00, 464/01, 484/01, 489/01, 492/02, 510/02, 515/02, 530/03, 542/03, 548/03, 566/04, 578/04, 583/04, 598/05, 613/05, 617/05, 630/06, 648/06, 664/07, 674/07, 677/07, 683/07, 696/08, 705/08, 712/08, 728/09, 744/09, 749/09
Lenz, Ludwig	130/81, 135/82, 151/83, 161/84, 176/85, 189/87, 197/87
Liersdahl	2/70, 33/73
Lindholm, Charlotte	496/02, 529/03, 545/03, 559/04, 576/04, 586/05, 611/05, 621/06, 640/06, 663/07, 684/07, 693/08, 711/08, 726/09, 747/09, 755/10
Lürsen, Inga	376/97, 384/98, 396/98, 425/99, 482/01, 485/01, 500/02, 506/02, 533/03, 547/03, 562/04, 600/05, 602/05, 607/05, 632/06, 653/07, 671/07, 721/09, 734/09, 737/09, 756/10, 765/10
Lutz, Eugen	4/71, 6/71, 17/72, 28/73, 43/74, 54/75, 59/76, 71/77, 83/78, 102/79, 108/80, 120/81, 132/82, 144/83, 155/84, 169/85, 178/86
Marek, Viktor	12/71, 23/72, 35/73, 44/74, 55/75, 66/76, 79/77, 92/78, 105/79, 117/80, 129/81, 142/82, 150/83, 199/87
Markowitz, Franz	243/91, 245/91, 248/91, 269/93, 275/93, 287/94, 296/94, 305/95
Nagel	97/79
Odenthal, Lena	224/89, 231/90, 249/91, 267/92, 282/93, 299/94, 304/95, 326/96, 340/96, 343/96, 350/97, 373/97, 380/98, 399/98, 409/99, 424/99, 431/99, 440/00, 443/00, 452/00, 468/01, 470/01, 474/01, 488/01, 490/02, 507/02, 521/03, 528/03, 539/03, 558/04, 568/04, 570/04, 593/05, 596/05, 606/05, 623/06, 629/06, 638/06, 642/06, 654/07, 665/07, 670/07, 685/07, 694/08, 706/08, 720/09, 733/09, 743/09, 757/10

Kommissare	Folgen
Palu, Max	201/88, 212/88, 226/89, 237/90, 254/92, 272/93, 320/95, 347/96, 402/98, 421/99, 450/00, 478/01, 481/01, 516/02, 520/02, 553/03, 579/04, 614/05
Passini, Herbert	196/87
Perlmann, Kai	555/04, 585/05, 590/05, 618/05, 626/06, 636/06, 662/07, 672/07, 686/08, 692/08, 723/09, 736/09, 753/10
Pfeiffer	211/88
Pflüger, Horst	15/72
Piper, Jochen	115/80, 140/82
Riedmüller, Sigi	181/86
Ritter, Till	417/99, 430/99, 436/00, 445/00, 446/00, 451/00, 466/01, 473/01, 476/01, 495//02, 508/02, 518/02, 524/03, 537/03, 544/03, 554/04, 567/04, 591/05, 610/05, 628/06, 647/06, 660/07, 682/07, 691/08, 703/08, 730/09, 746/09, 764/10
Roiter, Ernst	335/96, 339/96, 344/96, 346/96, 361/97, 367/97, 368/97, 370/97, 381/98, 390/98, 393/98, 401/98
Rolfs, Werner	133/82
Ronke	149/83
Rullmann	153/84
Saalfeld, Eva	700/08, 701/08, 713/08, 718/09, 725/09, 748/09, 758/10
Sander	110/80
Sänger, Charlotte	498/02, 526/03, 552/03, 564/04, 575/04, 595/05, 609/05, 644/06, 649/06, 676/07, 680/07, 698/08, 714/08, 716/08, 740/09, 751/10

Kommissare	Folgen
Schäfermann	76/77, 98/79, 116/80, 162/84
Schenk, Alfred (Freddy)	371/97, 372/97, 383/98, 388/98, 398/98, 406/99, 411/99, 416/99, 422/99, 429/99, 437/00, 447/00, 449/00, 458/00, 460/00, 463/01, 472/01, 487/01, 493/02, 502/02, 509/02, 514/02, 527/03, 531/03, 535/03, 540/03, 563/04, 569/04, 573/04, 589/05, 597/05, 605/05, 620/06, 625/06, 645/06, 651/07, 675/07, 681/07, 687/08, 695/08, 708/08, 719/09, 739/09, 742/09, 752/10, 759/10
Scherrer, Karl	195/87
Schimanski	126/81, 131/81, 134/82, 138/82, 143/82, 146/83, 156/84, 159/84, 164/84, 167/85, 171/85, 180/86, 184/86, 188/86, 194/87, 200/87, 205/88, 209/88, 214/88, 217/89, 222/89, 225/89, 230/90, 232/90, 234/90, 235/90, 244/91, 250/91, 252/91
Schmidt, Martin	57/75, 69/76, 80/77
Schnoor, Nikolaus	136/82
Schreitle, Georg Thomas	190/87, 203/88, 210/88
Sommer, Lea	355/97, 359/97
Stark, Felix	466/01, 473/01, 476/01, 495/02, 508/02, 518/02, 524/03, 537/03, 544/03, 554/04, 567/04, 591/05, 610/05, 628/06, 647/06, 660/07, 682/07, 691/08, 703/08, 730/09, 746/09, 764/10
Stedefreund, Nils	485/01, 500/02, 506/02, 533/03, 547/03, 562/04, 600/05, 602/05, 607/05, 632/06, 653/07, 671/07, 721/09, 734/09, 737/09, 756/10, 765/10
Stoever, Paul	157/84, 160/84, 168/85, 179/86, 185/86, 192/87, 198/87, 207/88, 208/88, 216/89, 220/89, 227/90, 233/90, 239/91, 246/91, 256/92, 257/92, 260/92, 268/93, 280/93, 288/94, 292/94, 301/95, 310/95, 318/95, 328/96, 331/96, 334/96, 345/96, 352/97, 363/97, 374/97, 386/98, 389/98, 403/99, 414/99, 420/99, 433/00, 444/00, 456/00, 461/01

Kommissare	Folgen
Thanner	126/81, 131/81, 134/82, 138/82, 143/82, 146/83, 156/84, 159/84, 164/84, 167/85, 171/85, 180/86, 184/86, 188/86, 194/87, 200/87, 205/88, 209/88, 214/88, 217/89, 222/89, 225/89, 230/90, 232/90, 234/90, 235/90, 244/91, 250/91, 252/91
Thiel, Frank	511/02, 517/02, 543/03, 551/03, 565/04, 582/04, 594/05, 615/05, 622/06, 646/06, 659/07, 678/07, 699/08, 710/08, 727/09, 745/09, 763/10
Trimmel, Paul	1/70, 9/71, 10/71, 11/71, 21/72, 32/73, 42/74, 67/76, 86/78, 112/80, 141/82
Varanasi	358/97, 360/97
Veigl, Melchior	14/72, 30/73, 34/73, 40/74, 48/75, 51/75, 63/76, 70/77, 77/77, 88/78, 94/78, 99/79, 107/79, 114/80, 123/81
Walther, Friedrich	122/81, 127/81, 137/82, 145/83, 154/84, 165/85
Wiegand, Hanne	124/81, 139/82, 148/83, 158/84, 170/85, 182/86, 193/87, 206/88
Zorowski, Michael	335/96, 339/96, 344/96, 346/96, 361/97, 367/97, 368/97, 370/97, 381/98, 390/98, 393/98, 401/98

Teil 3:

Daten und Fakten

Die Tatort-Drehbuchautoren

Die häufigsten Drehbuchautoren

Felix Huby (34)

Der Journalist und Autor wurde als Eberhard Hungerbühler 1938 in Dettenhausen bei Tübingen geboren. Er schrieb unter anderem Kriminalromane, Kinderbücher, Theaterstücke. Für den »Tatort« verfasste er mit Abstand die meisten Drehbücher (34 Stück). Auch für viele andere TV-Serien schuf er die Grundlage, zum Beispiel: »Oh Gott, Herr Pfarrer« oder »Ein Bayer auf Rügen«. Im »Tatort« kreierte er die Kommissare Palu, Bienzle und Casstorff. Er schrieb auch das Drehbuch »Der Grenzgänger« für den Pilotfilm der »Schimanski«- Reihe.

Herbert Lichtenfeld (18)

1927 in Leipzig geboren, verstorben 2001, war vor seiner erfolgreichen Autoren-Tätigkeit bis Ende der 60er Jahre als Journalist für verschiedene Tageszeitungen tätig. Er schrieb Bücher für Hörspiele, Fernsehfilme und Fernsehserien. Als Autor des Fernsehfilms Deutschlandreise erhielt er 1970 den Adolf-Grimme-Preis. Für den Tatort-Klassiker »Reifezeugnis« schrieb er unter anderem das Drehbuch. Mit Regisseur Petersen entwickelte er die Figur des Kommissars Finke. Aus seiner Feder stammen unter anderem Drehbücher für »Die Schwarzwaldklinik«, »Das Traumschiff«, sowie für die Krimi-Serie »Der Alte«.

Fred Breinersdorfer (17)

Der Autor und Rechtsanwalt wurde 1946 in Mannheim geboren. Seine Drehbücher wurden öfter ausgezeichnet. Er schreibt unter anderem auch Bühnenstücke und Hörspiele, Comics, Krimis und Sachbücher. Seit einigen Jahren arbeitet er auch als Regisseur.

Andreas Pflüger (17)

Er wurde 1957 in Bad Langensalza geboren. Er schreibt Hörspiele, Theaterstücke, Drehbücher, Prosa und Lyrik. Auch fürs Theater arbeitet er. Für den »Tatort« schrieb er bislang 17 Drehbücher, überwiegend für verschiedene Berliner Kommissare, aber auch für die Leipziger und für den bayrischen Kommissar im Saarland, Kappl.

Fritz Eckhardt (17)

Der österreichische Autor, Regisseur und Schauspieler Fritz Eckhardt wurde 1907 in Linz geboren und starb 1995. Er emigrierte1938 nach Hollywood, kehrte nach dem Krieg aber wieder nach Wien zurück. Für seine Rolle Oberinspektor Marek schrieb er die Drehbücher und führte auch einige Male Regie. Etwas zögerlich soll er sein Einverständnis für die Aufnahme »seiner ORF-Fernsehfilme« des Oberinspektor Marek in die Tatort-Reihe der ARD gegeben haben. Eckhardt verfasste darüber hinaus zahlreiche andere Drehbücher für den ORF und auch fürs deutsche Fernsehen, z. B. »Hallo – Hotel Sacher… Portier!« (1973-1975)

Dorothee Schön (14)

Die 1961 in Bonn geborene Drehbuchautorin absolvierte ein Studium an der Hochschule für Fernsehen und Film in München und hatte verschiedene Lehrtätigkeiten. Für ihr Buch zu dem Fernsehfilm »Frau Böhm sagt nein« mit Senta Berger erhielt sie 2010 den Adolf-Grimme-Preis. Sie schrieb unter anderem die Drehbücher (einige davon in Zusammenarbeit mit anderen Autoren) für die Kommissarinnen Odenthal und Blum, aber auch für die Kommissare Thiel und Bowowski.

Jan Hinter und Stefan Cantz (14)

Jan Hinter wurde 1952 in Marburg geboren, Stefan Cantz 1956 in Stuttgart. Als Autorenteam arbeiten sie seit 2002 zusammen; sie schreiben die Drehbücher für die Ermittler Boerne / Thiel in Münster. Charakteristisch sind die Dialoge der gegensätzlichen Hauptfiguren. Die zu klärenden Fälle sind dem völlig untergeordnet. Sie schrieben auch Drehbücher für Ballauf / Schenk (625/06, 675/07, 742/09). Darüber hinaus war Jan Hinter an den Drehbüchern zu den Folgen 214/88, 388/98, 422/99 beteiligt. Stefan Cantz schrieb auch bei einem Drehbuch für die Münchner Ermittler (240/91) mit.

Thorsten Näter (12)

Der Drehbuchautor und Regisseur (9) wurde 1953 in Hamburg geboren. Er studierte an der Hochschule für Fernsehen und Film in München. Neben populären Serien wie z. B. »Der Dicke« und »Bella Block« drehte und produzierte er auch zahlreiche Filme.

Friedhelm Werremeier (12)

Er wurde 1930 in Witten geboren. Er arbeitete als Gerichtsreporter und Journalist. Unter anderem war er »Ressortleiter« beim »Stern«. Er machte sich als Krimi-Autor einen Namen. Seine Veröffentlichungen zu besonderen realen Kriminalfällen wie z.B. »Jürgen Bartsch« oder »Fritz Haarmann« sorgten für Aufsehen. Für die allererste Tatort-Folge »Taxi nach Leipzig« schrieb er das Drehbuch. Er entwarf die Figur des Kommissars Paul Trimmel. Weitere Drehbücher folgten bis Mitte der 1980er Jahre. 1993 erhielt Werremeier den Friedrich-Glauser-Ehrenpreis.

Drehbuchautoren von A bis Z

Die folgende Auswahl der Drehbuchautoren umfasst die bekanntesten Namen sowie diejenigen, die zwei oder mehr Folgen geschrieben haben. Alle anderen Drehbuchautoren finden Sie in der Zusammenfassung der einzelnen Folgen ab S. 41.

Autor	Folge
Ani, Friedrich	423/99, 489/01, 674/07
Bohn, Thomas	304/95, 350/97, 373/97, 440/00, 468/01, 486/01, 501/02, 512/02, 534/03, 541/03, 556/04, 624/06, 689/08
Breinersdorfer, Fred	159/84, 326/96, 380/98, 392/98, 409/99, 432/00, 442/00, 458/00, 488/01, 522/03, 550/03, 545/03, 577/04, 585/05, 656/07, 643/06, 661/07
Dorn, Thea	533/03, 721/09

Autor	Folge
Eckhardt, Fritz	12/71, 23/72, 35/73, 44/74, 55/75, 66/76, 71/77, 79/77, 92/78, 105/79, 117/80, 129/81, 142/82, 150/83, 178/86, 187/86, 199/87
Ehry, Norbert	99/79, 148/83, 182/86, 224/89, 263/92, 375/97, 431/99, 487/01, 535/03, 645/06
Ertener, Orkun	300/94, 379/98, 549/03, 559/04, 574/04, 576/04, 627/06
Fischer, Markus	242/91, 323/96, 332/96, 398/98, 447/00
Freund, Horst	417/99, 465/01, 503/02, 508/02, 581/04, 654/07, 757/10
Gies, Martin	82/77, 91/78, 118/80, 138/82, 205/88, 231/90, 232/90, 460/00
Gietinger, Klaus	382/98, 410/99, 454/00, 467/01
Giordano, Mario; Schlüter, Andreas	612/05, 667/07, 685/07, 700/08
Glowna, Vadim	283/93
Göckeritz, Harald	321/95, 424/99, 428/99, 452/00, 453/00, 470/01, 521/03, 539/03
Greve, Jochen	485/01, 547/03, 632/06, 737/09
Hampel, Bruno	15/72, 33/73, 98/79, 147/83, 208/88
Hemmer, Peter	113/80, 130/81, 151/83, 157/84, 158/84, 160/84, 168/85, 213/88
Hesse, Wolfgang	234/90, 258/92, 262/92, 258/92, 337/96, 418/99
Hinter, Jan (*beteiligt); Cantz, Stefan (**beteiligt)	(214/88*, 388/98*, 422/99*), 502/02, 511/02, 543/03, 594/05, 615/05, 625/06, 659/07, 675/07, 699/08, 742/09, (240/91**), 763/10

Autor	Folge
Hoffman, Sylvia	170/85, 191/87, 206/88, 241/91, 289/94, 353/97, 362/97, 412/99, 455/00, 480/01
Hoger, Nina	563/04
Honert, Hans-Werner	253/92, 259/92, 319/95, 349/96, 426/99, 458/00, 577/04, 679/07
Houweninge, Chiem van	143/82, 156/84, 180/86, 230/90, 244/91
Huby, Felix	131/81, 144/83, 159/84, 194/87, 201/88, 203/88, 266/92, 273/93, 286/94, 309/95, 315/95, 342/96, 365/97, 394/98, 419/99, 427/99, 439/00, 456/00, 459/00, 469/01, 478/01, 483/01, 494/02, 505/02, 516/02, 525/03, 538/03, 571/04, 584/05, 603/05, 633/06, 641/06, 652/07, 657/07
Jeltsch, Christian	356/97, 430/99, 600/05, 630/06, 671/07, 744/09
Käfer, Karl-Heinz	437/00, 592/05, 597/05, 708/08
Kelch, Hans	96/79, 121/81, 173/85, 215/89, 314/95, 395/98
Kettenbach, Hans-Werner	352/97
Kirchhoff, Bodo	359/97, 434/00
Kolditz, Stefan	299/94, 302/95, 387/98, 532/03
Lamprecht, Günther	296/94, 305/95
Lichtenfeld, Herbert	8/71, 19/72, 29/73, 36/74, 37/74, 47/75, 58/75, 62/76, 68/76, 73/77, 75/77, 89/78, 90/78, 106/79, 115/80, 122/81, 140/82, 162/84
Loest, Erich	207/88
Märthesheimer, Peter	330/96

Autor	Folge
Menge, Wolfgang	3/71, 5/71, 7/71, 17/72, 20/72, 28/73, 43/74
Mitterer, Felix	318/95, 448/00, 475/01, 504/02, 536/03, 572/04, 604/05, 635/06, 669/07, 715/08, 717/09
Näter, Thorsten	331/96, 386/98, 482/01, 506/02, 562/04, 586/05, 602/05, 607/05, 611/05, 653/07, 681/07, 756/10
Panzer, Wolfgang	416/99, 449/00, 458/00, 514/02, 517/02, 577/04
Pflüger, Andreas	287/94, 346/96, 361/97, 381/98, 436/00, 466/01, 471/01, 524/03, 557/04, 588/05, 619/06, 650/06, 701/08, 703/08, 713/08, 731/09, 748/09,
Probst, Peter	307/95, 312/95, 397/98, 413/99, 542/03, 677/07
Richter, Pim	445/00, 466/01, 471/01, 477/01, 495/02, 537/03, 546/03, 601/05, 628/06
Riehl-Heyse, Herbert	176/85
Roland, Jürgen	133/82, 166/85
Rosendorfer, Herbert	30/73, 63/76, 123/81
Scheibler, Peter	108/80, 120/81, 132/82, 155/84, 202/88, 210/88, 255/92
Schirk, Heinz	153/84, 204/88, 228/90, 270/93, 306/95, 325/96, 351/97, 378/98, 405/99
Schneider, Susanne	308/95, 324/96, 586/05, 662/07, 672/07, 736/09
Schön, Dorothee	324/96, 399/98, 443/00, 490/02, 513/02, 523/03, 555/04, 582/04, 590/05, 636/06, 639/06, 670/07, 692/08, 723/09
Senf, Jochen	347/96, 579/04, 614/05

Autor	Folge
Stein, Niki (Nikolaus Stein von Kamienski)	258/92, 274/93, 295/94, 371/97, 383/98, 498/02, 526/03, 552/03, 589/05, 609/05, 649/06
Suter, Martin	297/94
Sydow, Rolf von	49/75, 183/86
Vocks, Horst	126/81, 134/82, 146/83, 188/86, 200/87, 285/93, 316/95, 509/02
Walser, Martin; Scheib, Asta	220/89
Weber, Raimund	280/93, 310/95, 328/96, 363/97, 389/98, 403/99, 414/99, 433/00, 444/00, 461/01, 661/07
Wedel, Dieter	26/73
Werremeier, Friedhelm	1/70, 9/71, 10/71, 11/71, 21/72, 32/73, 42/74, 67/76, 86/78, 112/80, 141/82, 175/85
Wettcke, Thorsten; Silber, Christoph	637/06, 668/07, 709/08, 746/09
Willschrei, Karl Heinz	31/73, 39/74, 41/74, 52/75, 61/76, 78/77, 83/78, 102/79, 110/80, 169/85
Wittenburg, Thomas	126/81, 134/82, 146/83, 188/86, 417/99, 200/87, 446/00
Zeindler, Peter	236/90, 247/91, 261/92, 273/93, 276/93, 281/93, 298/94, 333/96, 406/99, 421/99
Zingler, Peter	236/90, 247/91, 261/92, 281/93, 298/94, 333/96, 372/97, 406/99, 421/99, 462/01, 481/01, 520/02, 598/05

Die Tatort-Regisseure

Die häufigsten Regisseure

Hartmut Griesmayr (25 Folgen)

Der Regisseur wurde 1945 in Bad Berka geboren. Er schloss sein Studium an der Hochschule für Film und Fernsehen in München 1970 ab. Über vier Jahrzehnte lang führte er bei Tatort-Episoden am häufigsten Regie. Auch bei den Krimi-Serien »Der Alte« und »Polizeiruf 110« war er unter anderem als Regisseur tätig.

Hajo Gies (21 Folgen)

Er wurde 1945 in Lüdenscheid geboren und gehört mit zu den ersten Absolventen der Ende der 60er Jahre gegründeten Hochschule für Fernsehen und Film (HFF) in München. Über vier Jahrzehnte arbeitete er unter anderem für den Tatort. Als Regisseur von »Schimanski« erhielt er für die Folge Moltke (214/88) den Adolf-Grimme-Preis, für 252/91 (Der Fall Schimanski) den Bayerischen Fernsehpreis. Auch in der TV-Serie »Kommissar Rex« ist der Krimi-Regisseur unter anderem erfolgreich am Werk.

Peter Schulze-Rohr (15 Folgen)

Der Regisseur, Dokumentarfilmer und langjährige SWF-Fernsehspielchef wurde 1926 in Leipzig geboren und starb 2007 in Lübeck. Er begann als Regieassistent am Theater und gehört zu den Mitbegründern der »Tatort«-Serie. Neben vielen anderen Episoden führte er beim Klassiker »Taxi nach Leipzig« (1/70) Regie und schrieb am Drehbuch mit. 1985 erhielt er unter anderem den Fernsehfilmpreis der Deutschen Akademie der Darstellenden Künste für »Die Platzanweiserin«.

Thomas Bohn (14 Folgen)

Er wurde 1959 in Wuppertal geboren und begann in den 1980ern als Fernsehjournalist. Heute ist er als Fernseh- und Filmregisseur sowie Drehbuchautor bekannt. In der Krimi-Serie »Stahlnetz« führte er in einigen Episoden Regie. In Cannes wurde er mehrfach mit einem »Löwen« ausgezeichnet. Für den Tatort »Kalte Herzen« (440/00), für den er das Drehbuch schrieb und Regie führte, bekam er »Den goldenen Gong«. Für den Tatort schrieb er auch 13 Drehbücher.

Theo Mezger (16 Folgen)

Der Regisseur wurde 1923 geboren. Mit der beliebten TV-Serie der 1960er Jahre »Funkstreife Isar 12«, bei der er einige Male Regie führte, begann seine Fernsehkarriere. Unter anderem drehte er auch die erfolgreiche Science Fiction-Serie »Raumpatrouille Orion«.

Sylvia Hoffman (14 Folgen)

Sie wurde 1938 in Berlin geboren. Heute arbeitet sie vor allem am Theater. Sie schrieb unter anderem für das Frankfurter Autoren-Theater. Sie schrieb auch 10 Drehbücher für die »Tatort«-Serie.

Jürgen Roland (12 Folgen)

Er wurde 1925 in Hamburg geboren und starb 2007. Er begann als Rundfunkreporter, wurde später Redakteur beim Fernsehen und wurde mit eigenen Regiearbeiten in Serien und Filmen sowie Dokumentarfilmen bekannt. Er entwickelte die Krimi-Serie »Stahlnetz«. Auch in einigen Edgar-Wallace-Filmen führte er Regie. Die Krimi-Quiz-Serie »Dem Täter auf der Spur«, die er moderierte, wurde ein Straßenfeger. Er schrieb Drehbücher für den »Tatort« und führte in vielen Folgen und auch in der TV-Serie »Großstadtrevier« Regie.

Niki Stein (11 Folgen)

(eigentl. Nikolaus Stein von Kamienski) Er wurde 1961 in Essen geboren. Er absolvierte an der Filmhochschule Hamburg das Aufbaustudium »Filmregie«. Für elf »Tatort«-Folgen schrieb er Drehbücher und führte Regie. Die Ermittler Teams Ballauf / Schenk in Köln sowie Dellwo / Sänger in Frankfurt charakterisierte er entscheidend mit. Für seine Arbeiten erhielt er einige Auszeichnungen.

Wolfgang Becker (11 Folgen)

Der Filmregisseur wurde 1954 in Hemer/Westfalen geboren. Er absolvierte ein Studium an der Deutschen Film- und Fernsehakademie in Berlin. Neben zahlreichen Tatortfolgen drehte er unter anderem »Das Leben ist eine Baustelle« und den überaus erfolgreichen Film Good Bye, Lenin!

Noever, Hans (10 Folgen)

Der Filmregisseur, Schauspieler und Autor wurde 1928 in Krefeld geboren. In den 70er Jahren war er Dozent an der Hochschule für Fernsehen und Film in München. Neben »Tatort« führte er in Krimi-Serien wie z.B. »Peter Strohm« und »Ein Fall für zwei« für einige Folgen Regie. Er erhielt zahlreiche Auszeichnungen, 1990 den Adolf-Grimme-Preis für die TV-Serie »Reporter«.

Ilse Hofmann (10 Folgen)

Sie wurde 1949 geboren und absolvierte ein Studium an der Hochschule für Fernsehen und Film in München. 1974 führte sie ihre erste selbständige Regie nach eigenem Buch bei dem Film »Winterreise«, nachdem sie 1973-1974 als Regieassistentin bei der TV-Serie »Ein Herz und eine Seele« mitgearbeitet hatte. Als erste Frau übernahm sie eine »Tatort«-Regie für die Folge 131/81. Neben anderen Auszeichnungen erhielt sie für ihren Film »Die Welt in jenem Sommer« (1980) den Adolf-Grimme-Preis.

Rolf von Sydow (8 Folgen)

Der Schauspieler, Regisseur, Drehbuchautor und Produzent wurde 1924 in Wiesbaden geboren. Er wurde durch eine Vielzahl von Spiel- und Fernsehfilmen bekannt – unter anderem führt er auch Regie bei der Verfilmung der Bücher von Rosamunde Pilcher.

Tatort-Regisseure von A bis Z

Die folgende Auswahl der Regisseure umfasst die bekanntesten Namen sowie diejenigen, die zwei oder mehr Folgen gedreht haben. Alle anderen Regisseure finden Sie in der Zusammenfassung der einzelnen Folgen ab S. 41.

Regisseur	Folgen
Adam, Peter	111/80, 138/82, 146/83, 164/84, 171/85, 221/89, 266/92
Agthe, Arend	469/01, 505/02, 584/05, 633/06
Ariel, Pete	149/83, 160/84, 179/86, 194/87, 208/88, 233/90, 344/96, 436/00, 446/00
Balthasar, Christiane	463/01, 576/04, 586/05, 711/08, 755/10
Bannert, Walter	238/91, 278/93, 462/01, 560/04, 735/09
Barabas, Stanislav	139/82, 207/88, 220/89, 245/91
Becker, Wolfgang	39/74, 41/74, 52/75, 56/75, 64/76, 68/76, 78/77, 87/78, 89/78, 148/83, 248/91
Berner, Dieter	430/99, 599/05, 619/06, 661/07
Blumenberg, Hans-Christoph	201/88, 212/88, 237/90, 254/92, 320/95, 419/99, 516/02, 538/03, 553/03, 579/04
Bohn, Ralph	473/01, 508/02, 554/04, 691/08
Bohn, Thomas	304/95, 350/97, 373/97, 440/00, 468/01, 483/01, 486/01, 501/02, 512/02, 534/03, 556/04, 624/06, 658/07, 689/08
Bretzinger, Jürgen	374/97, 403/99, 461/01, 490/02, 555/04, 590/05, 606/05, 636/06, 672/07, 686/08, 703/08
Bringmann, Peter F.	365/97, 495/02, 511/02, 557/04, 573/04
Corti, Axel	63/76, 119/80
Dietrich, Wolf	30/73, 94/78, 107/79, 114/80
Eckhardt, Fritz	35/73, 44/74

Regisseur	Folgen
Eigler, Martin	488/01, 493/02, 570/04, 620/06, 694/08, 762/10
Emmerich, Klaus	188/86, 337/96, 542/03
Enlen, Martin	423/99, 583/04, 613/05, 674/07, 680/07
Fischer, Markus	242/91, 330/96, 332/96, 284/93, 447/00, 323/96, 398/98
Förnbacher, Helmut	328/96, 385/98, 386/98, 420/99, 433/00, 444/00, 456/00
Fratzscher, Peter	356/97, 379/98, 407/99, 457/00, 502/02, 515/02, 548/03, 647/06, 664/07, 744/09
Freundner, Thomas	369/97, 397/98, 432/00, 445/00, 465/01, 471/01, 510/02, 549/03, 575/04, 601/05, 665/07, 738/09
Fromm, Friedemann	293/94, 348/96, 489/01, 630/06, 747/09
Fürneisen, Bodo	271/93, 359/97, 733/09, 746/09
Garde, Claudia	472/01, 574/04, 608/05, 637/06, 668/07, 688/08
Geschonneck, Matti	269/93, 275/93, 287/94, 296/94, 287/94
Gies, Hajo	82/77, 91/78, 126/81, 134/82, 143/82, 156/84, 159/84, 167/85, 200/87, 205/88, 214/88, 232/90, 252/91, 417/99, 522/03, 546/03, 581/04, 634/06, 679/07, 701/08, 748/09
Gies, Martin	425/99, 231/90, 470/01, 485/01
Gietinger, Klaus	382/98, 410/99, 454/00, 467/01, 564/04
Glowna, Vadim	283/93
Graf, Dominik	184/86, 322/95
Gräwert, Günter	22/72, 69/76, 76/77, 93/78, 104/79
Griesmayr, Hartmut	97/79, 100/79, 106/79, 115/80, 140/82, 157/84, 203/88, 273/93, 286/94, 315/95, 324/96, 354/97, 389/98, 399/98, 427/99, 459/00, 478/01, 479/01, 520/02, 525/03, 571/04, 603/05, 628/06, 652/07, 657/07
Hartmann, Christine	561/04, 591/05, 660/07, 718/09

Regisseur	Folgen
Heidelbach, Kaspar	258/92, 371/97, 372/97, 422/99, 437/00, 458/00, 487/01, 514/02, 535/03, 582/04, 592/05, 594/05, 695/08, 752/10, 763/10
Heisig, René	529/03, 596/05, 623/06, 692/08
Heyme, Hansgünther	182/86
Hirschbiegel, Oliver	261/92, 298/94
Hoffman, Sylvia	191/87, 206/88, 215/89, 241/91, 289/94, 353/97, 362/97, 367/97, 393/98, 395/98, 412/99, 455/00, 480/01, 503/02
Hofmann, Ilse	131/81, 158/84, 180/86, 240/91, 250/91, 263/92, 265/92, 285/93, 295/94, 448/00
Honert, Hans-Werner	253/92, 259/92, 319/95, 426/99, 577/04
Jauch, Thomas	496/02, 530/03, 545/03, 547/03, 559/04, 578/04, 611/05, 621/06, 632/06, 737/09, 759/10
Junek, Kurt	150/83, 163/84, 186/86, 196/87, 199/87, 211/88, 223/89, 236/90
Kehlmann, Michael	14/72, 40/74, 92/78, 181/86, 195/87
Keusch, Erwin	262/92, 308/95, 313/95
Luderer, Wolfgang	145/83, 173/85, 255/92, 314/95
Masten, Werner	216/89, 222/89, 256/92, 257/92, 268/93, 280/93, 288/94
Mezger, Theo	4/71, 17/72, 28/73, 43/74, 54/75, 59/76, 71/77, 83/78, 102/79, 108/80, 132/82, 144/83, 155/84, 169/85, 178/86, 190/87
Müller, Hanns-Christian	300/94
Näter, Thorsten	331/96, 482/01, 506/02, 562/04, 602/05, 607/05, 653/07, 681/07, 756/10
Noever, Hans	225/89, 234/90, 247/91, 281/93, 307/95, 333/96, 358/97, 402/98, 450/00, 509/02
Oetzmann, Jobst Christian	400/98, 484/01, 513/02, 550/03, 648/06, 749/09
Panzer, Wolfgang	349/96, 357/97, 364/97, 416/99, 449/00
Petersen, Wolfgang	8/71, 19/72, 29/73, 36/74, 58/75, 73/77

Regisseur	Folgen
Ristau, Peter	339/96, 392/98, 418/99, 537/03
Roland, Jürgen	65/76, 81/77, 101/79, 133/82, 152/83, 166/85, 175/85, 219/89, 246/91, 260/92, 301/95, 352/97
Roth, Thomas	435/00, 604/05, 666/07, 697/08, 728/09
Salonen, Hannu	567/04, 588/05, 627/06, 667/07, 731/09, 754/10, 761/10
Schirk, Heinz	13/71, 46/74, 85/78, 153/84, 204/88, 228/90, 270/93, 306/95, 325/96, 351/97, 378/98, 405/99
Schlotterbeck, Dieter	309/95, 342/96, 394/98, 439/00
Schulze-Rohr, Peter	1/70, 9/71, 10/71, 11/71, 21/72, 32/73, 42/74, 67/76, 74/77, 86/78, 224/89, 272/93, 326/96, 375/97, 380/98
Stark, Christoph	568/04, 593/05, 618/05, 654/07
Stark, Ulrich	274/93, 277/93, 290/94, 316/95, 345/96, 396/98, 409/99, 414/99
Staudte, Wolfgang	34/73, 61/76, 75/77, 95/79, 113/80, 118/80, 154/84
Stein, Niki	383/98, 388/98, 428/99, 429/99, 498/02, 526/03, 552/03, 589/05, 609/05, 640/06, 649/06
Stelzer, Manfred	540/03, 563/04, 615/05, 659/07, 699/08
Storch, Wolfgang	128/81, 168/85, 193/87, 227/90
Sydow, Rolf von	7/71, 31/73, 33/73, 38/74, 49/75, 116/80, 174/85, 177/86
ten Haaf, Wilm	27/73, 48/75, 51/75, 88/78, 123/81, 135/82, 187/86
Trotta, Margarethe von	676/07
Umgelter, Fritz	47/75, 62/76, 72/77, 80/77, 121/81
Weck, Peter	55/75, 66/76, 141/82
Wedel, Dieter	26/73
Wirth, Franz Peter	50/75, 110/80

Die Tatort-Komponisten

Eine Auswahl

Komponisten	Folgen
Baumgartner, Roland	273/93, 278/93, 286/94, 324/96
Bohlen, Dieter	180/86, 205/88, 214/88
Can	25/73
Dauner, Wolfgang	120/81
Doldinger, Klaus	3/71, 5/71, 7/71, 16/72, 18/72, 20/72, 31/73, 69/76, 93/78, 130/81, 256/92, 257/92, 260/92, 268/93, 280/93, 288/94, 310/95, 334/96, 345/96, 363/97, 374/97, 385/98, 386/98, 389/98, 391/98, 403/99, 414/99, 426/99, 433/00, 444/00, 457/00, 461/01
Donner, Axel	270/93, 306/95, 325/96, 351/97, 378/98, 681/07
Duval, Frank	77/77
Elias, Karim Sebastian	567/04, 588/05, 627/06, 667/07, 731/09
Engelken, Jacki; Spies, Ulrik	498/02, 526/03, 552/03, 609/05, 640/06, 649/06
Franek, Hans	440/00, 468/01, 556/04, 624/06
Fritzsche, Markus	323/96, 332/96, 398/98, 447/00
Gerndt, Joachim J.	356/97, 369/97, 379/98, 407/99, 432/00, 456/00, 465/01, 471/01, 510/02, 548/03, 549/03, 601/05, 664/07, 665/07, 738/09, 744/09
Haas, Martin; Sattler, Robert	241/91, 314/95, 353/97, 362/97, 480/01
Haefeli, Jonas C.	17/72, 43/74, 54/75, 132/82, 144/83, 155/84, 169/85

Komponisten	Folgen
Heymann, Birger	82/77, 219/89, 274/93, 277/93, 316/95, 396/98
Hoge, Andreas	503/02, 558/04, 577/04, 700/08
Illi, Günt(h)er	522/03, 546/03, 581/04, 634/06, 645/06, 679/07, 701/08
Kerschowski, Lutz	540/03, 563/04, 615/05, 659/07, 699/08
Knopfler, David	167/85, Titelsong »Lonely is the Night« 240/91
Kobilke, Johannes	463/01, 576/04, 586/05, 620/06, 711/08, 743/09, 755/10
Köbner, Andreas	184/86, 262/92, 263/92, 284/93, 285/93, 313/95
Kühn, Hans-Joachim	224/89
Kühn, Rolf	45/74, 139/82
Lage, Klaus	200/87; Titelsong: »Now that you're gone«, und Joe Cocker: 232/90
Lemberg, Jörg	547/03, 574/04, 637/06, 668/07, 687/08, 688/08, 708/08, 726/09, 739/09
Liefers, Jan Josef	551/03
Massimo, Stefano	496/02, 530/03, 538/03, 545/03, 559/04, 578/04, 621/06, 632/06, 638/06, 737/09
Michel, Rainer	517/02, 596/05, 623/06, 663/07, 692/08, 696/08
Mubare, Joe	425/99, 427/99, 275/93, 276/93, 459/00, 460/00, 470/01, 479/01, 485/01, 525/03, 603/05, 628/06, 652/07, 657/07
Müller, Rolf-Hans	15/72, 27/73, 38/74, 49/75
Nimsgern, Frank	450/00, 478/01, 481/01, 516/02, 520/02, 553/03, 579/04, 614/05
Osterhoff, Thomas	539/03, 593/05, 618/05, 654/07, 712/08, 723/09

Komponisten	Folgen
Raben, Peer	122/81, 137/82, 189/87
Raue, Matthias	469/01, 571/04, 584/05, 633/06
Reiser, Rio	217/89, 307/95
Roemer, Fabian	561/04, 583/04, 598/05, 617/05, 655/07, 660/07, 675/07, 678/07, 705/08, 714/08, 719/09, 722/09, 751/10
Scherpe, Lothar	604/05, 666/07, 697/08, 717/09, 728/09
Schleip, Dieter	400/98, 453/00, 484/01, 583/04, 613/05, 625/06, 648/06, 674/07, 749/09
Steffen, Arno	458/00, 487/01, 535/03, 582/04, 592/05, 594/05, 695/08
Sustrate, Nils	19/72, 29/73, 36/74, 53/75, 58/75, 73/77, 133/82, 152/83, 227/90
Tangerine Dream	60/76, 146/83, mit Chi Coltrane: 244/91
Titi Winterstein Quintett	220/89
Trecca, Filippo	349/96, 357/97, 364/97
Weber, Eberhard	160/84, 209/88
Wolter, Jürgen	201/88, 212/88, 226/89, 237/90, 254/92, 272/93, 347/96
Wulff, Frank und Stefan	448/00, 544/03, 639/06, 707/08

Gastauftritte von bekannten Schauspielern

Bekannte Fernsehgesichter der vier Jahrzehnte – eine Auswahl

Schauspielername (Jahrzehnt)
Ackermann, Kathrin (70er, 00er)
Ammann, Lukas (00er)
Anders, Helga (70er)
Arnold, Thomas (90er, 00er)
Augustinski, Peer (90er)
Baal, Karin (80er, 90er, 00er)
Balder, Hugo Egon (90er, 00er)
Baltus, Gerd (70er, 90er, 00er)
Bantzer, Christoph (90er, 00er)
Bartsch, Angelika (90er, 00er)
Baumann, Heinz (70er, 80er, 90er)
Beck, Rufus (90er, 00er)
Becker, Ben (80er, 90er)
Beerhenke, Hans (70er, 80er)
Bennent,Heinz (70er)
Bennent, Anne (00er)
Berben, Iris (90er)
Berger, Helmut (90er, 00er)
Berger, Toni (70er, 80er)
Berkel, Christian (70er, 90er, 00er)
Bessen, Edgar (70er, 80er, 90er)
Besson, Pierre (00er)
Blech, Hans-Christian (70er)
Böhm, Karl Heinz (70er)
Bohm, Uwe (80er, 00er)
Bokel, Radost (80er)
Borgmann, Sandra (00er)

Borsody, Suzanne von (90er, 00er)
Bötticher, Herbert (70er)
Boysen, Markus (70er, 00er)
Brandt, Matthias (00er)
Brauss, Arthur (70er, 80er, 90er)
Brennicke, Nadeshda (90er, 00er)
Breuer, Jacques (80er, 90er)
Brühl, Daniel (00er)
Buch, Achim (00er)
Buhre, Traugott (70er, 90er, 00er)
Bukowsky, Michael (80er, 90er)
Bülow, Johann von (00er)
Carrière, Mathieu (90er)
Castell, Rolf (70er, 80er)
Clarin, Hans (80er)
Clausnitzer, Claus D. (90er, 00er)
Czypionka, Hansa (90er, 00er)
Dagover, Lil (70er)
Davor, Peter (00er)
Degen, Michael (70er, 90er, 00er)
Demirkan, Renan (80er), (90er)
Deutschmann, Heikko (00er)
Dickow, Hans-Helmut (70er, 80er)
Dohnányi, Justus von (00er)
Dorfer, Gerhard (70er,80er, 90er)
Drexel, Ruth (70er, 90er, 00er)
Driest, Burkhard (80er, 00er)
du Mont, Sky (70er, 80er, 00er)
Eichhorn, Karoline (90er, 00er)
Engel, Tina (00er)
Faßnacht, Paul (00er)
Faulhaber, Ulrich (70er, 80er, 90er)
Feifel, Martin (90er, 00er)
Fendel, Rosemarie (70er, 90er)
Ferch, Heino (90er)
Ferres, Veronica (90er)

Finck, Agnes (70er, 80er)
Finzi, Samuel (00er)
Fischer, Ottfried (00er)
Fitz, Peter (80er, 90er)
Fitz, Veronika (70er, 90er)
Flint, Katja (90er, 00er)
Franckh, Pierre (80er, 90er)
Frank, Horst (80er, 90er)
Fricke, Peter (70er, 80er, 90er)
Froboess, Cornelia (00er)
Fuchs, Matthias (70er, 90er)
Fux, Herbert (80er)
Ganz, Bruno (90er)
Gärtner, Claus Theo (70er)
Gebauer, Ulrich (90er, 00er)
Glowna, Vadim (80er, 90er, 00er)
Gmelin, Gerda (70er, 90er)
Göpel, Sascha (00er)
Gröllmann, Jenny (90er, 00er,)
Grübel, Ilona (70er, 80er)
Gwisdek, Michael (90er, 00er)
Habich, Matthias (90er, 00er)
Hagen, Antje (70er, 80er, 00er)
Hagen, Cosma Shiva (90er, 00er)
Hagen, Sheri (90er, 00er)
Hamann, Evelyn (80er)
Hancke, Edith (70er)
Hanemann, Michael (00er)
Harfouch, Corinna (90er, 00er)
Harmstorf, Raimund (80er)
Hart, Kurt (90er, 00er)
Heerwagen, Bernadette (00er)
Hellmann, Hannes (00er)
Hentsch, Jürgen (90er, 00er)
Hermann, Irm (80er, 00er)
Hinze, Wolfgang (80er, 90er, 00er)

Hoenig, Heinz (80er, 90er)
Höfferer, Sissy (70er, 00er)
Hofrichter, Christoph (80er, 90er, 00er)
Hoger, Hannelore (70er, 90er)
Hoger, Nina (80er, 90er, 00er)
Hoppe, Rolf (90er, 00er)
Hörbiger, Paul (70er)
Horwitz, Dominique (70er, 90er, 00er)
Hübchen, Henry (90er, 00er)
Hübchen, Theresa (90er, 00er)
Hunold, Rainer (70er)
Illig, Rolf (90er, 00er)
Jaenicke, Hannes (90er, 00er)
Jäger, Julia (90er, 00er)
Janner, Brigitte (80er, 90er)
Jürgens, Curd (70er)
Karl, Fritz (00er)
Kerst, Alexander (70er)
Kessel, Sophie von (90er, 00er)
Kessler, Beatrice (80er)
Kieling, Wolfgang (70er)
Kier, Udo (90er, 00)
Kinski, Nastassja (70er)
Kinski, Nikolai (00er)
Kinski, Pola (00er)
Klaussner, Burghardt (00er, 90er)
Kling, Anja (00er)
Knizka, Roman (90er, 00er)
Koch, Sebastian (80er)
Körner, Diana (80er, 90er)
Kowalski, Rudolf (90er, 00er)
Kranzkowski, Karl (90er, 00er)
Kreuzer, Lisa (90er, 80er)
Kreye, Walter (90er, 00er)
Kriener, Ulrike (80er, 90er, 00er)
Kroetz, Franz Xaver (80er, 00er)

Kroymann, Maren (00er)
Krüger, Christiane (70er, 80er)
Krumbiegel, Ulrike (90er, 00er)
Kubitschek, Ruth-Maria (70er)
Künneke, Evelyn (90er)
Kunstmann, Doris (80er, 90er, 00er)
Kupfer, Bettina (00er)
Kupsch, Anita (70er, 80er)
Kurt, Stefan (90er, 00er)
Landgrebe, Gudrun (80er, 00er)
Lara, Alexandra Maria (90er)
Lause, Hermann (80er, 90er)
Lauterbach, Heiner (90er)
Lechtenbrink, Volker (90er)
Leesch, Edda (90er, 00er)
Lenschau, Hermann (70er)
Lesch, Michael (80er, 90er, 00er)
Lichtenhahn, Fritz (70er, 90er)
Liebeneiner, Johanna (70er, 80er, 90er)
Liebich, Oona-Devi (00er)
Lohmeyer, Gerd (90er, 00er)
Lohmeyer, Peter (90er, 00er)
Lothar, Susanne (90er, 00er)
Mack, Günter (70er, 80er)
Mackensy, Lutz (80er, 90er)
Malton, Leslie (80er, 90er, 00er)
Manteuffel, Felix von (70er, 80er, 90er, 00er)
Maranow, Maja (80er, 90er, 00er)
Marjan, Marie Luise (70er)
Martens, Dirk (90er, 00er)
Martens, Florian (90er, 00er)
May, Alexander (70er, 00er)
May, Martin (90er, 00er)
May, Michaela (70er, 90er)
Maydell, Sabine von (70er, 80er)
Melles, Sunnyi (80er, 00er)

Mendl, Michael (80er, 90er, 00er)
Messner, Claudia (90er, 00er)
Meysel, Inge (00er)
Michaelis, Torsten (00er)
Michelsen, Claudia (00er)
Millowitsch, Marie-Louise (70er, 80er)
Millowitsch, Peter (80er, 90er)
Minichmayr, Birgit (00er)
Mitterer, Alexander (00er)
Möhring, Wotan Wilke (00er)
Moinzadeh, Mehdi (00er)
Möller, Gunnar (70er, 80er, 90er)
Moog, Philipp (00er)
Mueller-Stahl, Armin (80er)
Mues, Dietmar (90er)
Mues, Wanja (00er)
Mühe, Anna Maria (00er)
Mühe, Ulrich (90er)
Müller-Westernhagen, Marius (70er)
Mulzer, Hubert (00er)
Nägele, Oliver (00er)
Neubauer, Ilse (70er, 80er, 90er)
Nitsch, Jennifer (00er)
Nitschke, Hans (90er)
Noel, Edwin (70er, 80er, 90er)
Noethen, Ulrich (90er, 00er)
Ochsenknecht, Uwe (80er, 90er)
Olschewski, Gerhard (80er, 90er)
Paryla, Nikolaus (90er, 00er)
Pekny, Romuald (70er)
Pfaff, Dieter (80er, 90er, 00er)
Pflug, Eva (70er, 00er)
Pietsch, Monika (90er)
Plate, Christina (90er)
Plauensteiner, Lieselotte (70er, 80er)
Pleitgen, Ulrich (80er, 90er, 00er)

Pleva, Jörg (70er, 90er)
Pluhar, Erika (70er)
Ponnier, Matthias (80er, 90er)
Pöschl, Hanno (70er, 80er, 90er)
Praetorius, Friedrich-Karl (90er)
Prochnow, Dieter (70er, 80er)
Prochnow, Jürgen (70er)
Pufendorf, Max von (00er)
Quadflieg, Christian (70er)
Radszun, Alexander (90er, 00er)
Rauch, Siegfried (70er, 80er)
Rehberg, Hans-Michael (00er), (90er)
Reiser, Rio (90er)
Renneberg, Annett (00er)
Renneisen, Walter (70er, 80er, 90er, 00er)
Richter, Ilja (90er, 00er)
Riemann, Katja (80er, 00er)
Roggisch, Peter (70er)
Rohde, Armin (90er, 00er)
Rolant, Albert (70er)
Rose, Willi (70er)
Roth, Fritz (00er)
Roth, Paul Edwin (80er)
Roth, Wolf (70er)
Rudnick, Franz (70er, 80er)
Rudnick, Thomas (90er, 00er)
Rudnik, Barbara (90er, 00er)
Rudolph, Claude-Oliver (80er, 90er)
Rühaak, Siemen (90er, 00er)
Rühring, Peter (00er)
Sachtleben, Horst (70er, 00er)
Samel, Udo (80er, 90er, 00er)
Sarbacher, Thomas (00er)
Saß, Katrin (90er, 00er)
Sasse, Heribert (70er, 00er)
Sattmann, Peter (90er, 00er)

Schade, Doris (90er, 00er)
Schäfer, Bernd (70er)
Schell, Maria (70er, 90er)
Schenk, Udo (90er, 00er)
Schidor, Dieter (70er, 80er)
Schimpf, Rolf (70er)
Schmidt-Schaller, Andreas (90er, 00er)
Schmidt, Andreas (00er)
Schmölzer, August (80er, 90er, 00er)
Schöne, Maja (00er)
Schöne, Reiner (70er)
Schönherr, Dietmar (70er, 90er, 00er)
Schornagel, Jürgen (70er, 90er, 00er)
Schrott, Harald (00er)
Schubert, Götz (90er, 00er)
Schudt, Anna (00er)
Schultheiß, Walter (70er, 90er, 00er)
Schüttler, Katharina (90er, 00er)
Schwab, Charlotte (90er, 00er)
Schweighöfer, Matthias (00er)
Schwiers, Ellen (00er)
Schwiers, Jasmin (90er, 00er)
Sedlmayr, Walter (70er)
Seids, Nate (80er)
Seipold, Manfred (70er, 80er)
Selge, Edgar (80er, 90er)
Sellem, Marie Lou (90er, 00er)
Sellien, Rainer (00er)
Semmelrogge, Martin (70er, 90er)
Simonischek, Peter (00er)
Sinjen, Sabine (70er, 80er)
Sprenger, Wolf-Dietrich (80er, 90er)
Spürkel, Klaus (80er, 90er, 00er)
Stappenbeck, Stefanie (90er, 00er)
Stass, Herbert (70er, 80er)
Stokowski, Oliver (00er)

Stolze, Lena (00er)
Strack, Günter (70er, 80er)
Strecker, Max (70er)
Strecker, Rainer (90er, 00er)
Striebeck, Catrin (00er)
Striebeck, Peter (90er)
Striesow, Devid (00er)
Stritzel, Oliver (90er, 00er)
Studt, Katja (90er, 00er)
Sukowa, Barbara (80er)
Tarrach, Jürgen (90er, 00er)
Tauber, Bernd (80er, 90er, 00er)
Tausig, Otto (70er, 90er)
Thalbach, Anna (90er, 00er)
Thalbach, Katharina (90er)
Thate, Hilmar (00er)
Thun, Friedrich von (70er, 90er)
Tidof, Max (80er, 90er, 00er)
Tietze, Carin C. (90er, 00er)
Tiller, Nadja (80er)
Tregor, Michael (70er, 90er, 00er)
Uhlen, Annette (00er)
Uhlen, Gisela (70er, 90er)
Uhlen, Susanne, (80er, 90er)
Ungeheuer, Günther (70er, 80er)
van Bergen, Ingrid (70er, 90er, 00er)
van Lyk, Henry (70er, 80er, 00er)
Venske, Henning (70er)
Vester, Saskia (90er, 00er)
Vioff, Udo (70er, 80er, 90er)
Vogel, Jürgen (90er, 00er)
Vogler, Karl Michael (70er, 80er)
Vogler, Rüdiger (90er, 00er)
Wackernagel, Katharina (00er)
Wallraff, Diego (90er, 00er)
Walser, Franziska (00er)

Weber, Gregor (00er)
Wedekind, Claudia (70er, 80er)
Weisgerber, Eleonore (80er, 90er, 00er)
Weitershausen, Gila von (00er)
Werner, Ilse (00er)
Wessely, Rudolf (00er)
Westermann, Antje (90er, 00er)
Wilde, Claudine (90er, 00er)
Wildgruber, Ulrich (90er)
Winter, Judy (70er)
Wischnewski, Siegfried (70er, 80er)
Wöhr, Lia (70er, 80er, 90er)
Wörner, Natalia (90er)
Wussow, Klaus Jürgen (70er, 80er, 90er)
Zacher, Rolf (70er, 80er)
Zapatka, Manfred (80er, 90er, 00er)
Zech, Rosel (90er, 00er)
Zglinicki, Simone von (00er)
Ziegler, Daniela (80er, 90er, 00er)
Zierl, Helmut (80er, 90er, 00er)
Zirner, August (00er)
Zischler, Hanns (90er, 00er)

Zehnmal und mehr dabei

Schauspieler	Tatort-Folgen
Becker, Rolf (*1935, Leipzig)	52/75, 158,84, 202/88, 301/95, 331/96, 334/96, 382/98, 386/98, 410/99, 518/02, 564/04
Bleibtreu, Monica (*1944, Wien; †2009, Hamburg)	46/74, 65/76, 97/79, 139/82, 246/91, 249/91, 362/97, 455/00, 562/04
Bongartz, Peter (*1942, Greifswald)	38/74, 49/75, 60/76, 74/77, 98/79, 134/82, 111/80, 192/87, 315/95, 362/97, 371/97, 391/98

Schauspieler	Tatort-Folgen
Desny, Ivan (*1922, Peking; †2002, Ascona)	3/71, 5/71, 7/71, 18/72, 20/72, 31/73, 44/74, 277/93, 291/94, 335/96, 353/97
Hallwachs, Hans-Peter (*1938, Jüterbog)	1/70, 81/77, 154/84, 190/87, 201/88, 254/92, 339/96, 461/01, 471/01, 480/01
Kirchlechner, Dieter (*1932, Pinkafeld (Österreich))	19/72, 106/79, 110/80, 140/82, 187/86, 219/89, 293/94, 455/00, 511/02, 696/08
Kraehkamp, Heinz Werner (*1948, Wixhausen b. Darmstadt)	24/72, 47/75, 62/76, 120/81, 148/83, 173/85, 187/86, 361/97, 410/99, 564/04, 765/10
Mattausch, Dietrich (*1940, Leitmeritz (Tschechien))	157/84, 187/86, 215/89, 216/89, 221/89, 288,94, 314/95, 362/97, 364/97, 395/98, 520/02, 554/04, 703/08
Sevenich, Anke (*1959, Frankfurt/Main)	306/95, 310/95, 367/97, 378/98, 380/98, 387/98, 405/99, 616/05, 642/06, 667/07, 730/09

Kommissar-Darsteller in anderen Tatort-Rollen

Schauspieler (Kommissar)	Tatort-Folge
Atzorn, Robert (Casstorff)	170/85, 286/94
Bär, Dietmar (Schenk)	159/84
Behrendt, Klaus J. (Ballauf)	142/82, 234/90
Bollmann, Horst (Brandenburg u. Delius)	81/77, 305/95
Brauer, Charles (Brockmüller)	131/81, 200/87

Schauspieler (Kommissar)	Tatort-Folge
Brenner, Hans (Scherrer)	26/73, 72/77, 279/93, 300/94
Brückner, Maximilian (Kappl)	613/05
Dallansky, Bruno (Pfeiffer)	21/72, 117/80, 181/86, 192/87, 196/87
Dallmeier, Uwe (Schnoor)	26/73, 36/74, 65/76, 111/80
Elsner, Hannelore (Sommer)	148/83, 192/87, 229/90, 270/93
Eppler, Dieter (Liersdahl)	178/86, 180/86, 266/92, 342/96
Feik, Eberhard (Thanner)	315/95
George, Götz (Schimanski)	8/71, 22/72, 69/76
Glatzeder, Robert (Roiter)	294/94, 312/95, 553/03
Häckermann, Hans (Beck u. Böck)	115/80
Halmer, Günther Maria (Riedmüller)	98/79, 131/81, 160/84, 326/96, 459/00
Hassel, Karl-Heinz von (Brinkmann)	4/71, 19/72, 29/73, 43/74, 47/75, 62/76, 108/80, 112/80, 303/95
Heesters, Nicole (Buchmüller)	258/92, 553/03
Hinz, Knut (Brammer)	066/76, 175/85, 239/91
Höhne, Klaus (Konrad)	152/83, 166/85
Hoppe, Andreas (Kopper)	484/01
Hube, Jörg (Enders)	63/76, 77/77, 138/82, 696/08

Schauspieler (Kommissar)	Tatort-Folge
Jacobi, Ernst (Pflüger)	119/80, 165/85
Kish, Laszlo I. (v. Burg)	170/85
Korff, Hans Peter (Behnke)	36/74, 93/78, 228/90, 436/00
Kraeft, Volkert (Sander)	113/80
Krebs, Diether (Nagel)	90/78, 233/90, 256/92
Król, Joachim (N. N.)	632/06, 712/08
Kunzendorf, Nina (N.N..)	722/09, 727/09
Kurtulus, Mehmet (Batu)	684/07
Lamprecht, Günter (Markowitz)	1/70, 31/73, 58/75, 72/77, 121/81, 138/82, 422/99
Löwitsch, Klaus (Dietze u. Rolfs)	40/74, 95/79, 152/83
Lüttge, Martin (Flemming)	200/87, 213/88, 449/00
Mattes, Eva (Blum)	443/00
Milberg, Axel (Borowski)	293/94, 398/98, 451/00
Müller, Richy (Lannert)	121/81, 243/91
Nemec, Miroslav (Batic)	205/88, 217/89
Neutze, Horst Michael (Schreitle)	75/77, 97/79, 115/80, 141/82, 168/85, 178/86
Postel, Sabine (Lürsen)	217/89

Schauspieler (Kommissar)	Tatort-Folge
Raacke, Dominic (Ritter)	171/85, 299/94, 341/96
Rupp, Sieghardt (Kressin)	236/90
Sawatzki, Andrea (Sänger)	263/92, 295/94, 457/00
Schubert, Heinz (Felber)	9/71, 285/93
Schüttauf, Jörg (Dellwo)	326/96, 380/98, 470/01, 630/06
Steck, Dietz Werner (Bienzle)	43/74, 132/82
Thomalla, Simone (Saalfeld)	401/98, 427/99
Tukur, Ulrich (Murot)	348/96, 508/02, 552/03, 604/05
Waltz, Christoph (Passini)	650/06, 705/08
Wuttke, Martin (Keppler)	390/98, 640/06

Gastauftritte anderer Prominenter

Gast	Tatort-Titel	Folge- Nr.
Asül, Django	Kleine Herzen	683/07
Balder, Hugo Egon	Schlaf, Kindlein, schlaf	502/02
Balder, Hugo Egon	Borowski und die Sterne	741/09
Bela B 8 (Ärzte)	Totentanz	510/02
Berghoff, Dagmar	Ein ganz gewöhnlicher Mord	26/73
Biedermann, Jeanette	Schwelbrand	653/07
Biermösl Blosn	... und die Musi spielt dazu	300/94
Bohm, Hark	Bildersturm	388/98
Bossi, Rolf	Der Richter in Weiß	11/71
Brühl, Heidi	Play Back: die Show geht weiter	38/74
Christiansen, Sabine	Eine ehrliche Haut	554/04
Däubler-Gmelin, Herta	Bienzle u. der heimliche Zeuge	469/01
De Höhner	Platt gemacht	742/09
Die Prinzen	Trübe Wasser	465/01
Die Toten Hosen	Voll auf Hass ... und die Musi spielt dazu	198/87 300/94
Dieter Bohlen	Moltke	214/88
Dollar, Dolly	Experiment	257/92
Drechsel, Sammy	3:0 für Veigl	40/74
Engelke, Anke	Tod im All	350/97
Fliege, Jürgen	Die Liebe und ihr Preis	524/03
Grothe, Franz	Zwei Flugkarten nach Rio	62/76
Gaus, Günter	AE612 ohne Landeerlaubnis	010/71
Goll, Ulrich	Bienzle und der Tod im Teig	525/03
Grist, Reri	Aida	337/96
Grünmandl, Otto	Im Herzen Eiszeit	307/95

Gast	Tatort-Titel	Folge- Nr.
Gwildis, Stefan	Schwelbrand	653/07
Hallervorden, Dieter	Rattennest	22/72
Heck, Dieter Thomas	Stoevers Fall	260/92
Henning, Gitte	Kressin stoppt den Nordexpress	7/70
Herking, Ursula	Der Fall Geisterbahn	16/72
Kabel, Heidi	Pleitegeier	208/88
Koller, Dagmar	Mord im Ministerium	44/74
Lage, Klaus	Zabou	232/90
Lindenberg Udo	Kneipenbekanntschaft	45/74
Lück, Ingolf	Tod im All	350/97
Lueg, Ernst Dieter	Mann mit dem gelben Koffer	20/72
Meyer, Laurenz	Eine ehrliche Haut	554/04
Michalczewski, Dariusz	Bienzle und der Champion	394/98
Moik, Karl	Einmal täglich	457/00
Moore, Roger	Schatten	506/02
Moshammer, Rudolph	Im Herzen Eiszeit	307/95
Moshammer, Rudolph	Blaues Blut	433/00
Müller, Peter	Teufel im Leib	579/04
Nowottny, Friedrich	Mann mit dem gelben Koffer	20/72
Pilawa, Jörg	Wolfsstunde	710/08
Roland, Jürgen	Pleitegeier	208/88
Sandra	Salü Palu	201/88
Scheller, Jürgen	Platzverweis für Trimmel	32/73 -
Schlauch, Rezzo	Eine ehrliche Haut	554/04
Schneider, Helen	Borowski und die Sterne	741/09
Thadeusz, Jörg	Liebe macht blind	647/06
Torriani, Vico	Drei Schlingen	76/77
Vaughn, Robert	Camerone (SR)	254/92

Gast	Tatort-Titel	Folge- Nr.
Vita, Helen	Das Mädchen am Klavier	70/77
Vogts, Berti	Habgier	403/99
Voss, Peter	Bienzle und die große Liebe	652/07
Wecker, Konstantin	Bittere Trauben	731/09
Zimmerschied, Sigi	Häschen in der Grube	712/08

Quellen und weiterführende Literatur (Auswahl)

Bücher und Dokumentationen

ARD (Hg.): Jubiläumspublikationen

- 100. Tatort (1979)
- 150. Tatort (1983)
- 200. Tatort (1987)
- 20 Jahre Tatort (1990)
- 300. Tatort (1994)
- 400. Tatort (1998)
- 30 Jahre Tatort (2000)
- 500. Tatort (2002)
- 600. Tatort (2005)
- 700. Tatort (2008)

Bauer, Ludwig: Authentizität und Fiktion: Fernsehunterhaltung und Integration von Realität am Beispiel des Kriminalsujets, (Diskurs Film: Bibliothek; Bd.3, München, 1992)

Berthoud, M. (1992): Die Prime-Time der Gemütlichkeit – Volkstümliche Programmtrends bei ARD, ZDF, RTL plus und Sat1. Medium Spezial, 22, S. 18-24

Brandt, U. (1989): Der Freitagabend-Krimi der ARD. In W. Faulstich & C. Thomsen (Hg.), Seller, Stars und Serien im Produktverbund (Reihe Siegen, Bd. 89) (S. 116-129). Heidelberg: Winter

Becker, Frank/Jaeger, Frank: Das große Schimanski-Buch, Bergisch Gladbach, 1988

Blum, Heiko R.: Götz George. Das liebenswerte Rauhbein. München, 1989

Blum, Heiko R.: Manfred Krug. Seine Filme – sein Leben. München 1993

Brandt,Ulrich: Der Freitagabend-Krimi in der ARD In: Werner Faulstich/ Christian W. Thomsen (Hg.): Seller, Stars und Serien im Produktverbund (Reihe Siegen, Bd. 89) Heidelberg 1989, S.116-S.130

Durzak, Manfred: Kojak, Columbo und deutsche Kollegen. Überlegungen zum Fernseh-Serial. In: Helmut Kreuzer/Karl Prümm(Hg.): Fernsehsendungen und ihre Formen, Stuttgart, 1979

Evermann, Jovan: Der neue Serien-Guide – Das Lexikon aller Serien im Deutschen Fernsehen, Berlin, 2004

Eisenhauer, B. (1998). »Tatort« Deutschland. Sozialgeschichte und Mentalitäten im Spiegel des Kriminalfilms. In C. Cippitelli & A. Schwanebeck (Hg..), Das Mord(s)programm (S.63-87). Frankfurt am Main

Festerling, A. (1992). »Die gallertartige Masse die im Raum hängt« – Ein Streifzug durch die volkstümliche Fernsehunterhaltung. Medium Spezial, 22, S. 9-11

Gangloff, T. P. (1999): Regionalität versus Globalisierung: Warum konkrete Handlungsorte in Serien so wichtig sind. Tendenz, (1), S. 46-49

Goyke, Frank / Schmidt, Andreas: Horst Schimanski- »Tatort« mit Götz George. Berlin, 1997

Hallenberger, F. (1998): Fiktionale Fernsehproduktionen in Deutschland. Media Perspektiven, (9), 463-471

Hickethier, K. (1991): Die Fernsehserie und das Serielle des Fernsehens (Schriftenreihe: Kultur – Medien – Kommunikation), Lüneburg

Hickethier, Knut / Lützen, Wolf Dieter: Krimi-Unterhaltung. Überlegungen zum Genre am Beispiel von Kriminalfilmen und -serien. In: Helmut Hartwirg (Hg.): Sehen lernen, Köln 1986, S.312-335

Hickethier, Knut: Die Fernsehserie und das Serielle des Fernsehens (Kultur Medien Kommunikation; Lüneburger Beiträge zur Kulturwissenschaft 2), Lüneburg 1991

Hickethier, Knut: Die umkämpfte Normalität. Kriminalkommissare aus deutschen Fernsehserien und ihre Darsteller. In: Ermert, Karl / Gast, Wolfgang (Hg.): Der neue deutsche Kriminalroman. Beiträge zur Darstellung, Interpretation und Kritik eines populären Genres (Loccumer Kolloquien 5),Rehburg-Loccum 1985, S.189-206

Institut für neuere deutsche Literatur der Phillips-Universität-Marburg (Hg.): Tatort. Die Normalität als Abenteuer (Augen-Blick 9, Marburger Hefte zur Medienwissenschaft), Marburg, 1990

Janke, Hans unter anderem: Fernseh-Krimi. In: Weiterbildung und Medien 2,1985, S.17-43

Köbner, Thomas / Netenjakob, Egon: »Tatort: Normalität als Abenteuer« In: Augenblick 9

Lützen, Wolf-Dieter: Der Krimi ist kein deutsches Genre. Momente und Stationen zur Genregeschichte der Krimiunterhaltung, in: Ermert, Karl / Gast, Wolfgang (Hg.): Der neue deutsche Kriminalroman. Beiträge zur Darstellung ,Interpretation und Kritik eines populären Genres (Loccumer Kolloquien 5), Rehburg-Loccum 1985, S.162-181

Martin, Hans J.: Betr.:Trimmel. In: ARD-Fernsehspiel 2/1980

Martenstein, H. (1996): Das hat Folgen. Deutschland und seine Fernsehserien. Leipzig

Netenjakob, Egon: Die »Tatort«-Serie der ARD und andere Krimis: In: Fernsehen und Film, Heft 1/1971

Petersen, Wolfgang: Ich liebe die großen Geschichten. Vom »Tatort« nach Hollywood (mit Ulrich Greiwe), Köln, 1997

Prümm, Karl: Der Fernsehkrimi – ein Genre der Paradoxien. In: Rundfunk und Fernsehen. Jg. 35, Nr.3/1987, S.349-360 (gekürzte Fassung: W&M Weiterbildung und Medien, Nr.2, 1985, S.41-43)

Radewagen, Thomas: Ein deutscher Fernsehbulle. Trimmel – der »Tatort«-Star und seine Mediengenese. Eine vergleichende Untersuchung von Werremeiers Kriminalromanen und Tatort-Drehbüchern (Reprints zur Medienwissenschaft 3). Berlin, 1985

Scherp, Jutta: Die Fernsehkommissare der Reihe »Tatort«. Eine figurenorientierte Untersuchung der erfolgreichen Kriminalfernsehserie »Tatort« anhand von Beiträgen des Westdeutschen Rundfunks (Magisterarbeit), Bochum, 1994

Schneider, Hans-Joachim: Kriminalitätsdarstellungen im Fernsehen und kriminelle Wirklichkeit. Opladen, 1977

Skolud, Hubert: »TATORT: Tatort«, München, Heyne o. J.

Uthemann, Chrsitiane: Die Darstellung von Taten, Tätern und Verbrechensopfern im Kriminalfilm des Fernsehen (Diss.). Essen, 1990

Villwock, Kirsten: Schimanski – in der Fernsehserie, im Kinofilm, im Roman (IfAM-Arbeitsberichte 4; Fernsehstars 2) Bardowick, 1991

Wacker, Holger: Enzyklopädie des Kriminalfilms. Meitingen, 1995 ff.

Wacker, Holger: Krimis, Köpfe, Kommissare, Berlin, Henschel, 1998

Wacker, Holger / Oetjen, Almut: Swinging Cops – Manfred Krug & Charles Brauer – Ein Fanbuch, Henschel Verlag, Berlin, 1999

Holger Wacker: Das große TATORT-Buch: Filme, Fakten und Figuren. Berlin, 2002

Weber, Thomas: Die unterhaltsame Aufklärung: ideologiekritische Interpretation von Kriminalfernsehserien des westdeutschen Fernsehens. Bielefeld, 1992

Wenzel, Eike (Hg.): Ermittlungen in Sachen TATORT. Recherchen und Verhöre, Protokolle, Berlin, 2000

Wiebel, Martin: Ohne Mord und Totschlag geht es nicht. Verhör mit einem Geständigen. In: ARD (Hg.), ARD-Fernsehspiel 2/1979

Online

Die Sendeanstalten

ARD: http://www.daserste.de/tatort/
ARD-Mediathek: http://www.daserste.de/tatort/beitrag.asp?uid=o19zbuq4kdsfgp4r
BR: http://www.br-online.de/bayerisches-fernsehen/tatort/
HR: http://www.hr-online.de/website/fernsehen/sendungen/index.jsp?rubrik=10410
NDR: http://www3.ndr.de/sendungen/tatort/index.html
RB: http://www.radiobremen.de/fernsehen/tatort/die_ermittler/rollenbeschreibung100.html
RBB: http://www.rbb-online.de/tatort/index.html
SR: http://www.sr-online.de/fernsehen/499/
SWR: http://www.swr.de
WDR: http://www.wdr.de/tv/tatort/

Online-Quellen (Auswahl)

Bild: http://www.bild.de/BILD/unterhaltung/TV/tatort/home/ard-tatort-krimi-im-ersten.html
Cinefacts: http://www.cinefacts.de
Cinema. http://www.cinema.de
Filmportal: http://www.filmportal.de
Stern: http://www.stern.de/kultur/film/tatort-die-ard-kultreihe-und-ihre-kommissare-541101.html
Tatort-fundus: http://www.tatort-fundus.de/web/start.html
Wikipedia: http://de.wikipedia.org/wiki/Tatort_%28Fernsehreihe%29

Bildnachweis

Bildteil 1:
S. 1 oben links: picture-alliance
S. 1 oben rechts: picture-alliance / KPA
S. 1 unten: picture-alliance / KPA
S. 2 oben: picture-alliance / KPA
S. 2 unten: picture-alliance / KPA
S. 3 oben: picture-alliance / KPA
S. 3 unten: picture-alliance
S. 4 oben: picture-alliance
S. 4 unten: picture-alliance / KPA
S. 5 oben: picture-alliance / dpa
S. 5 unten: picture-alliance
S. 6 oben: picture-alliance
S. 6 unten: picture-alliance
S. 7 oben: picture-alliance / dpa
S. 7 unten: picture-alliance / KPA
S. 8 oben: picture-alliance / KPA
S. 8 unten: picture-alliance
S. 9 oben links: picture-alliance / dpa
S. 9 oben rechts: picture-alliance / dpa
S. 9 unten. picture-alliance / dpa
S. 10 oben: picture-alliance
S. 10 unten: picture-alliance / KPA
S. 11 oben links: picture-alliance / KPA
S. 11 oben rechts: picture-alliance
S. 11 unten: picture-alliance
S. 12 oben: picture-alliance / KPA
S. 12 unten links: picture-alliance
S. 12 unten rechts: picture-alliance / KPA
S. 13 oben: picture-alliance / KPA
S. 13 unten links: picture-alliance / dpa
S. 13 unten rechts: picture-alliance / dpa
S. 14 oben: picture-alliance / dpa
S. 14 unten: picture-alliance / KPA
S. 15 oben: picture-alliance
S. 15 unten: picture-alliance / dpa
S. 16 oben: picture-alliance / dpa
S. 16 Mitte: picture-alliance
S. 16 unten: picture-alliance / dpa / dpaweb

Bildteil 2:
S. 1 oben: picture-alliance / dpa / dpaweb
S. 1 unten: picture-alliance / Heinz-Jürgen Göttert
S. 2 oben: picture-alliance / KPA
S. 2 unten: actionpress / Contrast Photo GmbH
S. 3 oben: picture-alliance / dpa
S. 3 unten: picture-alliance / KPA
S. 4 oben: picture-alliance
S. 4 unten: picture-alliance / KPA
S. 5 oben: picture-alliance
S. 5 unten: picture-alliance / dpa
S. 6 oben: picture-alliance / dpa
S. 6 unten: picture-alliance
S. 7 oben: picture-alliance
S. 7 unten: picture-alliance / dpa
S. 8 oben: picture-alliance / KPA
S. 8 unten: picture-alliance / dpa / dpaweb
S. 9 oben: actionpress / Contrast Photo GmbH
S. 9 unten: picture-alliance / KPA / Chris
S. 10 oben: picture-alliance / dpa
S. 10 unten: picture-alliance / dpa / dpaweb
S. 11 oben: picture-alliance
S. 11 unten: picture-alliance / KPA
S. 12 oben: picture-alliance / dpa
S. 12 unten: picture-alliance / dpa
S. 13 oben: picture-alliance / dpa
S. 13 unten: picture-alliance / dpa / dpaweb
S. 14 oben: picture-alliance / dpa
S. 14 unten: picture-alliance / dpa
S. 15 oben: picture-alliance / dpa
S. 15 unten: picture-alliance / ZB
S. 16 oben: picture-alliance
S. 16 unten: picture-alliance / dpa

Michael Rosentritt

Sebastian Deisler:
Zurück ins Leben

Die Geschichte eines Fußballspielers

Er war ganz oben und landete zum Schluss ganz unten: Sebastian Deisler galt als das Jahrhundert-Talent des deutschen Fußballs. Mit 21 war er der Spielmacher der deutschen Nationalmannschaft, vom FC Bayern wurde er für eine Rekordsumme eingekauft. Doch dann beendete er ganz überraschend seine sportliche Karriere mit nur 27 Jahren. Der Grund: Er leidet an Depressionen und war dem Druck der Öffentlichkeit nicht mehr gewachsen. »Man muss härter sein als ich«, sagt Sebastian Deisler heute. Wie er noch immer darum kämpft, in ein normales Leben zurückzufinden, davon erzählt er in diesem Buch, das nicht nur in der Sportwelt für große Aufregung sorgte.

Knaur Taschenbuch Verlag

Oliver Kuhn

Alles, was ein Mann wissen muss

Das Vademecum für alle Lebenslagen

Das Buch das jeder Mann besitzen muss
Von den bester Verführungstricks bis zu den aufregendsten Sextechniken. Von der Agentenwende bis zum Luftröhrenschnitt. Von den handfesten Do-it-yourself-Tipps bis zum perfekten Smalltalk-Wissen, um bei jedem Gespräch mitreden zu können.
Hier sind sie zu finden: die Antworten auf die wirklich wichtigen Fragen im Leben eines Mannes – Abenteuer, Wissen, Arbeit und Frauen.

Dies ist kein Ratgeber.
Dieses Buch ist Dein Freund.

Knaur Taschenbuch Verlag

Oliver Lück

Keine Angst!

Über die alltägliche Gewalt und wie man richtig reagiert

Was tun, wenn Gewalt eskaliert? Oliver Lück weiß Rat.
S-Bahn-Schläger, Messerstecher, erste Todesfälle. Die Gwaltspirale dreht sich, und wir alle fragen uns: Was tun, wenn es ernst wird? Der bekannte TV-Coach Oliver Lück weiß, was uns im Alltag Angst macht. Er kennt die Schläger persönlich, er weiß, wie sie denken. Hier erzählt er von seinen Erfahrungen auch mit Gewalttätern, die noch zutreten, wenn ihr Opfer schon am Boden liegt. Und er zeigt uns, wie man heil aus einer bedrohlichen Situation herauskommen kann. Denn wer die Zeichen der Gewalt versteht, reagiert richt – und wird nicht zum Opfer.

»Oliver Lück gelingt der Balanceakt,
Verständnis für seine Schützlinge zu wecken,
ohne Taten zu verharmlosen. Ein Glücksfall.«
Welt.de

Knaur Taschenbuch Verlag